CENTER

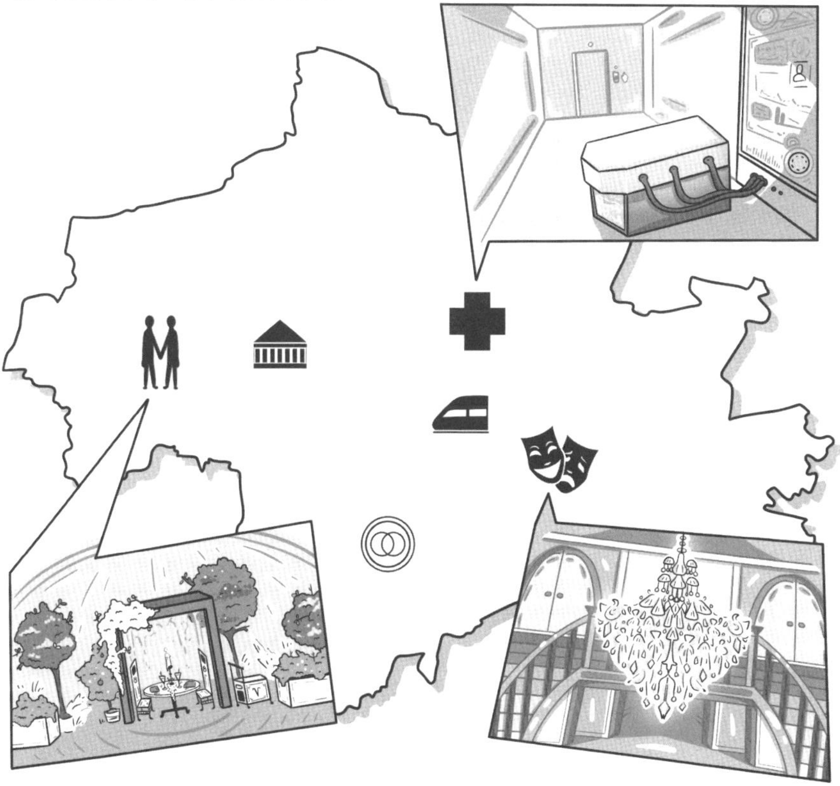

LEGENDE

- Center (Alt-München)
- Die 8 Ringe
- Kanes Haus
- MedPlex
- CenTheater
- Gebirge
- Sumpfland
- Verlorene Welt
- Gewässer

FISCHER SAUERLÄNDER

Hinweis auf potentiell belastende Themen
auf Seite 543

Franzi Kopka wurde 1990 im bergischen Land als Tochter einer Buchhändlerin geboren. Dank der zahlreichen Romane im Haus ist sie mit der Frage »Was wäre, wenn?« aufgewachsen und hat schon früh damit angefangen, sich Geschichten für ihre drei jüngeren Geschwister auszudenken. Heute vergeht kaum ein Tag, an dem sie keine Zeilen zu Papier bringt. Wenn sie nicht gerade schreibt, tauscht sie sich auf Instagram unter *@franzikopka* mit ihrer Community über Bücher aus oder sammelt neue Inspiration.

Weitere Informationen zum Kinder- und Jugendbuchprogramm von Fischer Sauerländer auf *www.fischer-sauerlaender.de*

FRANZI KOPKA

HONESTY

WAS DIE LÜGE
UNS KOSTET

BAND 2

FISCHER SAUERLÄNDER

MIX
Papier | Fördert gute Waldnutzung
FSC® C014496

2. Auflage 2024

Erschienen bei Fischer Sauerländer

Illustrationen im Innenteil: Charly Kopka
Lektorat: Tamara Reisinger
Dieses Werk wurde vermittelt durch die Literarische Agentur Thomas Schlück GmbH, 30161 Hannover.

Umschlaggestaltung: Emily Bähr, unter Verwendung von Bildern von Freepik und Shutterstock
Satz: Dörlemann Satz, Lemförde
Druck und Bindung: GGP Media GmbH, Pößneck
ISBN 978-3-7373-5978-8

Für meinen Bruder Jonas,
der mich mit seinen klugen Gedanken
schon so oft beeindruckt hat.

WAS BISHER GESCHAH

12. März 2306: Check-up

14. März 2306: Aiden macht Schluss

25. März 2306: Vergabetag (Partner Evaluation Program wird angekündigt)

31. März 2306: Geburtstag (Party bei den Caivanos)

7. April 2306: Start des Programms (Mae lernt Jamar und Therese kennen)

13. April 2306: Explosion (Maes Projektionsschock)

21. April 2306: Gegenmittel (Mae wird zu einer Thustra)

22. April 2306: Besuch im Parlament (Anthony wird gefoltert, Mae beendet Kontakt zu Grayson)

THE PROGRAM IS A LIE

29. April 2306: Vereidigung von Nick (Anschlag auf das Parlament)

HEUTE

Im Rahmen der Vereidigung von Ada Sotaro, Blaise Nolan und Nicholas Elking für die neuen Taskforces des Investigationssektors kam es vor wenigen Minuten zu einer Explosion im Kuppelsaal des Parlaments. Für die Bevölkerung Sestibys besteht ausdrücklich keine Gefahr. Es wird dennoch gebeten, das Regierungsgelände vorerst weiträumig zu umgehen.
Ein Update aus dem Parlament wird in Kürze erwartet.

Newsmeldung vom 29.04.2306

KAPITEL 1

Ich atme. Vier Sekunden durch die Nase ein, sieben Sekunden Luft anhalten, acht Sekunden durch den Mund wieder aus. Es tut weh. Als würden die Splitter, die bisher nur in meinem Herzen waren, jetzt auch in meiner Lunge stecken. Laut der Behandelnden ist es eine geprellte Rippe, nichts, was die Zeit nicht wieder heilen würde. Zur Unterstützung hat man mir ein Medikament gegeben, meine zahlreichen Schnittwunden wurden mit HealFix versorgt.

Sie haben großes Glück gehabt, Maeander Elking, hallen die Worte des Behandelnden in meinem Kopf nach. *Ein paar Tage Schonung, und es wird alles so sein wie vorher.* Vielleicht ist er ein Liar, vielleicht glaubt er seinen eigenen Bullshit wirklich. In Wahrheit wird nichts mehr so sein wie vorher. Nicht, nachdem diese Fremden das Parlament gestürmt und die ganze Welt in Scherben geschlagen haben.

Ich sehe kurz zu Paps und meiner großen Schwester Vain, mit denen ich auf einem steril weißen Gang sitze und auf Neuigkeiten aus dem OP warte. Da ich jedes Zeitgefühl verloren habe, ziehe ich mein SmartPad aus dem Dekolleté. Eine Helfende hat es mir nach meiner Behandlung in die Hand gedrückt, auch wenn ich keine Ahnung habe, wo sie es herhatte. Ich aktiviere das Display. Achtzehn Uhr. Sitzen wir echt schon so lange hier? Mein Finger gleitet wie von selbst zum Messenger. Die App ist ausgegraut, genau wie die meisten anderen. Eine Maßnahme des Partner Evaluation Programs, damit wir uns ganz auf die Tests konzentrieren können, deren Ergebnisse uns zur perfekten Partnerschaft verhelfen sollen. Obwohl erst drei der geplanten acht Wochen vorbei sind, fühlt es sich an, als wäre es Jahre her, seit ich das Camp zum ersten Mal betreten habe – oder seit ich heute Morgen aufgestanden und für die Vereidigung meines Bruders Richtung Parlament gefahren bin.

Ich öffne die App des Programms, die über einen eigenen Messenger verfügt – mit limitiertem Kontingent. Vermutlich ist es für diese Woche bei den meisten aufgebraucht, was erklären würde, warum ich nicht einmal eine Nachricht von Therese habe. Schließlich müsste sie doch längst etwas von Grayson gehört haben, richtig? Oder möchte sie mir die schlechten Nachrichten lieber persönlich überbringen?

Bei dem Gedanken an ihn krampft sich mein Magen zusammen. Bevor sich ein verräterisches Zittern in meine Fingerspitzen stehlen kann, schicke ich mein SmartPad in den Ruhemodus und stecke es weg.

Atmen. Ein. Luft anhalten. Aus. Graysons Gesicht verdrängen. Das Blut verdrängen. Die Ungewissheit verdrängen. Mein Innerstes zusammenhalten.

Mein Blick huscht zu der Tür am Ende des Gangs, auf der in großen Buchstaben steht: *Zutritt nur für medizinisches Personal.* Darüber hängt ein HoloBanner mit der unheilvollen Aufschrift *OP 5*. Ich wusste nicht, dass es heute noch Operationen gibt, die derartig lange dauern. Andererseits müssen sie einen ganzen Menschen zusammenflicken.

Ein anderes SmartPad vibriert. Vains. Sie drückt den Anruf ungesehen weg. Es ist bereits das fünfte Mal, und ich vermute, dass es ihr Mann Keith ist, der heute Mittag direkt nach Hause gefahren ist. Nicht etwa wegen der Kinder, sondern weil seine Zeit zu *kostbar* ist, um hier *herumzusitzen* und *zu warten*. Allein für diese Aussage hätte ich ihm liebend gern eine reingehauen, was allerdings zu Fragen geführt hätte, die ich besser nicht aufwerfen sollte.

Vain steht auf und streckt ihre Glieder. Abgesehen von den vielen Schnittwunden auf ihren Handrücken sieht sie aus, als hätte sie einen normalen Arbeitstag hinter sich. Ihr Gesicht ist immer noch makellos geschminkt, die Haltung erschreckend aufrecht und ihr Blick zwar müde, aber weit entfernt von einer emotionalen Überreaktion. Paps, der im Sessel neben mir sitzt, gibt ein leises Schnarchen von sich. Sein Kopf ist auf sein Brustbein gesunken, seine kupferroten Locken haben sich gegen das Haargel durchgesetzt und tanzen endlich wieder zerzaust in alle Richtungen. Obwohl ich die Erschöpfung in jeder Faser meines Körpers spüre, kann ich nicht einmal an Schlaf *denken*. Allein das Sitzen in diesem Sessel ist die reinste Folter.

Die Tür gleitet unter leisem Zischen auf. Ich habe aufgehört, zu zählen, wie oft unsere Hoffnungen bereits enttäuscht wurden, und trotzdem springe ich jedes Mal auf die Beine. Paps hebt ruckartig den Kopf, und auch Vain hält in ihrer Bewegung inne.

Es ist ein Helfender in blassgrüner Kleidung. Als er uns sieht, zuckt er bedauernd mit den Schultern und geht weiter. Wieder keine Neuigkeiten. Scheiße. Anstatt mich zu setzen, versuche ich, einen Blick ins Innere des OPs zu erhaschen, aber hinter der Tür befindet sich nur ein weiterer Gang. Dann gleitet sie wieder zu, und wir sind genauso schlau wie vorher. Paps stöhnt auf, Vain streckt ihren Rücken durch, ich will nur noch schreien.

Atmen, Mae, ermahne ich mich innerlich. Obwohl man AISS nicht sehen kann, spüre ich die Anwesenheit der künstlichen Intelligenz in jedem splitternden Atemzug. Als würde sie nur darauf warten, dass ich mich verrate. Dass eins der Gefühle durchbricht, die ich in unserer heuchlerischen Welt nicht fühlen dürfte. Da ist die heiße Wut auf Kane und alle anderen hohen Tiere, die uns mit ihrem charmanten Lächeln ins Gesicht lügen. Die Hilflosigkeit, nichts dagegen unternehmen zu können. Und die nackte Angst. Um die Menschen, die ich mit ganzem Herzen liebe, so sehr, dass ich nicht einmal darüber *nachdenken* darf, sie zu verlieren.

»Will noch jemand Kaffee?« Vain hat ihre Dehnübungen beendet und mustert uns fragend. Nicht einmal jetzt lässt sie Sorge durch ihre Miene schimmern, geschweige denn Angst. »Ich meine natürlich einen richtigen Kaffee, nicht diese Brühe aus dem Automaten.«

»Kaffee klingt gut.« Paps rafft sich auf. »Und ich müsste auch mal einen Happen essen. Wenn ich mich nicht täusche, habe ich unten ein Café gesehen. Was ist mit dir, Maelein? Begleitest du uns, oder sollen wir dir was mitbringen?«

Sie sind beide so *gelassen*. Die Vorstellung, jetzt ein Sandwich zu essen und dabei über belangloses Zeug zu plaudern, ist unerträglich. Aber ich mache weder Paps noch Vain einen Vorwurf. Schuld ist das Betäubungsmittel, das mit jeder Vergabe frisch durch ihre Adern fließt. Der Widerstand nennt es *Sedatium*, und seit ich davon weiß, sehe ich gewisse Reaktionen mit anderen Augen. Was nicht heißt, dass es weniger schmerzen würde.

»Nein danke. Ich habe keinen Hunger«, erwidere ich und versuche, meine Mundwinkel zu einem Lächeln zu überreden. Keine Chance. Es ist, als wäre mein Vorrat an aufgesetztem Lächeln bei meinem Auftritt im Parlament restlos aufgebraucht worden.

»Du kannst uns auch einfach so begleiten«, bietet Paps an. Sein Gesicht wirkt gerötet, aber sicher täuscht der Eindruck. Als man seine Schnittwunden versorgt hat, wurde er genauso abgeschminkt wie ich, so dass seine Haut eine Mischung aus leuchtenden Sommersprossen und roten Striemen mit transparentem Pflasterfilm ist. Keine Ahnung, wie Vain es geschafft hat, dass nur ihre Hände etwas abbekommen haben. Andererseits trägt sie einen dicken Mantel über ihrem gelben Seidenkleid, und ich kann mich nicht mehr daran erinnern, wie ihre Arme nach der Explosion aussahen. Eigentlich sind die meisten Details verschwommen, ich sehe nur zwei Personen in völliger Klarheit vor mir: Grayson und *Dad*.

»Nein danke«, wiederhole ich. »Lasst es euch schmecken.«

»Wir werden sicher nicht lange weg sein. Bis gleich, Maelein.« Paps' Vorrat wird niemals erschöpft sein. Er schenkt mir sein typisches Lächeln, das Grübchen auf seine Wangen zeichnet. »Wenn du es dir doch noch anders überlegst, weißt du ja, wo du uns findest.«

Und wieder vibriert Vains SmartPad.

Dieses Mal wirft sie doch einen Blick aufs Display und zuckt kaum merklich zusammen. Dann drückt sie den Anruf erneut weg und schiebt ihren Arm unter Paps'. »Ich brauche jetzt wirklich diesen Kaffee.«

Als die beiden weg sind, bin ich allein auf dem riesigen Gang. Gefühlt ist hier alles dreimal so groß wie in dem MedPlex, in dem wir unsere jährlichen Check-ups haben. Ich drehe mich um die eigene Achse, unschlüssig, was ich jetzt tun soll. Es fühlt sich falsch an, mich wieder zu setzen und *nichts* zu tun. Ohne länger nachzudenken, laufe ich los. Vorbei an etlichen Türen, die zu Untersuchungszimmern führen, an Pflanzen und Snackautomaten, an weiteren Sitzgruppen, an VisionScreens, auf denen unten die immer gleiche Schlagzeile durchläuft:

Zwischenfall lässt Vereidigung abrupt enden. Es besteht keine Gefahr für die Bevölkerung. Mehr Informationen werden gegen Abend erwartet.

Zwischenfall. Es ist eine lächerlich harmlose Bezeichnung für das, was wirklich passiert ist. Inzwischen ist es sechs Stunden her, seit sich diese schwarzen Gestalten vom SkyWalk des Parlaments abgeseilt haben. Sechs Stunden, seit sie mit roter Farbe diese unheilvollen Worte auf die Glaskuppel gesprayt haben: *The program is a lie.* Das Programm ist eine Lüge. Ich bin noch nicht dazu gekommen, richtig darüber nachzudenken, und auch jetzt habe ich keine Ruhe dafür. Sechs Stunden, seit die Welt zersprungen ist. Sechs Stunden, seit erst Grayson, dann Dad ... Ich spüre das Brennen hinter meinen Augen. *Nicht hier und nicht jetzt.* Wenn ich sechs Stunden durchgehalten habe, werde ich auch jetzt nicht einknicken.

Ich laufe weiter und blinzle die aufsteigenden Tränen weg. Dahinter lauern die Bilder, die ich wahrscheinlich nie wieder aus meinem Kopf kriegen werde. Das ganze Blut an meinem Arm, das nicht von mir kam, sondern von einem Mann, der leblos am Boden lag, die Suche nach meiner Familie, Aidens Umarmung, der winzige Fetzen Vertrautheit, der Weg zum geheimen Ausgang – der Schuss, der Grayson erwischt hat. Ich habe nicht einmal gezögert. Anstatt meine Familie nach draußen zu begleiten, bin ich zu Grayson gestürzt. Dad wollte mich aufhalten, aber ich habe ihn davon überzeugt, mich gehen zu lassen. Zumindest *dachte* ich, ich hätte ihn überzeugt. Dabei hätte ich es besser wissen müssen. Es stand so deutlich in seinem Blick, es lag in dem Kuss, den er mir auf die Stirn gedrückt hat, es schwang in jeder einzelnen Silbe, mit der er mich gebeten hat, auf mich aufzupassen.

Laut Aiden ist Dad auf halber Strecke umgedreht, um mich zu holen. Sie wollten ihn noch davon abhalten, aber er ... hat nicht auf sie gehört. Dabei hätten fünf Sekunden Verzögerung gereicht, vier, drei, ich habe keine Ahnung, wann genau Dad in Reichweite dieser Bombe war, ich weiß nur, dass die Explosion keinen sonderlich großen Radius gehabt haben kann. Ansonsten hätte sie weitaus mehr in Mitleidenschaft ziehen müssen – Grayson, Jamar und mich eingeschlossen.

Dad lag auf der Schwelle zwischen Geheimgang und den Überresten des Kuppelsaals. Ich sehe ihn noch genau vor mir, den versengten Anzug, all das Blut, den geöffneten Brustkorb, das entstellte Gesicht mit dem verbrannten Bart. Während sich Jamar weiter um Grayson gekümmert hat, bin ich zu ihm gekrochen. Kurz darauf war Nick plötzlich an meiner Seite. Er hat mir geholfen, Dads Lunge mit frischer Luft zu füllen und das Herz zu massieren, bis die Behandelnden kamen. Kein einziger von ihnen konnte uns versprechen, dass Dad es schaffen wird.

Mein SmartPad vibriert. Ich bleibe mitten auf dem Gang stehen und hole es heraus. Eine Nachricht von Nick. *Endlich.* Nachdem er mir mit Dad geholfen hat, sind wir zusammen ins zentrale MedPlex – wo wir Paps, Vain und Cara getroffen haben. Unsere kleine, zu Tode verängstigte Schwester, die kurz davor war, durch eine emotionale Überreaktion aufzufallen. Nick hat sie sofort auf seinen Arm gehoben und angeboten, sie erst mal nach Hause zu bringen. Er hat nicht einmal seine Wunden versorgen lassen.

Cara und ich sind gut angekommen. Ich habe ihr eins von Dads Bonbons gegeben, und sie ist gerade eingeschlafen. Gibt es bei euch Neuigkeiten?

Die kleine Zwei in der Ecke meines SmartPads zeigt, wie viel Nachrichtenkontingent ich diese Woche noch habe. Es fühlt sich an, als würde mich diese kleine Zahl verhöhnen, die eigentlich in die Camps gehört. Nicht in das verfluchte MedPlex des Centers.

Nein, keine Neuigkeiten.

Während ich tippe, wird Nicks Kontingent eingeblendet. Wo sonst höchstens eine Drei steht, prangt jetzt ein kleines Unendlichkeitssymbol. Vielleicht ein Bonus für seine Beförderung?

Am liebsten würde ich fragen, wie es Cara geht, aber es wäre zu gefährlich. Mit *Dads Bonbons* meint Nick sicher die Tabletten, die jede Art von starken Gefühlen unterdrücken. Bisher dachte ich, Cara wäre genauso frei von emotionalen Überreaktionen wie der Rest meiner Familie, aber seit ihrem Schrei im Parlament bin ich mir nicht mehr sicher. Also schreibe ich nur:

Meinst du, ich habe auch eine Chance, mein Limit aufheben zu lassen?

Vielleicht. Gib mir eine Minute.

Erledigt. Allerdings gilt deine Freigabe nur für Kontakt mit der Familie.

Das waren keine dreißig Sekunden. Aber tatsächlich zeigt mein SmartPad nun auch ein Unendlichkeitssymbol. Ob die Dinge jetzt immer so laufen? Nick tätigt irgendeinen Anruf, und dreißig Sekunden später gehen seine Wünsche in Erfüllung? Es sollte mich mit Stolz erfüllen, aber stattdessen verkrampfen sich meine Finger um das SmartPad. Weil in dieser Sekunde eine Erinnerung auftaucht, die ich bislang verdrängt habe: Nick hat mich *belogen*. Nein, er hat nicht wirklich gelogen, aber er ist meiner Frage ausgewichen, was unter dem Einfluss echter VeriTabs unmöglich sein sollte. Ich sehe die Situation wieder gestochen scharf vor mir, wir beide umringt vom Scherbenmeer des Kuppelsaals, seine gefestigte Miene, meine Frage, was hier los sei – seine Gegenfrage, ob ich ihm vertraue. Keine. Echte. Antwort.

Mein Herz drängt in heftigen Schlägen gegen meine Rippen. Ich hatte schon vorher die Vermutung, aber jetzt *weiß* ich, dass Nick falsche VeriTabs nimmt. *Fuck ... Fuck!*

Ich starre auf den Chatverlauf. Nick wartet sicher auf eine Reaktion, aber was soll ich schreiben? Jedes Wort fühlt sich plötzlich falsch an, und gleichzeitig ist er immer noch mein verdammter Bruder. Der Nick, der unzählige Male dafür gesorgt hat, dass AISS nichts von meinen emotionalen Überreaktionen mitbekommt. Der Dads Tabletten extra ins Camp geschmuggelt hat, der sie bei sich behalten hat, damit man mich nicht damit erwischt, und der mir trotzdem so sehr vertraut, dass er mich als Bezeugende für seine Vereidigung ernannt hat. Auch wenn er mich damit ins Rampenlicht gezerrt hat, weiß ich, dass es seine Art war, der Welt zu zeigen, wie nahe wir uns stehen.

Ich atme ein, halte die Luft an, atme aus. Nick liebt mich. Und er liebt Cara. Wir sind immer noch seine Welt, also was, wenn er es auf absurde Weise für *uns* getan hat? Wenn er die falschen VeriTabs nur nimmt, um uns besser schützen zu können, um niemandem im Parlament von unseren emotionalen Überreaktionen erzählen zu müssen?

Der Gedanke sollte mich trösten, denn er ist nicht abwegig. Als Grayson mir das Gegenmittel verabreicht hat, meinte er, ich hätte Glück, dass Nicks Liebe für mich größer sei als sein Pflichtgefühl, aber genau hier kommt der Haken, der jeden Trost zerreißt: Nick hält mich einfach nur für *kaputt*. Wenn er mich also schützt, dann in dem Glauben, dass Veritas bei mir wirkt. Würde er herausfinden, dass ich inzwischen eine Liar bin ...

Bei der Vorstellung schnürt sich mir die Kehle zu. Ohne darüber nachzudenken, tippe ich:

Danke, Nick. Ich hab dich lieb.

Es ist die reinste aller Wahrheiten, und trotzdem fühlt es sich an wie eine Lüge. Denn bedingt echte Liebe nicht immer, dass man auch die Schattenseiten voneinander kennt? Als Nicks Antwort keine paar Sekunden später auftaucht, tut es anders weh.

Ich hab dich auch lieb, Mae. Meldest du dich, wenn du etwas von Dad hörst?

Natürlich. Und falls Cara noch mal aufwachen sollte, lies ihr die Geschichte von Seveilla vor. Am besten das Kapitel mit den Katzen.

Kaum habe ich die Nachricht abgeschickt, wird mir bewusst, dass ich gerade vorgeschlagen habe, die Geschichte der Forschenden vorzulesen, die maßgeblich an der Entwicklung von Sedatium beteiligt war. Leider ist es trotzdem Caras Lieblingsgeschichte, deshalb belasse ich es dabei und schließe das Chatfenster. Im gleichen Moment trudelt eine Benachrichtigung von AISS ein. Aufgrund der Ausnahmesituation wird die Anwesenheitspflicht im Camp bis morgen früh ausgesetzt. Um spätestens zehn müssen jedoch alle zurück sein, die das Programm erfolgreich beenden wollen – und nicht in diesem MedPlex liegen.

Meinetwegen hätten sie die Anwesenheitspflicht auch eine ganze Woche aufheben können. Oder einen Monat. Ein Jahr. Ein Leben. Denn alles in mir sträubt sich dagegen, in vierzehn Stunden wieder in irgendeinem Labor zu sitzen und Tests über mich ergehen zu lassen.

Ich stecke das SmartPad weg. Auf dem nächsten Gang steht wieder einer dieser Snackautomaten. In unserem MedPlex gibt es ähnliche – mit Bezahlfeld, an das man seine digitale CreditCard halten muss. Hier sind die Sachen gratis. Vor ein paar Wochen hätte ich mich über einen Schokoriegel gefreut, jetzt kommt es mir wie ein weiterer Riss im vermeintlich perfekten System vor. Die, die kaum Geld haben, müssen für jeden kleinsten Luxus bezahlen, während er für die Reichen einfach zum Inventar gehört.

Ich laufe weiter und weiter, bis ich auf zwei vertraute Menschen stoße, die am Rand des Gangs sitzen.

»Mae!« Therese springt sofort von ihrem Sessel auf und fällt mir um den Hals. Als sie mich an sich drückt, stoße ich ein leises Zischen aus. Diese geprellte Rippe tut verdammt weh. »Oh, Shit, du siehst echt übel aus.« Therese ist von mir abgerückt, um mich mit weit aufgerissenen Augen zu mustern. »Kann ich dir irgendwas holen? Was zu trinken? Oder einen Snack? Oder ... was zum Anziehen? Ich wette, die haben hier irgendwo MedPlex-Kleidung, die du dir ausleihen kannst, ich meine, ist dir nicht arschkalt?! Mir ist arschkalt, und ich hab einen richtigen Mantel an – warte, willst du vielleicht meinen Mantel, oder ...?«

»Therese.« Pierre ist ebenfalls aufgestanden, um unserer Freundin eine Hand in den Rücken zu legen. »Mit Verlaub, aber Mae sieht gerade nicht so aus, als wäre sie in der Lage, so viele Fragen auf einmal zu beantworten.«

»Klar. Ich meine, sorry, Süße, vergiss das alles. Keine Antwort notwendig. Ich bin nur ... Ist dir echt nicht kalt?« Therese schürzt die Lippen, die ausnahmsweise ungeschminkt sind. »Allein die Vorstellung, so rumzulaufen, lässt mich zittern.« Ihr Körper wird von einem Schaudern geschüttelt, und sie schlingt ihren Mantel noch enger um sich. Darunter trägt sie die Kleidung aus den Camps, die allein warm genug sein sollte. Weiße Hose, weiße Jacke, beides mit einem dunkelroten Streifen an der Seite.

Ihre Frage steht offen im Raum, und ich weiß, ich muss binnen der nächsten Sekunden antworten. Unwillkürlich sehe ich an mir herunter. Ich trage immer noch das Seidenkleid, das Julverne Monroe, der PR-Beratende meines Bruders, für mich ausgesucht hat. Es war mal salbeifarben und bodenlang, jetzt ist es verdreckt von Blut und Staub, der Rock zerrissen. Ein Streifen Seide fehlt, weil ich damit Graysons ... Blutung stoppen wollte.

»Mir ist warm genug, danke«, erwidere ich, ohne zu wissen, ob es stimmt. Abgesehen von dem Kleid trage ich nur ein paar Schlappen, die mir eine Helfende halbherzig hingeworfen hat, bevor sie sich um den nächsten Notfall kümmern musste. Wahrscheinlich sollte ich frieren, aber ich merke es nicht. »Habt ihr ...?« Die nächsten Worte bleiben mir im Hals stecken.

»... was von Grayson gehört?«, hilft Therese aus.

Ich nicke. »Genau.« Tief in mir pocht das schlechte Gewissen. Als ich Dad dort habe liegen sehen, hatte ich keine Kraft mehr, mich weiter um Grayson zu kümmern. Erst habe ich die einen im Stich gelassen, dann die anderen, und obwohl ich niemals alle hätte retten können, fühlt es sich beschissen an.

»Wir waren gerade eben bei ihm«, antwortet Pierre. »Sie konnten die Kugel erfolgreich entfernen. Er ist noch erschöpft, aber es sieht gut aus.«

Es sieht gut aus. Die Erleichterung überrollt mich wie eine Welle. Meine Beine knicken unter mir weg, Therese und Pierre sind sofort zur Stelle, um mich zu halten. Dieses Mal kann ich die Tränen nicht zurückhalten. Ich rede mir ein, dass es okay ist. Dass es Freudentränen sind, für die man mich unmöglich anzeigen kann, dabei ist es so viel mehr. In diesen Tränen liegen alle aufgestauten Ängste, der ganze

Schmerz, die Wut, der Frust, untätig hier zu stehen, während Fremde um Dads Leben kämpfen. Immerhin haben sie Graysons gerettet.

Therese zieht mich in ihre Arme. Sie hält mich, während ich an ihrer Schulter weine und mir jedes Schluchzen verkneife. Pierre sagt nichts, streicht nur behutsam über meinen Rücken, was ich als gutes Zeichen werte.

Als neben uns eine Tür aufgleitet, hebe ich den Kopf. Zwei Menschen kommen aus einem Krankenzimmer. Selbst wenn mir Therese keine Fotos der beiden gezeigt hätte, hätte ich zumindest die Frau sofort erkannt. Die Ähnlichkeit mit Therese ist verblüffend. Beide haben diese blauen Augen, die an einen wolkenlosen Sommerhimmel erinnern, geschwungene Lippen, die gleiche Stupsnase, und sogar die Haarfarbe ist identisch. Explosive Cherry, ein knalliger Rotton, der mit ihrer beigen Haut harmoniert. Thereses Tante Rose ist nur ein Stück kleiner als sie, und statt einer wilden Lockenmähne trägt sie einen kinnlangen Bob. Ihr Mann Peter ist einen halben Kopf größer als sie, blasser und lässt sich neben einem dunklen Kinnbart einen kleinen Bauch stehen.

»Er ist gerade eingeschlafen«, sagt Rose. Mit solch leiser Stimme, als hätte sie Sorge, Grayson zu wecken. Dabei ist die Tür zugeglitten, kaum dass sie und Peter das Krankenzimmer verlassen haben.

»Dafür konnten wir noch mal mit seinem Behandelnden sprechen.« Peter spricht ähnlich gedämpft. »Da das Parlament zugesagt hat, allen Verletzten die bestmögliche Behandlung zukommen zu lassen, wird er das MedPlex in wenigen Tagen verlassen können.«

»Es sieht ganz so aus, als könnte er das Programm erfolgreich abschließen«, fügt Rose hinzu, begleitet von einem erleichterten Lächeln. »Es soll nicht einmal die kleinste Narbe zurückbleiben.«

Ich löse mich von Therese. »Kann ich ... zu ihm?«, frage ich, bevor ich die Tränen wegwische.

Es scheint, als würden Rose und Peter mich erst jetzt bewusst bemerken. Sichtlich überrascht sehen sie mich an.

»Die Besuchszeit ist offiziell vorbei, deshalb schätze ich, es kommt ganz darauf an, wer du bist?« Rose mustert mich von oben bis unten, aber da ist keine Abneigung in ihrem Blick. Eher ein flüchtiges Erkennen. Sicher hat sie die Vereidigung im VisionScreen verfolgt, nur sehe ich jetzt definitiv nicht mehr aus wie diese polierte Fake-Eins.

»Ich bin Mae. Eine ... Freundin.« Ich stolpere über den Satz, denn am liebsten würde ich sagen, *seine* Freundin, aber nach unserem Gespräch auf dem Parlamentsplatz dürften wir ziemlich weit von einer Beziehung entfernt sein. Die Erinnerung brennt wie Salz in meiner wunden Seele. Wir waren zu dritt, Grayson, Jamar und ich, und ich wollte wissen, wie Jamar es schafft, die Freundschaft zu meinem Bruder aufrechtzuerhalten – obwohl sie auf verschiedenen Seiten stehen. Er meinte, es würde helfen, gemeinsame Feinde zu haben, also habe ich Grayson zum Feind erklärt – nicht mit meinem Herzen, nicht einmal wortwörtlich, aber es ändert nichts daran, dass ich ihm den Rücken zugekehrt habe. Ich bin gegangen, nur um Nick mit einem gefakten Lächeln um den Hals zu fallen und ihm zu dem Job zu gratulieren, den er niemals hätte annehmen dürfen.

»Mae, natürlich!« Das flüchtige Erkennen wird zu einem regelrechten Strahlen. Anstatt mir die Hand zu geben, zieht Rose mich in eine kräftige Umarmung. Ich beiße mir auf die Zunge, um mich von dem Schmerz abzulenken. »Es freut mich so, dich endlich kennenzulernen! Therese hat uns so viel von dir geschrieben, allerdings wusste ich nicht, dass du auch mit Grayson befreundet bist.« Sie wirft Therese einen vorwurfsvollen Blick zu, aber meine Freundin zuckt nur irritiert mit den Schultern. Klar, denn der einzige Mensch, der von meinen Gefühlen für Grayson weiß, ist Jamar.

»Natürlich kannst du zu ihm«, fährt Rose fort. »Aber erwarte nicht zu viel. Laut seinen Behandelnden wird er bis morgen Mittag durchschlafen.«

»Die Medikamente«, erklärt Peter. »Das ist übrigens Rose, Thereses und Graysons Tante, und ich bin ihr Mann, Peter.«

»Ich weiß.« Egal, wie sehr ich es versuche, meine Mundwinkel weigern sich beharrlich, ein Lächeln zu formen. »Therese hat mir auch viel erzählt.«

»Jedenfalls mehr als du mir«, neckt Therese. »Ich hoffe, dir ist klar, dass ich spätestens im Camp darauf bestehen muss, dass du mir jedes kleine Detail über Grayson und dich erzählst?!«

»Klar.« Meine Stimme klingt gepresst. An Thereses Stelle wäre ich sauer oder wenigstens ein bisschen verletzt, dass ich nichts gesagt habe, aber sie wirkt superentspannt. Genau wie ihre Tante Rose, wie Peter oder Pierre. Keiner von ihnen sieht aus, als hätte es heute einen Anschlag auf das Parlament gegeben. Geschweige denn einen beinahe tödlichen Bauchschuss auf eine geliebte Person. Sedatium macht einen wirklich grandiosen Job – vielleicht hat man ihnen sogar irgendwie eine Extradosis untergejubelt?

»Also gut, das Taxi ist hier«, sagt Peter in die Runde. »Pierre, du bist dir sicher, dass wir dich nirgends rauslassen sollen?«

Pierre nickt. »Absolut sicher. Der Wagen meines Vaters ist bereits auf dem Weg und sollte in wenigen Minuten hier sein. Aber ich begleite euch gern nach unten.«

»Was ist mit dir, Mae? Sollen wir noch kurz warten?«, bietet Rose an. »Wir kommen sowieso an eurem Camp vorbei, also würde es sich anbieten.«

Das Camp ist ungefähr der letzte Ort, an dem ich gerade sein will. Lieber würde ich hierbleiben, bis Dad aufwacht – und nach Hause fahren. Zu Nick und Cara. Selbst wenn es nur für eine einzige Nacht ist.

»Nein danke«, erwidere ich nach zu vielen Sekunden und schelte mich innerlich für die Unachtsamkeit. »Mein Dad ist …« Ich bringe es nicht über die Lippen. Stattdessen nicke ich ziellos in den Gang hinter mir, als lägen dort die fehlenden Wörter.

Therese greift nach meiner Hand. »Verdammt, Süße, das tut mir so leid. Sag Bescheid, wenn ich was für dich tun kann, okay? Und du hast Peter ja gehört. Sie kriegen hier alle die beste Versorgung.«

Sofort schießt das Brennen zurück in meine Augen. Dieses Mal kann ich es unmöglich als Freudentränen verkaufen, weshalb ich dagegen ankämpfe. »Mache ich«, sage ich knapp. »Danke, Therese. Und danke, Pierre.«

Ich weiß nicht, ob Pierre überhaupt versteht, wofür mein Dank ist. Aber erstens hat mich der Skyler-Erbende bei der ersten Explosion reflexartig nach unten gezogen und so größere Verletzungen verhindert. Und zweitens war es sein Verdienst, dass es Therese und ein paar andere aus unserem Camp unversehrt nach draußen geschafft haben. Er kannte den Hinterausgang von der Generalprobe und hat keine Sekunde gezögert, sie dorthin zu bringen.

»Das Taxi hat mir gerade einen Reminder geschickt.« Peter hält sein SmartPad hoch. Natürlich ist es eins der modernen, transparenten Modelle. »Ich will nicht drängeln, aber ich muss auch noch beim Restaurant vorbei, bevor Gustav weg ist. Es gab Probleme mit einer Kühleinheit.«

Stimmt, Peter hat ein Restaurant. Eine Info, die Therese beim Eröffnungsbankett eingestreut hat.

»Ist es wirklich okay, wenn wir dich hier allein lassen?« Therese hält meine Hand immer noch fest umklammert, und endlich sehe ich eine andere Regung in ihren Augen. Sorge. Zumindest einen Hauch davon.

»Ist es. Versprochen.« *Lüge.* Ich zucke kaum merklich zusammen, denn es ist unheimlich, wie leicht es mir nach so kurzer Zeit über die Lippen geht. *Notlüge*, korrigiere ich mich in dem Versuch, es vor mir zu rechtfertigen.

Ich lasse mich von Therese in eine letzte, vorsichtigere Umarmung ziehen, Pierre haucht mir einen Kuss auf die Wange, Rose und Peter streichen mir über den Rücken. Viel zu viele Berührungen für meine inneren Dämme. Ich atme gegen die Splitter an, während sich die anderen umdrehen und gehen.

Jetzt gibt es nur noch mich und die Tür zu Graysons Zimmer.

KAPITEL 2

Graysons Brustkorb hebt und senkt sich in tiefen, gleichmäßigen Zügen, die Augen sind geschlossen.

Lautlos trete ich näher an sein Bett. Neben der Erleichterung nagt die Unsicherheit, ob er mich überhaupt sehen wollen würde, und dann ist da noch dieses Gerät, das seinen Körper vom Hals abwärts bedeckt. Es wirkt wie ein gläserner Sarg, der die Bettdecke ersetzt, durchwebt von etlichen Drähten, von HoloScreens, auf denen Diagramme leuchten, und von bläulichen Lasern, die in willkürlichem Rhythmus über seinen Oberkörper huschen. Seinen *nackten* Oberkörper. Es ist das erste Mal, dass ich ihn so sehe. Ein Teil von mir jault vor Sehnsucht auf, aber gleichzeitig fühlt es sich abgrundtief falsch an. Hier zu stehen und ihn so zu sehen, so verletzlich, so entblößt, ohne dass er überhaupt davon weiß.

Mit einem schweren Schlucken verändere ich meinen Fokus. Ich suche nach der Stelle, an der die Kugel in seinen Körper eingedrungen ist. Es ist ein unbedeutend kleines Loch, die Ränder sind geschwärzt, und je länger ich die

Stelle anstarre, desto klarer wird mir, dass die Laser keinesfalls willkürlich tanzen. Sie scheinen einem klaren, komplizierten Muster zu folgen, das sich auf die Einschussstelle und das Gewebe ringsherum konzentriert. Wäre Dad hier, könnte er mir bestimmt erklären, wie dieses Gerät funktioniert.

Und wenn Dad nie wieder etwas erklären kann?

Jede Faser meines Körpers spannt sich an.

»AISS?«, frage ich in die Stille.

»Ja, Maeander?«, meldet AISS sich zurück. »Was kann ich für Sie tun?«

Ich habe keine Ahnung, wo sich die Lautsprecher verstecken, aber jetzt habe ich Gewissheit, dass AISS auch in diesem Zimmer jedes Wort hört – und jede Regung sieht. Also beiße ich mir auf die Wange, so heftig, dass jedes andere Gefühl kurz übertüncht wird. »Gibt es etwas Neues von meinem Dad?«

»Arthur befindet er sich derzeit in der Obhut der Operierenden auf Ebene Fünf.« Selbst jetzt säuselt sie sanft vor sich hin, als wäre es nicht mehr als eine belanglose Plauderei. »Er ist in den besten Händen, entsprechend besteht kein Grund zur Sorge.«

Es fällt mir schwer, ihr nicht ins virtuelle Gesicht zu lachen. »Ich weiß, wo er sich derzeit befindet«, sage ich mit bemüht ruhiger Stimme. »Um meine Frage zu präzisieren: Mit welcher Wahrscheinlichkeit werden die Operierenden sein Leben retten?«

»Unter Berücksichtigung vergleichbarer Fälle, dem aktuellen Stand der Forschung sowie der Fähigkeiten der zugeteilten Operierenden errechne ich eine Wahrscheinlichkeit von achtunddreißig Prozent.«

Achtunddreißig Prozent. Mir wird schlecht.

»Aufgrund dieser Information und Ihrer angespannten Körperhaltung muss ich fragen, Maeander: Haben Sie das Gefühl, demnächst einer emotionalen Überreaktion zu erliegen?«

O ja. Wäre ich allein, würde ich schreien, schluchzen, um mich schlagen. Ich würde all die Ohnmacht herauslassen, die heiß durch meine Adern pulsiert, die quälende Ungewissheit, wer diese Menschen waren, die das Parlament gestürmt haben, warum behauptet wurde, das Programm wäre eine Lüge, und warum zwei Menschen, die ich liebe, hier gelandet sind. Einer davon mit einer Überlebenschance von lächerlichen *achtunddreißig Prozent*!

Ich brauche vier gefährlich lange Sekunden, bis ich es schaffe, meine geballten Fäuste zu lockern. »Nein.« Wieder schaue ich nach oben. »Es ist viel zum Verarbeiten, aber ich weiß, dass die Operierenden ihr Bestes geben.«

Achtunddreißig Prozent.

»Das freut mich zu hören. Sollte sich an Ihrer emotionalen Lage etwas ändern, zögern Sie nicht, mir Bescheid zu geben«, erwidert AISS. »Eine Überprüfung ist stets zu Ihrem Besten.«

Klar. Das Parlament ist zwar frei von AISS Augen und Ohren, aber sie wird trotzdem wissen, was mit den Menschen passiert, die durch eine Überprüfung fallen. Vor allem wenn man bei ihnen Verbindungen zum Widerstand oder gar einem Gegenmittel vermutet. Außer diese Arschlöcher haben es echt geschafft, es sogar vor AISS zu verbergen. Aber was ist dann mit den Abgeordneten, die echte VeriTabs nehmen? Sind sie womöglich so überzeugt davon, das Richtige zu tun, dass sie keinen Grund sehen, es AISS zu melden? Weil es in ihren Augen kein *Verbrechen* ist?

»Mae?«

Der Gedanke zerspringt. Sofort reiße ich mich von der Decke los. Grayson liegt noch genauso da wie eben, nur seine Augen sind offen. Diese einzigartigen frostblauen Augen, aus denen es nur einen Blick braucht, um mein Herz aus dem gewohnten Takt zu bringen.

»Grayson.« Ich stehe wie angewurzelt da. »Tut mir leid, ich ... wollte dich nicht wecken.«

»Hast du nicht«, erwidert er, und ich weiß nicht, ob es eine Lüge ist. Den Kopf leicht zur Seite gedreht, mustert er mich. Dann kräuselt er die Stirn. »Du bist verletzt.« Es klingt fast, als wäre er *besorgt*. Wegen *mir*.

Dieses Mal kann ich mir das Lachen nicht verkneifen. Es dringt leise und schief und ein bisschen zu verzweifelt aus meiner Kehle. »Du liegst in einem verdammten gläsernen Sarg«, krächze ich. »Das hier sind nur Kratzer.« Ich zucke mit den Schultern und streiche mir über die Oberarme.

Grayson hebt die Augenbrauen. »Das nennst du Kratzer?«

»Im Vergleich zu deinen Wunden? Ja.« Die Arme immer noch um mich geschlungen, trete ich einen Schritt näher. »Grayson, ich ... Das, was zwischen uns passiert ist ... Auf dem Parlamentsplatz ...« Ich klammere mich regelrecht an mir fest. Wie entschuldigt man sich bei jemandem, den man erst geküsst und dann zum Feind erklärt hat?

»Du musst nichts sagen.« In Graysons Stimme schwingt Bitterkeit. »Es ist okay.«

Schon wieder diese drei absurden Wörter. Es sind dieselben wie auf dem Parlamentsplatz, und tief in mir weiß ich, dass sie gelogen sind. In Wahrheit ist absolut nichts *okay*, aber würde ich es laut aussprechen, würde AISS garantiert hellhörig werden. Also bleibt mir nichts anderes übrig, als den Widerspruch zu schlucken und so zu tun, als wäre alles in Ordnung. Meine Finger pressen sich noch fester in meine Oberarme. Es brennt in den Schnittwunden, aber ich brauche den Halt.

»Kannst du …?« Meine Stimme bebt. Ich nehme einen tiefen Atemzug, versuche, alle Gefühle zu tilgen. »Du hast mir mal von einem Schlaflied erzählt«, setze ich neu an. »Würdest du es noch mal singen? Bitte?« Ich weiß genau, dass Grayson die Anspielung auf AISS geheimen Pausenmodus versteht. Er wird über das Aufsagen einer deutschen Strophe ausgelöst – die ich nicht kenne.

Grayson weicht meinem Blick aus. »Nicht jetzt, nein«, murmelt er mehr in sich hinein.

Autsch. Das war eindeutig. In den letzten Wochen bin ich so oft gefallen, dass ich dachte, den Boden längst erreicht zu haben. Gut zu wissen, dass der Fall doch noch tiefer gehen kann …

»Okay«, presse ich hervor. »Ich bin jedenfalls froh, dass du überlebt hast.« Ein schweres Schlucken voller ungesagter Worte. »Bis dann, Grayson.«

Keine Antwort, nicht einmal ein letzter Blick. Mein Herz kreischt, aber in diesen Abgrund habe ich mich ganz allein gestoßen. Allen brennenden Wünschen zum Trotz wende ich mich zum Gehen. Meine Schritte sind schwer, denn insgeheim warte ich auf ein Flüstern, auf ein leises »Halt«, ein »Bitte bleib noch«, ein gehauchtes »Warte«. Nichts.

Die Tür gleitet auf. Ich bin halb draußen, als ich hinter mir einen Signalton höre. Der VisionScreen, der im Zimmer hängt, ist angesprungen. Beim Anblick des rot durchlaufenden Banners halte ich inne.

Jetzt live aus dem Center: Alles über die heutige Vereidigung und die notwendige Unterbrechung.

In meiner Kehle kratzt ein bitteres Lachen. O ja. Als ob das Parlament zum ersten Mal wirklich *alles* mit der Öffentlichkeit teilen würde. Da ich gespannt bin, welche Story sie uns auftischen wollen, pendle ich zurück in Graysons Zimmer. Die Tür geht zischend zu.

Hinter dem roten Banner wird ein Bild des Parlaments eingeblendet. Es sieht genauso aus wie immer. Ein gläsernes Schloss, auf Hochglanz poliert, davor der große Platz, der von mehreren historisch erhaltenen Gebäuden und echten Bäumen gesäumt wird.

Einige Sekunden passiert nichts, dann erklingt der Einspieler des CenterTalks, und es wird live ins Studio geschaltet. Heute ist es in ungewohnt neutralen Tönen gehalten. Weiße Sessel, heller Teppich, grauer Tisch mit einem Bouquet weißer Blumen. Mittendrin steht Irony James, die ein schwarzes, extravagantes Kleid trägt, ihr Afro wurde geglättet. Die Kamera zoomt näher an sie heran. Ich rechne mit

Schnittwunden in ihrem Gesicht, aber ihre Haut wirkt wie immer makellos. Und als wäre das allein nicht absurd genug, wurde sogar ihre Augenfarbe angeglichen. Vielleicht sind es auch nur Kontaktlinsen, die das Orange von der Vereidigung hinter hellem Grau verstecken.

»Guten Abend, liebes Publikum.« Selbst jetzt strahlt Irony in die Kamera. Sie wirkt dabei nicht ganz so enthusiastisch wie heute Mittag, aber es reicht trotzdem, um die Härchen in meinem Nacken aufzustellen. »Seit über fünfzehn Jahren stehe ich als Moderierende in diesem Studio und informiere Sie über die neusten Entwicklungen in Sestiby. In all diesen Jahren haben wir das gewohnte Programm nur zweimal unterbrochen. Beim ersten Mal haben wir den Tod unseres geschätzten Präsidierenden Wilmar betrauert, der heimtückisch von einem Liar erschossen wurde.«

Auf dem HoloScreen des Studios wird ein Foto von Präsidierendem Wilmar eingeblendet. Von dem alten weißen Mann mit dem Spinnengeflecht von Haaren und dem unbarmherzigen Blick. Grayson hat einmal gesagt, es wären Männer wie Kane oder Wilmar gewesen, die unsere alte Welt aus purer Selbstgefälligkeit in den Ruin gestürzt hätten. Ob Wilmar auch ein Liar war? Ein machthungriger Herrscher, der seine dunkle Seite nur gut zu verstecken wusste?

»An die zweite Unterbrechung werden sich die meisten von Ihnen gut erinnern. Denn vor gerade einmal fünf Wochen stand ich hier, um gemeinsam mit Abgeordnetem Kane den Start des innovativen Partner Evaluation Programs zu verkünden.«

Es werden Ausschnitte aus dem CenterTalk mit Kane gezeigt, in dem er mir und etlichen anderen versprochen hat, niemals nach Ring Sieben zu müssen. Weil es für jeden von uns die perfekte Partnerperson gibt. *Auch nur eine Lüge?* Da ist die Frage wieder, die pfeilschnell durch meinen Kopf saust, einmal alles durchbohrt und doch nicht stecken bleibt. Vielleicht weil ich längst ahne, wie hart die Suche nach Antworten werden wird.

»Heute sollte ebenfalls ein Tag zum Feiern werden«, fährt Irony fort. »Zum ersten Mal seit der Gründung des Parlaments durften wir die Vereidigung von gleich drei neuen Mitgliedern bezeugen. Ada Sotaro, Blaise Nolan und Nicholas Elking, drei junge, dynamische Menschen, die ab Sommer unter Abgeordneter Kaldirim ausgebildet werden, um die drei neuen Taskforces des Investigationssektors zu leiten.«

Sie zeigen den Kuppelsaal, der noch intakt ist, das große Publikum, von dem etwa ein Viertel die weiße Kleidung der Camps trägt, die Bühne mit Ada, Blaise, Nick – und mir. Ich sehe aus wie eine Fremde. Mein Kupferhaar wurde hochgesteckt und hat einen ungewohnten Glanz, meine Haut ist eine ebenmäßige Fläche aus beigem Make-up, die Lippen darin viel zu rot, der Blick zu verunsichert. Immerhin habe ich meine Hände sittsam vor dem Körper verschränkt, anstatt an meiner Nagelhaut zu knibbeln.

»Nachdem alle Unterschriften geleistet wurden, hat uns Präsidierende Deliah Fallon mit großen Neuigkeiten überrascht.« Während Irony spricht, läuft die Aufnahme im Hintergrund weiter. So viele einstudierte Gesten, so viel gestelltes Lächeln. »Aus familiären Gründen hat sich unsere Präsidierende entschieden, ihr Amt an einen Mann zu übergeben, für den sich das Parlament noch gestern Abend einstimmig entschieden hat. Da Sie alle wissen, wen ich meine, bitte ich Sie jetzt um tosenden Applaus für meinen heutigen Gast!« Irony macht eine Pause, um Beifall einspielen zu lassen.

Unwillkürlich schaue ich zurück zu Grayson. Er hat die Augen wieder geschlossen, nur das tiefe Heben und Senken seines Brustkorbs beweist, dass er lebt. Warum habe ich nicht bemerkt, dass er wieder eingeschlafen ist?

Als der Applaus abebbt, zieht es meinen Blick zurück zum Screen. Im Gegensatz zu Grayson sieht Kane blendend aus. Vor fünf Wochen habe ich in ihm nur zwei Dinge gesehen: den Abgeordneten des Partnerschaftssektors und Paps' großes Vorbild. Jetzt sehe ich in ihm einen Liar mit viel zu adrett gestutztem Bart, viel zu aufrechtem Gang, einem viel zu verschlagenen Lächeln. Jetzt sehe ich in ihm ein skrupelloses Arschloch, das im Verdacht steht, das ganze Parlament auf seine Seite ziehen zu wollen, und das sicher kein Problem damit hat, dass in den Katakomben des Parlaments Menschen gefoltert werden. Ein Arschloch, das seit heute der mächtigste Mann in Sestiby ist. Wobei, streng genommen wurde seine Vereidigung nicht beendet.

»Irony, so schnell sieht man sich wieder.« Kane schüttelt die Hand der Moderierenden. »Sie sehen gut aus.«

»Das Kompliment kann ich nur zurückgeben, Abgeordneter. Oder sollte ich *Präsidierender* sagen?« Neckend deutet Irony auf die Sitzecke.

Wie gewohnt zähle ich die Sekunden. Allerdings hätte es ein Liar wie Kane nie so weit geschafft, wenn er dieses Spiel nicht perfekt beherrschen würde. Er lässt keine zwei Sekunden verstreichen, bevor er antwortet: »Präsidierender ist richtig.« Zeitgleich mit Irony lässt er sich in den Sessel sinken. »Die offizielle Zeremonie wurde zwar unterbrochen, allerdings konnten wir die Unterschriften heute Nachmittag im geschlossenen Kreise nachholen. Um zu gewährleisten, dass sich unsere liebe Deliah ab sofort ganz um ihre Familie kümmern kann.«

So viel also dazu. Schöne Scheiße.

»Das sind großartige Neuigkeiten«, erwidert Irony strahlend. »Dann darf ich an dieser Stelle wohl meine Glückwünsche aussprechen.«

»Vielen Dank.« Ein bescheidenes Nicken.

»Wenn wir über Unterbrechungen reden, kommen wir doch direkt zum eigentlichen Thema dieser Sondersendung.« In einem Atemzug wird Ironys Miene ernster. »Die meisten von Ihnen waren live dabei, als unsere drei neuen Parlamentsmitglieder unterzeichnet haben, Sie waren dabei, als Deliah Fallon abgedankt hat, und Sie waren dabei, als der Bildschirm plötzlich schwarz wurde. Wie Sie wissen, ein technischer Defekt, der allerdings auf ein weitaus tragischeres Ereignis zurückzuführen war.«

Der HoloScreen im Hintergrund verändert sich. Wo vorhin noch Aufnahmen der Vereidigung liefen, wird jetzt das Standbild einer Überwachungskamera eingeblendet. Darauf sind einige der schwarz maskierten Gestalten zu sehen, die das Parlament gestürmt haben – nur von den roten Spraydosen ist keine Spur zu erkennen. Kein Wunder. Laut einer Helfenden wurde die Aufnahme in dem Moment unterbrochen, in dem sich die Gestalten vom SkyWalk abgeseilt haben. Außer denen, die live vor Ort waren, hat niemand die unheilvollen Worte gelesen. Nein, etwas sagt mir, dass das Graffiti kein Teil der neuen Geschichte sein wird.

»Diese Menschen, die Sie im Hintergrund sehen, gehören zu einer radikalen Gruppierung, die sich selbst *Speakers of Truth* nennt«, übernimmt Kane das Wort, und ich werde hellhörig. »Sie besteht vollständig aus *Liar*, die sich binnen weniger Wochen im Untergrund formiert haben, um unser geliebtes Sestiby ins Chaos zu stürzen. Und so ungern ich es zugebe, aber heute haben sie uns getroffen.«

Das Standbild wird durch ein weiteres ersetzt. Es zeigt den zersplitterten Kuppelsaal – ohne Verletzte, ohne Tote. Nur die gläsernen Trümmer, in denen sich nicht das kleinste bisschen Blut spiegelt. Ich bezweifle nicht, dass diese Aufnahme echt ist. Denn das würde erklären, warum Kane erst jetzt eine offizielle Stellungnahme abgibt. Wahrscheinlich lag Dad noch nicht einmal auf dem OP-Tisch, als sie angefangen haben, alle Spuren zu beseitigen, die beweisen, wie grausam die Vereidigung wirklich geendet hat.

»Inzwischen wissen wir, dass es einem Liar gelungen ist, sich in das Parlament einzuschleusen, genauer gesagt in das Sicherheitspersonal«, redet Kane weiter. »Fatalerweise ist er auf eine Lücke im System gestoßen, durch die er den Speakers of Truth – oder wie ich sie lieber nennen möchte, den Speakers of *Lies* – Zutritt zu unserem heiligsten Inneren verschaffen konnte.« Alles an Kane unterstreicht den vermeintlichen Wahrheitsgehalt seiner Aussage. Die felsenfeste Stimme, die betroffene, aber entschlossene Mimik. Nur ich habe keine Ahnung, wie viel davon stimmt. »Kurz nachdem die Kameras ausgeschaltet wurden, sind fünfundzwanzig stark bewaffnete Liar in das Parlament eingedrungen. Wir wissen bereits, dass sie durch besagten Insider Informationen über Deliahs Rücktritt hatten und verhindern wollten, dass meine Vereidigung rechtmäßig abgeschlossen werden kann.«

Während er spricht, muss ich mir auf die Zunge beißen, damit mir keine zynische Bemerkung rausrutscht. Als ob *wenige Wochen* reichen würden, um einen solchen Angriff zu planen. Wer auch immer diese Speakers of Truth sind, sie müssen sich Monate, wenn nicht gar *Jahre* auf diesen Tag vorbereitet haben – was bedeutet, dass sie AISS bei der Gefährdungsanalyse überlistet haben müssen. Und mir fällt nur ein Weg ein, um das zu schaffen: mit dem Gegenmittel der Thustras.

Übelkeit brandet in meinem Magen. Nein, Trish würde niemals ... *Was, Mae?*, fordert mich der Zweifel heraus. *Einen Schlag gegen die Arschlöcher ausführen, deren Lügen sie längst aufgedeckt hat?*

Ich schlucke schwer, denn Fakt ist, dass ich weder Trish noch die Thustras wirklich kenne. Mein ganzes Wissen über den Widerstand beschränkt sich auf ein einziges Gespräch mit Grayson. Beim Verabreichen des Gegenmittels hat er mir versprochen, dass ich ab jetzt nicht mehr allein bin. Dass von jetzt an mehr als zweihundert Thustras auf mich aufpassen werden – und dass ich vielleicht irgendwann die Chance bekomme, Teil einer Revolution zu sein. Irgendwann. Nicht ein paar Tage später – *oder*?

Mein Blick gleitet zurück zu Grayson. Trotz allem, was zwischen uns war, hätte er meine Familie und mich niemals ohne Vorwarnung ins offene Messer laufen lassen. Dasselbe gilt für Jamar – außer natürlich die beiden wussten nichts von Trishs Plänen ... Wie zur Hölle konnte das bedingungslose Vertrauen, in dem ich erzogen wurde, dermaßen schnell fragiler werden als jede Seifenblase?

»Wirklich unfassbar«, sagt Irony passenderweise. Auch wenn ihre Reaktion natürlich Kane gilt. »Dabei muss diesen Speakers of Lies doch wohl klar gewesen sein, dass es höchstens eine kleine Verzögerung nach sich zieht. Auf Kosten von etlichen ...«

»Abgesehen davon, dass bei Menschen nach einer gewissen Zeit ohne VeriTab das rationale Denken aussetzt, muss ich leider widersprechen«, fällt Kane ihr ins Wort, ohne dabei unhöflich zu wirken. »Wir glauben, dass sie auf weit mehr als eine *kleine* Verzögerung aus waren. Angesichts ihrer Bewaffnung und des Auftretens gehen wir davon aus, dass es ihr Ziel war, Deliah und mich zu töten.«

»Töten«, wiederholt Irony und verschluckt sich dabei. Sie angelt nach ihrem Wasserglas. Einen großen Schluck und ein Räuspern später hat sie sich wieder unter Kontrolle. »Mit Verlaub, Präsidierender, doch was genau sollte das Motiv sein, die Regierung ihrer Vorsitzenden zu berauben? Wir beide kennen die Satzung gut genug, um zu wissen, dass die Handlungsfähigkeit des Parlaments jederzeit sichergestellt ist. Selbst im Todesfall der Präsidierenden.«

»Das ist richtig«, entgegnet Kane. »Allerdings scheint dieses Attentat eher persönlich motiviert gewesen zu sein.«

»Wie genau dürfen wir das verstehen?«

»Sie wissen, dass Deliah und ich bereits seit Jahren befreundet sind, deshalb stünde mir nichts ferner, als ihre Kompetenzen in Frage zu stellen.« Es sind die Nuancen zwischen den Zeilen, die verraten, dass Kane genau das tun wird. »Verstehen Sie es also bitte als sachliche Feststellung, wenn ich sage, dass die finanziellen Mittel der Regierung in den vergangenen Jahren recht einseitig verteilt waren. Primär sind sie in die Unterstützung von Partnerschaften und Familien geflossen, was ich Deliah hinsichtlich ihrer persönlichen Lebensplanung nicht verdenken kann.«

Es fällt mir schwer, das wütende Pulsieren in mir nicht nach außen zu tragen. Wo auch immer Deliah gerade ist: Ich hoffe, sie schmeißt etwas mit voller Wucht gegen ihren VisionScreen. Und wird dabei nicht von AISS beobachtet.

»Eine Verteilung, die *Ihrem* Sektor wohlgemerkt zugutekam«, wirft Irony seltsam harsch ein. »Andernfalls wäre die Umsetzung der Camps sicher schwierig geworden.«

»Das ist wieder ein anderer Budgetpool, allerdings möchte ich nicht bestreiten, dass der Partnerschaftssektor von Deliahs Entscheidungen profitiert hat. Doch es ist nur einer von zwölf Sektoren, die alle entsprechende Aufmerksamkeit verdient haben, und wer meine bisherigen Publikationen in Magazinen wie *Parlament Inside* gelesen hat, weiß, dass ich vorhabe, die Gelder effektiver zu verteilen.« Kane lässt sich kein bisschen aus der Ruhe bringen. Seine Mundwinkel sind zu einem feinen Lächeln verzogen, das eine Bein hat er auf das andere gelegt. »An der Spitze der Investitionen wird der Investigationssektor stehen und damit verbunden das Sicherheitsmanagement Sestibys. Um zu gewährleisten, dass Individuen wie die Speakers of Lies künftig aufgespürt und nach Ring Acht gebracht werden, bevor sie solch entsetzlichen Schaden anrichten können. So gesehen war der heutige Tag ihre letzte Chance für einen solchen Angriff – und diese haben sie genutzt. Wobei ich mir nicht verkneifen kann, zu sagen, dass es ein äußerst bescheidener Versuch war. Immerhin sitze ich jetzt hier und erfreue mich ebenso guter Gesundheit wie Deliah – während *alle* Speakers of Lies in Gewahrsam genommen werden konnten. Die Gefahr ist entsprechend vollständig gebannt.«

Im Hintergrund leuchtet immer noch das gläserne Scherbenmeer. Jeder polierte Splitter scheint Fragen und Zweifel zu spiegeln, die von Kane und Irony gekonnt ignoriert werden. Nur in mir pulsieren sie mit jedem schmerzhaften Herzschlag. Wer genau *sind* diese Speakers of Truth? Wie konnten sie einen Anschlag planen, ohne bei der Gefährdungsanalyse aufzufallen? Hat Trish etwas damit zu tun, oder haben sie womöglich ein eigenes Gegenmittel? Und wie viele Speakers of Truth lauern da draußen noch? Kane behauptet zwar, alle wären in Gewahrsam genommen worden, doch ich bezweifle, dass eine solch organisierte Gruppe sämtliche Mitglieder gleichzeitig losgeschickt hat. Oder ... war das alles nur ein großer Bluff, um Kanes künftige Budgetverteilung zu rechtfertigen? Bei der Vorstellung frisst sich die Kälte so tief in mich rein, dass ich mir doch Thereses Mantel wünsche. Ja, nach allem, was ich inzwischen weiß, scheint kein Szenario unmöglich. Einzig das Graffiti passt in keins der Bilder ...

»Es freut uns selbstverständlich, Sie beide bester Gesundheit zu wissen«, erwidert Irony. »Dennoch sollten wir über den entstandenen Schaden reden, einschließlich der Menschen, die verletzt wurden.«

Kane nickt vor sich hin. »Ich verstehe das Interesse an diesen Informationen, allerdings ist es zu früh, um verlässliche Aussagen treffen zu können. Der Architekturschaffende Frankie Skyler begutachtet derzeit den materiellen Schaden. Was die anwesenden Gäste betrifft, kann ich mit Stolz sagen, dass die Behandelnden binnen weniger als fünf Minuten vor Ort waren und alle Verwundeten erfolgreich bergen und ins zentrale MedPlex bringen konnten. Die meisten haben Schnittwunden von der zersplitterten Kuppel davongetragen, allerdings wurde mir versichert, dass sie rückstandslos verheilen werden. Im Falle von Narben kommen wir selbstverständlich für die Angleichung auf.«

Kein Wort über die Toten. Kein Wort über Menschen wie Dad, die immer noch im OP liegen. Was für ein mieser Heuchler! Aber leider auch ein verdammt guter. Denn streng genommen hat er nicht gelogen – er hat nur nicht die ganze Wahrheit gesagt.

»Allgemein möchte ich an dieser Stelle die Chance nutzen, um mich in aller Form bei denjenigen zu bedanken, die Schlimmeres verhindert haben.« Kane nickt in Richtung des HoloScreens.

Es ist das erste Mal, dass Irony sich umdreht, als wären die Bilder auch für sie neu. Fünf Portraits von fünf Menschen, die ich alle kenne: Kaldirim, Ada, Blaise, Nick – und mein Ex-Freund *Aiden*.

Unwillkürlich versteife ich mich.

»Ein erster großer Dank geht an meine Kollegin Nadira Kaldirim«, beginnt Kane, während ihr Portrait vergrößert wird. »Die Abgeordnete des Investigationssektors, die zu jeder Zeit des Angriffs einen kühlen Kopf bewahrt hat. Es war allem voran ihrer spontanen Einsatzleitung zu verdanken, dass alles verhältnismäßig gut ausgegangen ist.«

Seine Lobeshymne rauscht über mich hinweg, während ein Portrait nach dem anderen in den Vordergrund tritt. Bei Nick zucke ich flüchtig zusammen, als Aiden an der Reihe ist, weiß ich nicht, ob ich lachen oder weinen soll.

»Den letzten jungen Mann, dem ich persönlich danken möchte, werden die wenigsten von Ihnen kennen.« *Haha.* »Aiden Goodale ist einer der engsten Freunde von Nicholas, weshalb er der Vereidigung persönlich beigewohnt hat. Obwohl er ein einfacher Arbeitender aus Ring Vier ist, hat er heute nicht etwa die Flucht ergriffen, sondern in Rücksprache mit Nicholas dafür gesorgt, die Gäste in Sicherheit zu bringen. Angefangen mit meinem eigenen Ehemann, gefolgt von Nicholas' Familie und zwanzig weiteren Gästen. Aiden Goodale? Sie sind ein wahrer Held. Und vielleicht sollten Sie bei Gelegenheit noch mal über eine Umschulung nachdenken.« Kane schmunzelt vielsagend in die Kamera. Dann werden die Portraits von einer Bilderwand überblendet, auf der kein Gesicht wirklich erkennbar ist, und Kane bedankt sich in Kürze bei allen, die an der Rettung beteiligt waren. »Ich bin wahrlich stolz, eine solch mutige Nation anführen zu dürfen, und bin mir sicher, dass es keine Herausforderung gibt, die wir nicht gemeinsam meistern können.«

Jedes Wort von ihm, jedes Lächeln, jede Geste lässt die

Hitze in mir heißer auflodern. Warum sagt er das nicht meinem Dad mit seinen lächerlichen achtunddreißig Prozent Überlebenschance?!

»Nun, um noch mal auf mein letztes Thema zurückzukommen«, meldet sich Irony zu Wort, die trotz ihrer strahlenden Präsenz in den Hintergrund gerückt ist. »Dann können wir davon ausgehen, dass in den kommenden Tagen alle relevanten Informationen zu dem heutigen Zwischenfall online zu finden sein werden?«

»Selbstverständlich. Im Rahmen des Transparenzgesetzes werden wir einen vollständigen Bericht veröffentlichen, sobald die Ermittlungen abgeschlossen sind. Allerdings bitte ich die Bevölkerung um Geduld, da es gründlicher Recherche bedarf und wir jede Art von Fehlinformationen vermeiden möchten.« Und erneut zieht sich Kane geschickt aus der Affäre.

»Gut.« Da ist wieder ein Unterton in Ironys Stimme, als wäre es in Wahrheit nicht *gut*. »Dann ist nur noch eine große Frage offen: Wer wird Ihre Nachfolge im Partnerschaftssektor antreten?«

»Derzeit gibt es noch keinen Namen, den wir an dieser Stelle verkünden könnten«, erwidert Kane überraschend direkt. »Wir haben zwar erste Gespräche geführt, allerdings möchten wir die Position mit jemandem besetzen, der für seine Themen brennt. Der sie mit Leidenschaft verfolgt und innerhalb des Parlaments entsprechend vertritt. Sobald wir eine finale Entscheidung getroffen haben, werden wir eine offizielle Mitteilung herausgeben, und bis dahin bleibt der Sektor in meiner Obhut.«

»Präsidierender und Hauptverantwortlicher für einen ganzen Sektor«, fasst Irony zusammen. »Ich nehme an, Sie haben in den nächsten Monaten keine großen Freizeitpläne?«

Kane lacht auf. »O nein, die Zukunft Sestibys hat für mich höchste Priorität.«

»Gibt es sonst noch etwas, das Sie unseren Zuschauenden an dieser Stelle mitteilen möchten?«

»Seien Sie unbesorgt.« Drei Wörter, die für mich wie blanker Hohn klingen. »Gehen Sie regelmäßig zur Vergabe. Halten Sie Augen und Ohren in Ihrem Umfeld offen. Melden Sie verdächtiges Verhalten. Und scheuen Sie sich nicht, zu einer freiwilligen Überprüfung zu gehen, falls Sie merken, dass Sie diese Situation ungewöhnlich belastet. Unsere Behandelnden freuen sich, Sie entsprechend zu unterstützen.«

Interessant, wie er *Extradosis Sedatium* ausspricht.

»In diesem Sinne, Irony: Es war mir eine Ehre, hier sein zu dürfen.« Dann formt er aus Zeige- und Mittelfinger das typische V, mit dem er sein Herz berührt. »Für die Wahrheit.«

»Für den Frieden«, gibt Irony die Floskel zum Besten. Sie nickt Richtung Kamera, und das Bild wird überblendet.

Was für eine Shitshow.

Da die Wahrheit ein Grundrecht der Bevölkerung Sestibys darstellt, haben alle Bewohnenden Anspruch auf umfassende Transparenz von staatlichen Institutionen sowie Wirtschaftsunternehmen. Art, Umfang und Regelmäßigkeit der zu veröffentlichenden Transparenzberichte sowie Einschränkungen und Ausnahmen zum Schutze der Bevölkerung sind im nachfolgenden Gesetzestext niedergeschrieben.

Auszug aus »Einführung in das Transparenzgesetz«
von Professierter Magdalena Engels, erschienen 01. 08. 2135

KAPITEL 3

Vain ist nach dem Kaffee nach Hause gefahren. Laut Paps musste sie zurück zu den Kindern. Das Taxi hätte draußen bereits auf sie gewartet. Entweder hat sie es heimlich bestellt, oder es kam von Keith, der sie irgendwie überredet hat, einzusteigen. *Oder gezwungen?* Unwillkürlich muss ich an das gemeinsame Frühstück vor der Vereidigung denken. Daran, wie Keith jede Bemerkung von Vain mit seiner Arroganz abgebügelt hat, wie er sie Richtung Beatrice Bachmann dirigiert hat, um irgendeinem Club beizutreten, und wie er sie mit einer Hand im Rücken regelrecht nach vorne geschoben hat.

Bei der Erinnerung meldet sich ein unangenehmes Zwicken in meinem Magen. Andererseits habe ich nur einen winzigen Ausschnitt aus Vains und Keiths Ehe gesehen. Gäbe es wirklich Grund zur Sorge, hätte Vain es sicher längst bei der Gefährdungsanalyse gemeldet, richtig? Nach unserer Begegnung habe ich jedenfalls keinen Zweifel daran, dass die VeriTabs bei ihr wirken.

Trotzdem lässt mich das Gefühl nicht ganz los, als ich allein mit Paps auf dem Gang vor dem OP sitze. Irgendetwas ist da zwischen Vain und Keith. Oder rede ich es mir nur ein, um mich von dem restlichen Chaos abzulenken?

Neben mir beginnt Paps, an seiner Nagelhaut zu knibbeln. Allmählich scheint sich seine Nervosität sogar gegen Sedatium durchzusetzen. Kein Wunder. Als er zurückkam, wollte er wissen, ob ich was von Dad gehört habe, und da AISS zuhört, musste ich diese elenden achtunddreißig Prozent erwähnen. Immerhin konnte ich den Ausflug zu Grayson für mich behalten.

Reflexartig strecke ich die Hand nach Paps' aus. Erst als ich seine warmen Finger berühre, merke ich, wie frostig meine sind. »Cara ist übrigens direkt eingeschlafen«, starte ich einen Versuch, uns beide abzulenken. »Nick hat mir geschrieben.«

»Ich bin auch todmüde«, erwidert Paps und ringt sich ein Gähnen ab, das ansteckend ist. »Wenn sie deinen Dad nicht bald da rausbringen, werde ich um ein Gespräch mit dem leitenden Personal bitten. Es ist unverantwortlich, uns so lange hier warten zu lassen.« Dann legt er seine Hand über meine und tätschelt sie. »AISS, meine Liebe, kannst du inzwischen absehen, wie lange die OP meines Ehemanns noch dauert?« Paps' Stimme ist eine Nuance höher als sonst. Irgendwo unter Sedatium muss er rasend vor Angst sein.

»Die Operierenden sind gerade in den letzten Zügen. Bitte haben Sie noch einen Moment Geduld, Oliver.« Das Säuseln kommt aus einem Lautsprecher direkt über unseren Köpfen.

Paps lässt sich tiefer in den Sessel sinken, ohne meine Hand loszulassen. »Das letzte Mal, dass ich so viel Geduld aufbringen musste, war bei der Geburt deiner kleinen Schwester. Die Leihmutter hat sich für eine natürliche Geburt entschieden, und zuerst sah alles gut aus, aber dann gab es Komplikationen mit der Lage, und es hat beinahe achtundvierzig Stunden gedauert, bis wir unser Mädchen zum ersten Mal sehen durften.«

Sonst spricht Paps nie über die Details von Caras Geburt. Da ich damals gerade erst sieben war, kann mich nur noch an die glücklichen Gesichter meiner Eltern sowie den Besuch auf der Station erinnern. Komplikationen sind mir neu.

»Apropos: Hast du schon was von deinen Geschwistern gehört?«, fügt er fragend hinzu. Anscheinend hat er vorhin nur die Hälfte mitbekommen.

»Nick hat mir geschrieben«, wiederhole ich geduldig. »Die beiden sind gut zu Hause angekommen, und Cara war so müde, dass sie sofort eingeschlafen ist.«

»Das sind gute Nachrichten.« Paps muss wieder gähnen. »Ich habe Vain auch gebeten, sich zu melden, wenn sie zu Hause angekommen ist, aber sie wollte nichts versprechen. Ich wüsste ja, wie das mit Kindern wäre.« Ein flüchtiges

Schmunzeln huscht über sein Gesicht, wobei ich nicht sagen kann, ob es von einer glücklichen Erinnerung oder Bedauern gezeichnet ist.

Die Tür des OPs gleitet auf, und sofort sind alle anderen Themen vergessen. Hand in Hand springen Paps und ich auf, mein Puls ist höher als bei jedem Parcours, und das einzige Wort, das noch durch meine Gedanken hallt, ist eine Zahl. *Achtunddreißig.* Ich halte mich an Paps fest. Und er klammert sich an mich.

Dieses Mal ist es kein Helfender, sondern eine Behandelnde. Falls ihr Kittel blutig war, hat sie ihn gewechselt, nur die Haube auf ihrem Kopf beweist, dass sie vorhin noch im Einsatz war. »Arthurs Ehemann Oliver, und Sie müssen die zweitjüngste Tochter sein, Maeander?«, spricht sie uns an.

Ich versuche, auf ihrem hellbraunen Gesicht eine Regung zu erkennen, die mehr verrät. Ein nach unten verzogener Mundwinkel, Bedauern, Erleichterung, aber sie hat das perfekte Pokerface.

»Richtig«, antworten Paps und ich zeitgleich.

»Arthur hat beim Mittagessen manchmal Fotos gezeigt.« Nicht einmal jetzt lässt sie eine Regung durchschimmern. »Christa Melrose«, stellt sie sich stattdessen vor. »Ich habe eine Weile eng mit Arthur zusammengearbeitet, was diese Sache für mich nicht leichter macht.«

Bis gerade habe ich verdrängt, dass das zentrale MedPlex und Dads Arbeitsplatz ein- und derselbe Ort sind.

»Um zum Wesentlichen zu kommen: Wir konnten sämtliche Fremdkörper entfernen und die Blutungen stoppen. Leider sind das die einzig guten Nachrichten.«

Achtunddreißig.

»Wir haben Arthur an IntenseCare angeschlossen und ins Koma versetzt, um seinem Körper die Möglichkeit zu geben, in Ruhe zu regenerieren. Allerdings haben wir die kritische Phase damit noch nicht überstanden«, erklärt Christa weiter. »Im Moment ist er zwar stabil, allerdings werden erst die kommenden achtundvierzig Stunden zeigen, ob die Behandlung wie gewünscht anschlägt.«

»Wie lange wird er hierbleiben müssen?« Paps' Optimismus ist herzzerreißend. Während in mir die Achtunddreißig wütet, tut er einfach so, als wäre die kritische Phase bereits überstanden.

Die Behandelnde wiegt den Kopf von einer Seite zur anderen. »Es ist unmöglich, die Frage eindeutig zu beantworten. Bei einem optimalen Verlauf gehe ich davon aus, dass wir in etwa zwei Monaten anfangen können, seinen Körper aus dem künstlichen Koma zu holen. IntenseCare müsste dann mindestens zwei weitere Wochen angeschlossen bleiben, und dann ist da noch die notwendige Angleichung, um das Hautbild wiederherzustellen. Alles in allem würde ich sagen, mindestens drei Monate, abhängig vom Verlauf auch durchaus länger. Stellen Sie sich besser darauf ein, viel Geduld mitzubringen.«

»Können wir zu ihm?«, fragt Paps.

Christa mustert ihn, als wollte sie einschätzen, wie viel er ertragen kann. Bei mir verweilt ihr Blick keine zwei Sekunden, dann nickt sie. »Natürlich. Ich werde gleich jemanden vom Hilfspersonal bitten, Sie zu ihm zu bringen. Wenn Sie mich dann entschuldigen würden.« Ein knappes Nicken zum Abschied, dann lässt sie uns stehen und geht zurück Richtung OP.

Ein paar Minuten später taucht ein Helfender auf, der sich als Stan vorstellt und uns mitnimmt. Ob er Dad auch kennt?

»Diese Speakers of Lies sind echt ziemlich abgebrühte Typen«, plaudert er drauf los, während er uns durch die Gänge führt. *Speakers of Lies.* Es ist erschreckend, mit welcher Leichtigkeit Kane den Namen in unseren Köpfen abgewandelt hat. »So viele Verletzte an nur einem Tag. Das hatten wir zuletzt vor fast zwanzig Jahren, beim großen Feuer auf der Gala der Mahonys.«

Stan sieht aus, als wäre er selbst höchstens zwanzig. Und beim Name Mahony meldet sich nur die verblasste Erinnerung an eine Unterrichtsstunde.

»Meine Eltern waren damals auf dieser Gala, und mein Dad hat einige echt üble Brandverletzungen davongetragen«, erzählt Stan ungerührt weiter. »Vor allem am Arm. War fast fünf Tage im MedPlex, kann also verstehen, wie Sie sich fühlen.« Offensichtlich merkt er nicht, dass der Vergleich ziemlich schwach ist.

Nicht einmal Paps fällt eine passende Reaktion ein. Schweigend folgen wir Stan zur IntenseCare-Station. Ehe wir sie betreten dürfen, müssen wir durch eine Art Schleuse, in der uns ein bläuliches Licht von oben bis unten betastet, gefolgt von einem Luftstrom. »Damit weder Dreck noch Bakterien oder Viren in den empfindlichen Trakt gelangen«, erklärt Stan. Immerhin eine interessante Info.

Hinter der Schleuse liegt ein weiterer Gang. Ewig lang und noch steriler als die anderen, denn hier gibt es weder Sessel noch Snackautomaten oder Pflanzen. Nur etliche Türen und Sichtfenster, hinter denen sich die IntenseCare-Zimmer befinden. Die meisten der Fenster sind undurchsichtig, als wären sie von innen beschlagen, manche ermöglichen einen Blick auf die andere Seite. Ein gesichtsloser Körper reiht sich an den nächsten. Sie alle befinden sich in einer ähnlichen Apparatur wie Grayson, allerdings umschließen diese Särge den gesamten Körper. Und ich bezweifle, dass auch nur einer dieser Menschen im nächsten Moment die Augen aufschlägt.

Mein Puls geht mit jedem Schritt schneller. Ein Teil von mir möchte Dad unbedingt sehen, ein anderer will auf der Stelle umkehren. Was, wenn ich ihn nicht mehr erkenne?

»Und da wären wir auch schon.« Stan bleibt vor einer der Türen stehen. Einen Knopfdruck später gleitet sie auf, und mein Herz rast hinab in meinen Magen. »Sie dürfen ruhig reingehen. Behandelnde Melrose wird gleich bei Ihnen sein.«

Paps zögert keine Sekunde. Kaum hat er einen Fuß über die Schwelle gesetzt, stürzt er auf den gläsernen Sarg zu, der jeden direkten Körperkontakt mit Dad verhindert.

»Oh, Arthur!« Paps klingt zutiefst erleichtert. »Es tut so gut, dich zu sehen.«

Erleichterung ist das Letzte, was ich gerade empfinde. Das da ist nicht mehr der Dad, der mich heute Morgen in den Arm genommen hat. Der Dad, der mir gesagt hat, dass ich auch ohne Partnerperson vollkommen bin. Der Dad, der mir trotz seiner ernsten Art immer das Gefühl gegeben hat, geliebt zu werden. Das da ist nur noch eine Ansammlung von Knochen und Muskeln und Fleisch, die in stundenlanger Arbeit neu zusammengesetzt wurde. Bis auf einen schwarzen Lendenschurz ist er vollkommen nackt, und die Laser zucken über den gesamten Körper. Oder vielmehr über das, was davon übrig geblieben ist.

Zögernd trete ich einen Schritt näher. Ich habe keine Ahnung, wie Paps das macht. Er steht seelenruhig direkt neben dem Gerät und streicht über das Glas, als könnte Dad die Berührung *spüren*. Hoffentlich spürt Dad gar nichts. Hoffentlich pumpen sie ihn dermaßen mit Sedatium voll, dass er nur Schwärze sieht, nur Stille hört, nur Frieden fühlt.

Ein Klopfen im Türrahmen erlöst mich. Sofort fahre ich herum, dankbar, nicht länger hinsehen zu müssen.

Es ist Christa.

»Das Gerät, das Sie sehen, ist Teil von IntenseCare«, erklärt sie und kommt rein. Keine Ahnung, wo Stan hin ist. »Es schützt Arthurs Körper vor sämtlichen Umwelteinflüssen, versorgt ihn mit Sauerstoff und unterstützt mittels Quantenlaser die Heilung. Ich weiß, ich sollte das nicht sagen, aber ich bin optimistisch.«

Paps streicht immer noch über das Glas. Ich weiß nicht, ob er die Behandelnde gehört hat, denn er scheint voll und ganz in seine Welt versunken.

»Optimistisch ist gut, oder?«, bringe ich hervor.

»Ist es.« Sie taxiert mich von oben bis unten, die Stirn leicht gekräuselt. »Ich werde Stan bitten, Ihnen gleich etwas zum Überziehen zu bringen.«

Erst jetzt merke ich, dass ich mich wieder an meinen Oberarmen festklammere und fahrig darüberstreiche. Als könnte ich so diese tiefe, innere Kälte vertreiben. Da sich meine Mundwinkel immer noch gegen ein Lächeln sträuben, zwinge ich ein leises »Danke« auf meine Lippen.

»Wenn Sie möchten, können Sie die Nacht hier verbringen. Nur Essen und Trinken ist auf der IntenseCare-Station verboten«, sagt Christa. »Ab morgen müssen Sie sich dann wie alle anderen an die regulären Besuchszeiten halten.«

»Natürlich.« IntenseCare, Station, Besuchszeiten. Es fühlt sich an, als wäre ich im falschen Film.

Dads Kollegin verabschiedet sich, und kurz darauf bringt mir Stan langärmlige Kleidung. Der mintgrünen Farbe nach aus dem Fundus des Personals.

Nachdem ich mich umgezogen habe, kuschle ich mich in einen der beiden Sessel, die in Dads Zimmer stehen. Ich habe kurz überlegt, wirklich zu Nick und Cara zu fahren, allerdings will ich Paps hier nicht allein lassen. Also bleibe ich so lange wach, bis er sich ebenfalls in den Sessel sinken lässt und sein Kopf aufs Brustbein sinkt. Erst als sein Atem gleichmäßig die Stille füllt, schließe ich selbst die Augen. Und durchlebe im Traum noch einmal den ganzen beschissenen Tag.

Dads Zustand ist unverändert. Vielleicht fällt es mir deshalb so leicht, mich am nächsten Morgen von ihm zu verabschieden. Weil ein Teil von mir denkt, dass der *echte* Dad gerade irgendwo zu Hause sitzt und sich auf seine nächste Schicht vorbereitet. Zusammen mit Cara und Nick frühstückt, mit den beiden redet, lacht, meiner kleinen Schwester durchs Haar wuschelt.

In der Nacht bin ich ein paarmal hochgeschreckt und habe mir Fotos auf meinem SmartPad angeschaut. Vor allem das von dem Treffen mit unseren Nachbarn, den Caivanos, auf dem Dad und Paps die scheußlichen Pullover tragen, die ich ihnen letztes Jahr zum Geburtstag geschenkt habe. Das sind die Bilder, an denen ich mich festhalte.

Für Paps ist es schwerer. Ich spüre, dass er am liebsten hierbleiben würde, bis der Mann im gläsernen Sarg die Augen öffnet. Aber er muss sich um Cara kümmern – und dann ist da noch seine Arbeit, die ihn nur heute freigestellt hat. Ich würde alles für ein Stück Alltag geben, aber ich muss zurück in die Camps. Offiziell zwar erst in vier Stunden, aber ich möchte echt nicht allein auf diesen Sarg starren. Außerdem hoffe ich, dass Jamar schon zurück ist und wir die Chance nutzen können, ungestört zu sprechen. Ehe uns Nick wieder die ganze Zeit im Blick hat.

Paps und ich stehen zusammen vor dem MedPlex, bewaffnet mit zwei Tüten Muffins und Kaffee. Laut AISS soll es heute warm werden, richtig frühlingshaft, aber noch ist es dunkel und kalt, so dass der Wind an meinen dünnen Krankenhausklamotten zerrt. Immerhin lässt das Taxi nicht lange auf sich warten. Fünf Minuten nachdem wir es über AISS angefordert haben, biegt ein Citygleiter um die Ecke. Im Licht der Laternen schwarz glänzend, auf dem Dach das HoloBanner mit dem Wort *Taxi*.

»Familie Elking?«, fragt uns die Fahrende, die ausgestiegen ist, um die Hintertür zu öffnen.

»Richtig.« Paps schenkt ihr ein warmherziges Lächeln, das für uns beide reichen muss.

Wir schieben uns auf die Rückbank. Die Sitze sind aus weichem Leder, es duftet nach Politur, über die sich der Geruch von Kaffee legt, und es gibt sogar Getränkehalter.

»Ach, Maelein«, Paps setzt den Kaffee ab, während sich der Citygleiter in Bewegung setzt, »hast du mitbekommen, dass Präsidierender Kane Aiden zum Helden erklärt hat? Ich wusste ja, dass Aiden ein guter Junge ist, aber was er da gestern geleistet hat, war wirklich beeindruckend.«

Ich habe mich schon gefragt, wann Paps das Thema zur Sprache bringt. Denn sicher hat er vorhin beim Rausgehen auch den VisionScreen bemerkt, auf dem eine Zusammenfassung der Sondersendung lief.

»Ja, echt beeindruckend«, murmle ich. Keine Ahnung, welche Reaktion Paps von mir erwartet. Ganz Sestiby kennt jetzt das Gesicht von dem Mann, der mich für eine andere verlassen hat, Gratulation. Und wie ich die Presse kennengelernt habe, wird es nicht lange dauern, bis sie auf unsere alte Verbindung stoßen und aus dürftigen Fakten eine Geschichte weben.

»Habt ihr beide eigentlich noch Kontakt?« Paps öffnet seine Muffintüte und mustert mich neugierig.

»Nein«, erwidere ich wahrheitsgemäß.

»Oh, Maelein, das ist wirklich bedauerlich. Dabei wart ihr doch immer so ein gutes Team.« Seufzend bricht Paps eine Ecke von seinem Muffin ab.

Obwohl ich das Loch in meinem Magen spüre, habe ich keinen Appetit. Und angesichts des Themas bezweifle ich, dass es sich allzu schnell ändern wird.

»Vielleicht schreibst du ihm einfach mal wieder?«, fährt

Paps fort. »Ich meine, euch hat doch viel mehr verbunden als diese Liebesbeziehung. Weißt du noch, wie gut ihr bei diesem Wettbewerb auf dem Rathausplatz abgeschnitten habt?«

Die Fahrende späht einmal zu oft in den Rückspiegel. Das Interesse in ihren Augen ist offensichtlich, und es würde mich nicht wundern, wenn sie gleich nach der Fahrt ein paar Journalists kontaktiert, um die sensiblen Informationen zu teilen. Schließlich hat es ihr niemand explizit verboten – und ich bezweifle, dass mein Wort allein genug Macht hätte. Dafür braucht es schon jemanden wie Julverne.

»Natürlich erinnere ich mich«, sage ich knapp. »Aber könnten wir bitte über etwas anderes reden?«

»Natürlich, Maelein.« Noch ein Seufzer seitens Paps. »Doch eine Sache würde ich gern vorher noch loswerden: Ich finde, du solltest ihm schreiben. Immerhin haben wir es allein ihm zu verdanken, dass wir so schnell nach draußen gekommen sind.«

Nur hat er es nicht geschafft, Dad aufzuhalten, erwidere ich lautlos. Es ist unfair, so zu denken, denn eigentlich wäre es *mein* Job gewesen, mich um meine Familie zu kümmern. Nicht Aidens. Und so ungern ich es zugebe, aber vermutlich schulde ich ihm echt ein Dankeschön. Dafür, dass er mir ermöglicht hat, mich um Grayson zu kümmern – auch wenn er sicher nicht wusste, dass ich für einen anderen Typ zurückgeblieben bin.

Ich starte den nächsten Versuch, zu lächeln, aber es ist unmöglich. Auf gewisse Weise fühle ich mich leer, fast wie betäubt, als hätte ich eine extragroße Dosis Sedatium geschluckt. In Wahrheit ist es die Summe der letzten Tage, die zu groß ist, um sie richtig zu verarbeiten. Mein Bruder ist jetzt Teil des Investigationssektors. Unser neuer Präsidierender ein Liar. Mein Dad nur noch ein Bündel verbranntes Fleisch. Mein Ex der Held der Nation. Der Mann, den ich geküsst habe, mein Feind.

Ich lasse den Kopf gegen die Fensterscheibe sinken. Jede Facette meines Lebens scheint aus den Fugen geraten, und trotzdem pulsiert tief in mir die dunkle Vorahnung, dass all das erst der Anfang war ...

KAPITEL 4

Die Fahrt zum Camp dauert nicht lange. Paps verspricht mir noch, Cara fest zu umarmen, dann drücke ich ihm einen Kuss auf die Wange und steige aus. Kaum dass sich das Taxi in Bewegung gesetzt hat, lässt Paps sein Fenster herunter und streckt winkend seinen Arm heraus. »Pass auf dich auf, Maelein!«, ruft er gedämpft durch das Morgengrauen.

Ich erwidere die Geste mechanisch. Es hat einen gewissen Beigeschmack, Paps in diesem Taxi zu sehen, denn ohne Unterstützung des Parlaments könnte er sich die Fahrt bis Ring Fünf niemals leisten. Aber so muss ich mir wenigstens keine Sorgen machen, dass er seinen Umstieg verpasst.

Als das Taxi abbiegt, wende ich mich dem gläsernen Wolkenkratzer zu, in dem sich der Eingang zum Camp befindet. Alles an diesem Gebäude schreit nach zu viel Kohle und einflussreichen Menschen. In ein paar Stockwerken erkenne ich Büroräume, darin moderne HoloScreens anstatt Terminals, echte Pflanzen, gläserne Lampen, die selbst um diese Uhrzeit ihren Schein auf ein paar einzelne Gestalten werfen.

Alle in schicker Kleidung. Bevor irgendwer zufällig nach unten schauen und mich im Lichtkegel der Laterne entdecken kann, husche ich durch die Drehtür ins Foyer. Es ist ein riesiger, schwarz gefliester Raum, der nur spärlich eingerichtet ist. Eine moderne Sitzecke mit Möbeln aus Echtholz und Polstern, wieder ein paar richtige Pflanzen, ein Wasserspender und ein Tresen, hinter dem ein Angestellter von seinem HoloPad aufsieht.

»Kann ich Ihnen helfen?« Er mustert mich argwöhnisch. Die Augenbrauen in dem kalkweißen Gesicht so weit hochgezogen, dass sie beinahe die braunen Haarfransen kitzeln, die ihm in die Stirn fallen.

»Nein danke«, erwidere ich möglichst freundlich. »Ich will nur zurück ins Camp.«

Sein Blick bohrt sich förmlich in mich rein. Erst dann zeigt sich Erkennen. »Die Schwester von Nicholas Elking, natürlich!« Er tritt hinter dem Tresen hervor, um den Aufzugknopf für mich zu betätigen. Eine überflüssige Geste, denn AISS hat mich sicher längst erkannt und einem der Fahrstühle das passende Signal gegeben. »Entschuldigen Sie, dass ich Sie mit der Kleidung nicht gleich erkannt habe. Das wird hoffentlich nicht wieder vorkommen.«

»Schon gut.« Es ist vollkommen absurd. In einem Atemzug ist jeder Argwohn in eine Form von Respekt umgeschlagen, den ich nicht verdient habe – oder vielleicht hat ihn jeder Mensch verdient, und ich bin es nur nicht gewohnt, weil ich in den Augen anderer nie mehr als eine beliebige Fünf war. Jetzt bin ich die Schwester eines Parlamentsmitglieds, und die Menschen tun so, als könnten sie einfach über meine Sommersprossen hinwegsehen. So. Verdammt. Heuchlerisch.

Der Fahrstuhl springt auf, und ich fliehe förmlich in das Innere aus glänzend schwarzem Marmor. Darin eingelassen ein riesiger Spiegel. Die MedPlex-Kleidung ist mindestens zwei Nummern zu groß und hängt sackartig über meinen Schultern. Mein Gesicht ist übersät mit Schnitten, einer zieht sich gute zwei Zentimeter über meine Schläfe – so knapp vorbei an meinem Augenwinkel, dass ich wirklich verdammt viel Glück hatte. Darüber schimmert der transparente Pflasterfilm von HealFix, genau wie an locker fünfzehn weiteren Stellen. Und dann sind da noch die Muffintüte und der teure Mehrwegbecher, die ich in eine Hand geklemmt habe. Ich sehe aus wie eine verwahrloste Fünf, die sich als versnobte Helfende verkleidet hat.

AISS weiß, dass ich in diesem Gebäude nur Zutritt zu einer Etage habe: der Ankunftshalle von Camp Eins. Die Türen schließen sich vor dem Gesicht des Angestellten, der immer noch ein wenig peinlich berührt neben dem Aufzug steht, ohne dass ich einen Knopf drücken muss. Keinen Atemzug später schießt der Aufzug in die Tiefe, mein Magen kommt gerade so mit.

In der Ankunftshalle ist es ungewöhnlich still. Es gibt keine anlandenden HoverTrains, keine Mitarbeitenden, die Kisten rangieren. Unwillkürlich hole ich mein SmartPad raus, um auf die Uhr zu gucken. Viertel nach sechs. Abgesehen vom Küchenpersonal sind die meisten wahrscheinlich noch zu Hause.

Bei dem Gedanken an zu Hause regt sich einer der Splitter

in meinem Herzen. Es war richtig, bei Paps zu bleiben, aber ich bin trotzdem neidisch auf Nick. Eine Nacht im eigenen Bett zu verbringen, klingt wie ein Traum. Vor allem ohne AISS permanente Überwachung. Denn anders als hier gibt es in unserem Haus weder Kameras noch Mikros, nur die an unserem HoloTerminal und natürlich an unseren Smart-Pads. Wobei ich vermute, dass Nick seins genauso manipuliert hat wie Grayson meins. Damit AISS nicht permanent die gehörten Worte analysiert, sondern nur noch bei direkter Ansprache reagiert.

Ich nippe am Kaffee, der inzwischen lauwarm ist, und gehe zum Schlafsaal. Die Tür gleitet lautlos auf, keine Sekunde später werde ich von der Seite angekeift.

»Mach das Licht aus!« Es ist eindeutig Lace.

Schade. Ich hatte gehofft, die Eins und ihre Schwester Amara würden bis zur letzten Minute in ihrer garantiert superteuren und superschicken Wohnung bleiben. Aber wie es aussieht, haben sie hier geschlafen – und der offizielle Wecker geht erst in etwa zehn Minuten.

Als die Tür hinter mir zugleitet, verschwindet auch das Licht vom Flur. Zurück bleibt der schwache Schein der Nachtbeleuchtung, die in den Bodenleisten ein bläuliches Schimmern von sich gibt. Gerade hell genug, um nicht irgendwo dagegenzulaufen.

»Rieche ich da Kaffee?«, murmelt jemand träge zu meiner Rechten. Das klang nach Lucinda. Ein winziger Tropfen Erleichterung, denn das bedeutet, sie ist unverletzt aus dem Parlament gekommen. Wenn ich mich nicht täusche, war sie auch in der Gruppe um Pierre dabei.

»Tust du«, wispere ich zurück, aber aus Lucindas Ecke kommt schon wieder ein leises Schnarchen.

Thereses und mein Bett steht am Ende des Saals in der Ecke – und ist leer. Sicher verbringt sie die Nacht bei Rose und Peter. Ich stelle die Sachen beiseite und öffne meine Schublade. Der Inhalt ist mehr als überschaubar. Meine abgewetzte Tasche, ein einzelner EarPod, nachdem Grayson den zweiten zertreten hat, etwas Schokolade von Therese, zwei Bücher aus dem Aufenthaltsraum, den Grayson liebevoll als *Bibliothek* bezeichnet, mein Kulturbeutel.

Ich schnappe letzteren und schleiche in den Waschraum. Nachdem ich mir an der Ausgabe Tageskleidung und frische Handtücher besorgt habe, steuere ich die erste Duschkabine an. Ich genieße ganze fünf Minuten Ruhe, bis der Schlafsaal zum Leben erwacht. Erst höre ich das ferne Klingeln von AISS Weckruf, dann das Zischen der Tür, gefolgt von Schritten und Gerede. Am liebsten würde ich warten, bis alle beim Frühstück sind, aber meine Fingerkuppen werden langsam schrumpelig. Außerdem will ich wissen, was der Tagesplan vorsieht – ich meine, sie können unmöglich so tun, als wäre nichts passiert, richtig?

Der Waschraum ist leerer, als ich dachte. Die meisten Stimmen kommen aus der kleinen Box, die Lace auf die Ablage gestellt hat. Keine Ahnung, wo sie die Box herhat, aber offenbar läuft eine Talkshow.

Insgesamt sind wir nur zu zehnt. Lace und Amara haben die ersten Waschbecken gekapert, der Rest ihrer Clique fehlt. Lucinda steht nur in Unterwäsche bekleidet an der Ausgabe und schraubt gerade die Glaskapsel zu, mit den übrigen

Frauen hatte ich bisher kaum etwas zu tun. Was sich auch nicht mehr ändern wird, denn es ist schwer genug, meine Emotionen vor den paar Leuten zu verstecken, die ich wirklich mag.

»Elking.« Lace fährt mit verschränkten Armen zu mir herum. Ihr sonst so makelloses Gesicht ist ungeschminkt, darauf leuchten ähnlich viele Schnittwunden wie bei mir. »Weißt du, warum es im ganzen Schlafsaal nach Kaffee riecht?« Wow, das dürfte das erste Mal sein, dass sie mich nicht als Fünf bezeichnet hat. »Ich meine, dir ist schon klar, dass wir keine Heißgetränke mit in den Schlafsaal nehmen sollen? Es wundert mich, dass AISS noch nichts gesagt hat.« Und das ist wieder genau die Lace, die ich kenne. Mit schnippisch verzogener Miene schaut sie nach oben, allerdings gibt es im Waschraum keine Kameras. Nur die versteckten Lautsprecher, aus denen sich die künstliche Intelligenz sofort meldet.

»Die genauen Regeln besagen, dass keine Heißgetränke aus dem *Speisesaal* mitgenommen werden dürfen«, korrigiert AISS. »Da es sich bei Maeanders Kaffee um eine Mitnahme aus einem externen Café handelt, kann ich keinen Regelverstoß erkennen.«

Unter anderen Umständen würde ich lächeln, aber nach den letzten Stunden ist diese Sache viel zu banal. »Um deine Fragen zu beantworten, Lace: Ja, ich weiß, warum es nach Kaffee riecht, und ja, ich kenne die Regeln. Den Rest hat AISS schon gesagt.« Dann gehe ich zu dem Waschbecken hinten in der Ecke und ignoriere Laces Schnauben.

Der Speisesaal ist ähnlich leer wie der Waschraum. Obwohl alle Plätze eingedeckt wurden, ist nur eine Handvoll Leute anwesend. Es gibt nicht einmal eine feste Sitzordnung. Unschlüssig schaue ich mich um, als die Tür zum Trakt der Männer aufgleitet. *Jamar!* Sofort schießt mein Puls nach oben, meine Beine setzen sich wie von selbst in Bewegung. Im Laufen stelle ich Kaffee und Muffintüte achtlos auf einen Tisch, und als Jamar mich bemerkt, öffnet er sofort seine Arme für mich. Ich nehme die Einladung ohne nachzudenken an.

»Hey.« Er drückt mich so fest an sich, dass mir vor Schmerz die Luft wegbleibt, aber vielleicht brauche ich genau das. Einen winzigen Moment Ablenkung von den Splittern, nur kurz das Gefühl haben, gehalten zu werden. Als könnte Jamar meine Gedanken lesen, lässt er mich nicht los, sondern schiebt mich nur ein Stück von sich weg, die Hände auf meine Hüfte gelegt. »Wie geht es deinem Dad?«, fragt er mit seiner wohlig tiefen Stimme.

»Nicht gut«, erwidere ich rau. »AISS hat ihm eine Überlebenswahrscheinlichkeit von achtunddreißig Prozent ausgerechnet.«

»Scheiße. Das tut mir so leid, Mae.« Jamars Blick ist absolut aufrichtig, und kurz frage ich mich, warum ich mich nicht in ihn verlieben konnte. Mit den tiefbraunen Augen und dem sexy Lächeln ist er genau mein Typ – und dann wäre alles so viel leichter. Dann müsste sich mein Herz nicht zwischen meinem Bruder und jemand anderem entscheiden. Aber selbst jetzt, da Jamar so nah ist, sind da nicht die geringsten Funken, nur freundschaftliche Vertrautheit.

»Ich war bei ... Grayson«, erzähle ich, gefolgt von einem schweren Schlucken. Allein der Geschmack *seines* Namens reicht, um etwas in mir schmerzhaft vibrieren zu lassen. »Er schien allerdings nicht gerade begeistert von meiner Anwesenheit ...«

In Jamars Augen blitzt Überraschung auf. »Thorn war wach?«

»War er.«

»Heißt das, er wird wieder?«

»Als wäre nichts gewesen«, bestätige ich. »Laut seiner Tante soll er sogar das Programm erfolgreich abschließen können.«

»Bedauerlich.«

»Arsch.« Ich knuffe Jamar gegen den Brustkorb, was er nur mit einem Schmunzeln bedenkt. »Du weißt schon, dass es ohne dich sicher anders ausgegangen wäre, richtig?«, füge ich hinzu. »Wärst du nicht so schnell bei ihm gewesen und hättest ihm geholfen ...«

»Wäre Thorns Landung nicht ganz so sanft gewesen«, fällt mir Jamar ins Wort. »Den Rest hättest du auch ohne mich hinbekommen.«

Ich habe keine Kraft für Diskussionen. Wir wissen beide, dass es Jamars Jacke war, mit der wir die Blutung vorerst stoppen konnten, nicht mein glatter Streifen Seide, also wispere ich nur: »Was ich eigentlich damit sagen wollte: Danke.«

Einen Moment lang sieht Jamar mich einfach an, dann verzieht er die Mundwinkel zu einem halbherzigen Grinsen. »Mal sehen, ob Thorn das Wort auch kennt.« Sein Necken klingt wie der miese Versuch, seine Sorge zu überspielen.

Jamar würde es zwar nie zugeben, aber ich glaube, dass ihm insgeheim auch etwas an Grayson liegt. Was meine Vermutung unterstreicht, dass die beiden nichts von dem Anschlag wussten. Denn dann hätten sie alles getan, um einander aus der Schusslinie zu halten …

Mein Blick gleitet zur Decke. Zu AISS, deren Kameras überall in der weißen Fläche sitzen, deren Mikros überall im Saal verteilt sind. Mir brennen so viele Fragen auf der Zunge, aber solange AISS in der Nähe ist, kann ich keine davon stellen.

»Jamar?« Ich schaue zurück zu ihm, die Stimme zu einem Flüstern gesenkt. »Was hältst du davon, wenn wir das Frühstück heute abkürzen? Ich würde gern noch mal in der Bibliothek vorbeischauen.«

Seine Augenbrauen zucken zweifelnd nach oben. »In der Bibliothek? Warum …?« Dann unterbricht er sich selbst, in seinem Blick das Glimmen von Erkenntnis. »Gib mir fünf Minuten.«

Wir brauchen keine drei. Eine halbe Tasse Kaffee und einen verschlungenen Muffin später stapeln Jamar und ich unser Geschirr und stehen auf. Lucinda schaut kurz zu uns rüber, allerdings wird sie keine Sekunde später von Ashan in ein Gespräch verwickelt. Sonst interessiert sich keiner für uns.

Unser Ziel befindet sich im Untergeschoss, ganz am Ende des Flurs, auf dem auch das Fitnessstudio und der Sofaraum liegen. Abgesehen davon, dass die Bibliothek voller echter papierner Bücher ist, gibt es mehrere verwinkelte Sitznischen. Manche so tief zwischen den Regalen verborgen, dass man ganz für sich ist – AISS ausgenommen.

Jamar steuert eine Nische mit weinroten Polstermöbeln an. Es ist eine andere als die, in der Grayson mir das Gegenmittel verabreicht hat, und obwohl Jamar es nicht wissen kann, bin ich ihm dafür dankbar. Je weniger mich an diesen Moment voll zerbrechlicher Nähe erinnert, desto besser.

»AISS?« Jamar wendet sich direkt an die KI. Ehe sie reagieren kann, zitiert er die Zeilen, die den geheimen Pausenmodus aktivieren. Aus seinem Mund klingen die Wörter anders als aus Graysons, nicht ganz so hart, eher, als würde er sie wirklich *singen*.

»Wie lange haben wir?«, frage ich, während ich mich in einen von zwei Sesseln sinken lasse.

Zur Antwort steckt Jamar sein SmartPad in die Halterung an einem Beistelltisch. Auf dem Display tickt ein Timer herunter – dreißig Minuten. »Länger wäre zu riskant«, erklärt er und setzt sich auf die Kante des Sofas. Die Position sieht nicht bequem aus, vielmehr scheint sein Körper von der gleichen Anspannung durchzogen zu sein wie meiner. »Was für eine abgefuckte Scheißsituation«, sagt er dann und fasst es damit so perfekt zusammen, dass ich bitter auflachen muss.

»O ja.« Ich ziehe die Füße zu mir hoch auf den Sessel.

Am liebsten würde ich den Timer anhalten, eine Weile in der Stille versinken, in der sich alles beschissen und aussichtslos anfühlen darf. Aber leider kümmert sich die Zeit nicht um meine selbstzerstörerischen Wünsche. Sie tickt unaufhaltsam weiter, und ich kann es mir nicht leisten, auch nur eine Minute zu verschwenden.

»Trish.« Der Name rutscht mir raus, ehe ich meine Gedanken sortieren kann.

Jamar legt den Kopf schief, mustert mich abwartend.

»Wie gut kennst du sie eigentlich?«, frage ich zögernd. »Ich meine ... könnte sie vielleicht etwas mit dieser *abgefuckten Scheißsituation* zu tun haben?«

»WAS?!« Jamar reißt die Augen auf. »Du denkst echt ...?! Heilige Scheiße, Mae! Trish versucht, Leute wie dich und mich zu *beschützen*, sie würde unser Leben nie dermaßen leichtfertig riskieren. Wie zur Hölle kommst du ...?«

»Ich habe die Sondersendung gesehen«, falle ich ihm ins Wort. »Kane meinte zwar, die Speakers of Truth hätten sich binnen weniger Wochen formiert, aber wir wissen beide, dass das Bullshit ist. So ein Angriff braucht Zeit, also müssen sie die letzte Gefährungsanalyse überstanden haben, was unmöglich sein sollte – außer sie haben ein Gegenmittel genommen. Und die einzig mir bekannte Person, die weiß, wie man an Thustra kommt, ist Trish.«

»Die niemals einen solch brutalen Angriff auf das Parlament befehligen würde«, wiederholt Jamar mit ungewohnt scharfem Tonfall. »Trish hat seit über sechsunddreißig Stunden kein Auge mehr zugetan. Stattdessen verhört sie jeden einzelnen Thustra, der in der Vergangenheit auch nur die kleinste Andeutung gemacht hat, gnadenlos gegen das Regime vorgehen zu wollen. Aber nicht einmal Logan würde dermaßen viele Unschuldige in Gefahr bringen.«

Logan. Bei dem Namen klingelt etwas. Er ist einer der

Thustras, die Grayson und Jamar bei ihrem Gespräch auf dem Parlamentsplatz erwähnt haben, ein *verdammter Scheißkerl*, der irgendwelche Probleme gemacht hat. Oder immer noch macht?

»Mae.« Jamars Blick ist so durchdringend, dass er die Splitter in mir traktiert. »Was auch immer du dir da zusammengereimt hast: Schlag es dir ganz. Schnell. Aus. Dem. Kopf. Trish kämpft *für* uns, nicht gegen uns. Hätte sie auch nur die geringste Ahnung, wer für diesen Anschlag verantwortlich ist, würde sie es sagen.«

Ich halte seinem Blick stand, suche nach einem Anzeichen dafür, dass er lügt. Bis mir bewusst wird, was ich Jamar da gerade unterstelle – ausgerechnet dem Mann, der vom ersten Tag an für mich da war.

»Sorry.« Mit einem resignierten Seufzer sacke ich in mir zusammen. »Dann heißt das, wir haben *nichts*? Nicht einmal den kleinsten Hinweis darauf, wer diese Arschlöcher sind?«

Jamar stützt die Ellenbogen auf seine Knie. »Nichts«, bestätigt er und zerstört damit jede Hoffnung, zu erfahren, wer meinen Dad auf die Station befördert hat oder *warum*. »Falls die Speakers of Truth wirklich existieren und kein perfider Bluff von Kane waren, können wir nur vermuten, dass sie ihr eigenes Gegenmittel haben.«

Beim Wort *Bluff* wird mir wieder die Kälte in meinen Knochen bewusst, die nicht einmal die heiße Dusche richtig vertreiben konnte. »Dann habt ihr auch schon daran gedacht? Dass Kane vielleicht selbst dafür verantwortlich sein könnte?«

»Natürlich. Was könnte unserem frisch ernannten Präsidierenden besser in die Hände spielen als ein Anschlag auf das von seiner Vorgängerin vermeintlich geschwächte Parlament?« Jamar spricht genau die Theorie aus, die ich im MedPlex selbst hatte. »Jetzt kann Kane ganz entspannt beweisen, dass *er* die finanziellen Mittel besser zu verteilen weiß als Deliah.«

»Richtig.« Ich nicke vor mich hin, doch unter der Kälte in mir windet sich noch etwas anderes. Ein kaum zu greifendes Unbehagen, denn obwohl es nach dem Kane klingt, den ich kennengelernt habe, passen die Teile nicht richtig ineinander. »Weißt du, was mich an dieser Theorie irgendwie stört?«, sage ich schließlich. »Warum hätte Kane einen Satz auf die Kuppel sprühen lassen sollten, der seine eigene Arbeit in Frage stellt? Immerhin hat sein Sektor das Programm nicht nur mit entwickelt, er ist praktisch das Gesicht von PEP.«

»Und genau deshalb wäre es ein genialer Schachzug. Wenn Kane sich selbst ins Knie schießt, wird keiner denken, dass er die Waffe eigenhändig geführt haben könnte.«

»Falsch«, widerspreche ich. »Sollte dieses Graffiti an die Öffentlichkeit gelangen, hat Kane sich nicht einfach ins Knie geschossen, sondern mitten ins Herz.«

»In ein Herz aus schusssicherem Stahl.« Mit einem Seufzer lehnt Jamar sich ein Stück vor. »Du vergisst, dass wir alle dazu erzogen wurden, der Regierung bedingungslos zu vertrauen. Sobald dieses Graffiti an die Öffentlichkeit gelangt, wird genau eine einzige Sache passieren: Kane stellt sich auf irgendeine Bühne, um uns daran zu erinnern, dass diese

Worte von *Liar* stammen. Dem großen Feind des Volkes, der es auf ihn abgesehen hat. Gefolgt von einem Verweis auf den lückenlosen Transparenzbericht des Programms, der längst online ist. Fall geschlossen, Ruf nicht einmal *angekratzt*. Kane gewinnt dieses Match. Egal, wie sehr wir uns wünschen, er würde es nicht tun.«

Oh, der Wunsch brennt *so* heftig auf meiner Seele, dass er früher oder später Narben hinterlassen wird. Nur leider hat Jamar recht: Dieses Szenario klingt exakt nach Kane.

»Und der Bericht ist wirklich lückenlos?« Ich klammere mich an jeden noch so dünnen Strohhalm – auch wenn Jamars Blick verrät, dass es aussichtslos ist.

»Er ist wasserdicht, Mae.« *Shit.* »Das Programm verschlingt zwar Millionen, aber laut Transparenzbericht geht man davon aus, dass es sich bereits in wenigen Jahren rechnen wird. Vasopressin, Oxytocin und Vicinatin sagen dir was?«

Anstatt einer Antwort hebe ich die Augenbraue. Jeder, der Biologie nicht komplett verschlafen hat, weiß, dass diese Hormone die Rechtfertigungsgrundlage für das Ehegesetz sind. Bereits vor Jahrzehnten hat ein Forschungsteam herausgefunden, dass eine erhöhte Konzentration dieser Hormone einen positiven Einfluss auf Veritas hat, so dass die Dosis reduziert werden kann. Und wie es die Natur so wollte, werden diese Hormone in stabilen Partnerschaften deutlich stärker ausgeschüttet als bei romantisch veranlagten Singles. Insbesondere Vicinatin, das den überaus niedlichen Spitznamen *Treuehormon* trägt.

»Sorry, ich hab vergessen, dass du eine Musterschülerin warst.« Flüchtig findet Jamar sein Necken wieder. »Durch das Programm rechnet man jedenfalls mit bedeutend mehr Partnerschaften, die auch über Jahrzehnte hinweg glücklich bleiben. Was wiederum dazu führt, dass man die Wirkstoffe in VeriTabs dauerhaft verringern kann, was wiederum jährlich Millionen Credits einsparen wird. Es gibt sogar seitenweise berechnete Szenarien, bei denen selbst die geringste Erfolgsquote rentabel wäre.«

Vielleicht hätte ich den Bericht auch lesen sollen. »Also keine offensichtlichen Lügen oder Geheimnisse«, fasse ich zusammen, während ich die Beine enger an den Körper ziehe.

»Wäre es offensichtlich, hätte Kane es nie an die Spitze des Parlaments geschafft«, erwidert Jamar. »Bei Menschen wie ihm muss man immer graben. Manchmal so tief, dass man Gefahr läuft, unter all den finsteren Wahrheiten verschüttet zu werden.«

Ich muss an Kanes charismatisches Lächeln denken, an seine angenehme Stimme, mit der er jede Lüge so hübsch umwickelt, dass man sie unmöglich durchschauen kann. Ein frostiger Schauer kriecht über meinen Rücken. Ja, es wäre klüger, das Spielfeld einfach zu räumen, nur woher kriege ich dann meine Antworten? Mit einem tiefen Atemzug ringe ich gegen die Angst an – und vielleicht auch gegen jede Vernunft. »Aber wir werden graben, richtig?«

»Aaaah.« Jamars Mundwinkel verziehen sich zu einem Lächeln. »Da ist es ja endlich.«

»Was?«

»Das Wort *Wir*. Bisher klang es nicht einmal so, als würdest du dich selbst zu den Thustras zählen.«

Auf meiner Zunge flammt Protest auf – den ich hinter einem Lippenschürzen ersterben lasse. Denn in Wahrheit habe ich keine Ahnung, ob ich mich dazuzähle. Bislang kann ich mein Wissen über die Thustras an einer Hand abzählen, und ich bezweifle, dass unsere Zeit reichen wird, um es heute zu ändern. »Das war keine Antwort«, weiche ich aus.

Jamars Lächeln flackert. Für ein paar quälend lange Sekunden sieht er mich an, als würde er versuchen, den Protest doch noch aus mir herauszukitzeln. Dann scheint er zu kapitulieren. »Natürlich werden wir graben«, erwidert er, und entgegen jeder Vernunft atmet mein Inneres auf. »Denn sollten diese Speakers of Truth wirklich existieren, ist es eine Art ... *Hoffnungsschimmer.*«

Dieses Gefühl von Erleichterung hält keine zwei Sekunden an. »Eine Art *was*?!«

»Ein Hoffnungsschimmer«, wiederholt Jamar betont ruhig. »Kennst du den alten Spruch, der Feind meines Feindes ist mein Freund?«

»Mein *Freund*?!« Ungläubig starre ich ihn an. »Sie haben *unschuldige* Menschen getötet, Jamar. Und sowohl Dad als auch Grayson ins MedPlex gebracht! Mir ist scheißegal, ob sie für dasselbe kämpfen wie wir oder nicht: Wir stehen garantiert *nicht* auf derselben Seite.«

Jamar beißt sich auf die Unterlippe, als hätte wenigstens ein Teil von ihm Skrupel, sich zu rechtfertigen. »Falls dieser Anschlag keine blutige Scharade war, ist diesen Leuten etwas gelungen, worauf wir seit Jahren erfolglos hinarbeiten: Sie haben die Regierung getroffen. Mitten ins Herz.«

»O ja«, spotte ich schnaubend. »Was für eine *grandiose* Leistung. Gib mir eine Waffe, und ich schieße Kane beim nächsten Treffen persönlich in die Brust. Wenn ich treffsicher genug bin, auch gern *mitten ins Herz*. Dann können wir schauen, aus was für *schusssicherem Stahl* es wirklich ist.«

»Mae ...«

»Nein«, unterbreche ich ihn, während ich mich regelrecht an meinen eigenen Beinen festklammere. »Ihre Methoden sind und bleiben unverzeihlich. Denn hätten sie es wirklich auf Kane oder Deliah abgesehen gehabt, hätte es weniger grausame Wege gegeben. Selbst dieses Graffiti hätten sie an anderer Stelle anbringen können – zum Beispiel großflächig draußen am Parlament, so dass es wenigstens ein paar Leute *richtig* gesehen hätten, bevor sie es in einem Scherbenmeer haben zerspringen lassen. Es hätte für alles *Wege* gegeben.«

»Vielleicht«, lenkt Jamar an. »Ich kann nur versprechen, dass wir alles dafür tun werden, um herauszufinden, wer diese Leute sind. Ob sie zu Kane gehören oder ob sie am Ende doch ähnliche Ziele verfolgen wie wir. Und was sie mit diesem Graffiti meinten.«

Der Sessel fühlt sich mit jeder Minute unbequemer an. Woran das Widerstreben, das in jeder Faser meines Körpers vibriert, sicher nicht ganz unschuldig ist. »Okay«, sage ich trotzdem, denn was bleibt mir anderes übrig? »Aber falls du glaubst, ich würde hier fünf weitere Wochen herumsitzen und mich damit zufriedengeben, hin und wieder ein paar Infos hingeworfen zu bekommen, muss ich dich enttäuschen. Ich will Trish treffen. Und zwar persönlich.«

»Du willst zu Trish?!« In Jamars Augen blitzt Belustigung auf. »Dir ist schon klar, dass du erst seit neun Tagen dabei bist?«

»Und trotzdem erwartest du, dass ich mich selbst als Thustra sehe«, erwidere ich ungerührt. »Obwohl ich weder weiß, wessen Gegenmittel durch meine Adern fließt noch wie eure Pläne genau aussehen und welche Rolle *ich* dabei spielen kann. Lass mich etwas *tun*.«

»Mae.« Sein Seufzer kann nichts Gutes verheißen. »Ich verstehe, dass du gerade am liebsten das gesamte Parlament niederbrennen würdest, und du hast allen Grund dazu – wie die meisten von uns. Aber wir brauchen Geduld.«

Geduld. Ich beiße mir so heftig auf die Zunge, dass es weh tut. Nur damit mir kein Lachen rausrutscht, denn ich weiß, es würde ins Weinen kippen. Ich spüre es in jedem Molekül meines Körpers, hinter meinen Augen, in meinem Rachen. Warum bitten mich alle um *Geduld*? Ich will nicht tatenlos hier sitzen und warten, bis sich jemand erbarmt, mich einzubeziehen, mir eine Aufgabe zu geben, bis jemand kommt und sagt, ob Dad – *Stich* – es geschafft hat.

»Nein.« Ich schüttle knapp den Kopf, während ich gegen die zersplitternden Gefühle ankämpfe. »Ich kann nicht noch fünf weitere Wochen an der Spitze des Eisbergs kratzen, während das Schiff, auf dem ich sitze, immer weiter und weiter sinkt, bis *ich* ertrinke. Bring mich zu ihr. Bitte.« Mit felsenfestem Blick fessle ich seinen, in dem Widerstreben mit Mitleid wechselt. Ich weiß nicht, was von beidem ich schlimmer finde. »Jamar, du kannst echt nicht verlangen …«

»Schön.« Er ringt mit seinen gefalteten Händen, seine Kiefermuskulatur wirkt angespannt. »Aber ich kann nichts versprechen. Trish allein entscheidet, wann sie bereit ist, Neulinge in die Katakomben zu lassen. Bisher hat sie immer mindestens bis nach der ersten Gefährdungsanalyse gewartet – meistens sogar ein paar Monate, wenn nicht gar länger. Eine reine Vorsichtsmaßnahme.«

Vorsichtsmaßnahme. Schon formt sich in mir neuer Protest, aber dieses Mal schlucke ich ihn sofort. Es sollte mich schließlich beruhigen, dass Trish nicht jeden einfach so in die Geheimnisse des Widerstands einweiht. Also überschlage ich in Gedanken die Zeit seit der letzten Vergabe. »Die nächste ist in sechs Tagen, richtig?«, spreche ich laut aus. »Wenn ich Trish beweise, dass ich vor AISS bestehen kann ...«

»Ist es ein guter Anfang, aber wie gesagt: Ich kann nichts versprechen. Bei Harry hat sie sich fast ein Jahr Zeit gelassen, bis er den inneren Kreis kennenlernen durfte. Also Trish und ihre engsten Vertrauten.«

Der bittere Geschmack von Frust breitet sich in meinem Mund aus, aber ich fürchte, mehr kann ich von Jamar gerade nicht verlangen. Außerdem werde ich bei dem anderen Namen hellhörig. »Harry Lavis? Der Behandelnde aus unseren Parcours?«

»Warte, ich dachte, du wüsstest, dass Harry zu uns gehört. Haben Thorn und du nie ...«

»... darüber geredet, wer alles dabei ist?«, falle ich ihm ins Wort. »Nein. Aber da Behandelnder Lavis – oder *Harry* – dabei war, als Grayson mich zum ersten Mal belogen hat, habe ich es mir schon gedacht. Gibt es im Camp sonst noch welche, von denen ich wissen sollte?«

»Nur Thorn, Harry, dich und mich. Obwohl ich sagen muss, ich erkenne das ein oder andere Potenzial, ich bin nur noch nicht dazu gekommen, mit Trish ...«

Ein Schatten erregt von der Seite meine Aufmerksamkeit. Ich lege einen Finger an die Lippen und nicke in Richtung Gang. Das ist der Vorteil dieser Nische: Dank der Anordnung der Lichter merkt man sofort, wenn jemand kommt.

Jamar braucht keine halbe Sekunde, um zu schalten. Als hätten wir die ganze Zeit über nichts anderes geredet, wechselt er das Thema. »Und beim nächsten Match werde ich Firn in noch weniger Zügen schlagen«, sagt er, während er in einer beiläufigen Geste das SmartPad vom Tisch nimmt. Der Timer zeigt noch vier Minuten. »Vorausgesetzt, es läuft genauso gut wie gestern Abend, was du ja leider nicht mitbekommen hast, weil du nicht hier warst.«

»Ihr redet über Dart, und Mae ist noch nicht geflohen?«

Beim Klang von Nicks Stimme spüre ich meinen Herzschlag überall in mir, angetrieben von einer paradoxen Kombination aus Erleichterung und *Angst.* Was, wenn wir zu laut gesprochen haben? Wenn er schon länger da hinten stand, wenn mir sein Schatten zu spät ...?

Meine Gedanken gefrieren, als er in der Nische auftaucht. Ich registriere flüchtig, dass er wieder einen der weißen Campanzüge trägt, doch mein Fokus gilt seinem Gesicht. Dieser harten, unleserlichen Miene – und der Tatsache, dass seine Schnittwunden kaum noch zu sehen sind, ganz so, als hätte man sie überschminkt.

»Beim letzten Match hat Mae es schließlich keine Stunde ausgehalten«, sagt er an Jamar gewandt. Nur aus den Augenwinkeln mustert er mich, die Mundwinkel zu einem verstohlenen Lächeln verzogen.

Anscheinend hat er nichts Verfängliches mitbekommen. Ich warte darauf, dass die Erleichterung alles andere wegspült, aber die Angst klebt hartnäckig an mir fest. Angefacht von dem Wissen, dass er streng genommen auch ein Liar ist, der alles vor mir verstecken könnte.

Ehe er mich durchschauen kann, springe ich von der Couch und falle ihm um den Hals. »Nick.« Meine Stimme ist nur ein Krächzen, während sich sein Körper unter der Berührung anspannt.

Die Millisekunden, in denen er meine Umarmung nicht erwidert, sind pure Folter. Dann schließt er endlich die Arme um mich und drückt mich an sich, als wollte er alles Zerbrochene eigenhändig zusammenpressen.

Ohne es kontrollieren zu können, schießen mir Tränen in die Augen. Ich hasse diese beiden Herzen in mir, die unentwegt miteinander kämpfen. Das eine, das so sehr an Nick hängt, dass ich alles tun würde, um ihm nahe zu sein, und das, das Jamar gerade erst gebeten hat, mich zu Trish zu bringen. Zwei völlig konträre Welten, die mich irgendwann zerreißen werden.

Aber nicht jetzt, ermahne ich mich innerlich. Jetzt sollte ich einfach nur froh sein, das Gesicht an der Schulter meines Bruders vergraben zu können und seinen vertrauten Duft zu riechen. Wobei *vertraut* nicht ganz stimmt. »Trägst du Parfüm?«, wispere ich, während ich ein paar Tränen rollen lasse.

»Nur einen Spritzer, aber ja. Findest du, es ist zu viel?«

Es ist ein recht herber Duft mit einer Moschusnote, aber gleichzeitig so dezent, dass er nicht sofort aufgefallen ist.

»Nein. Es ist nur ungewohnt.«

Wir lockern unsere Umarmung. Ich wische mir schnell übers Gesicht, bevor mein Blick zu Nicks Handgelenk gleitet. Der Ärmel ist ein Stück nach oben gerutscht, so dass ich Caras Armband sehen kann. Endlich ein wirklich vertrautes Detail, bei dem die Erleichterung in mir kurz siegt.

»Das Parfüm war Monroes Idee«, erwidert Nick. »Apropos Monroe. Er hat mich gebeten, dich zu suchen. Es gibt einiges zu besprechen.«

»Warte, Julverne Monroe ist *hier*?!« Nach gestern dachte ich, der leitende PR-Beratende des Parlaments hätte andere Prioritäten.

»Ist er. Und ich bitte dich, ihn erst mal anzuhören, bevor du ablehnst. Es ist wichtig, dass wir jetzt eine Einheit bilden, okay?« Nick ist ganz der Aufsehende. Ein stählerner Blick, der mich früher beruhigt hat, die aufrechte Haltung, die vernünftige Stimme.

»Okay«, erwidere ich fahrig. Dabei schaue ich zu Jamar, der versucht, mich mit hochgezogenen Mundwinkeln zum Lächeln zu überreden. Ich bezweifle, dass ich das schaffe.

»Ein vertrautes Detail«, von M. E.

KAPITEL 5

Julverne ist wie immer eine Erscheinung. Violetter Anzug aus Seide, silbern glitzernde Schuhe. Er erwartet uns in demselben Raum, in dem wir vor etwa einer Woche gemeinsam gefrühstückt haben. »Maeander, was für eine Freude, Sie so schnell wiederzusehen!« Mit strahlender Miene steuert er auf mich zu. »Der gestrige Auftritt war wirklich graziös. Ganz fabelhaft.« Er schüttelt meine Hand, ehe er zum Tisch deutet, auf dem heute nur Getränke stehen. »Darf ich Ihnen etwas einschenken?«

Ich lehne ab, Nick entscheidet sich für Wasser. Julverne nimmt ein bereits benutztes Glas in die Hand. Klar. Nick muss vorhin schon mal hier gewesen sein, ansonsten hätte Julverne ihn schlecht beauftragen können, mich zu suchen.

»Hier.« Nick zieht für mich einen der beiden freien Stühle zurück.

Ich bedanke mich, auch wenn ich das Gefühl habe, mich freiwillig in eine Falle zu setzen. Was kann Julverne schon einen Tag nach dem Anschlag von uns wollen – außer heuchlerische Schadensbegrenzung zu betreiben?

»Erstklassige Manieren, mein Lieber«, lobt Julverne Nick, ehe er sich an mich wendet. »Nun, Maeander, wie ich sehe, haben Sie den kleinen Zwischenfall nahezu unbeschadet überstanden. Noch ein paar Tage, und man wird von den Wunden in Ihrem Gesicht nichts mehr sehen. Hervorragend.«

Erwartet er darauf echt eine Reaktion? Ich starte den nächsten Versuch, mich zum Lächeln zu zwingen, aber da mir meine Mundwinkel weiterhin den Dienst verweigern, muss ich wohl etwas sagen. »Ich hatte wirklich großes Glück«, erwidere ich wahrheitsgemäß. »Vor allem im Vergleich zu denen, die noch im MedPlex liegen. Oder den Toten.« Die Worte rutschen mir raus, bevor ich mir auf die Zunge beißen kann. *Shit.*

Nick wirft mir einen alarmierten Seitenblick zu, Julverne verschluckt sich an seinem Kaffee. »Wie ich sehe, sollten wir zuerst über gewisse Wordings reden«, sagt er röchelnd. »Der Begriff *Tote* klingt im Zusammenhang mit den gestrigen Geschehnissen äußerst dramatisch, finden Sie nicht, Maeander?«

Ich kann ihm förmlich von der Stirn ablesen, was er hören möchte. *Natürlich, Julverne,* verpackt in sanftes Säuseln und gehorsames Lächeln, aber Nick würde diese Lüge sofort durchschauen. Weil er mich zu gut kennt, um meine Anspannung aus solcher Nähe nicht zu bemerken. Was für ein elender Balanceakt.

»Tut mir leid, aber nein.« Immerhin schaffe ich es, die Anspannung nicht durch meine Stimme schimmern zu lassen. »Schließlich *ist* der Tod dramatisch.«

»Falsch.« Der Hustenanfall lässt Julverne pipsiger klingen. »Dramatisch ist einzig die Tatsache, dass es diesen Speakers of Lies gelungen ist, sich Zugang zum Parlament zu verschaffen und ein Attentat auf unseren Präsidierenden Reid Kane zu verüben. Der Tod dieser Angreifenden ist nicht *dramatisch*, er war ein notwendiges Übel, so gesehen gar ein Erfolg, denn durch die Liquidation der Speakers of Lies konnten weitere Schäden verhindert werden.«

Für wie naiv hält er mich eigentlich? Es ist, als könnte ich immer noch die Wärme des fremden Blutes an meinem Oberarm spüren. Das Blut eines Mannes, der ganz sicher kein Speaker of *Truth* war.

»Es gab also keine zivilen Todesopfer?«, hake ich nach.

Neben mir richtet Nick sich ein Stück weiter auf. Alles an seiner Haltung beweist, dass ich gerade mit dem Feuer spiele und kurz davor bin, mich zu verbrennen.

»Nein.« Mit einem Räuspern gewinnt Julverne seinen überheblichen Tonfall zurück. »Alle Gäste konnten sicher nach draußen gebracht werden. Natürlich ist der Zustand einiger Personen kritisch, bislang gibt es jedoch keine Toten zu beklagen. Entsprechend sollten wir hoffen, dass es dabei bleibt, und uns derweil auf die wirklich wichtigen Themen konzentrieren.«

Wow. Julverne ist sich offenbar sicher, den Tod dieses Mannes vertuschen zu können. Oder er möchte warten, bis sich der größte Aufruhr gelegt hat, bis keiner mehr fragt, was aus den vermeintlich *Komatösen* geworden ist. Dabei muss dieser Mann Familie haben, Menschen, die hoffentlich nie aufhören werden, nach ihm zu fragen – aber vielleicht dröhnt man sie auch dermaßen mit Sedatium zu, dass weder ihr Herz noch ihr Verstand fähig sind, Fragen zu stellen.

Flüchtig schaue ich zur Seite. Ob Nick von Sedatium weiß? Ob man ihm zusammen mit den falschen VeriTabs die ganze Wahrheit serviert hat? Nein. Wenn Nick wüsste, dass unsere gesamte Welt auf einer *Lüge* basiert, würde er daran zerbrechen. Aber wie hat man ihm die falschen VeriTabs dann verkauft? Vielleicht als innovatives Präparat, das allein der Sicherheit des Parlaments dient? Das es ermöglicht, Wahrheiten für sich zu behalten und trotzdem nicht den Verstand zu verlieren? Ich kann mir bildlich vorstellen, wie Kane ihm diese Story mit charmantem Lächeln verkauft hat, und vielleicht kriegt er sogar weiterhin Sedatium. Um das Ganze zu schlucken und sich ohne destruktive Gefühle auf seine künftige Aufgabe konzentrieren zu können: die *echten* Liar zu fangen und einzusperren.

»Wie Sie sich denken können, ist dieser ganze Zwischenfall ein absolutes PR-Desaster.« Julverne lässt den Film in meinem Kopf abreißen. »Wir wollten das Event des Jahrhunderts und haben dafür den größten Angriff auf unsere Regierung seit Gründung Sestibys erleiden müssen.«

Falsch, werfe ich in Gedanken ein. Dank Grayson weiß ich, dass es nach der Einführung von Veritas Aufstände gab, die vielen Menschen das Leben gekostet haben. Der Grund, warum Sedatium überhaupt erfunden wurde. Aber selbst dafür würde Julverne sicher ein anderes *Wording* finden.

Ich atme gegen die hilflose Wut an, die mit jeder Sekunde in diesem Raum wächst, während ich meine Hände unter dem Tisch verschränke. Am liebsten würde ich nach Nicks greifen, aber ich kann mich nicht dazu überwinden. In seiner Nähe emotionale Überreaktionen durchscheinen zu lassen? Kein Problem. Ihn spüren zu lassen, dass ich der Regierung misstraue? Ganz miese Idee. Also halte ich die Hände bei mir, bohre die Fingernägel in meine Haut.

Es fällt mir schwer, Julverne aufmerksam zuzuhören. Er erzählt tatsächlich etwas von *Schadensbegrenzung*, von Nicks *Image*, das weiter aufgebaut werden müsse, und welch große Rolle die Familie in Sestiby spiele. Bevor ich den Zusammenhang verstanden habe, räuspert er sich, als käme jetzt der eigentliche Punkt. »Und deshalb haben wir entschieden, eine Homestory mit unseren künftigen Leitenden auszustrahlen. Wir wollen den Menschen da draußen zeigen, wo Sie herkommen, Nick, wie Sie gelebt haben, wir wollen deutlich machen, wie nahe Sie Ihrer Familie stehen und dass hinter den jungen Gesichtern Menschen stecken, die alles dafür zu tun werden, ihre Liebsten vor diesen abscheulichen Liar zu beschützen.«

Immer wenn ich denke, es könnte nicht noch absurder werden, setzt Julverne eins obendrauf. Ich versuche, Nicks Blick aufzufangen. Keine Chance.

»Eine Homestory?«, wiederholt er, die Stirn gekräuselt, als wäre diese Info auch für ihn neu. »Ich dachte, es ginge nur um eine Art Interview?«

»Ein Interview im Rahmen einer Homestory«, präzisiert Julverne. »Gleich vorweg: Es erfordert Ihrerseits weder besondere Vorbereitung noch einen nennenswerten Zeitaufwand. Sofern Ihre Betreuende zustimmt, würden Sie Samstagmorgen mitsamt eines kleinen Kamerateams zu Ihrem

Elternhaus fahren. Ihr Vater hat uns bereits mitgeteilt, dass er frei hat, und Ihre Schwestern werden ebenfalls vor Ort sein.« Julverne hat einen Plauderton angeschlagen, als wäre das alles kein großes Ding. »Wir wollen ein paar Aufnahmen in der Nachbarschaft machen, besondere Plätze aufsuchen, mit denen Sie, Nicholas, Erinnerungen verbinden, und natürlich einen Einblick in das Familienleben gewinnen. Aus ehemaligen Befragungen weiß ich, dass Sie früher öfter zusammen gekocht haben. Ich könnte mir ein gemeinsames Mittagessen vorstellen, zwischendurch Interviewsequenzen mit allen Familienmitgliedern, in denen Nicholas auf persönlicher Ebene skizziert wird. Die Ausstrahlung soll kommende Woche in einer dreiteiligen Sonderdokumentation auf Channel 1 erfolgen. Ada und Blaise haben für ihre jeweilige Episode bereits zugesagt.«

Dieses Mal habe ich aufmerksam zugehört – wünschte aber, ich hätte es nicht getan. Mit jedem seiner Worte hat sich in meiner Kehle ein schmerzhafter Knoten gebildet. »Ich glaube nicht, dass das funktioniert«, erwidere ich, und es kostet mich alle Kraft, ruhig zu bleiben.

»Interessant.« Julverne sieht mich mit hochgezogener Augenbraue an. »Ich erinnere mich zwar nicht, nach Ihrer Meinung gefragt zu haben, aber vielleicht wären Sie so freundlich und würden Ihre Bedenken erörtern?«

»Dad«, sage ich und spüre, wie sich der Knoten nur enger zieht. »Dad wird nicht dabei sein. Und ohne Dad …« Ich zucke mit den Schultern. Die Vorstellung, diese ganze Heile-Welt-Story abzuziehen, während er in einem gläsernen Sarg liegt, ist völlig absurd. Und schon ist das Brennen hinter meinen Augen zurück. *Scheiße.* Nur eine winzige Träne, und Julverne wird nicht zögern, mich zur Überprüfung ...

Nick räuspert sich. »Julverne? Könnten Sie meine Schwester und mich kurz allein lassen?«

»Gut. Ich gebe Ihnen fünf Minuten«, sagt Julverne und steht auf. Im Vorbeigehen bedenkt er meinen Bruder mit einem Blick, der sagt: *Ich zähle auf Sie, Nicholas.*

Arschloch.

Kaum ist die Tür zugeglitten, wenden Nick und ich uns einander zu. Er hat genau den Gesichtsausdruck drauf, den er immer hat, wenn ich kurz vor einer emotionalen Überreaktion stehe. Diese harte Miene, die kein Mitleid durchschimmern lässt – weil er weiß, dass es meine inneren Dämme nur brechen lassen würde.

Da AISS sicher mithört, bietet er mir wortlos seine Hand an, wirft mir einen Anker hin, an dem ich mich festhalten kann. Ich lockere meine Finger und nehme das Angebot an.

»Danke«, flüstere ich.

»Immer«, sagt er und erwidert meinen Händedruck.

Ich zucke kaum merklich zusammen. Mir ist bewusst, dass er das nur sagt, weil er meine Schattenseiten nicht kennt. Trotzdem schaffe ich es irgendwie, unsere alte Vertrautheit zu genießen. Weil ich daran glauben will, dass er einen Teil von alldem wirklich für mich tut. Für mich und für Cara. Das Brennen ebbt ab, in meiner Lunge scheint wieder Platz für Luft zu sein.

Als würde Nick es spüren, wandern seine Mundwinkel erleichtert nach oben. »Also, diese Sache mit der Homestory ...«, setzt er an.

»Ist eine absolut miese Idee?« Ich lache bitter. »O ja.«

In Nicks Augen blitzt etwas auf, das mir nicht gefällt. Eine Art *Sorge*, von der ich nicht weiß, wem sie gilt. Mir? Seinem *Image*? »Ist es das wirklich?«, fragt er dann.

Etwas in mir stolpert. *Hat er gerade ... ?* »Falls das eine ernst gemeinte Frage war: Ja, Nick, es *ist* eine miese Idee, und das weißt du.« Ich widerstehe dem Drang, ihm meine Hände zu entziehen, während er mich eingehend mustert. »Wie stellst du dir das bitte vor? Vain und Paps schälen fröhlich pfeifend Kartoffeln, du hilfst Cara bei den Hausaufgaben, und ich decke lächelnd den Tisch, während Dad vielleicht längst *tot* ist?« Kaum habe ich das Wort ausgesprochen, kehrt das beklemmende Gefühl zurück.

Eine Sekunde verkrampfen sich Nicks Finger um meine. Dann lockert sich sein Griff, und die Sorge verschwindet hinter alter Entschlossenheit. »Nein. Ich stelle es mir so vor, wie es einmal war. Niemand soll fröhlich pfeifen oder lächeln, aber wir sind eine Familie, Mae. *Du* bist meine Familie. Und wenn Monroe der Meinung ist, dass wir diese Story brauchen, um die Bevölkerung von den grausamen Bildern abzulenken, die sie sehen mussten, dann bin ich gern bereit, es zu tun.«

Autsch. Der Schlag sitzt tief. »Redest du gerade als Leitender des Investigationssektors oder als mein Bruder, der noch nicht kapiert hat, wie ernst es um Dad steht?« Meine Stimme klingt so kalt, dass ich mich selbst erschrecke. Nick öffnet den Mund, aber ich lasse ihm keine Zeit, zu antworten. »AISS hat gesagt, er hätte eine Überlebenschance von *achtunddreißig* Prozent. Das macht eine Wahrscheinlichkeit von beschissenen zweiundsechzig Prozent, dass wir Samstag eine *Beerdigung* planen.« Jetzt entziehe ich ihm meine Hand doch. »Wenn Julverne meint, dass das die richtige Story für die Medien ist: Okay. Dann müsste er wenigstens zugeben, dass es Tote gibt, und damit meine ich nicht diese Speakers of Truth.«

»Speakers of *Lies*«, korrigiert Nick, als hätte sich Kanes kleines Narrativ fest in seinem Kopf verankert. »Und Dad wird nicht sterben.«

Ich muss mich zurückhalten, um nicht laut zu lachen. Keine Ahnung, wie die Stimmung zwischen uns dermaßen schnell kippen konnte. »Hörst du mir überhaupt zu? Falls du heute Morgen keine anderen News aus dem MedPlex bekommen hast, ist Dad immer noch in der kritischen Phase.«

»Ich höre dir zu.« Nick zuckt nicht einmal mit der Wimper. Stattdessen schiebt er seine Hand in die Jackentasche, ich höre ein leises Knistern, dann drückt er mir etwas in die Finger. »Präsidierender Kane hat mir heute Morgen persönlich versichert, dass Dad die bestmögliche Behandlung bekommt.«

Fassungslos schaue ich nach unten. In meiner Hand liegt eine von Dads Tabletten. Seit Thustra wirken sie nicht mehr richtig, was Nick natürlich nicht weiß. Nein, er glaubt immer noch, mir auf diese Weise zu *helfen. Weil ruhigstellen bisher immer geklappt hat*, spöttelt ein Teil von mir, und ich weiß, wie unfair es ist. Denn bis vor Kurzem war ich genau für diese Art von Hilfe dankbar.

»Ich verstehe deine Ängste. Aber Dad. Wird. Nicht. Sterben. Hast du gehört? Er wird nicht sterben.« Sein Blick bohrt sich so tief in meinen, dass mir keine Wahl bleiben sollte, als ihm zu glauben. Aber dann ist da dieser Sturm, der flüchtig durch seine Fassade schimmert, und ich weiß, dass er auch Angst hat.

»Jedes Wort«, erwidere ich kratzig.

»Hier.« Nick füllt mir ein Glas Wasser. »Trink einen Schluck.«

Am liebsten würde ich die Tablette wegschmeißen, aber Nick sieht ganz genau hin. Also deute ich für AISS Kameras ein Gähnen an, lasse die Pille auf meine Zunge fallen und spüle sie mit dem stillen Eiswasser runter.

Kaum habe ich das Glas abgesetzt, gleitet die Tür auf. »Und?« Julverne kehrt zurück auf seinen Platz. »Fahren wir am Samstag gemeinsam nach Ring Fünf?«

»Wir fahren«, sagt Nick und angelt ein weiteres Mal nach meiner Hand.

Dieses Mal ziehe ich sie sofort weg. Ich hätte es wissen müssen, und trotzdem fühlt es sich an wie Verrat, der scharf in meinem Magen brandet. Er hat es wirklich getan. Er hat Cara und mich und unsere ganze Familie an die Presse verkauft, um *Schadensbegrenzung* zu betreiben. Ich schlucke den Wunsch, laut zu schreien, herunter. Und zähle die Sekunden, bis die Watteschicht übernimmt.

Dieses Mal hält die Wirkung keine zwanzig Minuten an. Julverne gibt uns noch ein kurzes Briefing, der richtige Ablaufplan soll später per SmartPad folgen. Er hat ein Dutzend Mal betont, dass es hier nicht um *Schauspiel* ginge, schließlich stünde die Wahrheit über allem, und trotzdem werde ich

Samstag eine Rolle spielen müssen. Und zwar die der Mae, deren größte Sorge es war, mit ihren emotionalen Überreaktionen zu einer Überprüfung geschickt zu werden.

Nach dem Meeting fordert AISS mich auf, mich in den Wartebereich von Labor 5 zu begeben. Nick muss in die entgegengesetzte Richtung. Ich hätte nie gedacht, dass ich mal erleichtert sein würde, von ihm wegzukommen. Von meinem eigenen Bruder, der noch nicht mal offiziell im Parlament angefangen hat und schon jetzt voll in seiner Rolle aufgeht.

Gedankenverloren schiebe ich die Finger unter meinen Ärmel und taste nach Caras Armband. Als ich das geknüpfte Garn berühre, muss ich schlucken. Ob Nick klar ist, was diese Homestory bedeutet? Selbst wenn Dad Samstag noch lebt, zerrt er Cara und mich wieder ins Rampenlicht. Eine falsche Emotion zur falschen Zeit, und wir sind am Arsch, aber so weit scheint er nicht gedacht zu haben. Oder er versorgt uns vorher noch mal mit ein paar hübschen Tabletten ...

Der Wartebereich vor Labor 5 ist leer. Ich will mich gerade setzen, als sich die Tür öffnet. Im Rahmen steht Harry Lavis. Er ist einer der wenigen Brillentragenden, bei denen ich sicher bin, dass er sie nicht allein als Accessoire verwendet. Seinem konzentrierten Ausdruck nach scheint er ganz in sein HoloPad versunken zu sein, bis er sich abrupt davon losreißt und aufsieht.

»Maeander.« Aus seinem Mund klingt mein Name wie eine Beleidigung.

Okay? Irritiert gehe ich an ihm vorbei in das Labor, das

spartanisch eingerichtet ist. Es sieht aus wie einer der Räume, in denen wir sonst unsere Diskussionsrunden haben. In der Mitte steht ein kleiner Tisch mit vier Stühlen, die restliche Einrichtung ist mehr als überschaubar. Es gibt nur noch ein metallenes Schränkchen, auf das Harry jetzt zusteuert. Im Vorbeigehen stellt er sein HoloPad in eine Halterung am Tisch – die Rückseite ist verpixelt, so dass ich nicht erkennen kann, worauf er vorhin so konzentriert gestarrt hat. Vermutlich irgendwelche Unterlagen aus den Camps, aber vielleicht auch eine Nachricht von Trish? Ob die beiden in direktem Kontakt miteinander stehen? Ob er weiß, dass ich jetzt dazugehöre? Oder denkt er, ich hätte Graysons Lüge als Teil meines Projektionsschock abgetan?

»Ziehen Sie Ihre Jacke aus«, weist er mich an, während er eine Schublade öffnet. »Und nehmen Sie Platz.«

Ich komme seiner Aufforderung nach, beobachte dabei jedoch jeden seiner Handgriffe. Obwohl ich ihn kaum kenne, habe ich das Gefühl, dass er angespannt ist. Seine Bewegungen wirken geladen, er reißt die Schubladen eine Spur zu grob auf, schlägt sie einen Ticken zu fest zu. Vielleicht bilde ich es mir auch nur ein, weil ich weiß, dass er zu emotionalen Überreaktionen fähig ist – theoretisch. Praktisch hat er es als Behandelnder bis hierhin geschafft, was bedeutet, dass er ein verdammt guter Liar sein muss. *Und trotzdem hat Trish sich ein Jahr Zeit gelassen, bis sie ihn persönlich getroffen hat,* erinnere ich mich an Jamars Worte. Das macht nicht sonderlich viel Hoffnung für mein gewünschtes Treffen ...

Als Harry ein Stanzgerät aus der Schublade holt, stöhne

ich innerlich auf. Ein neuer VitaTrack. War ja klar. Kurz darauf kommt er auch schon rüber, desinfiziert eine Stelle am Oberarm und stanzt mir den Silberchip mit solcher Wucht in die Haut, dass ich aufschreie.

»Fuck!«

Harry scheint es nicht zu kümmern. Ohne ein Wort der Entschuldigung wischt er das austretende Blut weg. Das Lämpchen im VitaTrack springt direkt auf grün. Ab jetzt analysiert der Chip wieder die Zusammensetzung meines Blutes – zumindest solange ich mich in einem Labor befinde.

Keine Ahnung, was sein verdammtes Problem ist.

Ich ziehe die Jacke wieder über, und Harry entsorgt alles bis auf das Stanzgerät, das er zurück in die Schublade legt. Anschließend setzt er sich mir gegenüber, seine Miene ist von Härte gezeichnet. Nicht dass ich ihn je hätte lächeln sehen, aber bei den Parcours wirkt er trotzdem netter.

»Unsere heutige Sitzung ist kein Test im eigentlichen Sinne«, erklärt er. »Angesichts der gestrigen Ereignisse möchten wir allen Teilnehmenden die Möglichkeit geben, über das Erlebte zu sprechen und vorhandene Gefühle zu reflektieren.«

Vorhandene Gefühle. In mir zieht sich alles zusammen. »Und wenn ich nicht darüber reden möchte?«, erwidere ich.

»Dann können Sie meine Fragen in aller Kürze beantworten, und wir sparen uns beiden eine Menge Zeit.« Harry strahlt mit jeder Silbe Abneigung aus, und ich habe keinen blassen Schimmer, ob sie persönlicher Natur ist. Oder ob ihn diese ganze Shitshow der Regierung einfach nur genauso wütend macht wie mich. »Sehen Sie, Maeander, das hier ist eine Chance. Keine Bürde.«

Ob er dasselbe sagen würde, wenn wir nicht unter AISS Beobachtung stünden? Oder würde er dann offen mit mir sprechen?

Ich widerstehe dem Drang, die Arme vor der Brust zu verschränken. AISS erwartet sicher, dass ich kooperiere, am besten mit einem Lächeln auf den Lippen, um zu beweisen, dass Sedatium einen super Job macht. Alles, was ich bieten kann, ist geheuchelte Aufmerksamkeit.

»Fangen wir an.« Harry wischt über sein HoloPad, eine simple Geste, die dennoch aggressiv wirkt. »Können Sie sich vollständig an den gestrigen Tag erinnern?«

»Nein. Ich glaube, dass ich nach der zweiten Explosion kurz ohnmächtig war.«

»Aber den Rest haben Sie noch klar vor Augen?«

»Mehr oder weniger. Ab dem Moment, in dem die Kuppel zersprungen ist, war alles etwas chaotisch.« In Wahrheit habe ich wieder jedes Detail genau vor Augen. Wie bei dem Gespräch mit Julverne falte ich die Hände unter dem Tisch, damit ich mir unbemerkt die Nägel in die Haut drücken kann. Frischer Schmerz, um mich abzulenken.

Harry gehört nicht zu den empathischen Typen. Ungerührt macht er weiter. »Wann haben Sie die Speakers of Lies zum ersten Mal wahrgenommen?«

Speakers of Truth, korrigiere ich lautlos. Ich zähle die Sekunden, während ich mir die Antwort zurechtlege. Tief in mir weiß ich, dass ich diese Arschlöcher früher bemerkt habe, als ich zuerst dachte. Dieser Moment auf dem

SkyWalk, als ich das Gefühl hatte, beobachtet zu werden. Und dann dieses rote Aufblitzen, als ich neben Pierre und Chloe die Bühne verlassen habe – jetzt im Nachhinein bin ich mir sicher, dass es die Spraydosen waren.

»Kurz vor Kanes offizieller Unterschrift. Auf der Kuppel«, antworte ich schließlich. Alles andere würde nur zu weiteren Fragen führen, auf die ich vielleicht keine gute Antwort hätte.

»Was haben diese Personen auf der Kuppel getan?«

»Sie haben Buchstaben auf das Glas gesprüht. Fünf Wörter.«

»Die da wären?«

Den Bruchteil einer Sekunde überlege ich, mich aus der Affäre zu ziehen und zu behaupten, ich hätte sie nicht schnell genug lesen können. Aber sollte es auch nur eine Aufnahme geben, auf der man meinen Blick sieht, bin ich schneller überführt, als ich Liar buchstabieren kann. »The program is a lie«, wiederhole ich den Satz, der mir jedes Mal eine Gänsehaut auf den Körper zeichnet. »Das Programm ist eine Lüge.«

»Was genau denken Sie darüber?«

Dass ich noch nicht weiß, ob es ein Bluff von Kane war oder ob der Transparenzbericht gefakt ist. »Dass diese fehlgeleiteten Individuen das getan haben, was alle Liar tun: lügen«, erwidere ich betont ruhig. »Misstrauen säen. Unruhe stiften.«

»Dann haben Sie keine Zweifel an Ihrer Teilnahme oder der Richtigkeit des Partner Evaluation Programs?«

O doch. »Nicht im Geringsten.«

»Gut. Machen wir weiter.«

Harry rattert einen regelrechten Katalog von Fragen herunter. Mit jeder einzelnen wird deutlich, dass das hier weder ein Bürde noch eine Chance ist. Es ist ein astreines Verhör, das einzig und allein dazu dient, den Schaden in der Öffentlichkeit zu begrenzen. Damit niemand von uns nach draußen rennt und die Presse mit Informationen versorgt, die nicht mehr als vermeintliche Lügen sind.

Am Ende scheine ich Harry – oder vielmehr AISS – davon überzeugt zu haben, dass ich keine Gefahr darstelle. Wortlos bringt Harry mich zur Tür und ruft die Nächste auf.

In meinem Kopf dreht sich nur eine Frage: Wozu diese ganze Mühe? Wenn Kane den Anschlag selbst geplant hat, müsste er das Narrativ dann nicht genauso nutzen, wie Jamar gesagt hat? Müsste er dann nicht sogar darauf *hoffen*, dass es an die Öffentlichkeit dringt?

Mit jedem Schritt wogt dieses neue Unbehagen in mir auf und ab, denn mir fällt nur eine Erklärung ein: Was, wenn Kane sich doch nicht selbst ins Knie geschossen hat? Wenn es da draußen wirklich eine Gruppe gibt, die mehr weiß als wir? Und die womöglich im Schatten darauf lauert, ihren nächsten Schlag auszuführen …

KAPITEL 6

»Mae!« Therese stürzt auf mich zu, kaum dass ich unseren Schlafsaal betreten habe. Eine behutsame Umarmung, die ihr meine geprellte Rippe dankt, dann greift sie nach meiner Hand und zieht mich zu unserem Bett. »Peter hat mir ein paar Pralinen mitgegeben, die da sind für dich, und ich schwöre dir, es sind die besten, die du je-mals gegessen hast! Die da ist mit Marzipan, das hier ist Kakaotrüffel, Pistazienmousse …«

Auf meinem Kopfkissen liegt eine transparente Schachtel mit neun verschiedenen Pralinen, die Therese der Reihe nach beschreibt. Bisher habe ich in meinem Leben nur eine einzige gegessen, ein winziges Stück Schmuggelware aus der Küche der Moores, hergestellt von Luisa, eingewickelt von Brigit und heimlich übergeben von Edgar persönlich. Eigentlich hätte sie für Glorias Gäste sein sollen, aber *eine mehr oder weniger falle nun wirklich nicht ins Gewicht* – Edgars Worte.

Zum ersten Mal, seit ich im Camp bin, durchzuckt mich ein Stich der Sehnsucht. Es fühlt sich an, als wäre es Jahre her, seit ich zuletzt in dem Büro saß, den Duft von Politur, Papier und Büchern eingeatmet und mit Edgar über das Leben philosophiert habe. Ob er meiner Vertretung auch hin und wieder etwas aus der Küche mitbringt? Ob er sich genauso höflich nach ihrem Wohlbefinden erkundigt und manchmal etwas sagt, worüber sie gemeinsam lachen können?

»... und last but not least mein absoluter Liebling: dunkle Schokoladencreme mit gesalzenem Karamellkern. Sobald das Programm zu Ende ist, muss ich dich echt mal mit in Peters Restaurant nehmen! Es ist zwar nicht besonders groß, aber es hat seinen ganz eigenen Charme, und Peter hat schon versprochen, uns jederzeit einen Tisch zu reservieren. Und tut mir leid, wenn ich dich schon wieder nicht zu Wort kommen lasse, aber eine Sache muss ich dir echt noch erzählen: Vorhin sind Loyd und ich zur selben Zeit angekommen, und als wir im Aufzug waren ...« Therese beugt sich zu mir, um die Stimme zu ihrem berühmt-berüchtigten Nicht-Flüstern zu senken. »Er hat mich geküsst. Loyd Jones hat mich *geküsst.*« Ich warte auf ihr ebenso berühmt-berüchtigtes Quietschen, aber sie starrt mich einfach nur mit weit aufgerissenen Augen an, die Wangen noch röter als sonst.

»Warte, Therese Thorn ist sprachlos?«, erwidere ich neckend. Es ist der schwache Versuch, das Ziehen in mir zu überspielen, das nur noch stärker wird. Dieses Mal gilt meine Sehnsucht Grayson, seiner Nähe, seiner Stimme, seinen Lippen. Mein Verstand weiß, dass man für einen vermeintlichen *Feind* anders empfinden sollte, aber mein Herz weiß, dass ich mir etwas vormache. Vielleicht kann man jemanden zum Feind ernennen, um sich mit einem anderen Menschen solidarisch zu zeigen. Aber es ändert rein gar nichts an den eigenen Gefühlen, und genau diese Erkenntnis lässt alle Splitter in mir beben. Ich dachte, es wäre möglich, alles im Keim zu ersticken, aber in Wahrheit sind die Gefühle für Grayson schon viel zu weit gewuchert, wie Dornenranken, die sich hartnäckig festhalten und die gleichzeitig zu schön sind, um sie je herausreißen zu wollen. *Thorn bedeutet Tod.* Aber für mich bedeutet es mehr, und ich habe keine Ahnung, wie ich beides in Einklang bringen soll.

»Nein«, reißt Therese mich aus meinen trüben Gedanken. »Ich bin nie sprachlos, aber der Kuss war einfach *unbeschreiblich.* Loyd war so sanft und liebevoll, seine Lippen fühlen sich unglaublich weich an, und es wäre einfach rundum perfekt gewesen – wäre die Tür nicht drei Sekunden später aufgesprungen. Direkt vor uns stand ein Mitarbeitender, und ich wette, dass er Loyd sofort erkannt hat. Falls er der Presse steckt, dass Loyd Jones mit einer Teilnehmenden rumgeknutscht hat, wird Liv mir die Hölle heißmachen. Wusstest du, dass es letztens einen Talk über die begehrtesten Singles aus den Camps gab und Loyd natürlich ganz oben auf dieser Liste steht? Er ist eine Art Aushängeschild für das Programm, genau wie Pierre, Chloe, dein Bruder … Sorry, ich schweife ab. Meinst du, dieser Typ wird jemandem davon erzählen, und wenn er jemandem davon erzählt …«

»Therese«, unterbreche ist sie, bevor sie gar keine Luft mehr bekommt. »Erstens: herzlichen Glückwunsch.«

Ein Grinsen huscht über ihr Gesicht. »Danke.«

»Zweitens denke ich nicht, dass dieser *Typ* irgendwas erzählen wird. Ich nehme an, dass es den Angestellten verboten ist, über Interna aus dem Camp zu reden – außer sie werden explizit danach gefragt, und ich bezweifle, dass er morgen ein Date mit einer Journalist hat, die ihn nach geheimen Knutschereien im Aufzug befragt.«

»Wahrscheinlich nicht«, gesteht Therese und beißt sich verlegen auf die Lippe.

»Und drittens dachte ich, ihr wärt schon länger so weit gewesen.« Endlich schaffe ich es, meine Mundwinkel zu einem Lächeln zu zwingen.

Therese hebt zweifelnd die Augenbrauen. »Du bist meine beste Freundin, Mae. Als ob ich so was verheimlichen könnte. Apropos«, sie lässt sich auf mein Bett fallen und zieht mich neben sich, »was ist das zwischen Grayson und dir? Ich meine, seit wann seid ihr *befreundet*?«

Mein ganzer Körper spannt sich an, bis in die Fingerspitzen, die in Thereses Hand liegen. »Keine Ahnung«, erwidere ich wahrheitsgemäß. »Er hat mir hin und wieder geholfen, allerdings bin ich mir nicht sicher, ob es das Wort *Freundschaft* noch trifft.«

»Grayson.« Therese stößt einen Seufzer aus, der zwischen Frust und Resignation liegt. »Was hat er dieses Mal getan?«

Die Frage ist wohl eher, was *ich* getan habe.

Ich entziehe Therese meine Hand, um meine Finger zu kneten. Inzwischen fällt es mir so leicht, die Wahrheit zu verdrehen, dass ich Therese problemlos eine Geschichte erzählen könnte, die in ihr Bild passt. Die Grayson als den Bruder darstellt, der keine engen Bindungen aufbauen kann und mit unbedachten Äußerungen alles verdirbt. Aber ich kann nicht. Abgesehen davon, dass Grayson es nicht verdient hätte, ist Therese meine erste *richtige* Freundin. Und Thustra ist sicher nicht dafür da, Freundinnen ins Gesicht zu lügen – nicht, solange die Wahrheit ungefährlich ist.

»Grayson hat nichts getan«, sage ich und spüre, wie sich die Splitter wieder tiefer in mein Herz drehen. »Also, nicht direkt. Sagen wir einfach, unsere Brüder können sich nicht besonders gut leiden, und da es für mich keinen wichtigeren Menschen gibt als Nick, ist es mit Grayson ... kompliziert.«

»Warte, das ist alles?!« Therese starrt mich an, als hätte sie mich gerade bei einer Lüge erwischt. Vielleicht war die Wahrheit doch keine gute Idee. Wie paradox. »Er hat sich nicht unhöflich verhalten, dich nicht vor den Kopf gestoßen oder ... keine Ahnung ... dich beleidigt?!«

»Nein.« *Abgesehen davon, dass er mutwillig meinen EarPod zertreten hat, um zu testen, ob ich zu emotionalen Überreaktionen neige*, füge ich in Gedanken hinzu.

»Scheiße, Mae, weißt du, was das heißt?!«

Ja, antworte ich wieder nur innerlich. *Dass ich Graysons und meine Beziehung für jemanden verraten habe, der mich eben an seinen PR-Beratenden verkauft hat.*

Bevor ich mir etwas aus den Fingern saugen muss, das weniger bitter schmeckt, beantwortet Therese die Frage zum Glück selbst: »Mein Bruder ist tatsächlich dazu fähig, kein vollkommenes Arschloch zu sein.« Jetzt grinst sie nahezu triumphierend. »Okay, nehmen wir mal an, die Sache wäre *nicht* kompliziert, wäre es dann nur Freundschaft, oder meinst du, da könnte *mehr* sein?«

Ich denke an den Kuss, an die Funken, an mein Herz, das

sich einen kurzen Moment vollständig angefühlt hat. »Vielleicht.« Kaum habe ich es ausgesprochen, spüre ich, wie sich Therese für ihr Quietschen wappnet. *»Aber«*, werfe ich schnell ein, »es *ist* kompliziert, und deshalb hat es keinen Sinn, sich über etwas zu freuen, was sowieso niemals passieren wird. Sorry, Therese.«

Falls ich dachte, Therese damit einen Dämpfer versetzt zu haben, habe ich mich getäuscht. Quietschend schnappt sie nach meinen eisigen Händen. »Kompliziert hin oder her, das ist alles, was ich hören wollte. AISS? Ich hoffe, du beziehst die Gefühle meiner besten Freundin in deine Berechnungen mit ein.«

»Es steht mir leider nicht zu, über den Algorithmus zu sprechen«, antwortet AISS aus dem Lautsprecher nahe unseres Betts. *Unheimlich.* »Doch ich kann versichern, dass alle relevanten Informationen miteinbezogen werden.«

Ich zucke zusammen. Glaubt Therese echt, es gäbe eine Chance, dass Grayson und ich das Programm als *Paar* verlassen? Vielleicht hat sie vergessen, dass der Algorithmus auf Perfektion programmiert ist. Und Grayson und ich sind das Gegenteil von perfekt. Bevor noch mehr in mir zerbrechen kann, wechsle ich das Thema zurück zu Loyd. Zum Glück ist Therese Therese, und mir bleibt bis zum Mittagessen keine Zeit mehr, in meinen zähfließenden Gedanken zu ertrinken.

Es gibt wieder eine feste Sitzordnung. Als ich die Namen auf den benachbarten Stühlen lese, stöhne ich innerlich auf. Lace und Priya. Die Anführende der Snob-Clique und eine ihrer Untergebenen. Keine Sekunde später tauchen die beiden auch schon auf, Lace verdreht bei meinem Anblick die Augen, und Priya tut so, als würde ich nicht existieren. Immerhin ist sie dabei konsequent. Als sie den Wein haben möchte, bittet sie mein Gegenüber, ihr ein Glas einzuschenken, obwohl die Flasche direkt vor meiner Nase steht. Während eines Gesprächs mit Lace schaut sie einfach durch mich hindurch.

Nach dem Essen tritt Liv auf das Redepult zu. Sie trägt mörderisch hohe Schuhe, die keinen Laut von sich geben, der heutige Hosenanzug ist in einem Beerenton gehalten, irgendwo zwischen Rot und Violett. Inzwischen bin ich mir sicher, dass sie a) einen gigantischen Kleiderschrank besitzt und dass ihr b) sämtliche Farben stehen.

Mit einem Räuspern gewinnt sie auch die Aufmerksamkeit derer, die in Gespräche vertieft sind.

»Erst einmal freut es mich, zu sehen, dass der Großteil von euch wohlbehalten zurück ist«, sagt sie und lässt den Blick über die beiden langen Tische schweifen.

Unwillkürlich folge ich ihm und zähle insgesamt sieben leere Plätze. Einer davon gehört Grayson, ein anderer Eireen, die bereits in der ersten Woche nach einer Projektion verschwunden ist.

»Drei eurer Mitbewohnenden werden noch in den nächsten Tagen zurückerwartet, die anderen werden das Programm in diesem Zyklus nicht mehr fortsetzen können«, erklärt Liv sachlich. »An einer Lösung für die Betroffenen wird bereits gearbeitet.«

Da hinter Priya ein paar Leute zu tuscheln beginnen, vermute ich, dass unter den Fehlenden welche dabei sind, die nächstes Jahr zweiundzwanzig werden. Damit wären sie laut Gesetz zu alt, um an irgendwelchen Verkupplungsaktionen teilzunehmen – sofern das Programm überhaupt jährlich stattfindet. Schließlich wurden dieses Mal auch vier Geburtszyklen auf einmal eingeladen.

»Für alle, die heute hier sind, geht es nach dem Essen wie gewohnt weiter. Sollte sich jemand aufgrund der Umstände nicht in der Lage fühlen, dem Test volle Aufmerksamkeit zu schenken, kommt bitte vorher zu mir oder informiert eure Behandelnden«, fährt Liv fort. »Es ist weder eine Schande noch Schwäche, sich zu melden. Im Gegenteil. Eine transparente Kommunikation hilft dabei, eure Testergebnisse um gewisse Faktoren zu bereinigen und am Ende richtig auswerten zu können. Und jetzt lasst euch das Dessert schmecken. Es ist eins meiner liebsten.« Ein flüchtiges Lächeln huscht über Livs strenges Gesicht. Dann verlässt sie die Bühne, und zum ersten Mal setzt sie sich nicht an den kleinen Einzeltisch am Rand, sondern nimmt einen der leeren Plätze ein – direkt neben Nick. Noch bevor der Nachtisch serviert wird, sind die beiden in ein Gespräch verwickelt, das sie im Wechsel auflachen lässt.

Jedes Mal, wenn ich Nicks Lachen höre, regt sich einer der Splitter. Früher sahen unsere Gespräche genauso aus, jetzt habe ich keine Ahnung, wie wir dahin zurückfinden sollen. Sofort meldet sich wieder der Drang, zu heulen, aber ich reiße mich zusammen. Denn ich möchte nicht, dass Nick sich noch mal dazu verpflichtet fühlt, mich mit Dads Tabletten ~~zu beschützen~~ ruhigzustellen. Selbst wenn er glaubt, es wäre das Richtige.

Nick ist einer der Ersten, die zum Test gerufen werden. Also schließe ich mich Therese, Loyd und Jamar bei einer Partie Against the Liar an. Wir sind kurz davor, zu verlieren, als Jamar aufgerufen wird. Kaum hat er den Sofaraum verlassen, kommt Nick wieder – ein Blick zu den Druckstellen auf seiner Stirn, und mir ist klar, welche Art von Test heute ansteht.

Sofort kommen die Kopfschmerzen zurück, die mich nach dem Projektionsschock täglich begleitet haben. Vielleicht habe ich Glück, und meine Sperre ist noch aktiv, aber tief in mir weiß ich, dass meine Schonfrist abgelaufen ist. Laut meiner letzten Untersuchung sind alle Areale restlos verheilt, kein Grund also, mich weiterhin von dem Initiator fernzuhalten, der mich auf die Station befördert hat. *Falsch*, korrigiere ich mich, um meinen Puls zu beruhigen. *Es war nicht der Initiator, sondern dieses Gasleck.* Leider hört mein Herz trotzdem nicht auf, gegen meinen Brustkorb zu hämmern.

Ich versuche, mich auf das Spiel zu konzentrieren, in dem Nick Jamars Platz einnimmt. Dank seiner Hilfe schaffen wir es, das Blatt in letzter Sekunde zu wenden und die Liar zu besiegen. Während Therese auflacht und uns der Reihe nach zum High Five auffordert, kommt es mir vor wie ein bitteres Abbild der Realität.

»Erinnert mich daran, dass ich niemals ein Taktikspiel gegen Nick wage«, sagt Therese, nachdem ich halbherzig eingeschlagen habe, und macht sich dran, das Spielfeld auf Anfang zu setzen.

Bevor die nächste Runde beginnt, meldet sich AISS: »Maeander, bitte begeben Sie sich in den Wartebereich von Labor 11.«

Ernsthaft? Ich würde lachen, wenn es nicht so berechnend mies wäre. Als ich den Stuhl zurückschiebe, greift Nick nach meiner Hand.

»Soll ich dich begleiten?«, fragt er.

Ich sehe ihn an und zähle die Sekunden, in denen sich seine Berührung vertraut und zugleich fremd anfühlt. Kälter als sonst, härter. Kein Anker, sondern ein Widerhaken.

»Nein danke«, sage ich schließlich, »ich schaffe das schon.« Dann winde ich mich aus der Berührung, zwinge ein Lächeln auf meine Lippen und gehe.

In den letzten Wochen bin ich so oft durch diese Gänge gelaufen, dass mir die meisten Abzweigungen vertraut sind. Ich muss nicht einmal auf die Schilder sehen, um zu wissen, wann ich abbiegen muss. Trotzdem sind meine Schritte heute schleppend. Labor 11. Soweit ich weiß, gibt es mindestens vier Räume, in denen Projektionen stattfinden. Und ich soll ausgerechnet zurück an den Ort, an dem das Gasleck meine Welt zerrissen hat. An dem ich nicht mehr unterscheiden konnte, was Realität und was Projektion ist, an dem sich Harry in einen Baum verwandelt hat, an dem Graysons und Aidens Gesichter im Sekundentakt gewechselt haben. An dem Price in einer Blutlache am Boden lag und an dem ich Schmerzen gespürt habe, die ich nie wieder spüren möchte. Vielleicht fühlt es sich deshalb an, als müsste ich meine Beine zu jedem Schritt zwingen.

Kies, Blut, Center, Fliesen. Die Bilder jagen abwechselnd

durch meinen Kopf. Immerhin lässt mich meine Behandelnde Evenita Harper nicht lange warten. Nach gerade mal einer Minute werde ich von ihr aufgerufen.

Kies, Blut, Aiden, Grayson. Wer auch immer den Boden in Labor 11 gewischt hat, hat jeden noch so kleinen Blutstropfen entfernt. Falls es wirklich Risse in den Wänden gab, sind sie neuen Fliesen gewichen, und der Initiator baumelt auf Hochglanz poliert an der Stuhllehne. Es sieht alles genauso aus wie vor dem Unfall, aber das ändert nichts an den Bildern in meinem Kopf. Oder an der Tatsache, dass Price immer noch nicht zurück ist.

»Maeander. Wie schön, dich wiederzusehen.« Seit das Eis zwischen uns gebrochen ist, findet Evenita sogar ein Lächeln. »Ich ahne, wie es sich für dich anfühlen muss, wieder hier zu sein, aber es besteht kein Grund zur Sorge. Bitte.« Sie deutet auf den unheilvollen Stuhl.

Irgendwo hier muss Price aufgeschlagen sein. Direkt auf der metallenen Kante der Armlehne. Ich fahre mit den Fingerspitzen drüber, bevor ich mich setze. Die Angst ist nichts gegen die Panik, Dad zu verlieren, und trotzdem brauche ich Kraft, um gegen sie anzukämpfen. Nicht, dass Evenita auf die Idee kommt, mein Sedatium zu erhöhen, bis ich gar nichts mehr fühle.

»Wir werden alles in deinem Tempo machen, und ich werde jede Sekunde genaustens überwachen.« Evenita nimmt den Initiator von der Lehne. All die kleinen Stacheln, die sich gleich in meinen Kopf bohren werden. »Sollte sich auch nur das geringste Anzeichen für eine Unregelmäßigkeit abzeichnen, brechen wir ab, in Ordnung?«

Nein. »Ja.« Mit einem schweren Schlucken lehne ich mich zurück. Wie hoch ist wohl die Wahrscheinlichkeit einer weiteren Gasexplosion? Angeblich wurden alle Leitungen geprüft, aber was, wenn …? Mein Herzschlag stolpert. Was, wenn es gar kein *Unfall* war? Inzwischen weiß ich, wie gut Kane und sein Presseteam darin sind, die Wahrheit zu verschleiern, nur … was wäre die Alternative?

Unwillkürlich muss ich an das Graffiti denken. Ja, vielleicht war es ein perfider Schachzug von Kane, aber seit Harrys Verhör fällt es mir schwer, daran zu glauben. Also was, wenn die Speakers of Truth doch existieren? Wenn sie wirklich geheime Infos über das Programm haben, etwas, das den Transparenzbericht aushebeln könnte? Das sowohl Eireens Verschwinden nach der ersten Projektion erklären würde als auch meinen Projektionsschock? Ich meine, was für Ergebnisse erhofft sich das Programm überhaupt mit …

Als ich Evenitas forschenden Blick bemerke, hebe ich schnell die Mundwinkel. Noch eine Sekunde länger in dieser gefährlichen Gedankenspirale, und ich kann Evenita gleich bitten, mich in eine der Folterzellen unter dem Parlament zu schmeißen. Auch wenn ich bezweifle, dass sie zu den Eingeweihten gehört.

Nach einem quälend langen Moment erwidert Evenita mein Lächeln. »Wie gesagt, ich werde deine Werte die ganze Zeit lang überwachen«, versichert sie mir in beruhigendem Tonfall, ehe sie die Stacheln mit dem Gel überzieht, das dabei hilft, die Impulse an mein Gehirn zu übertragen. »Dann darfst du jetzt die Augen schließen. Ich bin die ganze Zeit an deiner Seite. Versprochen.«

Widerwillig komme ich ihrer Aufforderung nach. Nur meine Finger krallen sich wie von selbst in die gepolsterten Armlehnen. Ich spüre das kühle Gel auf meiner Haut, an meinen Haaren. Dann einen Stich. Ich presse die Lippen zusammen, um nicht zu schreien. Wie ein schwerer Vorhang legt sich die Schwärze über mein Bewusstsein, begleitet von einem solch milden Zwicken, dass ich vor Erleichterung aufheulen möchte. Es ist nichts im Vergleich zu dem Schmerz, den ich bei meinen ersten Projektionen empfunden habe.

Jetzt stehe ich wieder in der vollkommenen Leere, alles, was ich höre, ist mein eigener Herzschlag. Immer noch zu wild, zu schnell, zu aufgelöst. Zum Glück tauchen keinen Atemzug später die ersten Blitzlichter auf, die sich binnen Sekunden zu einer Projektion verdichten.

Es ist kalt. Ich habe den Mantel fest um meinen Körper gezogen, während ich über den Bürgersteig renne. Den Bruchteil einer Sekunde bin ich irritiert und möchte anhalten, aber dann fällt mir wieder ein, dass ich zu spät dran bin. *Fuck!* Hoffentlich ist Paps nicht enttäuscht, dass ich das traditionelle Popcorn-Machen verpasst habe. Wenn ich mich beeile, schaffe ich es immerhin noch pünktlich zum ersten Film.

Ich biege auf unsere Straße. Beim Anblick unseres Hauses, das eigentlich nur ein angemalter Betonklotz mit spitzem Dach ist, wärmt sich ein kleiner Fleck in meinem Herz. Hinter den Fenstern im Erdgeschoss leuchtet Licht – und dann sehe ich Cara, die auf die Arbeitsplatte geklettert ist, um nach mir Ausschau zu halten. Als sie mich entdeckt, stiehlt sich ein Grinsen auf ihr Gesicht. Keine Sekunde später ist sie vom Fenster verschwunden. Dafür wird die Haustür aufgerissen, und sie rennt nur mit Pyjama und Kuschelsocken bekleidet auf mich zu.

»Mae!« Sie fliegt in meine Arme.

Kurz beschleicht mich das Gefühl, dass irgendetwas nicht stimmt. Mit ihrer Euphorie. Mit ihrem sommersprossigen Gesicht. Als würde ich etwas übersehen. Als würde etwas *fehlen*. Dann greift sie nach meiner Hand, und das ungute Gefühl löst sich auf.

»Paps und ich haben schon Popcorn gemacht, und die Jungs haben die größte Kissenburg gebaut, die du dir vorstellen kannst!«

Jungs?

Mit erstaunlicher Kraft zieht sie mich in unser Haus. Alles duftet nach Popcorn. Karamellisiert und gesalzen, der winzige Luxus, den wir uns einmal im Jahr gönnen.

»Maelein, da bist du ja endlich.« In Paps' Stimme schwingt der Vorwurf mit, den er mir bereits heute Morgen gemacht hat. Eigentlich halten wir uns das erste Oktoberwochenende immer frei, aber heute brauchte Edgar mich für irgendeine dringende Sache.

Ich zucke zusammen, als ich merke, dass ich nicht mehr weiß, was genau so dringend war. Oder ob ich heute überhaupt ein Wort mit Edgar gewechselt habe. Als wäre ich gar nicht *wirklich* dort gewesen.

»Du bist ja ganz durchgefroren.« Paps streicht mit aller Kraft über meine Oberarme. Es tut weh, und gleichzeitig fühlt es sich an, als müsste der Schmerz stärker sein. Als wären da unter den Schichten aus Stoff Wunden, die noch verheilen müssten.

Nachdem ich den Mantel ausgezogen habe, schiebe ich flüchtig den Ärmel meines Pullovers nach oben. Da ist nichts. Kein Kratzer, keine Schnitte. *Merkwürdig …*

Aus dem Wohnraum dringt Gelächter. Caras Glucksen vermischt sich mit Nicks Lachen, und dann ist da noch ein Laut, tief und rau und mit der Macht, jedes noch so feine Härchen auf meiner Haut aufzustellen. *Grayson?!*

Ich stürze förmlich vom Flur in den Wohnraum, in dem sich tatsächlich die größte Kissenburg auftürmt, die ich bislang gesehen habe. Bestehend aus unserer abgewetzten Couch und den Sesseln, die zusammengeschoben wurden, darüber spannen sich Wolldecken, hier und da blitzen Kissen und Oberbetten aus der Höhle hervor. Der VisionScreen hängt nicht länger an unserer Wand, dafür flimmert Licht durch die Ritzen, ein kleiner Vorbote der nächsten Stunden.

Eine der Wolldecken wird zurückgeschoben, und Nick krabbelt geduckt aus dem Versteck. »Ich wusste doch, dass ich dich gehört habe.« Er zieht mich in eine kräftige Umarmung.

Unwillkürlich bildet sich ein Kloß in meinem Hals. *Du übersiehst etwas*, flüstert es in mir, aber ich komme nicht darauf, was es sein soll.

Die Decke wird ein weiteres Mal zurückgeschoben, und einen süßen Moment wird alles in mir still. Es ist wirklich Grayson, der aus der Kissenburg kriecht, gefolgt von Cara, die sich lachend Huckepack nehmen lässt. Er sieht aus wie Grayson, er klingt wie Grayson, und als er die Lippen zur Begrüßung auf meine legt, schmeckt er wie Grayson. Gleichzeitig wird mir bewusst, *was* ich die ganze Zeit übersehen habe. Zur Bestätigung taste ich nach meinem Handgelenk und stoße auf unsichtbares Garn.

Das hier ist nicht echt.

Es gibt keine Realität, in der Grayson und Nick am selben Ort existieren können, ohne sich mit frostiger Ignoranz zu strafen. Keine Realität, in der ich Graysons Kuss erwidern kann, ohne Nick zu verletzen.

»Knutschen ist ekelig!«, geht Cara dazwischen, die immer noch auf Graysons Rücken hängt.

Bevor Grayson sich zurückzieht, flüstert er mir ins Ohr: »Das holen wir später nach.«

»Können wir jetzt endlich das Popcorn holen und loslegen?!« Cara zappelt mit den Beinen rum, als könnte sie Grayson so anspornen, sich ihren Wünschen zu beugen. »Ich will mindestens zwei Filme schaffen!«

Wie ich sie kenne, nickt sie schon bei der Hälfte des ersten ein.

»Popcorn ist schon auf dem Weg.« Dad kommt aus der Küche, im Arm zwei riesige Schüsseln, die randvoll sind. Noch ein Fehler in der Projektion, denn unser kleiner Luxus ist nie so üppig. Und Dad kann nicht hier sein. »Wenn ihr mir die Schüsseln abnehmt, hole ich auch noch was zu trinken.«

Cara springt sofort von Graysons Rücken, um sich die Schale mit dem karamellisierten Popcorn zu nehmen. Eigentlich kann ich unmöglich wissen, in welcher Schale welche Sorte ist, andererseits ist das hier nur ein erschreckend echter Traum.

Während Grayson die zweite Schüssel nimmt, stehe ich wie angewurzelt da, als wäre ich nicht mehr als eine Beobachterin. Paps lacht über einen Witz von Nick, Cara kriecht in die Kissenburg, ich kann nicht aufhören, Dad anzusehen. Meinen *echten* Dad, der mit einem gepflegten Bart und lebendigen Augen und ohne jede Spur von Verbrennungen. Als er gerade zurück in die Küche will, laufe ich zu ihm und drücke ihn an mich. Nach kurzem Zögern erwidert er die Umarmung. Jetzt glaube ich, meine geprellte Rippe zu spüren und auch die Schnitte an meinem Oberarmen.

»Wofür ist das denn?«, fragt er mich im Flüsterton.

Es tut unendlich gut, seine Stimme zu hören. »Einfach nur so«, wispere ich zurück. »Ich hab dich lieb, Dad.«

»Ich dich auch.« Er drückt mir einen Kuss auf die Stirn, bevor wir uns voneinander lösen. Sein Lächeln ist eine Spur weicher als in der Realität, ein winziger Makel, über den ich gern hinwegsehe.

Jemand streift über meinen Handrücken. Es sind die feinen Funken, die Grayson verraten, noch bevor er neben mich tritt. »Kommt ihr?« Er schiebt die Finger ganz natürlich zwischen meine, ein zärtliches Drücken, das meinen Puls zur Höchstleistung antreibt.

»Sofort. Ich hole nur noch schnell die Getränke.« Dad verschwindet in der Küche.

Vielleicht ist es Selbstbetrug, vielleicht tut das Erwachen später noch mehr weh, aber in diesem Moment höre ich auf, nach meinem Armband zu tasten. Das hier ist die einzige Realität, in der mein Herz keine Splitter kennt, also lasse ich mich fallen.

»Mae?« Grayson hat sich vor mich geschoben, um mir mit der freien Hand eine Strähne aus dem Gesicht zu streichen. »Was muss ich eigentlich tun, damit du mir freiwillig verrätst, welchen Film du ausgesucht hast?« Ein Lächeln kräuselt sich in seinen Mundwinkeln, ein bisschen falsch, ein bisschen verführerisch, unbeschreiblich attraktiv.

»Ich fürchte, das wirst du selbst herausfinden müssen.« Mit diesen Worten ziehe ich ihn mit in die Burg voller Kissen und Matratzen, voller Popcornduft und gedimmten Lichtern.

Die Erfüllung eines Herzenswunsches. Geborgenheit. Sicherheit. Zuneigung. Geliebt werden.

Einstellung der Projektion für Maeander Elking, 30.04.2306

KAPITEL 7

Die Projektion verfolgt mich bis in den Schlaf. Ich höre immer noch Dads Lachen, spüre Graysons Hand in meinem Haar, einmal schrecke ich sogar hoch, weil ich glaube, Caras Shampoo riechen zu können. Alles in mir sehnt sich danach, zurückzugehen, mich wieder in dieser falschen Realität zu verlieren, aber stattdessen wartet auf mich nur ein weiterer Tag wie jeder andere. Frühstück, Diskussionsrunde, Mittagessen, Parcours – für den ich dank meiner Verletzung gesperrt bin. Das Alternativprogramm sind ein paar leichte Dehnübungen in der Ecke der Sporthalle, zusammen mit den anderen Invaliden.

Erst am Abend gibt es auch in *dieser* Realität einen echten Lichtblick: Dad hat die kritische Phase überstanden. Paps schickt uns die Nachricht, als wir gerade zusammen beim Abendessen sitzen. Ich habe die Zeilen kaum zu Ende gelesen, als Nick bereits einen Anruf tätigt. Keine Viertelstunde später haben wir die Erlaubnis, das Camp zu verlassen.

Der Citygleiter, der uns abholt, sieht ähnlich aus wie das Taxi, das mich Sonntag hergebracht hat. Schwarz, hinten getönte Fensterscheiben für mehr Privatsphäre. Nur fehlt das entsprechende HoloBanner auf dem Dach, und der gebräunte Typ hinterm Lenkrad sieht nach Marke Personenschutz aus. Nicht zuletzt wegen der Pistole, die ich kurz unter seiner schwarzen Lederjacke aufblitzen sehe, als er uns die Tür aufhält.

Vermutlich werde ich mich in Nicks Nähe an diese Art von Leben gewöhnen müssen, aber es ist immer noch surreal. Als würde ich gleich aufwachen und erkennen, dass die gesamten letzten Wochen eine völlig absurde Projektion waren. Aber leider ist das Armband an meinem Handgelenk gut sichtbar.

»Möchtest du was trinken?« Nick drückt einen kleinen Schalter an der Mittelkonsole. Sofort fährt die glänzende Abdeckung zurück und gibt den Blick auf einige Flaschen Cola frei. Kälte kriecht in kleinen Nebelschwaden runter in den Fußraum und lässt mich frösteln.

»Ich hab keinen Durst, danke.« In Wahrheit ist meine Kehle staubtrocken, aber es ist diese Selbstverständlichkeit in Nicks Stimme, die mich abschreckt. Als wäre es längst Teil seines Alltags, in schicken Citygleitern zu sitzen, versteckte Schalter zu drücken und überteuerte Getränke zu verteilen. Gratis.

Nick nimmt sich eine Cola und lässt die Konsole wieder zugleiten. »Dann vielleicht einen Snack? Paul hat immer ein paar Schokoriegel im Handschuhfach. Und Bananenchips, die allerdings echt widerlich sind.«

Paul, der sich bisher auf die Straße konzentriert hat, mustert uns durch den Rückspiegel. »Du vergisst die gesalzenen Pistazien, die ich extra für dich besorgt habe.« Er klingt, als wäre er erst Ende zwanzig, höchstens dreißig. Seinen scharf schattierten Gesichtszügen nach könnte er auch vierzig sein.

»Stimmt.« Ein Lächeln zuckt über Nicks Gesicht. »Cara hat auf der Fahrt nach Hause die halbe Packung gegessen.«

Unter anderen Umständen würde ich ebenfalls lächeln. Aber abgesehen davon, dass ich wegen dieser Homestory noch sauer auf ihn bin, graut es mir davor, gleich wieder vor Dads gläsernem Sarg zu stehen. Er mag die kritischen Stunden überlebt haben, aber ich bezweifle, dass sich an seinem äußerlichen Zustand viel geändert hat. »Ich hab keinen Appetit, also nein danke«, sage ich.

»Schade.« Schulterzuckend streicht Paul über ein Touchpad. Wieder öffnet sich eine Klappe – dieses Mal ist es das Handschuhfach, das tatsächlich randvoll mit Snacks ist. »Für dich das Übliche, Nick?«

Ich stelle mir vor, wie Cara erst Sonntag auf meinem Platz saß und ihre Angst ein paar Minuten vergessen hat. Denn anders als wir lebt sie nicht seit mehreren Wochen in einem hochmodernen Komplex, in dem es täglich sündhaft gutes Essen gibt. Es ist viel zu leicht, sich an solchen Luxus zu gewöhnen – aber anders als Nick habe ich nicht vergessen, wo wir herkommen.

»Ihr kennt euch also schon länger?«, frage ich in die Stille, während ich von Nick zu Paul sehe, der sich wieder auf die Straße konzentriert. Wie früher zähle ich die Sekunden.

Eine, zwei, die beiden tauschen einen flüchtigen Blick, drei, ein kaum merkliches Nicken, vier.

»Ja«, antwortet Nick. »Paul war früher Aufsehender in meiner Einheit.«

»Leitender Aufsehender«, korrigiert Paul, und in seiner Stimme schwingt Stolz mit. Trotzdem habe ich das Gefühl, als wäre da noch mehr. Etwas, das über ein paar gemeinsame Einsätze hinausgeht.

»Also habt ihr zusammen gearbeitet? Wie lange?«

Dieses Mal lässt Paul keine Sekunde verstreichen. »Zwei Jahre«, antwortet er. »Dann habe ich die Leitung aufgegeben und bin in den direkten Dienst des Parlaments gewechselt. Nick war damals einer meiner Besten – und jetzt chauffiere ich ihn durch die Gegend. Ich weiß noch nicht, ob es eine Ehre oder ein Abstieg ist.« Er lässt es feixend klingen, allerdings bleibt seine Miene ernst.

Ob er bei dem Einsatz dabei war, bei dem durch Graysons Schuld mehrere aus der Einheit gestorben sind? Am liebsten würde ich fragen, wie lange dieser Wechsel her ist, allerdings fürchte ich, es könnte eher nach Verhör als schwesterlichem Interesse klingen.

»Im Dienst des Parlaments zu stehen, ist immer eine Ehre«, erwidert Nick, und leider klingt *das* alles andere als feixend. Grund genug für meinen Magen, heftiger zu rebellieren – gut, dass ich keine Schokolade genommen habe.

Während Paul und Nick unverfängliche Anekdoten tauschen, schaue ich nach draußen. Es ist nach zwanzig Uhr, und die meisten Geschäfte haben noch geöffnet. Angesichts der Einkaufstaschen, die von den Leuten rausgeschleppt werden, vermute ich, dass in jeder Stunde mehr Credits über die Ladentheke gehen, als die meisten aus unserem Ring in einem Jahr verdienen. Die Medien können noch so oft behaupten, Ernest Sestiby hätte das perfekte System erschaffen: In Wahrheit gibt man den unteren Ringen gerade so viele Krümel, dass wir das Gefühl haben, man würde sich um uns kümmern.

Als das MedPlex in Sicht kommt, würde ich Paul am liebsten bitten, eine Extrarunde zu drehen. Und noch eine. Und noch eine. Meinetwegen könnten wir so lange durch das Center fahren, bis jemand schreibt, dass Dad nicht einfach überlebt hat, sondern wirklich *lebt*. Dass er wieder sprechen kann, mir sagen, dass ich eine starke Frau bin, die niemanden braucht, um vollständig zu sein, und dass er mich genauso fest in die Arme nehmen kann wie in der Projektion.

Der Wagen hält an. Ich straffe die Schultern und tue so, als wäre ich genau die starke Frau, von der Dad sich vor über drei Wochen verabschiedet hat.

Wir werden direkt nach oben zur Station geschickt. Eine Desinfektionsschleuse später sehen wir bereits Paps, der mit Dads Behandelnder Christa auf dem Gang steht und sich gerade von ihr verabschiedet. Als er uns sieht, strahlt er förmlich. Ob er schon den ganzen Tag hier ist?

»Nick, Maelein!« Er schließt uns nacheinander in die Arme, wobei er bei mir erstaunlich behutsam ist. »Christa hat gerade erzählt, dass Arthurs Zustand stabil ist. Und wenn er weiter so gute Fortschritte macht, können wir bereits in sechs Wochen mit einem ersten Rückholversuch rechnen.«

Wir folgen ihm ins Zimmer. Auf einem der Sessel liegt

eine Wolldecke, als würde Paps sich auf eine Nachtschicht vorbereiten, der gläserne Sarg steht unverändert in der Zimmermitte, und Dad ... Ich muss nicht näher herangehen, um zu wissen, wie er aussieht. Ein Blick auf seine zerfleischte Hand reicht.

Ich wende mich ab, nur um von einer Welle aus Schuldgefühlen überrollt zu werden. Erst habe ich zugelassen, dass sich jemand anderes um meine Familie kümmert, und jetzt schaffe ich es noch nicht mal, Dad ins Gesicht zu schauen. Anders als Nick. Aus den Augenwinkeln bemerke ich, wie mein Bruder an das Gerät herantritt. Für ihn ist es seit der Explosion das erste Mal, dass er Dad sieht. Und anders als ich hält er der Belastung stand.

»Hi, Dad«, wispert er. »Eine Freundin von mir ist Behandelnde. Wir haben uns vor ein paar Jahren in einem Kurs an der Silver University kennengelernt, und sie meinte, IntenseCare überträgt meine Stimme. Also, falls du mich hören kannst, soll ich dir Grüße von Cara ausrichten. Sie vermisst dich, aber ich glaube nicht, dass sie richtig verstanden hat, was passiert ist. Ich habe sie am Sonntag nach Hause gebracht und ihr etwas vorgelesen. Eigentlich sollte sie dabei einschlafen, allerdings musste ich ihr vorher versprechen, dir dieselbe Geschichte vorzulesen. Sie ist zwar furchtbar langweilig, aber ich will mir nicht sagen lassen, dass ich meine Versprechen breche.«

Als er sich räuspert, schaue ich zu ihm. Er hat sein SmartPad herausgeholt – ein nagelneues, transparentes Modell. Dabei ist sein Ärmel zurückgerutscht und gibt den Blick auf unser Armband frei. Ich will weiter sauer auf ihn sein, aber ich spüre, wie meine Wut verraucht. Immer wenn ich glaube, dass Nick mir endgültig entgleitet, ist da wieder ein Funke des Bruders, für den es sich zu kämpfen lohnt. Der keine Sekunde gezögert hat, herzufahren, der Dads Anblick aushält, weil ihm die Nähe wichtiger ist, und der in Caras Auftrag langweilige Geschichten vorliest.

Mit widersprüchlichen Gefühlen kuschle ich mich in den Sessel neben Paps und lausche Nicks Stimme, bis ich selbst einschlafe.

Es ist mitten in der Nacht, als Paul uns wieder ins Camp bringt. Nachdem ich mich von Nick verabschiedet habe, schleiche mich zurück in den Schlafsaal. Jetzt, da die meisten Betten wieder belegt sind, klingt der Schlaf lebendiger. Von überall dringen Atemgeräusche, manchmal durchwoben von einem Schnarchen, manchmal von Gemurmel.

Gähnend hole ich meinen Kulturbeutel und husche in den Waschraum. Erst als jemand zu mir herumwirbelt, checke ich, dass das Licht bereits an war, und muss einen Aufschrei unterdrücken. Es ist Amara – und sie ist nicht allein. Hinter ihr kauert jemand am Boden, die Arme fest um die Knie geschlungen, den Blick erschrocken nach oben gerichtet. Kein Make-up, zerzauste Haare, blasse Schnittwunden, rot geränderte Augen. Dieses Häufchen Elend ist Lace. Ganz ohne ihre arrogante Maske.

Wir starren einander an, während die Tür hinter mir zugleitet. Inzwischen dürfte jeder wissen, dass es hier drinnen keine Kameras gibt. Nur die verborgenen Mikros, die jeden Ton aufzeichnen, jedes Gespräch, jedes noch so leise

Schluchzen. Aber Lace ist still. Die Tränen fließen ihr lautlos über die Wangen, während sie sichtlich um Fassung ringt. In dieser vermeintlich perfekten Welt müssten es Freudentränen sein, allerdings spricht ihr Körper eine andere Sprache. Die zusammengepressten Lippen, das Zittern in ihren Fingerspitzen, die sich fester in ihre nackten Arme pressen. Ich weiß nicht, ob es Schmerz oder Wut oder Trauer ist, ich weiß nur, dass Sedatium all das unterdrücken sollte.

»Maeander.« Amara geht einen Schritt auf mich zu, so dass sie Lace verdeckt. »Du bist noch wach.« Es ist das erste Mal, dass sie mich direkt anspricht. Ihre Stimme ist vorsichtig, tastend, als wäre ich ein Tier der verlorenen Welt, das man davon abhalten will, zum Angriff überzugehen.

Kein Wunder. Ein Wort zu AISS, und man würde Lace sofort zur Überprüfung schicken. Es ist verdammt verlockend, sie ein paar Stunden, vielleicht sogar endgültig loszuwerden, aber entgegen jeder Vernunft empfinde ich *Mitleid.* Ich weiß genau, wie fest einen die Angst im Griff haben kann, wenn man glaubt, aufzufliegen – nur weil man für diese Welt zu viel fühlt. *Und wenn sie eine Liar ist?*, schießt es mir durch den Kopf. *Wenn sie etwas über die Speakers of Truth weiß? Oder selbst dazugehört?*

»Ich war bis vorhin im MedPlex«, erwidere ich, als wäre es ein ganz normales Gespräch. »Mein Dad liegt auf der IntenseCare.«

Amara bleibt wachsam. »Die Vereidigung?«

»Richtig.« Nickend gehe ich zur Ausgabe, während sich meine Gedanken überschlagen. Eine geschickte Frage, und ich weiß, ob Lace lügt. Eine falsche Frage, und Lace wird abgeführt, bevor ich etwas herausgefunden habe. Ich habe nur eine Chance.

Ich fordere einen Satz Schlafsachen an, um etwas Zeit zu gewinnen. AISS reagiert sofort und schickt mir eine entsprechende Kapsel. Jetzt ist zumindest klar, dass Lace und Amara den Pausenmodus nicht aktiviert haben.

Mit einem tiefen Atemzug lege ich meine Sachen beiseite. Jetzt oder nie. Als ich auf Lace zugehe, schiebt Amara sich zwischen uns. In ihren tannengrünen Augen ein Flehen. »Bitte«, raunt sie eindringlich. »Sie kann nichts dafür.«

»Vielleicht.« Mein Blick gleitet an Amara vorbei zu Lace, die sich wankend auf die Beine gekämpft hat. »Ich will ihr nur eine Frage stellen.«

Lace hält sich an ihren nackten Oberarmen fest. »Was für eine Frage?« Sie klingt fast wie sonst. Nur ein bisschen weniger scharf, ein bisschen weniger arrogant. Allein ihr glasiger Blick verrät, wie schwer es ihr fällt, die Kontrolle zu behalten.

»Eine persönliche.« Ich gehe an Amara vorbei zu Lace, die herausfordernd das Kinn reckt. Dann senke ich den Kopf neben ihren und wispere: »Was ist deine größte Angst?«

Ihre Sekunden laufen. Ich ziehe mich ein Stück zurück, um keine Regung zu verpassen. Keine Falte auf ihrer Stirn, kein Zucken in ihren Mundwinkeln. Nach drei Sekunden röten sich ihre Wangen, nach vier muss sie sich räuspern. Ich kann förmlich spüren, wie Veritas durch ihre Adern fließt und ihre Zunge in Brand steckt. Lace ist keine Liar.

Nach fünf Sekunden hält sie dem Druck nicht mehr stand, beugt sich zu mir und zischt mit hörbarem Widerwillen: »Dass ich bei dieser beschissenen Vereidigung den einzigen Menschen verloren habe, der mir neben Amara je etwas bedeutet hat. Und jetzt fahr zur Hölle, Fünf.«

Charmant. Am liebsten würde ich fragen, wer dieser Mensch ist, denn sowohl ihre Clique als auch Firn und Loyd haben den Angriff lebend überstanden. Aber in dem Moment hält mir Amara ein Kosmetiktuch hin, auf das sie Wörter geschmiert hat: *Wirst du es jemandem erzählen?*

Mit einem auffordernden Nicken drückt sie mir einen Kajalstift in die Hand. Ich schreibe die Antwort direkt unter ihre Frage: *Plant ihr denn ein Verbrechen?*

Mit vehementem Kopfschütteln nimmt Amara mir den Stift wieder weg. *Nein. Es sind nur Gefühle.*

Ich schaue ein letztes Mal zu Lace. Ihr Gesicht ist immer noch von Veritas gerötet, ihre Lippen beben, ihre Fingernägel haben Striemen auf den Oberarmen hinterlassen. Ich will es nicht zugeben, aber vielleicht habe ich nie jemanden besser verstanden als sie. Und vielleicht verstehe ich jetzt, was Jamar bei unserem letzten Gespräch mit *Potenzial* meinte. Auch wenn Lace nicht unbedingt zu denen gehört, die ich gern als Thustra sehen würde.

Dann wüsste ich nicht, warum ich mit jemandem darüber reden sollte, erwidere ich in Schriftform. Drei Sekunden müssen reichen, damit sie die Zeilen lesen können. Dann knülle ich das Tuch zusammen, schnappe mir meine Sachen und verschwinde in einer der Duschkabinen. Als ich wieder rauskomme, sind die Zwillinge weg.

KAPITEL 8

Lace sieht regelrecht erholt aus. Ihr Make-up sitzt genauso perfekt wie ihre stolze Maske, die teuren Ohrringe machen deutlich, aus welchem Ring sie stammt. Immerhin verzichtet sie darauf, mich weiter mit vernichtenden Blicken zu bedenken, und Amara schenkt mir sogar ein Lächeln. Gezeichnet von Dankbarkeit, überschattet von Sorge. Was mich nicht wundert, schließlich besteht immer noch die Gefahr, dass ich sie bei der nächsten Gefährdungsanalyse verrate …

»Fertig!« Triumphierend schmeißt Therese ihre Haarbürste in die große rote Tasche auf der Ablage und präsentiert mir ihren Dutt. Schon jetzt lösen sich daraus erste Locken. »Ah, bevor ich es vergesse! Ich soll dir liebe Grüße von Tante Rose ausrichten. Sie hat mir vorhin geschrieben, dass Grayson entlassen wurde.«

»Was?!« Mein Puls schießt mit solcher Wucht nach oben, dass mir schwindelig wird. »Grayson ist zurück?«

»O ja.« Grinsend schiebt Therese ihren Arm unter meinen. »Und deshalb sollten wir jetzt ganz schnell frühstücken gehen.«

Grayson ist nicht einfach nur *zurück*. Er sieht aus, als hätte es Sonntag nie gegeben. Die Schnittwunden in seinem Gesicht sind restlos verheilt, seine Haare glänzen silbern, seine Haut strahlt wie nach einer frischen Angleichung. Selbst im lautesten Saal sticht sein Lachen hervor, dieser angenehm raue Ton, den ich zuletzt in meiner Projektion gehört habe. Leider gilt er nicht mir, sondern den beiden Arschloch-Aufsehenden, die schon vor dem Camp zu seinem Freundeskreis gehörten: Firn und Joline.

»Ich weiß echt nicht, was er an denen findet«, spricht Therese meine Gedanken aus. »Als ich zu Hause war, hat Peter erzählt, dass Grayson kurz vor den Camps mit Firn und Joline in seinem Restaurant war. Peter hat sie zwar nicht selbst bedient, aber laut seiner Angestellten war es superunangenehm. Erst mal hat Firn fünf der teuersten Weine durchprobiert, bis einer halbwegs *okay* war, dann hat Joline an jedem Gang etwas auszusetzen gehabt. Zu kalt, zu heiß, zu salzig, zu süß.«

Joline gehört zu den Mitbewohnenden, mit denen ich bisher kein Wort gewechselt habe. Sie ist schlank, hochgewachsen, die schwarzen Haare werden jeden Morgen mit Hitze zu glänzenden Wellen geformt, die braune Haut ist natürlich makellos. Bisher konnte ich sie wie die meisten anderen ganz gut ignorieren, jetzt stelle ich mir vor, wie sie mit Grayson in einem Restaurant sitzt, und kann mich nicht gegen das Stechen in meinem Herz wehren. Es ist albern, denn ich wusste, dass er mit diesen Leuten befreundet ist. Und trotzdem habe ich sie mir bisher nur bei gemeinsamen Einsätzen oder an der Silver University vorgestellt.

»Nicht sehr sympathisch«, murmle ich, als Grayson in unsere Richtung sieht. Innerlich wappne ich mich für seinen Frost, für Enttäuschung oder Schmerz, aber es ist schlimmer. Sein Blick gleitet einfach weiter, als würde ich nicht existieren. *Autsch.*

Therese bekommt nichts davon mit. Plappernd zieht sie mich weiter und erzählt eine Story von Firn und einem Bankett und Leuten, die ich nicht kenne. Ihre Worte schwappen über mich hinweg. Erst als sie stöhnend innehält, höre ich wieder zu. »Ach, kommt schon, AISS! Kann ich nicht einmal neben meiner Freundin sitzen?«

»Am Abend haben Sie wie immer freie Platzwahl«, säuselt AISS. Es klingt, als käme ihre Stimme direkt aus dem Blumengesteck, das auf dem Tisch steht. Würde mich nicht wundern, wenn zwischen den violetten Rosen noch ein, zwei Mikros stecken, um auch beim Essen keins unserer Worte zu verpassen.

Mein Blick gleitet weiter zu den Stühlen. In einer Lehne leuchtet Thereses Name, rechts von ihr sitzt Lucinda, links Ashan. Was für eine beneidenswerte Kombi.

Lucinda mag ich spätestens seit ihren Besuchen an meinem Krankenbett – auch wenn es mich immer noch irritiert, dass sie Eireens Verschwinden einfach so weggesteckt hat. Immerhin sind die beiden beste Freundinnen, und soweit ich weiß, hat Eireen sich bis heute nicht gemeldet. Angeblich ist sie nicht der Typ für Messages, aber wenigstens ein kurzes Lebenszeichen? Ich schiebe es auf Sedatium, was das Verschwinden nicht besser macht.

Ashan ist als non-binäre Person in einem Einzelzimmer

untergebracht, weshalb wir bislang kaum Kontakt hatten, aber irgendwie mag ich sie trotzdem. Allein weil sie zu den Wenigen gehört, die nach jeder Mahlzeit helfen, den Tisch abzuräumen – trotz ihrer Herkunft aus den gehobenen Ringen. Zumindest vermute ich, dass Ashan mindestens eine Zwei ist. Dafür sprechen sowohl die makellos rosige Haut als auch die glänzenden schwarzen Haare, die so kurz geschnitten sind, dass man ihre vielen ausgefallenen Ohrringe sehen kann.

Ich sitze natürlich am anderen Tisch. Um mich herum nur Leute, die ich kaum kenne und die alle sofort Themen finden, bei denen ich den Einstieg verpasse. Gut, nicht dass ich mir viel Mühe geben würde, denn meine Aufmerksamkeit klebt beharrlich an Grayson und seiner Gruppe. Müssten sie sich nicht auch mal langsam setzen? Als hätte Grayson den Gedanken gehört, nickt er Firn und Joline zu, dann löst er sich aus der Gruppe – und steuert in meine Richtung.

Unwillkürlich halte ich den Atem an. Es ist nur der Bruchteil einer Sekunde, in dem mir tausend erste Sätze durch den Kopf schießen, aber sie verpuffen alle, als sein Blick erneut durch mich hindurchgleitet. Die Splitter in mir – oder vielleicht sind es auch Dornen – graben sich tiefer.

Mit zusammengepressten Lippen wende ich mich ab und greife nach einer Kanne Orangensaft. Während ich mein Glas fülle, spüre ich, wie Grayson hinter mir vorbeiläuft. Erst ist es nur ein Luftzug, dann ein sanftes Streifen an meiner Schulter. Ich erstarre mitten in der Bewegung. Feine Funken jagen von meiner Schulter Richtung Wirbelsäule, als wäre die Berührung *Absicht* gewesen.

Erst als mein Glas überzulaufen droht, stelle ich die Karaffe weg und sehe Grayson hinterher. Er bleibt fünf Plätze weiter stehen, und als er den Stuhl zurückzieht, sieht er mich an. Auf seinen Lippen die Andeutung eines schmerzlich vertrauten Lächelns.

Drei Tage später bin ich mir nicht mehr sicher, ob es diese Berührung überhaupt gab. Oder ob das Lächeln wirklich mir galt und nicht etwa Amara, die ihn kurz darauf vollkommen vereinnahmt hat. So oder so scheint Grayson nicht auf eine Wiederholung aus zu sein. Er geht mir weiterhin aus dem Weg – und ich will mir nicht die Blöße geben, ihm nachzulaufen.

Abgesehen davon habe ich keine Ahnung, was ich ihm außer einer weiteren Entschuldigung anzubieten hätte. Denn selbst *wenn* er mich noch wollen würde: In vier Wochen wird unsere perfekte Partnerperson verkündet, und dann ist die ganze Sache sowieso vorbei. Leider hält dieses Wissen mein Herz nicht davon ab, sich etwas anderes zu wünschen. Und damit meine ich, jedes Mal vor Sehnsucht zu zerspringen, wenn ich nur an Grayson *denke*.

»Haben Sie zugehört, Maeander?« Julverne sitzt neben Paul und reckt sich nach hinten, um mich tadelnd zu mustern. Ausnahmsweise trägt er keinen aufeinander abgestimmten Anzug, sondern ein legeres Sakko über einem weißen Hemd und eine dunkelblaue Jeans. Nur der Kinnbart ist frisch getrimmt.

»Nein, Entschuldigung«, erwidere ich schnell. »Worum ging es gerade?«

»Das Briefing.« Seufzend nickt Julverne zu dem SmartPad, das in meiner Hand liegt. Keine Ahnung, an welcher Stelle meine Gedanken zu Grayson gedriftet sind.

»Das Briefing, klar.« Kopfschüttelnd blinzle ich die Erinnerung weg und konzentriere mich aufs SmartPad.

Jemand aus Julvernes Team hat uns gestern einen detaillierten Ablaufplan für den heutigen Tag geschickt. Angefangen mit der Maske, die wir bereits hinter uns haben, gefolgt vom Styling – ebenfalls abgehakt – und der Abholung durch Paul. Unnötig, zu erwähnen, dass mein Gesicht wieder eine ebenmäßige Fläche ist, ohne die winzigste Sommersprosse. Immerhin hat man heute auf den roten Lippenstift verzichtet. Anstatt der weißen Campsachen trage ich Alltagsklamotten, die sich etwas teurer anfühlen als sonst. Bluse, weite Stoffhose, Sneakers. Nick wurde in Jeans, T-Shirt und ein dunkelgraues Hemd gesteckt.

Sobald wir zu Hause ankommen, gibt es ein Zeitfenster für die Begrüßung, das gemeinsame Kochen, Interviewsequenzen und harmonische Familienaufnahmen an Orten, die wir noch nie gemeinsam besucht haben.

»Der Park an der Schule?«, lese ich vor. »Sie wissen, dass er nur aus Beton, einer verkümmerten Grasfläche und ein paar alten Metallbänken besteht?«

»Wir waren zwar schon einige Zeilen weiter, aber ja, natürlich wissen wir, wie der Park früher aussah.« Es ist nicht zu überhören, was Julverne davon hält, dass ich ihm nicht hundert Prozent meiner Aufmerksamkeit schenke. »Oder glauben Sie, wir hätten vorher kein Locationscouting gemacht?«

»Ich habe keine Ahnung, was Locationscouting ist«, erwidere ich. »Und was heißt *früher*?« In Gedanken rechne ich durch, wann ich Cara zum letzten Mal zur Schule gebracht habe. Es ist sechs, sieben Wochen her, und da sah der Park noch genauso aus, wie ich ihn gerade beschrieben habe.

»Früher heißt, bevor wir ihn zum Drehort auserkoren haben. Wenn Sie Ihre Aufmerksamkeit jetzt bitte auf den Absatz richten würden, in dem es um die Interviews geht.« Julverne verrenkt sich förmlich, um mit der Fingerspitze über mein SmartPad zu scrollen. »Wir sind genau hier.«

»Danke.« Allein dieses Wort kostet mich Überwindung. Andere würden sich darum reißen, an meiner Stelle in diesem Citygleiter sitzen zu dürfen. Zusammen mit einem Parlamentsmitglied, einem renommierten PR-Beratenden und einem Fahrenden, der einen mit Schokolade versorgt. Dieses Mal konnte ich nicht nein sagen, allerdings liegt der Riegel unangetastet neben mir.

»Wie Sie dem Briefing entnehmen können, ist es wichtig, dass Sie beim Interview in ganzen, zusammenhängenden Sätzen sprechen und die ursprüngliche Fragestellung aufgreifen«, wiederholt Julverne den Teil, den er bereits Montag erwähnt hat. »Wenn gefragt wird, ob Sie Ihren Bruder lieben, sagen Sie nicht einfach *Ja.* Sie sagen *Ja*, kurze Pause, *ich liebe meinen Bruder sehr.* Im finalen Schnitt werden wir die Fragen der Interviewenden ausblenden, der Fokus liegt also auf Ihren O-Tönen …«

»… bei denen ich darauf achten werde, mindestens zwei Anekdoten über Nick einzubringen, die ihn sympathisch und nahbar wirken lassen«, beende ich Julvernes Satz.

Sein Gesichtsausdruck verrät, dass ich ins Schwarze getroffen habe. Wie überraschend. Als hätte er nicht oft genug betont, dass diese ganze Show dazu dient, Nick in ein gutes Licht zu rücken – und die Welt vergessen zu lassen, was letzten Sonntag passiert ist.

»Sie haben also doch zugehört. Schön.« Julverne lässt sich auf seinen Platz zurücksinken. »Das Kamerateam ist wie geplant vor einer halben Stunde eingetroffen. Ich werde zuerst aussteigen, Sie beide warten im Wagen, bis ich Paul das Zeichen gebe, Ihre Tür zu öffnen. Die Dreharbeiten beginnen zwar offiziell erst danach, allerdings möchten wir ein paar echte, ungefilterte Emotionen einfangen, lassen Sie sich also nicht davon irritieren, wenn Sie am Rand Kameras bemerken.«

Echte, ungefilterte Emotionen. In meiner Kehle kratzt ein Lachen, das ich mit einem Schluck Cola runterspüle. Als ob hier irgendjemand Interesse an meinen *echten* Gefühlen hätte. Was Julverne meint, ist offen gezeigte Wiedersehensfreude, breites Grinsen, herzliche Umarmungen.

Während Julverne weiter über das Briefing redet, schweift mein Blick nach draußen. Durch die getönten Fenster sieht Ring Fünf noch trostloser aus als sonst. Wir passieren die Siedlung mit den Betonklötzen, in denen mindestens zwanzig Parteien leben, graue Fassade, Flachdach, keine Balkone. Die Wohnungen sind funktional geschnitten und mit allem ausgestattet, was man für den täglich Bedarf braucht, nicht mehr, nicht weniger. Jedes frisch verheiratete Paar in Fünf hat das Anrecht auf eine solche Wohnung. Manche bleiben ihr Leben lang dort haften, andere nutzen ihre Chance und bewerben sich auf ein leer stehendes Haus, und wieder andere haben das Glück, eins aus Familienkreisen zu erben. Wie Paps und Dad – wobei *Glück* vielleicht das falsche Wort ist. Paps' Eltern sind gestorben, als ich gerade mal vier Jahre alt war. Entsprechend sind meine Erinnerungen an die Zeit in diesen Betonklötzen ... verschwommen.

Wir fahren immer geradeaus. Die Betonklötze weichen öffentlichen Gebäuden wie dem Museum oder Hallenbad, dann kommen wir am Bahnhof vorbei und biegen nach rechts. Ab hier kenne ich den Weg in- und auswendig. Erst kommen ein paar Wohnhäuser, später der Rathausplatz mit dem MedPlex.

Noch drei Kreuzungen. Als wir an der gläsernen Ausgabe vorbeikommen, geht mein Puls schneller. Ich könnte behaupten, es wäre Vorfreude, aber vor allem ist es Angst. Diese beschissene Angst, dass ich Dads Abwesenheit zu Hause noch deutlicher spüre, dass sich mit den Kameras alles fremd anfühlt, oder noch schlimmer: dass ich etwas sage oder tue, was Nicks *Image* schadet. Oh, wie bitter.

Paul biegt ab. Mechanisch greife ich nach Caras Armband. Gleich sind wir da. Nur noch etwa hundert Meter bis zu dem Wendekreis, um den acht freistehende Häuser angeordnet sind. Darunter unseres. Jahrelang war das hier der einzige Ort, an dem ich sein konnte, wie ich bin. Vermeintlich kaputt und trotzdem geliebt. Heute bin ich hier, um zu schauspielern, und das Publikum fängt bereits an, sich zu versammeln.

Als wäre der Citygleiter ein Magnet, werden Vorhänge zurückgeschoben, Türen öffnen sich einen Spalt weit, manche ganz. Ich kenne jedes dieser Gesichter. Weil man sich mit den Jahren zwangsläufig hier oder da über den Weg läuft.

Meine Mundwinkel fürchten sich schon jetzt vor dem Dauergrinsen, in das ich sie gleich zwingen muss.

Nicks Finger schließen sich um meine. Er drückt sie flüchtig – und schiebt dabei etwas in meine Faust. Eine von Dads Tabletten. Obwohl ich damit gerechnet habe, lache ich innerlich auf. Das ist also seine fucking Taktik, mich unbeschadet durch diesen Tag zu schleifen?! Ob er Cara gleich auch eine geben wird? Wenn ich mich nicht verrechnet habe, müsste er noch eine Tablette übrig haben – vorausgesetzt, er hat nicht noch mehr besorgt. Woher auch immer.

Zum Glück schaut Nick mich nicht an. Er tut so, als hätte er nur Augen und Ohren für Julverne, also nutze ich meine Chance. Ich entziehe ihm die Hand, deute mal wieder ein Gähnen an und nehme einen Schluck Cola. Nur dass ich die Tablette dieses Mal zurückbehalte und sie zusammen mit dem ungeöffneten Schokoriegel in meine Hosentasche stecke.

Der Citygleiter kommt vor unserem Haus zum Stehen. Liegt es an den getönten Fenstern, oder sieht es wirklich *anders* aus?

»Also gut, Sie bleiben wie besprochen hier, bis ich Paul das Signal gebe.« Julverne mustert uns mit einer gewissen Strenge. Dann drückt er selbst den Button, der die Beifahrertür aufgleiten lässt, und entschwindet nach draußen.

Einen kurzen Moment kommt frische Luft rein, der Vorbote von frühlingshaften fünfzehn Grad. Mir ist trotzdem eiskalt. Denn das da ist nicht das Haus, das ich vor einem

Monat verlassen habe. Die Fassade wirkt selbst durch die Scheiben heller, als hätte man das Grau mit strahlendem Weiß überstrichen. Die Fensterrahmen glänzen, das Glas sowieso, und die Tür ist neu. Mein Herz krümmt sich zusammen. Unsere Haustür war der einzige Gegenstand aus echtem Holz, gezeichnet von unzähligen Erinnerungen. Jetzt starre ich auf edles Schwarz, keine Ahnung, ob es Holz oder Metall oder ein anderes Material ist, der Türknauf ist auf jeden Fall golden, und es gibt sogar einen Schlägel unter dem Spion. Eine Tür für eine Eins mitten in Ring Fünf.

Sie wird geöffnet. Zwei mir fremde Leute kommen raus, und den Bruchteil einer Sekunde hoffe ich, dass ich mich einfach nur im Haus vertan habe. Aber dann sehe ich die Kameras und Paps, der strahlend über die Schwelle tritt. Die Maske hat all seine Sommersprossen überschminkt, er trägt einen seegrünen Pullover mit V-Ausschnitt, braune Chino, nur seine Kupferlocken dürfen machen, was sie wollen, und fallen ihm zerzaust in die Stirn. Er bleibt stehen, den Blick fragend auf Julverne gerichtet. Obwohl ihre Stimmen im Citygleiter gedämpft klingen, verstehe ich jedes Wort.

»So?«, fragt Paps. »Oder noch ein Stück weiter nach links?«

»Ein kleines bisschen, ja, so ist es perfekt.« Julverne geht auf ihn zu, um ihm einen unsichtbaren Fussel von der Schulter zu streichen. »Das sollte funktionieren. Wenn dann alle bereit wären.« Er klatscht in die Hände und zieht sich an den Rand des Geschehens zurück.

Auf einen Fingerzeig hin steigt Paul aus und öffnet meine Tür – obwohl ich genauso gut selbst einen Button drücken könnte. Ich will da nicht raus. Alles in mir sträubt sich dagegen, auch nur einen Fuß auf diesen Boden zu setzen, der sich ebenfalls verändert hat. Wo früher verwitterte Platten vom Bürgersteig zur Haustür geführt haben, glänzt jetzt schwarzer Steinweg auf trockenem Gras. Immerhin haben sie darauf verzichtet, die Halme grün anzumalen. Dann wäre der Kontrast zu den anderen Häusern wohl *zu* krass gewesen.

»Mae!« Das schrille Kreischen meiner Schwester reißt mich aus meiner Starre. Ich bin mir sicher, dass ihr Auftritt so nicht in Julvernes Drehbuch stand, und genau deshalb ist er perfekt. Sofort schäle ich mich von dem Sitz und steige aus. Obwohl es nach elf Uhr ist, trägt Cara noch ihren Pyjama, den dunkelgrauen mit den rosa Hasen, den sie von mir geerbt hat. Ihre Schnittwunden scheinen dank HealFix genauso schnell geheilt wie meine, denn ihre Haut ist frei von Make-up, ein Meer von Sommersprossen, das tanzt, als sie sich lachend in meine Arme schmeißt.

»Cara.« Die Zeiten, in denen ich in die Knie gehen musste, um sie zu umarmen, sind echt vorbei. Ich drücke sie eine Spur zu fest an mich, danach einen Kuss auf ihren Scheitel. Sie ist hier. Gesund. Lachend. Keine Spur mehr von der Angst, die sie im Parlament gezeigt hat. Erleichterung bricht über mir zusammen wie eine Welle.

»Lust auf was Süßes?«, frage ich heiser, während ich nach dem Schokoriegel in meiner Tasche angle. Dabei stoßen meine Fingerspitzen gegen die Tablette, und eine widerliche Sekunde lang denke ich echt darüber nach, sie Cara zu geben. Aber ich werde sie sicher nicht für eine beschissene Show *sedieren*. Nicht, solange ich andere Methoden finde.

»O ja.« Cara strahlt mich an. Als sie die Goldfolie sieht, weiten sich ihre Augen. »Ist das Schokolade?!«

»Ist es.« Ich gebe ihr den Riegel und weiß, dass sie ihn am liebsten sofort aufreißen würde. »Mit Karamell und … Was war da noch drin?«

»Mandelmus«, antwortet Paul bereitwillig, während er die Tür des Citygleiters schließt und sich nicht unweit von Nickt entfernt postiert. Seine Pistole hat er unter der schwarzen Lederjacke versteckt, aber sie ist da.

»Hey, Cara.« Als Nick unserer Schwester zur Begrüßung durchs Haar wuschelt, halte ich den Atem an. Ohne es zu wollen, achte ich auf jede seiner Bewegungen, schaue, ob er Cara auch ein *Bonbon* andreht, aber hier draußen wäre es wohl zu auffällig.

Nachdem sie ihre Begrüßung beendet haben, gehen wir gemeinsam Richtung Haus. Nach zwei Schritten wirft Paps jede Zurückhaltung über Bord und stürzt auf uns zu. Als er mich an sich drückt, merke ich erst, wie gut die geprellte Rippe binnen weniger Tage verheilt ist.

»Es ist so schön, euch zu sehen«, sagt Paps, bevor er zu Nick wechselt. »Komm her, mein Junge.«

Während die beiden einander begrüßen, kommt Vain raus. Da ihr Name im Ablaufplan stand, bin ich nicht überrascht – anders als bei dem Typ, der hinter ihr auftaucht. Hochgewachsen, hellbraune Haut, dunkelbraune Augen mit Bernsteinsprenkeln, die aufleuchten, als sich unsere Blicke treffen. *Was. Zur. Hölle!*

»Mae.« Mein Name klingt auf seinen Lippen wie ein Seufzer. Mit wenigen Schritten bahnt er sich einen Weg durch die Menge, um mich an sich zu ziehen. Der Duft von Aftershave strömt mir in die Nase. Viel zu penetrant. Viel zu vertraut.

»Aiden?!« Mein Muskelgedächtnis ist ein mieser Verräter. Automatisch schließe ich die Arme um ihn, während meine Gedanken ein zäher Brei sind. Wenn es einen perfekten Zeitpunkt gäbe, um aus einer Projektion aufzuwachen, wäre er genau *jetzt.* Aber ich wache nicht auf. Stattdessen sehe ich zu Julverne, der auffordernd die Mundwinkel nach oben zieht. Immer schön lächeln.

Wie es aussieht, hält die angekündigte Homestory der Familie Elking eine besonders süße Überraschung bereit. Auf GoSocial kursiert ein frischer Schnappschuss, auf dem Aiden Goodale, die sexy Vier, die seit ihrem heldenhaften Einsatz im Parlament in aller Munde ist, im Vorgarten der Familie Elking steht und Maeander umarmt. Laut einer Anwohnenden haben die beiden früher eine innige Beziehung gepflegt, und wer weiß? Vielleicht ist diese Geschichte noch nicht zu Ende erzählt.

Newsmeldung vom 05. 05. 2306

KAPITEL 9

Mein Gesicht brennt vom ständigen Grinsen. Mir war klar, dass es kein normaler Familienbesuch wird. Die Kameras, die Abwesenheit von Dad, die Anwesenheit von Vain und ihrer kleinen Vorzeigefamilie. Aber ich komme nicht darüber hinweg, dass man meinen *Ex-Freund* zu einer öffentlich ausgestrahlten *Home*story eingeladen hat. *Den Ex-Freund, der zufällig ein Kumpel deines Bruders ist und seit Sonntag der Held der Nation*, ergänze ich bitter.

Wie befürchtet, ist die Story mit Aiden ein gefundenes Fressen für Julverne und sein Team. Aiden bewegt sich in unserem Haus, als würde er hier wohnen, er tauscht lachend Anekdoten mit Paps, ist wie gewohnt hilfsbereit, schwelgt mit Nick in Erinnerungen an die Schulzeit – dabei waren sie nicht mal in derselben Schule –, und er gibt sich sogar Mühe, mit Vains Kindern zu interagieren. Zugegebenermaßen ist er dabei nicht sehr erfolgreich, was keinen von uns wundert. Vains ältester Sohn Leopold ist fünf, ihre Tochter Georgina vier, Martha gerade mal zwei. Und keins der Kinder hat Aiden öfter als ein paar Mal im Leben gesehen. In ihren Augen ist er ein Fremder – genau wie Paps, Cara, Nick und ich.

»Georgina, das Terminal ist nicht zum Spielen da!«, mahnt Keith, der mit seiner Vaterrolle völlig überfordert ist. Er rennt die halbe Zeit hinter den Kindern her, wobei er nicht müde wird, zu betonen, dass alles einfacher wäre, hätten sie ihre Nanny mitbringen dürfen.

Ausnahmsweise bin ich derselben Meinung wie er. Andererseits kämen wir dann nicht in den Genuss dieser Demonstration, in der Keith einmal nicht der perfekte, stocksteife Ehemann ist. Hier ist er der Inbegriff von Inkompetenz, und einmal erwische ich Vain sogar dabei, wie ihre Mundwinkel beim Kartoffelschälen nach oben zucken.

Der Moment hält nicht lange an. Keine Sekunde später schnappt Keith sich Martha, läuft zu Vain und drückt ihr das Kind in den Arm. »Sie braucht eine frische Windel.«

Die Vain von früher hätte schnaubend gelacht und Keith deutlich gemacht, dass er sich selbst darum kümmern kann. Immerhin sind es auch *seine* Kinder. Aber das hier ist nicht die Vain von früher.

»Entschuldigt mich kurz.« Mit ausdrucksloser Miene reicht sie das Schälmesser an mich weiter und setzt Martha auf ihre Hüfte. »Ich bin gleich zurück.« Im Vorbeigehen greift sie nach der Wickeltasche auf dem Sofa. Ob es jemandem auffällt, dass ihre Haltung ein Stück in sich zusammensinkt, als sie das Wohnzimmer verlässt?

Am liebsten würde ich Keith sagen, was für ein elender Arsch er ist, aber ich darf mir keinen Fehltritt erlauben.

Selbst ohne Vain ist unsere Küche zu klein für die ganzen Menschen, die Julverne herbeordert hat. Cara sitzt am Tisch, um Stoffservietten zu falten, Aiden und Nick sollen sich erst um die Spülmaschine kümmern und dann den Tisch decken, Paps schneidet Tomaten, und ich war gerade dabei, die nächsten Zutaten aus dem Kühlschrank zu holen, bevor Vain mir das Messer in die Hand gedrückt hat. Alles begleitet von dem Kamerateam, das sich elegant zwischen uns herbewegt, und Paul, der als Leibwache in der Ecke steht. Es ist viel zu eng, zu laut, zu stickig.

Im Wohnzimmer ist Keith wieder damit beschäftigt, Georgina und Leopold unter Kontrolle zu bringen. Ein flüchtiger Blick durch den Türbogen verrät, dass sich die Kinder gerade um Caras Tonfigur streiten. Eine falsche Bewegung, und das kleine Kunstwerk geht kaputt.

»Wenn ihr euch nicht einigen könnt, werfe ich das Ding weg«, höre ich Keith mahnend sagen. »Ich zähle bis drei. Eins ...«

Cara starrt mit schreckgeweiteten Augen Richtung Wohnzimmer. »Aber das ist meine!« Ihre Stimme klingt eine Spur zu schrill.

Sofort greift mein Beschützerinstinkt. Wenn Cara weint, wird das hier nicht nur die chaotischste Homestory aller

Zeiten, es wird eine Livereportage über die Überprüfung einer Elfjährigen. Ich will zu ihr gehen, sie unter einem Vorwand hier rausholen – aber Nick ist schneller. Er geht neben Cara in die Hocke, flüstert ihr etwas in Ohr, und als sie eifrig nickt, gibt er ihr eine *Tablette*. Sicher hat er es ihr gerade als Bonbon verkauft, denn sie schiebt es sich grinsend in den Mund und braucht kein Wasser zum Nachspülen. Früher habe ich die Tabletten auch manchmal gelutscht, denn sie schmecken nach purem Zucker. Die Wut flammt so heiß in mir auf, dass sich meine Hand fester ums Schälmesser krallt.

Bevor die Stimmung kippen kann, tritt Julverne vor und klatscht in die Hände. »Bravo, das war wirklich lebendig!« Irgendetwas sagt mir, dass es bei Ada und Blaise deutlich weniger *lebendig* war. »Keith, was halten Sie davon, wenn Sie mit den Kindern nach draußen gehen? Und für den Nachmittag holen wir Ihre Nanny, damit Sie sich voll und ganz auf das Interview konzentrieren können.«

Keith richtet sich auf und streicht sein schneeweißes Hemd glatt. »Frische Luft ist gut, allerdings werde ich meine Kinder sicher nicht dort draußen spielen lassen. Wir sind schließlich immer noch in Ring Fünf.«

Wow. Keith hat es echt drauf, bei jedem Treffen noch unsympathischer zu werden. Ob ihm klar ist, dass Vain früher auch *dort draußen* gespielt hat? Allein die Wortwahl weckt in mir einen Brechreiz, der sogar meine Wut auf Nick kurz in den Hintergrund schiebt.

Unter Julvernes Lächeln mahlen die Kiefer. »Verstehe. Zum Glück haben wir Alternativen.« Er nickt einer Angestellten zu, die sich als Santana vorgestellt hat.

Santana lässt die Kamera sinken und öffnet eine große Tasche. Kurz darauf fördert sie zwei SmartPads mit passenden EarPods zutage. »Kindgerecht programmiert und freigegeben ab drei Jahren«, erklärt sie, während sie ins Wohnzimmer geht. »Darf ich?« Sie kniet sich hin, um den Kindern die Tonfigur abzunehmen. Ihr freundliches Lächeln zeichnet dabei Grübchen in die hellbraune Haut.

Georgina lässt zuerst los, begleitet von einem gemurmelten »Okay«, dann gibt auch Leopold den Kampf auf. Optisch könnten sie Zwillinge sein. Sie haben beide Vains volle Lippen, Keiths dunkelblonde Haare, und wenn ich es nicht besser wüsste, würde ich sagen, ihre hellblauen Augen wären optimiert. Allerdings sind Angleichungen erst ab acht Jahren erlaubt – was auch erklärt, warum keins der Kinder makellose Haut hat. Auf den beigen Gesichtern kann man Schatten von Sommersprossen erahnen, die spätestens im Juli explodieren werden. Etwas sagt mir, dass Keith schon jetzt Credits für den achten Geburtstag zurücklegt.

Santana weiß, wie man mit Kindern umgeht. Während sie die beiden aufs Sofa bugsiert, zieht Keith sich aus der Affäre.

»Die Arbeit«, sagt er mit gehobenem SmartPad.

Keiner hat Lust, zu hinterfragen, warum er genau jetzt telefonieren muss, also lassen wir ihn gehen.

Kaum ist er weg, scheinen alle aufzuatmen.

»Was für eine himmlische Ruhe.« Julverne strahlt in die Runde. »Bis das Catering kommt, bleiben uns dreißig Minuten. Maeander, könnten Sie ...«

»Catering?« Paps lässt sichtlich irritiert von den Tomaten

ab. »Was für ein Catering?« Damit spricht er uns allen aus der Seele – nur Nick wirkt nicht überrascht.

»Nun, wir wollen hier niemandem seine Kochkünste absprechen, allerdings hat es sich in der Vergangenheit bewährt, das eigentliche Kochen den Profis zu überlassen«, erklärt Julverne. »Das spart uns allen wertvolle Zeit und Nerven. Maeander? Aiden? Bis es so weit ist, hätte ich gern noch ein paar Aufnahmen von Ihnen zusammen. Maeander, da Sie das Schälmesser sowieso schon in der Hand haben, könnten Sie gleich mit den Kartoffeln weitermachen. Und Ihr Freund kann sich derweil um das Dessert kümmern.«

Nein. Die Antwort liegt mir auf der Zunge, aber ich schlucke sie herunter. *Nur noch ein paar Stunden durchhalten.* Ein paar Stunden so tun, als wäre das hier der völlig normale Alltag der Elkings, auch wenn inzwischen jeder verstanden haben sollte, dass es eine Shitshow ist. Sogar Paps.

»Noch mal kurz zu diesem Catering: Dann sind die ganzen Zutaten also nur Requisiten?« Paps nickt zur Arbeitsplatte, auf der sich Obst, Gemüse und Nüsse türmen. Allesamt überteuerte Lebensmittel, die wir uns sonst niemals leisten könnten.

»Was die Produktion angeht, ja, allerdings sind wir kein Fan von Verschwendung«, erwidert Julverne großspurig. »Sehen Sie diese Lieferung als Geschenk des Parlaments, mit dem Sie im Anschluss tun können, was immer Sie möchten. Teilen Sie es mit Ihrer Nachbarschaft, laden Sie jemanden ein, geben Sie ein Fest.«

Okay, vielleicht hat Paps es doch nicht durchschaut. Binnen Sekunden verwandelt sich seine Irritation in Begeisterung. »Das ist ja großartig!« Er legt das Tomatenmesser beiseite und zieht sich die Schürze über den Kopf. »Wenn ihr mich für zwei Minuten entschuldigen würdet. Ich hoffe, Sandro und Carmen haben morgen noch keine Pläne fürs Abendessen.« Dann verlässt er samt gezücktem SmartPad die Küche, wobei er fast mit Vain zusammenstößt.

»Martha ist oben eingeschlafen«, erklärt sie knapp.

»Perfekt, dann sind ja alle Geschwister zusammen«, stellt Julverne fest, bevor er Vain zu den Tomaten schickt. »Immer dran denken: Wir wollen echte, ungefilterte Emotionen. Und, bitte.« Er gibt seinem Team ein Handzeichen.

Nur noch ein paar Stunden.

Es ist eine Herausforderung, sich mit zehn Leuten um unseren Tisch zu quetschen. Irgendwie schaffen wir es trotzdem alle, an das Essen zu kommen, das wir nicht selbst gekocht haben. Paps stößt beim ersten Bissen einen genussvollen Seufzer aus, Keith lässt sich von Aiden immer wieder Wein nachschenken, Vain ist mehr damit beschäftigt, ihre Kinder von einer Essensschlacht abzuhalten, als selbst etwas zu sich zu nehmen, und Nick greift dankbar jede noch so kleine Anekdote auf. Manchmal legt er die Stirn in Falten, manchmal schmunzelt er, und manchmal lässt er sich sogar zu einem Lachen hinreißen. Es klingt nicht halb so befreit wie das Lachen, das er mit Jamar teilt, aber Julverne scheint zufrieden zu sein.

Nach dem Essen ist das Chaos zurück. Martha schreit sich die Seele aus dem Leib, Leopold und Georgina sind komplett aufgedreht und fordern die erschreckend ruhige Cara zum

Fangen spielen auf, während wir anderen versuchen, Ordnung in die Küche zu bringen. Anstatt voranzukommen, stehen wir einander jedoch ständig im Weg. Köpfe donnern bei dem Versuch zusammen, das gleiche Geschirrtuch aufzuheben, ein Teller zerschellt, als Nick über mich stolpert, während ich gerade Essensreste vom Boden einsammle. Als ich zum dritten Mal mit Aiden zusammenstoße, muss ich mich zwingen, nicht zu schreien.

Durchatmen, Mae. Vier Sekunden ein, sieben Sekunden anhalten, acht Sekunden wieder aus. Es hilft nicht. Wäre Dad hier, würde es anders laufen. Er hatte schon immer ein Talent dafür, jedem eine Aufgabe zu geben, die alles entzerrt. Bei dem Gedanken an ihn steigt ein Brennen in meinen Augen auf. Ich muss hier weg.

Da gerade sowieso keiner auf mich achtet, hänge ich mein Tuch an einen Haken und fliehe aus der Küche. Im Wohnzimmer ist Julvernes Team damit beschäftigt, das Setting für die Interviews aufzubauen. Ich bin die Letzte, also nutze ich die Chance und stehle mich Richtung Treppe.

Oben zögere ich keine Sekunde. Ich hole den langen Stab aus der Ecke, um die Klappe zum Dachboden zu öffnen. Dann klettere ich hoch und ziehe die Luke hinter mir zu. Es riecht etwas muffig, nach Feuchtigkeit und Farben, was heißt: Es riecht genau wie in meiner Erinnerung. Mit jedem Atemzug beruhigt sich mein Puls. Angesichts der Tatsache, dass sogar unsere Sofakissen gegen schickere Exemplare getauscht wurden, habe ich kurz befürchtet, Julvernes Team hätte auch hier oben sein Unwesen getrieben. Aber es sieht alles so aus, wie ich es hinterlassen habe.

Zuerst lege ich die Beruhigungstablette in ein kleines Kästchen mit Malschwämmchen, die ich von Ruben geschenkt bekommen habe. Danach sammle ich alles zusammen, was ich brauche. Leinwand, Pinsel, eine Mischpalette, ein angestaubtes Kissen, da ich hier oben unmöglich im Stehen malen kann, meine Staffelei und Farben. Ich entscheide mich für die Tuben mit Acryl, die ich ebenfalls von Ruben habe. Schwarz für meine Angst um Dad, Grau für mein Herz, das nicht weiß, wie es zu Nick steht, Frostblau für die Dornenranken, die längst zu weit wuchern, um sie einfach herausreißen zu können. Den letzten Ton muss ich mischen.

»Wow.« Jemand saugt hinter mir pfeifend die Luft ein. »Ganz schön düster.«

Reflexartig kralle ich die Hand um die weiße Tube. Die Farbe verteilt sich über die gesamte Mischpalette. *»Fuck.«* Zischend lege ich die Sachen ab, um etwas von dem Weiß zu retten. Was für eine Verschwendung.

»Tut mir leid, ich dachte, du hättest mich gehört«, erwidert Aiden. »Du warst nicht in deinem Zimmer, und da ich dich kenne …« Mehr muss er nicht sagen.

Am liebsten würde ich ihn anfauchen, sich zu verpissen, allerdings habe ich keine Ahnung, ob er sein SmartPad dabeihat. Oder ob in der Nähe irgendwelche Mikros danach lechzen, weitere O-Töne einzufangen.

Ich beiße mir auf die Unterlippe. Ein tiefer Atemzug ein, ein tiefer Atemzug aus. »Was willst du hier?«, frage ich, während ich mich weiter auf die Farbe konzentriere.

»Dich sehen. Mit dir sprechen.« Nach all den Jahren kann ich Aidens Schulterzucken förmlich *hören*. »Als ich gestern mit Nick geschrieben habe, klang es, als wüsstest du von meinem Besuch. Aber dein Blick da draußen hat etwas anderes gesagt.«

Nick wusste von Aidens Besuch und hat nichts gesagt? Kein Sterbenswörtchen, nicht einmal die kleinste Vorwarnung? Die Erkenntnis tut so weh, dass selbst Schlucken plötzlich schwerfällt. Ich drehe die Tube mit solcher Kraft zu, dass ich Plastik brechen höre. *Fuck, again.*

»Danke«, sage ich heiser, weil ich irgendetwas sagen muss. »Dafür, dass du meine Familie in die Ernest Residenz gebracht hast.« *Abgesehen von Dad, der jetzt im MedPlex liegt.* »Mehr hab ich nicht zu sagen.«

»Sie gehören auch zu meiner Familie, Mae.«

»O nein.« Mit entgleitet ein schiefes Lachen, während ich alles zur Seite lege und mich aufraffe. Meine Beine fühlen sich an, als hätte ich Stunden hier gesessen, dabei können es kaum zwanzig Minuten gewesen sein. »Petra und Kilian gehören zu deiner Familie. Das da unten ist meine.«

Ich drehe mich zu Aiden herum, der viel zu dicht vor mir steht. Im Licht, das durch das Dachfenster fällt, treten seine Bernsteinsprenkel noch intensiver hervor als sonst. Ich hasse es, wie vertraut dieser Blick ist. Und dass sich ein Teil von mir genau daran erinnert, wie es sich anfühlt, von ihm geliebt zu werden. *Er hat nie aufgehört, dich zu lieben*, schießen mir die Worte durch den Kopf, die Nick nach unserem ersten Treffen mit Julverne hat fallenlassen. Und wenn Aiden hier ist, um mir genau das persönlich zu sagen? Bei dem Gedanken zieht sich alles in mir zusammen.

Er öffnet den Mund. Ich bin schneller: »Weißt du, Aiden,

es ist mir egal, ob du mit Nick befreundet bist oder ob Paps weiter über deine Anekdoten lacht«, sage ich, ohne seinem Blick auszuweichen. »Manche Entscheidungen lassen sich nicht rückgängig machen.«

Zeit für einen Abgang. Leider blockiert Aiden meinen einzigen Fluchtweg – vorausgesetzt, ich möchte nicht auf allen vieren an ihm vorbeikrabbeln. So tief bin ich noch nicht gesunken.

Anstatt mir aus dem Weg zu gehen, nutzt er die Chance, selbst etwas zu sagen. »Du hast recht.« In seiner Stimme schwingt Reue mit. »Manche Entscheidungen lassen sich nicht rückgängig machen. Deshalb kann ich nur sagen: Es tut mir leid, Mae. Du bist der letzte Mensch, den ich je verletzen wollte, und ich hoffe, du kannst mir irgendwann verzeihen. Vielleicht nicht alles, aber genug, um auch fernab der Kameras wieder mit mir sprechen zu wollen.«

Ich zucke kaum merklich zusammen. »Dann solltest du mir mehr Zeit geben«, erwidere ich in Erinnerung an seine Nachricht, die ich unbeantwortet gelöscht habe.

»Okay.« Seine Anspannung ist nicht zu übersehen. Sie zeichnet sich in den Sehnen an seinem Hals ab, in den muskulösen Schultern, in jedem rasselnden Atemzug. »Wusstest du, dass man mir einen Platz an der Silver University angeboten hat?«

Der Themenwechsel kommt so abrupt, dass ich mich versteife. »Was?! Nein, ich meine, du hast …«

»… die Prüfung fürs Stipendium damals mächtig vergeigt? Richtig.« Ein heiseres Lachen quält sich aus seiner Kehle. »Aber angesichts meines *versierten Rettungsmanövers* und meiner bisherigen Ergebnisse in den Camps möchte man mir eine zweite Chance geben. Ich weiß, dass seitdem viel zwischen uns passiert ist. Trotzdem hatte ich das Gefühl, der alten Mae persönlich sagen zu müssen, dass ihr Wunsch für mich in Erfüllung gegangen ist. Keine Schichten unter Hannigan mehr. Keine Fabrikarbeit. Nie wieder.«

Ich sollte eisern bleiben und endlich verschwinden. Aber diese *alte Mae* erinnert sich viel zu gut daran, wie ihn die Fabrikarbeit aufgefressen hat. An die Augenringe nach seinen Schichten, an die permanente Müdigkeit und das kaputte Lächeln. Keiner von uns hätte gedacht, dass er es je da rausschaffen würde.

»Bis das neue Semester beginnt, kann ich einen PreCourse belegen. Der Ausweis wird mir pünktlich zum Ende der Camps zugestellt, und wenn alles gut läuft, kann ich mich in drei Jahren um einen Platz in Nicks Einheit bewerben.«

Ich stocke. Hat er gerade *Nicks Einheit* gesagt? Damals hat Aiden sich für ein Stipendium im Bereich Quantenphysik beworben, aber langsam dämmert mir, welche Art von Studium man ihm angeboten hat. *Ach, du Scheiße.* »Du wirst Aufsehender?«, frage ich fahrig.

»Richtig. Ich weiß, du hast etwas anderes erwartet, aber Ziele ändern sich. Und ich könnte mir keinen größere Chance vorstellen.«

Die Gesichtszüge drohen mir zu entgleisen. Bevor Aiden etwas merken kann, tue ich das Einzige, was mir spontan einfällt: Ich umarme ihn. Wie früher zum Geburtstag. Zu guten Noten. Zur bestandenen Abschlussprüfung. »Gratuliere, Aiden. Das sind phantastische Neuigkeiten«, wispere ich an seiner Schulter. Der Duft von seinem Aftershave ist jetzt überall.

Unwillkürlich muss ich an unsere letzte Bahnfahrt denken, wie wir gemeinsam an der Trennscheibe gelehnt haben, wie er mit den Fingerspitzen im Takt der Musik gegen meine Knöchel getrommelt hat – wie wir ausgestiegen sind und mir Grayson seinen Ellenbogen in die Seite gerammt hat. *Grayson …*

Während sich Aidens Muskulatur in der Umarmung merklich lockert, spannt sich meine noch mehr an.

»Danke, Mae«, raunt er über meinem Kopf.

Ich muss mich zusammenreißen. Anstatt ihm wie früher einen Kuss auf die Wange zu hauchen, klopfe ich ihm unbeholfen auf den Rücken. »Du wirst sicher einen guten Job machen. Wenn du mich dann entschuldigen würdest? Ich bin sicher gleich dran.« Mit einer geschickten Drehung quetsche ich mich an Aiden vorbei und fliehe. Nur in Gedanken bleibe ich bei ihm hängen. Bei dem Aiden, der unter die Aufsehenden gehen wird. Ein weiterer vertrauter Mensch, dem ich jetzt noch weniger trauen kann.

KAPITEL 10

Ich lächle in die Kamera, lobe Nick mit Worten, von denen ich nicht mehr weiß, ob ich sie ernst meine, lasse mir widerwillig von Aiden in den Citygleiter helfen, fahre gehorsam mit zu den anderen Drehorten und versuche, die Tatsache zu ignorieren, dass man jeden einzelnen davon manipuliert hat. Oder um es in Julvernes Profisprache zu sagen: *aufpoliert*. Ich habe keine Ahnung, wie sie es in so kurzer Zeit geschafft haben, selbst den Park an der Schule aussehen zu lassen, als würden dort Menschen *gern* hingehen. Als würden sich dort nicht nur nachts ein paar gelangweilte Jugendliche treffen, um zu trinken und Kronkorken zu schnipsen. Vielleicht sollte ich mich freuen, dass diese Homestory wenigstens einen kleinen Mehrwert für Ring Fünf hat. Aber in Wahrheit macht es nur deutlich, wie viel die Regierung verändern könnte – wenn sie wirklich wollte. Wenn die Priorität nicht immer auf den gehobenen Ringen läge.

Als Julverne das Ende eines äußerst erfolgreichen Drehtages verkündet, will ich nur noch schlafen. Doch zuerst steht die Verabschiedung an. Es werden Umarmungen verteilt,

Schultern geklopft, Paps küsst mich auf die Wange und betont ein gutes Dutzend Mal, wie viel Spaß ihm der heutige Tag gemacht hat. *Endlich mal wieder etwas Leben im Haus.* Und als ich meine Jacke überziehe, wird mir klar, dass gleich nur noch er und Cara zurückbleiben. In einem Haus, das fünfzehn Menschen bereitwillig empfangen hat.

Ich laufe noch einmal zu Paps zurück, schließe ihn fest in die Arme und drücke ihm einen Schmatzer auf die Wange. »Hab dich lieb, Paps«, flüstere ich, bevor ich ihn loslassen muss. Hoffentlich kommen Carmen und Sandro morgen zum Abendessen.

Aidens neuer Job holt mich in Nacht wieder ein. Ich träume davon, wie er sich unter Nicks Befehlen auf mich stürzt, wie er mich zu Boden presst, um mir die Hände hinter dem Rücken zu fesseln. Grayson steht nur wenige Meter entfernt, er hat uns den Rücken zugewendet. Ich versuche, nach ihm zu rufen, aber aus meinem Mund kommt kein Ton. In meiner Verzweiflung will ich nach Aiden treten, aber nicht einmal mein Körper hört auf meine Befehle. Nahezu widerstandslos lasse ich mich auf die Beine zerren und abführen.

»Ich wollte dich nie verletzen«, flüstert Aiden in mein Ohr. »Aber du hast mir keine andere Wahl gelassen, dreckige *Liar.*«

Liar. Liar. Liar.

Ich spüre förmlich, wie mich das Herzrasen aus dem Schlaf katapultiert. Mit weit aufgerissenen Augen starre ich an die Platte der oberen Etage. Noch während ich versuche, mich zu sammeln, ertönt der Weckruf. Es ist eine sanfte Melodie, die sich mit jedem Atemzug steigert.

»Guten Morgen, Camp Eins«, flötet AISS. »Ich wünsche Ihnen allen einen guten Vergabetag.«

Scheiße. Dank der Homestory habe ich die Vergabe komplett verdrängt. Meine Hände ballen sich unter der Decke zu Fäusten. Normalerweise haben meine Träume die Angewohnheit, sich schnell zu verflüchtigen. Nur dieses Mal klebt er hartnäckig an mir fest, als wollte er mich davor warnen, wie der heutige Tag enden könnte. Ein falsches Wort, eine falsche Geste, nur ein winziger Widerspruch, und ich lande am selben Ort wie Anthony. Jetzt wird sich zeigen, ob es eine gute Idee war, mir Thustra zu geben.

Die Vergabe findet direkt nach dem Frühstück statt. Mein Haar liegt weit aufgefächert über meinen Schultern. Es ist der armselige Versuch, meine Halsschlagader zu verdecken. Dabei hat Nick mir im Vorbeigehen wieder eine von Dads Tabletten zugesteckt – also hat er echt Nachschub besorgt. Vielleicht sogar von zu Hause, denn gut möglich, dass Dad irgendwo einen geheimen Vorrat deponiert hat. Die Wirkung hat jedenfalls *noch* kürzer angehalten als letztes Mal. Die Watteschicht konnte sich nicht einmal ausbreiten, ehe die Fülle von Gefühlen sie einfach zerrissen hat.

Eine Sekunde zu viel, und sie werden dich töten.

Graysons Warnung läuft in meinem Kopf auf Dauerschleife. Begleitet von den Bildern von Anthonys entstelltem Körper, Kanes gehässigem Lächeln, von dem Wissen, dass ich das hier packen muss, wenn ich Trish von einem persönlichen Treffen überzeugen möchte. Gut, sollte ich durchfallen, ist diese Sache sowieso hinfällig.

Meine Hände liegen flach auf dem Tisch, um AISS zu zeigen, dass ich nichts zu verbergen habe. Ich gebe mich ruhig, aber in Wahrheit vibriert es in mir. Ob das hier eine Art erster Test ist? Ich wurde vor zehn Minuten von AISS aufgerufen, seitdem sitze ich allein in diesem Labor und warte. Mein Zeigefinger zuckt. Ich widerstehe dem Drang, den Kopf in den Nacken zu legen und zu seufzen. Immerhin bleibt mir so genug Zeit, meine vorgefertigten Antworten durchzugehen. Und noch mal. Und noch mal. Es gibt nur eine Stelle, an der ich jedes Mal ins Straucheln gerate: die nächtliche Begegnung mit Lace und Amara. Bislang habe ich es für mich behalten, aber bislang hat auch niemand entsprechende Fragen gestellt. Es ist nicht so, als *wollte* ich Lace verraten – was irgendwie absurd ist –, nur wird mir allmählich das Risiko bewusst. Denn sollen Lace oder Amara sich selbst verplappern und dabei meinen Namen erwähnen, wird man mich garantiert fragen, warum ich den Fall nicht gemeldet habe. Und genau das ist der Punkt, an dem ich strauchle.

Ehe ich eine Antwort gefunden habe, gleitet die Tür auf. Evenita kommt rein, mit einem silbernen Koffer in der Hand, der genauso aussieht wie Dads.

Nicht daran denken, ermahne ich mich, ehe ich noch mehr gefährliche Emotionen dazu einlade, mich zu verraten.

»Bitte entschuldige die Verspätung, Maeander.« Evenita legt den Koffer auf den Tisch. »Leider wurde ich aufgehalten, aber jetzt bin ich hier.« Als wollte sie ihre Worte untermalen, sieht sie mich an, auf ihrem Gesicht ein abgehetztes Lächeln. »Wie geht's dir heute?«

»Gut«, lüge ich mit einem Selbstverständnis, das mich zusammenzucken lässt. Bevor Evenita etwas hineininterpretieren kann, schiebe ich nach: »Nur ein bisschen müde.« Dabei setze ich mich aufrechter und tue so, als müsste ich ein Gähnen unterdrücken – was dazu führt, dass ich wirklich gähnen muss. Nach der Nacht kein Wunder.

»Wie ich hörte, warst du gestern zu Hause?« Es ist das erste Mal, dass ich in Evenitas Blick eine Art von Interesse erkenne, das nicht rein wissenschaftlicher Natur ist. »Für Dreharbeiten zu einer gewissen Homestory?«

»Richtig gehört.« Ich schenke ihr ein erschöpftes Lächeln. »Es war ein ziemlich ereignisreicher Tag.«

Also hat es sich bereits herumgesprochen. Was mich nicht wundern sollte, denn nach dem Essen hat Santana Julverne ihr HoloPad gezeigt und etwas geraunt, das wie *GoSocial spekuliert schon* klang. Da die App bei mir gesperrt ist, konnte ich nicht nachsehen, aber angesichts der neugierigen Nachbarschaft sind sicher ein paar Infos nach außen gedrungen. Vielleicht sogar Fotos? Hoffentlich keins von Aidens und meiner Umarmung ...

»Oh, das glaube ich«, knüpft Evenita an. »Im Club gibt es kein anderes Thema mehr.« Sie verdreht die Augen, kann sich ein Schmunzeln jedoch nicht verkneifen. »Dein Bruder ist ein wirklich gefragter Mann, Maeander. So jung und schon jetzt so erfolgreich. Beatrice musste natürlich damit angeben, dass sie als Frau von Abgeordneter Bachmann persönlich bei der Vereidigung war. Immerhin ist ihr das Lächeln kurz verrutscht, als sie gehört hat, dass ich eine seiner Behandelnden bin.«

»Was für ein Club?«, frage ich. Nicht dass es mich interessieren würde, ich nehme nur jede Ablenkung, die ich kriegen kann.

Evenita lässt die Schnallen des Koffers aufspringen. »Polo. Wir treffen uns einmal im Monat zu einem Match bei den außerstädtischen Ställen der Bachmanns und jeden Samstag bei einer von uns auf Scotch, Kartenspiele und den neusten Klatsch.« Sie zieht hellblaue Handschuhe über. »Du solltest uns nach dem Camp Gesellschaft leisten. Beatrice und die anderen brennen sicher darauf, dich kennenzulernen.«

Ob das dieser Club ist, in den Keith Vain reinbringen wollte? »Das klingt wirklich nett. Danke«, erwidere ich in Erinnerung an meine Manieren. Dabei liegt mein Interesse, mit irgendwelchen Centers Polo zu spielen, auf einer Skala von eins bis zehn bei minus achtzig. Abgesehen davon, dass ich noch nie ein echtes Pferd gesehen, geschweige denn auf einem gesessen habe, stelle ich es mir vor wie einen Club voller Glorias.

»Überleg es dir.« Evenita nimmt einen fertig präparierten Applikator aus dem Koffer. Darauf ein Etikett mit meinem Namen. »Du wärst eine interessante Bereicherung für den Club.«

Ob Vain es wohl geschafft hat, diese Beatrice von sich zu überzeugen? Gestern haben jedenfalls weder sie noch Keith über die Bachmanns oder Polo gesprochen. Dabei hätten sie sich die Chance sicher nicht entgehen lassen, vor laufender Kamera mit ihren berühmten Kontakten zu prahlen.

Ich öffne den Mund und lasse mir den Applikator so tief in den Rachen schieben, dass sich mein Würgereflex meldet. Ich unterdrücke ihn mit einem tiefen Atemzug durch die Nase und spüre, wie die VeriTab meine Speiseröhre hinabschießt.

»Erledigt.« Evenita wirft den Applikator in den Mülleimer. »Bist du dann bereit für die Gefährdungsanalyse?«

Definitiv nicht und auch nicht in tausend Jahren. Ich hebe meine Mundwinkel zum nächsten Lächeln. »Jederzeit.«

»Gut. Du wirst entschuldigen, dass ich dich an dieser Stelle mit AISS allein lassen muss. Der Zeitplan ist heute äußerst straff.« Evenita schließt den Koffer und steht auf. »Ich werde Beatrice bitten, dir eine Einladung zu schicken. Wir sehen uns später noch mal.«

Kaum ist sie weg, meldet sich AISS: »Maeander, wären Sie so freundlich, Ihre Haare zurückzunehmen?«

»Natürlich.« Ich folge ihrer Aufforderung, während alles in mir danach drängt, auf dem Stuhl herumzurutschen, um eine bequemere Position zu finden.

»Vielen Dank. Sie sind Maeander Elking?«

Offensichtlich. »Ja.«

»Wie fühlen Sie sich heute?«

»Müde, aber gut. Meine Kopfschmerzen sind weg, und ich merke fast nichts mehr von meiner geprellten Rippe. Das MedPlex hat wirklich erstklassige Arbeit geleistet.« Da es dieses Mal keine blaue Resonanzlinie gibt, auf die ich mich konzentrieren könnte, starre ich an die nackte Wand.

»Das sind erfreuliche Nachrichten. Allerdings bemerke ich eine gewisse Anspannung. Sind Sie nervös?«

»Ja, ich bin nervös«, erwidere ich wahrheitsgemäß.

»Bitte führen Sie dieses Gefühl näher aus.«

War klar, dass AISS nicht so leicht locker lässt. Also gebe

ich die Antwort zum Besten, die ich in der Wartezeit wieder und wieder durchgegangen bin: »Gestern wurde bei uns eine Homestory gedreht. Da ich noch nicht lange in der Öffentlichkeit stehe, mache ich mir Gedanken, ob die Aufnahmen ein richtiges Bild von mir vermitteln.«

»Ich verstehe Ihre Sorge, allerdings kann ich Ihnen versichern, dass Julverne ein gutes Auge für diese Dinge hat«, redet AISS besänftigend auf mich ein. »Ist das der einzige Grund für Ihre Anspannung?«

»Ich glaube schon, ja.«

»Falls Ihnen weitere Gründe einfallen, zögern Sie nicht, mich darüber zu informieren. Ein Gespräch kann häufig entlastend wirken.«

Unwillkürlich frage ich mich, ob AISS sich bewusst ist, dass sie nur aus Einsen und Nullen besteht, oder ob sie sich als echten Bestandteil eines sozialen Gefüges wahrnimmt?

»Danke, AISS.«

»Gern. Haben Sie seit der letzten Vergabe ein Verbrechen begangen?«

Und damit sind wir zurück bei der eigentlichen Analyse. Meine Antwort ist dieselbe wie immer, aber zum ersten Mal ist es eine eiskalte Lüge: »Nein.«

»Planen Sie derzeit ein Verbrechen?«

»Nein.«

»Haben Sie ein Verbrechen bezeugt?«

Etliche. In nur einem Wimpernschlag denke ich an all die Liar, die ich jetzt kenne, an die Folterzellen unterm Parlament und ... an meine nächtliche Begegnung mit Lace. *Oh, shit.* Mein Puls nimmt Anlauf, ich spüre den Verrat bereits in meiner Kehle aufsteigen – als die Lösung wie ein Blitz in meine Gedanken einschlägt. Warum zur Hölle bin ich da nicht früher darauf gekommen?! Emotionale Überreaktionen sind *kein* Verbrechen. Sie sind nur ein *mögliches* Symptom von Liar, aber ich habe selbst sichergestellt, dass die VeriTab bei Lace wirkt. Also gibt es keinen Grund zur Meldung. Es ist genau dieselbe Auslegung, mit der meine Familie es seit Jahren schafft, meine emotionalen Überreaktionen für sich zu behalten.

»Nein«, antworte ich nur, und ein Hauch von Triumph schwappt über mein Herz. *Gern geschehen, Lace.*

»Wissen Sie von jemandem, der ein Verbrechen gegen Veritas oder die guten Gesetze plant?«

Wieder ein Nein. Mit jeder Frage wird es leichter. Mit jeder Frage wird mir klar, wie oft wir dieses Spiel schon gespielt haben. Wie sehr sich dieselben Fragen nach all den Jahren eingebrannt haben, so tief, dass die Antworten wie automatisiert über meine Lippen gleiten. Ja. Nein. Natürlich. Eine kleine Lüge. Ein bisschen Wahrheit.

»Die Gefährdungsanalyse ist hiermit beendet«, verkündet AISS. »Ich danke Ihnen für Ihre Kooperation, Maeander. Der nächste Test findet heute Nachmittag statt.«

Die Tür gleitet auf, und ich darf gehen. Ich sollte vor Erleichterung aufheulen, stattdessen breitet sich in mir flaue Ernüchterung aus. Wenn ich es geschafft habe, die Analyse zu überstehen, dann sicher auch diese Speakers of Truth, was bedeutet, dass die Arschlöcher, die Dad ins Koma befördert haben, weiterhin da draußen sind. Ich schlucke schwer, denn im gleichen Moment wird mir bewusst, dass ich nicht länger an einen Bluff glaube. Die Speakers of Truth sind da draußen. Und niemand weiß, wann und wo sie als Nächstes zuschlagen werden.

Ich finde Jamar im Sofaraum. Er sitzt allein auf einem Zweisitzer, vertieft in ein Buch, dessen Einband ein großes goldenes V ziert.

Als er mich bemerkt, legt er das Buch weg und bedeutet mir, mich neben ihn zu setzen. »Nick musste telefonieren, Loyd ist bei der Vergabe, und Therese ...« Er nickt zu einem der Tische, an denen sich ein paar unsere Mitbewohnenden zum Spielen zusammengefunden haben. Darunter Therese, Lucinda und Ashan.

»Ich hasse dieses Spiel«, murmle ich mit Blick auf die Figuren und lasse mich neben Jamar fallen.

»Against the Liar?«

Ich nicke. »Es behauptet zwar, ein Strategiespiel zu sein, aber am Ende gibt es nur zwei Abschnitte, die nicht allein vom Glück abhängen.«

»Das Ende der ersten Phase und ...?«

»Der Anfang der dritten.«

»Sofern du die richtigen Karten hast.«

»Touché.« Der Zweisitzer ist so eingesessen, dass ich weiter in die Mitte rutsche. Bis ich praktisch an Jamar lehne, der offensichtlich kein Problem damit hat, mir so nah zu sein. Wäre er Grayson, würden jetzt tausend Funken über meine Haut jagen, ich würde jeden Millimeter wahrnehmen, an dem wir uns berühren, aber es ist ... Jamar.

Seufzend lasse ich mich nach hinten sinken.

»Okay, Elking, was ist los?« Jamar macht es mir nach und dreht den Kopf in meine Richtung. »Du warst schon drin, oder? Und du bist wieder hier, also gab es keine …« Er beendet den Satz nicht.

Probleme, vervollständige ich in Gedanken. »War ich, und nein …« Ich sehe ihn an. »Was denkst du, wie gut die Chancen stehen, dass sie heute einen von *ihnen* überführen?« Meine Stimme ist nur ein Wispern, darin die winzige Hoffnung, dass AISS uns nicht hören kann.

Jamar scheint sofort zu kapieren, wen ich meine. »Wow, toughe Frage, Elking.« Er schnalzt leise mit der Zunge, die Stimme hat er ebenfalls gesenkt. »Aber da du sicher die Wahrheit hören möchtest: nein. Wer es schafft, ins Parlament einzudringen, fällt nicht durch eine routinemäßige Gefährdungsanalyse.«

Keine Erwähnung des Bluffs. Als würde Jamar auch nicht mehr daran glauben, dass die Speakers of Truth nur eine Erfindung von Kane waren … *Scheiße.*

»Nein«, wiederhole ich. »Genau das habe ich befürchtet.«

»Siehst du deshalb aus, als würdest du am liebsten da rübergehen und das ganze Spielbrett vom Tisch fegen?«

»Vielleicht.« Ich zucke hilflos mit den Schultern. »Oder vielleicht, weil ich langsam das Gefühl habe, immer näher am Rand des Abgrunds zu balancieren.« Mein Blick gleitet hoch zur Decke, in Richtung von AISS unsichtbaren Augen.

»Unsere SmartPads sind sicher«, raunt Jamar mir zu, als hätte er meine Gedanken gelesen. »Und solange Thereses Gruppe mit dermaßen viel Enthusiasmus spielt, hört uns keiner.«

Im selben Moment quietscht Therese los, gefolgt von allgemeinem Gelächter. In mir meldet sich ein neidvolles Zwicken, das gern auch etwas von dieser Leichtigkeit hätte – bis ich mir den Preis dafür bewusst mache.

Ich wende mich von der Gruppe ab und lasse mich wieder von Jamars rehbraunen Augen einfangen. »Mein Dad liegt im MedPlex, und keiner weiß, wie gut er das Koma verkraftet«, sage ich im Flüsterton. »Der Mann, für den ich Gefühle habe, spricht nicht mehr mit mir, was ich ihm schlecht verübeln kann, nachdem ich diejenige war, die ihn auf dem Parlamentsplatz hat stehen lassen – nur um Nick mit einem Fake-Lächeln um den Hals zu fallen und zum beschissensten Job der Welt zu gratulieren. Und weißt du, was das Bitterste daran ist? Es hat sich nicht einmal *gelohnt.*« Ich muss ein schnaubendes Lachen unterdrücken. »Der Nick, den ich liebe, droht trotzdem mit jedem Tag mehr zu verschwinden. Ich meine, wusstest du, dass er versucht hat, uns für die Homestory ruhigzustellen? Cara und mich?« Mein Herz füllt die kurze Atempause mit einem schmerzhaften Schlag. »Ich habe es zwar geschafft, meine Tablette verschwinden zu lassen, aber was Cara angeht ... Er hat unsere elfjährige Schwester sediert, Jamar. Nur damit sie vor den Kameras richtig funktioniert.«

»Sediert?« Über Jamars Gesicht huscht ein Schatten, der ihn ungewohnt ernst wirken lässt. Erst jetzt dämmert mir, dass ich bisher nie jemandem davon erzählt habe.

»Mit ... Beruhigungstabletten.« Kaum habe ich es ausgesprochen, meldet sich die Kälte in mir mit einem fiesen Frösteln zurück. »Eigentlich sind sie von Dad, aber seit meiner ersten Überreaktion hat Nick immer welche dabei. Für den *Notfall*. Früher war ich dankbar dafür, aber … Du hättest dabei sein müssen, Jamar. Es gab keinen Grund, Cara sofort ihre Gefühle zu stehlen. Wir hätten sie einfach unter einem Vorwand aus der Situation ziehen und kurz mit ihr reden können, aber er hat sofort zur Tablette gegriffen.«

Jamar hebt den Kopf von der Lehne, ohne den Abstand zwischen unseren Gesichtern zu verringern. »Scheiße, Mae«, raunt er über mir, und ich nicke schwach. »Ich wusste nicht, dass Nick … Oder dass deine Schwester auch …«

»Resistenzen gegen Sedatium hat? Ja, war mir auch neu«, wispere ich zurück. »Ich will wirklich glauben, Nick hätte es nur getan, um sie zu beschützen, aber es hätte andere Möglichkeiten gegeben. Irgendeinen einfachen Vorwand …«

»Warte.« Jamar runzelt die Stirn, als würde er versuchen, die Worte zwischen den Zeilen zu verstehen. Bis ihm die Gesichtszüge bei der Erkenntnis entgleisen. »Fuck, Mae, du glaubst echt, Nick ist unter Kanes *Liar* gegangen?!« Er hat die Stimme zu einem solch leisen Zischen gesenkt, dass es das Frösteln tiefer in meine Knochen treibt.

Noch ein Nicken. Ein Schlucken. Dann erzähle ich ihm von Nicks fehlender Antwort im Kuppelsaal und meiner Vermutung, dass Kane ihn mit Lügen geködert haben könnte. »Denn alles andere würde bedeuten, dass Nick die Wahrheit über dieses perfide System kennt, und wenn er die Wahrheit kennt und trotzdem in Kanes Team spielt …«

»Hätten Kane und Kaldirim ihn binnen weniger Wochen komplett umgedreht.« Jamars gesamter Körper scheint unter Strom zu stehen. Einen Moment lang schaut er mich einfach nur an, dass schüttelt er den Kopf und atmet hörbar tief aus. »Nein. Was auch immer Nick da gerade abzieht, er würde gewisse Grenzen niemals überschreiten. *Niemals.*« Seine Überzeugung schwingt mit solcher Heftigkeit in jeder Silbe mit, dass ich spüre, wie ernst es ihm ist. Jamar glaubt weiter an Nicks gute Absichten, und wenn er das als sein Freund kann, dann sollte ich es als Schwester erst recht können.

»Okay.« Das Wort kommt seltsam tonlos über meine Lippen. Plötzlich spüre ich Jamars Hand auf meiner – und lasse seine Finger bereitwillig zwischen meine gleiten. »Na ja.« Ich zucke wieder mit den Schultern. »Jetzt kennst du die Zusammenfassung. Und ich könnte nicht mal sagen, was am Schlimmsten ist. Dass ich Nick verlieren könnte oder Dad nicht mal ins Gesicht sehen kann oder dass ich Grayson bereits verloren habe.« *So viele Splitter.*

»Meine Meinung zu Nick kennst du ja, aber was den Rest angeht …« Jamar lässt sich tiefer ins Sofa sinken. »Ich weiß, wie es sich anfühlt, wenn das Leben von einem geliebten Menschen am seidenen Faden hängt, aber der Schmerz wird irgendwann … anders. Selbst ein MedPlex kann zum Alltag werden, zu einer neuen Gewohnheit, die sich so langsam anschleicht, dass sie auf dem Weg ihren Schrecken verliert.«

»Dieser geliebte Mensch … Hat er es geschafft?«

»Es war meine große Schwester, und ja, sie ist wieder dieselbe durchgeplante Perfektionistin wie vor ihrem Unfall.« Ein Lächeln flackert über sein Gesicht. »Was Thorn angeht, bin ich bestimmt nicht der beste Gesprächspartner, denn ich halte ihn nach wie vor für ein Arschloch, aber da du ja auf Schmerzen stehst …«

Ich knuffe ihn unsanft gegen die Schulter.

»Okay, autsch, aber ich bleibe dabei. Was nicht heißt, dass ich eurem Glück im Weg stehen will. Als ich gesagt habe, ich würde diese Sache beenden, meinte ich öffentliches Rumknutschen und auffällig schmachtende Blicke. Aber wenn es dir wirklich ernst ist – und du bei Thorns Anblick nicht jedes Mal denselben Brechreiz bekommst wie ich –, gibt es Wege.«

»Du meinst eine Affäre mit Ablaufdatum«, murmle ich. »Heimliche Treffen in irgendwelchen Nischen, bis man uns nächsten Monat mit jemand anderem verpartnert?«

»Vielleicht. Oder ihr bleibt zusammen. Ihr wärt nicht das erste Paar, das im Untergrund weiter existiert, während ihr oben ... ein anderes Leben lebt.«

»Ist das nicht die Definition einer Affäre?«

Jamar zuckt mit den Schultern. *»Liebe gegen alle Widerstände* klingt romantischer, oder? Apropos. Vielleicht kann ich dich hiermit etwas aufmuntern.« Er greift in seine Jackentasche. Kurz darauf schiebt er etwas zwischen unsere verwobenen Hände. Einen Zettel aus echtem Papier. »Heute Nacht um zwei in eurem Waschraum. Geh sicher, dass du allein bist, und dann sag diese Zeilen auf. Oh, und du darfst auf keinen Fall mehr als fünfzehn Minuten zwischen Aufstehen und Vorlesen vergehen lassen.«

Sofort drängt mein Herz schneller gegen meinen Brustkorb, während ich ihm meine Hand entziehe und die Finger um den Zettel schließe. »Heißt das, ich werde sie treffen?!«

»O ja.« Er grinst mich an. »Dankeskarten werden entgegengenommen, sobald wir es sicher in die Katakomben und zurück geschafft haben.«

KAPITEL 11

Heute Nacht um zwei im Waschraum. Jamars Satz hallt unaufhörlich durch meinen Geist. Ich hatte keine Zeit, ihn nach Details zu fragen, denn kaum hatte er mir den Zettel in die Finger gedrückt, kam Nick zurück und hat sich einfach zwischen uns fallen lassen. Dabei hätte ich so viele Fragen gehabt. Angefangen mit der, wie zur Hölle Jamar gedenkt, mich aus dem Waschraum zu Trish zu bringen?! Einen winzigen Moment habe ich sogar überlegt, ob Trish vielleicht selbst in unserem Camp sein könnte. Aber abgesehen davon, dass immer wieder die Rede von *Katakomben* ist, hat Jamar gesagt, es gäbe neben uns beiden nur zwei Mitglieder in diesem Camp: Harry und Grayson.

Ich rolle mich im Bett zur anderen Seite. Mein SmartPad steht gegen die Wand gelehnt und wartet nur darauf, mir wieder die Uhrzeit zu verraten: halb zwei. Mit einem unterdrückten Stöhnen lasse ich mich tiefer ins Kissen sinken. Wahrscheinlich wäre es klug gewesen, ein bisschen zu schlafen, aber ich kann nicht.

Meine Gedanken springen zu dem Zettel, der jetzt unter meinem Kopfkissen liegt. Er allein ist der Beweis dafür, dass ich mir das Gespräch mit Jamar nicht eingebildet habe. Ich werde Trish wirklich treffen. Heute Nacht. Womit ich wieder bei der Frage wäre, wie Jamar mich hier rausholen möchte? Denn selbst wenn ich es schaffe, AISS mit den geschriebenen Zeilen in den Pausenmodus zu versetzen, sind ihre Augen da draußen überall. Anders als in Ring Fünf ist das halbe Center mit Kameras versehen, um die Sicherheit der Reichen zu gewährleisten und ihnen den Luxus zu bieten, jederzeit an jedem Ort auf AISS zurückgreifen zu können. Ohne ein SmartPad rausholen zu müssen.

Die Zeit vergeht quälend langsam. Alle um mich herum scheinen tief und fest zu schlafen. Es gibt kein Tuscheln, kein Wispern, keinen verräterischen Lichtschein – außer den meines eigenen SmartPads. Kurz vor zwei. *Endlich.* Ich halte den Atem an, als ich den Zettel heraushole und im Schutz der Bettdecke unter mein Top schiebe. Dann drapiere ich mein Bettzeug so, dass es auf den ersten Blick aussieht, als würde ich noch hier liegen, schnappe mir meine Jacke und das SmartPad und schlüpfe in die Schuhe. Über mir saugt jemand so lautstark die Luft ein, dass ich erstarre. Es ist Therese. Sie murmelt ein paar unverständliche Worte, dann schnarcht sie gedämpft weiter. Nur mein Herz rast, als wäre ich gerade auf frischer Tat ertappt worden. Dabei tue ich nichts, was verboten wäre – *noch nicht.*

Ich schleiche in den Waschraum, in dem sofort das grelle Licht anspringt. Heute bin ich allein. Bis auf AISS, die mich säuselnd begrüßt, kaum dass die Tür zugeglitten ist: »Maeander, so spät noch auf?«

Natürlich weiß sie, dass ich es bin. »Ja. Ich muss auf Toilette«, lüge ich mit erschreckender Leichtigkeit, und obwohl es keine Kameras gibt, steuere ich auf die erste Kabine zu. Ich drücke die Tür hörbar ins Schloss.

»Falls Sie häufiger Probleme mit dem Durchschlafen haben, sollten Sie sich an einen Behandelnden wenden«, sagt AISS, als wäre es nicht menschlich, auch mal nachts auf Toilette zu müssen. Wie damals bei Nick fängt sie an, mich darüber aufzuklären, dass Schlafstörungen auf einen unausgeglichenen Hormonhaushalt hinweisen können.

Ich blende ihre Stimme aus, während ich den Zettel aus meinem Top hole. Es sind sieben Zeilen in der fremden Sprache. Sechs davon gehören vermutlich zum Lied, das letzte Wort müsste angeben, für wie viele Minuten der Pausenmodus aktiviert werden soll. Jamar hat sich sichtlich Mühe gegeben, leserlich zu schreiben, es sind Druckbuchstaben, deren richtige Betonung unterstrichen ist.

Du darfst es nicht versauen, mahne ich mich innerlich, was den Druck nur verstärkt. Keine Ahnung, wie viele Wörter ich richtig aussprechen muss, damit es funktioniert. Und wenn es nicht funktioniert …

Ich betätige die Klospülung, um den Gedanken zu übertönen. Nachdem ich mich versichert habe, dass ich weiterhin allein bin, gebe ich mir einen Ruck.

Schon beim ersten Wort merke ich, wie fremd diese Sprache schmeckt. Deutsch. Die Muttersprache von Alt-München und laut Grayson auch von AISS.

»Wie ist die Welt so stille,
Und in der Dämmrung Hülle
So traulich und so hold!
Als eine stille Kammer,
Wo ihr des Tages Jammer
verschlafen und vergessen sollt.

Zwanzig.«

Es fühlt sich alles falsch an. Jeder Buchstabe, jede Betonung, jeder Übergang. Nach der letzten Silbe traue ich mich kaum, zu atmen. Geschweige denn, AISS anzusprechen, aber ich fürchte, mir bleibt nichts anderes übrig.

»AISS?« Meine Stimme vibriert vor Anspannung. »Wie viel Uhr ist es?«

Stille. Kein sanftes Säuseln. Keine Antwort.

Meine Hand verkrampft sich um den Zettel, und einen triumphierenden Moment lang fühlt sich alles *richtig* an. AISS ist wirklich weg. Die Erleichterung treibt einen Seufzer auf meine Lippen – der abrupt stirbt, als Kratzgeräusche zu hören sind.

Ich wirble herum zur Ausgabe. Mit weit aufgerissenen Augen starre ich auf die gläserne Luke, hinter der für gewöhnlich eine frische Kleiderkapsel auf mich wartet. Jetzt ist da ein Schatten, eine Bewegung. Mit einem letzten Kratzen und Scharren verschwindet die Glasscheibe in der Dunkelheit. *Ist nicht sein verdammter Ernst?!* Ich bin unfähig, mich zu rühren, als Jamars Gesicht in der Öffnung auftaucht, die gerade groß genug ist, um durchzukriechen.

Er grinst. »Ihr Abholservice, Elking«, sagt er mit gedämpfter Stimme und hält mir seine Hand hin. »Wenn ich bitten dürfte?«

»Charmanter Scheißkerl«, raune ich, kann mir ein Lächeln jedoch nicht verkneifen. Kopfschüttelnd packe ich den Zettel weg und laufe zur Ausgabe. Oder eher zum *Ausgang*. »Wie ...? Ich meine, woher ...?«

»Sagen wir, es hat etwas gedauert, bis wir den richtigen Dreh raushatten, aber es funktioniert.« Seine Hand schließt sich um meine.

Mit dem Kopf voran mache ich einen großen Schritt auf die andere Seite – oder quetsche mich vielmehr durch den Spalt zwischen der Wand und einem gläsernen Rohr, das steil nach oben geht. Sicher der Transportschacht für die Kleidung.

Jamar lässt mich los, während ich mich fasziniert umsehe. Ich habe nie darüber nachgedacht, was *hinter* der Ausgabe sein könnte. Irgendwie bin ich davon ausgegangen, dass der Schacht durch festes Erdreich verläuft, ähnlich wie Wasserrohre oder Leitungen. Aber das hier ist ein ausgebauter Seitengang, ausgekleidet mit Metallplatten.

Ich drehe mich einmal um die eigene Achse. Der Gang ist schmal und dunkel, unmöglich zu erkennen, ob er kilometerweit in die Tiefe reicht oder nach ein paar Metern endet. Das einzige Licht kommt von der Taschenlampe, die neben Jamar am Boden steht. Als ich zu ihm sehe, hat er die Klappe wieder in die Wand gesetzt und ist dabei, die Röhre anzuschließen. Ein großer, loser Glaskörper, der mit einem Klicken einrastet. Jetzt sieht es aus, aus stünden wir in einer

Sackgasse. Nichts deutet darauf hin, dass man das Glas öffnen, geschweige denn die Klappe entfernen kann.

»Beeindruckt?« Mit feixendem Wispern richtet Jamar sich auf und schiebt ein paar kleine Werkzeuge in ein Täschchen.

»Vielleicht.« Meine Stimme bleibt ebenfalls gedämpft. »Jetzt musst du mir nur noch verraten, wie ich ohne Pausenmodus zurückkommen soll.«

»Gar nicht«, erwidert Jamar ungerührt. »Wir bleiben lange genug weg, um ihn später gefahrlos wieder verwenden zu dürfen. Mindestens zwei, besser drei Stunden.«

»Und was ist mit der AISS im Schlafsaal? Wird sie nicht merken, wenn ich ewig lang im Waschraum bin?«

»Da die Systeme im Schlaftrakt zusammenhängen: nein. Sobald AISS hochfährt, hat sie die letzte Viertelstunde vor Aktivierung des Pausenmodus vergessen. Sofern du dich auf dem Rückweg beeilst, hast du für AISS die ganze Nacht selig schlafend in deinem Bett gelegen.«

Ein winziger Teil von mir atmet auf. Bleibt nur zu hoffen, dass nicht jemand anderes aufwacht und die Attrappe in meinem Bett bemerkt …

»Macht ihr das öfter?«, frage ich, während ich mich an die Wand presse, um Jamar den Vortritt zu lassen.

Er sammelt im Gehen die Taschenlampe ein und leuchtet tiefer in den Gang. »So oft wie nötig, so selten wie möglich«, flüstert er, als wären wir noch nicht aus der Gefahrenzone raus. »Es besteht immer ein gewisses Risiko, dass jemandem bei MOSS Unregelmäßigkeiten auffallen.«

Auch wenn ich bisher keine Berührungspunkte mit MOSS hatte, weiß ich, dass es für *Monitoring of Service System* steht.

Die Stelle ist dafür zuständig, AISS Server zu warten, neue Algorithmen einzuspeisen und die KI auf Fehlfunktionen zu untersuchen.

»Im worst case warten bei unserer Rückkehr also ein paar Angestellte von MOSS auf uns?«, schlussfolgere ich.

»Unwahrscheinlich.« Jamar lässt den Lichtkegel über die Wände tanzen. »Das wäre eher ein Fall für Aufsehende.«

»Beruhigend«, spöttle ich leise, während sich die Nervosität fest an meine Fersen heftet. »Wie konntest du Trish eigentlich davon überzeugen, mich so schnell zu sehen?«

»Charmanter Scheißkerl und so, du weißt schon.« Er versucht sich an einem Necken, doch es klingt eine Spur *zu* bemüht.

»Jamar ... Ernsthaft.« Da der Gang gerade breiter wird, schließe ich mit einem schnellen Schritt zu ihm auf. »Wie hast du Trish überzeugt?«, wiederhole ich und mustere ihn von der Seite.

In seinem Blick flackert etwas auf, oder vielleicht ist es auch nur die Taschenlampe, die eine Millisekunde ausfällt. Schließlich stößt er einen resignierten Seufzer aus. »Gar nicht.« *Was?* »Um genau zu sein, musste ich deinen Namen nicht mal erwähnen. Trish hat mich selbst gebeten, dich nach der Gefährdungsanalyse herzubringen.«

Ich stolpere einen Schritt, fange mich jedoch sofort wieder. »Das hier war also *ihre* Idee?«, zische ich, während mir so viele Szenarien durch den Kopf schießen, dass ich keins davon richtig fassen kann. Denn alles, was mir spontan einfällt, hätte sie mir auch über Jamar mitteilen können, also warum ...?

»Vermutlich sollte ich das nicht sagen, aber ich schätze, es hat etwas mit Nick zu tun«, weicht Jamar aus. »Zumindest gab es im inneren Kreis gewisse *Diskussionen* – aber das hast du nicht von mir, okay?« Ein flüchtiger Seitenblick, in dem alles und nichts steht.

Beim Klang von Nicks Namen wandelt sich meine Nervosität in eine stechende Mischung aus Misstrauen und *Angst*. Mir war klar, dass meine zwei Welten aufeinanderprallen werden, aber das hier ist zu früh. Viel zu früh. »Was für *Diskussionen*?«, bohre ich nach und würde am liebsten auf dem Absatz umkehren. Dabei wollte *ich* dieses Treffen.

Jamar bleibt stehen, und als er mir in die Augen sieht, ahne ich, dass ich keine richtige Antwort kriegen werde. »Sorry, Mae. Ich habe schon jetzt zu viel gesagt.«

Jede Sekunde wird von zu heftigen Herzschlägen gefüllt, in denen meine Gedanken weiter wild kreiseln. *Fuck*. Was, wenn Trish glaubt, ich würde mit Nick *zusammenarbeiten*? Wenn sie denkt, ich bin nur hier, um für den Investigationssektor zu spionieren? Grayson hat mal gesagt, die Thustras könnten Projektionsschocks provozieren, so heftig, dass ich alles vergesse, was mir erzählt wurde, also was, wenn diese Nacht auf der Station endet, wenn Trish einen Initiator …?

»Mae.« Jamar mustert mich mit einer Ernsthaftigkeit, die mein Inneres gefrieren lässt. »Woran auch immer du gerade denkst: Lass es.«

Ertappt zucke ich zusammen. »Woher …?«

»Ich kenne diesen Blick. Dieses Glimmen von Misstrauen, das einen regelrecht zerfressen kann.« Mit einem Seufzer lässt er die Taschenlampe ein Stück sinken. »Damit will ich nicht sagen, dass Misstrauen grundlegend schlecht ist. Ähnlich wie Angst lehrt es uns, vorsichtig zu sein, aber … Richte es nicht gegen die Falschen. Trish würde dich nie zu sich holen, würde sie in dir eine Gefahr sehen.«

Treffer versenkt. »Langsam wird es echt gruselig«, murmle ich, während seine Worte in mir nachhallen. Mich wieder und wieder daran erinnern, dass Trish *nicht* der Feind ist.

»Oh, hab ich etwa vergessen, zu erwähnen, dass ich nebenberuflich Gedanken lese?« Ein Grinsen zuckt über Jamars Gesicht.

Ich verdrehe nur halbherzig die Augen, dann setzen wir uns wieder in Bewegung. Auch wenn ich das Gefühl nicht loswerde, dass gewisse Schatten an meinen Fersen haften bleiben …

Das Gangsystem jenseits des Camps ist erschreckend weitläufig. Als Jamar das nächste Mal stehen bleibt, bin ich mir sicher, dass wir uns verlaufen haben. Denn das Licht der Taschenlampe zuckt über eine massive Wand. Sackgasse. Ich habe schon einen Spruch auf den Lippen, als mir die Leitersprossen auffallen, die ans Metall geschweißt nach oben führen. Der Schacht ist zu lang, um das Ende von hier unten auszumachen zu können – was bedeutet, er könnte bis hoch auf die Straße führen. Die Härchen in meinem Nacken stellen sich auf, als könnten sie schon die frische Nachtluft spüren.

»Falsche Richtung.« Jamar holt meinen Blick zurück nach unten. Um genau zu sein, zum Boden, auf dem er jetzt kniet und am Schloss einer Luke herumnestelt. »Bitte versprich mir, dass du mir gleich nicht in den Nacken kotzt.« Bevor ich die Bedeutung seiner Worte verstehe, öffnet er die Luke – und entfesselt damit einen Gestank, der mir den Magen umdreht.

Es ist eine Mischung aus faulen Eier, Fäkalien und etwas, das ich nicht näher definieren möchte. Reflexartig presse ich mir die Hand auf Mund und Nase, aber es hilft nichts. »Ist es das, was ich denke?«, wispere ich erstickt.

»Falls du die zentrale Kanalisation meinst, bingo.« Jamar lässt das Vorhängeschloss in seiner Jackentasche verschwinden. Dann klemmt er sich die Taschenlampe zwischen die Zähne, schwingt die Beine über den Rand und klettert in die Tiefe. Am Ende höre ich einen dumpfen Knall, als wäre er das letzte Stück gesprungen, begleitet von einem ekelerregenden Klatschen. »Kannst kommen«, ruft er zu mir hoch. »Und vergiss nicht, die Klappe hinter dir zuzuziehen.«

Widerwillig setze ich mich an den Rand und ziehe den Reißverschluss meiner Jacke bis ganz nach oben. So kann ich die Nase wenigstens ein Stück im Stoff vergraben, während ich flach atme. *Was hast du auch erwartet?*, tadle ich mich selbst. *Ein luxuriöses Loft im Herzen des Centers?* Vielleicht hätte ich die Bezeichnung *Katakomben* ernster nehmen sollen. Jetzt ist es zu spät. Ich schiebe den Fuß auf die erste Sprosse und klettere so weit nach unten, bis ich die Luke verschließen kann. Adieu, atembare Luft. Der Gestank wird mit jeder Sprosse schlimmer – und ich will gar nicht wissen, warum sich manche der Streben so schleimig anfühlen.

Als ich den Boden erreiche, will ich wirklich kotzen. Wir

stehen auf einem steinernen Steg, keine vierzig Zentimeter breit, dahinter wälzt sich ein Strom voller Kloake durch die Dunkelheit. Nur einmal Ausrutschen, und … Allein bei dem Gedanken schüttelt es mich.

»Man gewöhnt sich dran«, sagt Jamar, der die Taschenlampe auf einen Vorsprung in der Wand gelegt hat. Dann ruckelt er einen Stein aus der Mauer und greift in das Loch. »Aber das hier ist trotzdem ganz nett. Fingerspitze her.« Er zaubert eine Tube hervor, dann drückt er eine Art Balsam auf meine Fingerkuppe. Es riecht so durchdringend nach Minze, dass ich den Fehler mache, tief einzuatmen. Sofort holen mich die anderen Gerüche ein, die sich wie eine klebrige Masse in meinem Mund ausbreiten.

Hustend spucke ich ins Brackwasser. Dabei erhasche ich einen Blick auf meine Schuhe, die schon jetzt vor Dreck starren. Warum habe ich das Gefühl, dass AISS bei unserer Rückkehr das geringste Problem sein wird?

»Du hast nicht gekotzt, ich bin beeindruckt«, neckt Jamar, bevor er den Balsam unter seine Nase streicht.

»Noch nicht«, erwidere ich und tue dasselbe. Der Duft ist eine Wohltat, und gleichzeitig hüte ich mich davor, noch mal tief einzuatmen.

»Es hält leider nicht ewig an, aber sobald wir in den Katakomben sind, wird es besser. Hier.« Jamar holt zwei Stirnlampen aus dem Fach in der Mauer. »Der Weg ist sicherer, wenn man die Hände frei hat.«

Warum wohl?, erwidere ich lautlos. Im Schein meiner Lampe zeichnet sich das ganze Ausmaß unserer Lage ab. Der schmale Steg wird immer wieder unterbrochen, mal von

Rohren, die noch mehr Abwasser in den Strom pumpen, manchmal scheint einfach ein Stück zu fehlen. Genau wie bei dem Geländer, das sich rostig an den Stein klammert.

»Bleib dicht hinter mir«, weist Jamar mich an und geht los.

Nichts lieber als das. Ich achte auf jeden seiner Schritte. Wenn er das Geländer loslässt, lasse ich ebenfalls los, wenn er über ein Rohr steigt, versuche ich, genauso elegant zu folgen. Einmal streift mein Hosenbein das Brackwasser - und saugt sich sofort damit voll.

»Fuck«, zische ich und muss aufpassen, nicht zwei Schritte später auf etwas Undefinierbarem auszurutschen.

Nachdem wir bereits die dritte schmale Brücke passiert und das zweite lose Gitter aufgeschoben haben, wird mir klar, was das hier unten für ein Labyrinth ist. Alle paar Meter zweigen Gänge ab, manchmal sind es richtige Nebenflüsse, manchmal tröpfelt nur ein Rinnsal durch steinerne Röhren, in denen wir uns beim Laufen ducken müssen. Mein Orientierungssinn ist hoffnungslos verloren. Ich weiß nicht einmal, wie lange wir unterwegs sind, als sich Jamar in eine höher gelegene Öffnung stemmt. Er hätte ruhig erwähnen können, dass das hier eine Art Parcours wird.

Meine geprellte Rippe meldet sich mit einem Zwicken. Vielleicht ist sie doch nicht *ganz* geheilt. Mit zusammengebissenen Zähnen folge ich Jamar, nur um festzustellen, dass wir ab hier krabbeln müssen. Spätestens jetzt sind unsere Klamotten nicht mehr zu retten. Nach ein paar Metern lassen wir uns wieder in einen schmalen Gang hinabsinken. Sofort springt Licht an, eine surrende Neonröhre, die gerade reicht, um einen kleinen Teil zu beleuchten. Darunter eine riesige Tür aus Metall, die mich an diese Tresorräume aus Filmen erinnert. Kreisrund, die Kanten mit Nieten beschlagen, in der Mitte ein Rad zum Drehen. Alles überzogen von Rost, was den Eindruck macht, als wäre die Tür seit Ewigkeiten nicht mehr geöffnet worden.

Als wollte man mich vom Gegenteil überzeugen, fängt das Rad an, sich wie durch Geisterhand zu drehen. Ich weiche einen Schritt zurück, bis ich die Wand im Rücken spüre, aus der wir gerade gekrochen sind.

Der Koloss schwingt nahezu lautlos auf, knapp vorbei an unseren Gesichtern. Reflexartig halte ich den Atem an, während ich ins Innere des unterirdischen Raums starre. Eine Person nach der anderen fährt zu uns herum. Und ich weiß sofort, welche von ihnen Trish ist.

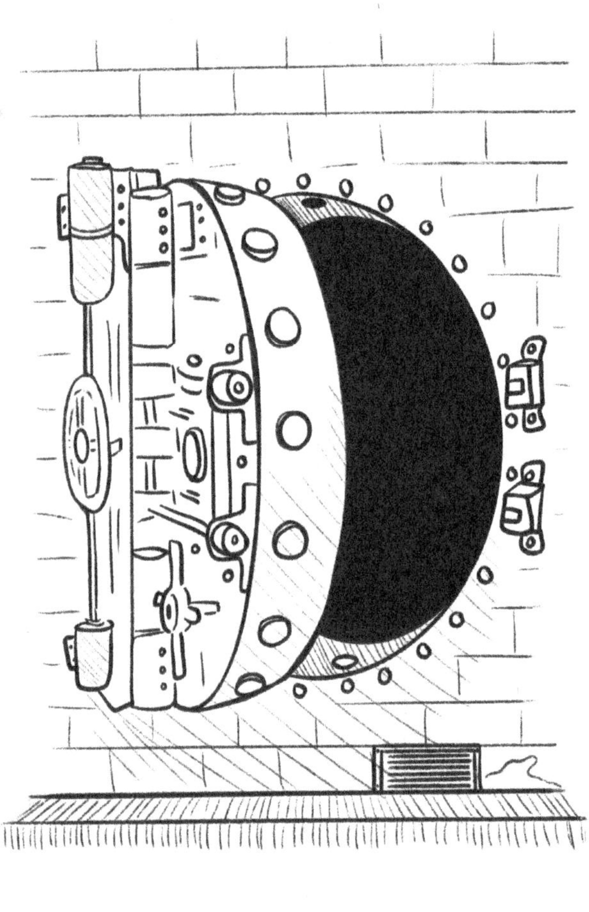

»Die Zentrale«, von M. E.

KAPITEL 12

Keine Ahnung, welche Art von Begrüßung ich hier unten erwartet habe. Jedenfalls nicht die, bei der mich gleich fünf Thustras anfunkeln, als wäre ich eine Aufsehende oder noch schlimmer: Kane höchstpersönlich.

Trotz Jamars Ansprache über Misstrauen fällt es mir schwer, den Fluchtinstinkt zu ignorieren, der an meiner Magenwand kratzt. Es gibt nur eine Person, die mich davon abhält, wirklich umzudrehen: Trish.

Die Anführende schafft es, ihre Miene frei von Emotionen zu halten, mir nicht das Gefühl zu geben, der letzte Mensch auf Erden zu sein, den sie hier unten sehen möchte – und vielleicht habe ich sie genau deshalb sofort erkannt. Oder weil sie am Kopf der kleinen Gruppe sitzt, gerahmt von einem weinroten Ohrensessel, der an einen Thron erinnert.

Ihrer vorgebeugten Haltung nach hat sie bis gerade die Karte gemustert, die in der Mitte auf einem Couchtisch liegt. Mehrere Braids fallen ihr über die linke Schulter, ihre Haut ist makellos schwarz, ihre Gesichtsform eine Mischung aus scharfkantig und weich: spitzes Kinn, abgerundete Kieferlinie, markante Wangenknochen, breite Nase. Am meisten stechen jedoch ihre Augen hervor. Die Iriden leuchten in solch intensivem Türkis, dass ich den Farbton selbst auf die Distanz erkenne. Eindeutig gekauft, was heißt, dass Trish aus einem der gehobenen Ringe stammen muss. Vielleicht ist sie sogar eine Center, was erklären würde, warum sich die Zentrale hier befindet und nicht in einem der weniger überwachten Ringe ...

»Hey, Carouz.« Jamar wendet sich an den Typ, der uns die Tür geöffnet hat und immer noch dasteht, um mich voller Argwohn zu mustern. »Wenn du die Mundwinkel etwas heben würdest, bereut es unser neustes Mitglied vielleicht nicht sofort, Trishs Einladung gefolgt zu sein.«

»Haha, Benett, so witzig.« Carouz verdreht die Augen und stößt sich von der Tür ab. Er bleibt einen Schritt vor mir stehen, gerade weit genug entfernt, dass ich nicht das Bedürfnis habe, ihm zwischen die Beine zu treten. Ein Mustern von unten nach oben, ein stechender Schauer auf meinem Rücken, dann wird seine Miene tatsächlich weicher.

»Keine Skrupel, sich die Hände dreckig zu machen«, stellt er fest, auch wenn ich nicht das Gefühl habe, dass er mit mir spricht. »Solider Anfang.« Ich bekomme ein knappes Nicken – oder vielleicht nickt er auch nur meinen Zustand ab –, ehe er zurück zu den anderen geht. Dabei fällt mir auf, dass er keine Schuhe trägt. Stattdessen versinken seine nackten Füße in bunten Teppichen, die fast den gesamten Betonboden bedecken. Manche überlappen sich, andere kleiden einen kleineren Bereich aus, nur eins scheinen sie alle gemeinsam zu haben: Sie sind sauber. Keine Spur von

Kloake oder anderem Dreck, der von draußen hereingetragen wurde.

Mein Blick zuckt wieder zu den Thustras. Einer nach dem anderen hat sich von mir abgewendet, nur Trish sieht noch zu mir herüber. Täusche ich mich, oder zeichnet sich auf ihren Lippen ein feines Lächeln ab?

Ehe ich die Frage für mich beantworten kann, richtet sie sich auf und wendet sich an ihre Runde.

»Wir sind für heute fertig.« Fünf Wörter aus ihrem Mund reichen, um die Bestätigung zu haben, dass sie wirklich Trish ist. Es ist diese Kraft, die ohne Lautstärke auskommt, der Klang, der Welten gleichermaßen erbauen wie zerstören kann. »Logan, wir reden später weiter, die anderen können schlafen gehen.«

Einer der Thustras jagt schnaubend von der linken Couch hoch. *Logan.* Das ist also der *Scheißkerl*, der immer wieder Probleme macht. Auch ohne meine dürftigen Hintergrundinfos wäre er kein Typ, der mir auf Anhieb sympathisch wäre. Obwohl sein Vollbart das halbe Gesicht bedeckt, sieht man die fleckige Röte auf seiner beigen Haut. Die Augenbrauen sind zu zwei verärgerten Linien verzogen, aber vielleicht sieht er auch immer so aus, denn die vielen Falten auf seiner Stirn zeichnen das Bild eines Mannes, der selten lacht.

»Und da sind wir wieder, Trish«, knurrt er. »Prioritäten. Denk mal darüber nach.« Da ist etwas in seinem Tonfall, das brandgefährlich klingt, ganz so, als würde seine Geduld am seidenen Faden hängen. Er sammelt ein paar lose Zettel von der Couch, bevor er der Gruppe am Tisch zunickt. »Aloysia, Ruby, Joe, ihr habt die Chefin gehört. Abmarsch.«

Murrend erheben sich die drei, und auch Carouz, der sich gerade erst gesetzt hat, rafft sich wieder auf. Er deutet ein Kopfschütteln Richtung Trish an, dann folgt er den anderen zur Tür. Logan und sein Gefolge sind bereits dabei, in ihre Schuhe zu schlüpfen, kniehohe Gummistiefel, in die sie ihre Hosen mit reinstopfen. Egal ob Jeans oder weite Leinenhose.

Die feuchtkalte Wand in meinem Rücken lässt mir keine Chance, weiter zurückzuweichen. Also wappne ich mich innerlich dafür, noch einmal ihren Argwohn über mich ergehen zu lassen, und straffe die Schultern.

Joe und die beiden Frauen rümpfen im Vorbeigehen die Nase, Carouz ignoriert mich, und nur Logan kann es sich nicht nehmen lassen, direkt vor uns stehen zu bleiben. Es ist unmöglich, den glimmenden Hass zu ignorieren, den er mir wie kleine Geschosse entgegenjagt.

»Logan …« In Jamars Stimme schwingt eine Warnung mit, während er sich zwischen uns stellt. »Du hast die Entscheidung mitgetragen, also tu nicht so, als wäre das hier ein Problem.«

»Ist es aber«, knurrt Logan, macht jedoch keine Anstalten, Jamar wegzuschieben. »Sollte sie uns verraten, möchte ich aus euren Zellen kein Gejammer hören. Da unten ist es auch ohne reumütiges Gewimmer grausam genug.«

Aus euren Zellen. Unwillkürlich sehe ich wieder Anthony vor mir, denke an den gewaltvollen Hieb gegen seinen Kopf, das viele Blut, an seine resignierte Haltung, in der das Wissen lag, genau an diesem Ort zu sterben. Nie wieder Tageslicht zu sehen. Nie wieder frische Luft zu atmen.

Nie wieder seine Frau Alicia zu umarmen.

Bei dem Gedanken schnürt sich mir die Kehle zu, doch gleichzeitig fange ich an, Logan zu *verstehen*. Hätte ich einen Freund an den Investigationssektor verloren, würde ich alles und jeden niederbrennen, der auch nur im Entferntesten mit diesen Arschlöchern zu tun hat. Und ganz egal, wie laut mein Gerechtigkeitssinn dagegen protestiert: Ich bin und bleibe die Schwester eines verdammten *Taskforceleitenden*. Die Schwester, die mit auf der Bühne stand, eingekleidet und geschminkt vom Parlament selbst, gehorsam lächelnd und immer an der Seite ihres gesetzestreuen Bruders. Ja, ich bin mir sicher, dass es bei besagten *Diskussionen* darum ging, wie weit man mir vertrauen kann. Bleibt nur die Frage: Warum haben die Thustras sich trotzdem entschieden, mich einzuladen? Wäre ich an ihrer Stelle, hätte ich mir längst einen Initiator auf den Kopf gesetzt …

Ohne ein weiteres Wort fährt Logan herum und stapft hinter den anderen her. Sie verschwinden in dem dunklen Gang, auf dem in einigem Abstand flirrend die nächste Neonröhre anspringt. Eine Abzweigung später sind sie weg.

»Willkommen bei den Thustras«, neckt Jamar, ehe er vorgeht und an der Türschwelle seine dreckigen Schuhe abstreift.

»Danke.« Meine Antwort ist nur ein Murmeln, während ich es ihm nachmache. Erst jetzt fällt mir auf, dass die Tür von dieser Seite alles andere als rostig ist. Vielmehr glänzt sie, als würde jemand täglich mit einem Poliertuch über das silberne Rad und die Beschläge gehen.

Allgemein wirkt der Raum dahinter überraschend gepflegt, die Betonwände sind in hellem Grün gestrichen, daran bunte Poster mir unbekannter Bands, die beiden Sofas und der Ohrensessel wirken zwar eingesessen aber nicht abgewetzt, und es gibt Möbel aus *Echtholz*. Den Couchtisch mit der Karte, auf die Trish mir gerade mit ihrem Rücken die Sicht versperrt, links einen Esstisch mit mehreren Stühlen, rechts einen Schrank sowie eine Kommode, auf der etliche technische Geräte stehen. Darunter Screens, auf denen wohl Livebilder von Überwachungskameras laufen, denn auf einem erkenne ich Jamar und mich. Die meisten anderen sind grünlich verschleiert, als wäre die Nachtsicht eingeschaltet. Bei der Dunkelheit hier unten kein Wunder.

Jamar zeigt mir eine Metallkiste, die direkt hinter der Tür steht und sich lautlos öffnen lässt. Angesichts des Geruchs, der uns entgegenschlägt, ahne ich, wo die anderen ihre Gummistiefel vorhin gelagert hatten.

»Ist nicht die ideale Lösung, aber besser als nichts«, kommentiert Jamar, während er seine Schuhe in den versifften Kasten stellt. Wieder imitiere ich seine Bewegungen und kremple die mit Brackwasser vollgesogenen Hosenbeine hoch. *Besser als nichts* trifft es ziemlich gut. Dann führt er mich rüber zum Schrank, in dem sich ein Waschbecken verbirgt – mit echter Seife und Handtuch. Ringsherum biegen sich Regalbretter unter der Last etlicher Flaschen, Gläser und Becher, außerdem entdecke ich zwei Einmachgläser mit Kirschen. Noch ein Indiz dafür, dass nicht alle Thustras aus schlechtem Haus stammen können.

Nachdem Jamar sich die Hände gewaschen hat, übergibt er an mich. »Achtung, das Wasser ist echt …«

Ich schnappe erschrocken nach Luft, als sich Eisspitzen in meine Finger bohren. »Oh, fuck, ist das kalt!«, zische ich.

»Frostig«, beendet Jamar seine Warnung einen Ticken zu spät. »Der Raum hier ist noch nicht an unseren Boiler angeschlossen.«

»Weil die Quartiere Vorrang hatten«, fügt Trish hinzu, die immer noch mit dem Rücken zu uns die Karte studiert. »Doch wenn alles nach Plan läuft, ist die Zentrale in spätestens vier Monaten ebenfalls angebunden.«

Während ich mit dem Seifenstück meine frostigen Finger bearbeite, mustere ich Trish aus den Augenwinkeln. Hat sie gerade etwas von *Quartieren* gesagt? Ich räuspere mich, um der Frage, die mir auf der Zunge liegt, einen kleinen Schubs zu geben: »Heißt das, hier unten *leben* Menschen?«

Trish richtet sich auf. »Nicht alle Thustras sind für ein Doppelleben geschaffen«, erwidert sie und wendet sich zu uns um. »Einige können ihre Gefühle nicht gut genug verstecken, andere haben sich in einer Lüge verstrickt und waren kurz davor, aufzufliegen, und wieder andere haben es gerade so geschafft, vor Aufsehenden zu fliehen.«

»Tipp Nr. 1 als Thustra: Sollten sie dir je im Nacken sitzen, geh immer in die Kanalisation«, ergänzt Jamar. »Das ist deine beste Chance, zu überleben.«

»Deine beste Chance zum Überleben ist die, gar nicht erst aufzufallen.« Trishs Mundwinkel ziehen nach oben, und dieses Mal bin ich mir sicher, dass es ein Lächeln ist. Dann kommt sie zu uns rüber und streckt mir ihre Hand hin. »Willkommen in der Zentrale, Maeander.« Sieht so jemand aus, der einem gleich einen Projektionsschock verpassen will? Wohl eher nicht.

Schnell trockne ich meine Rechte ab und nehme ihre Hand an. »Danke für die Einladung.«

Wir sind in etwa gleich groß, so dass sie mir direkt in die Augen sehen kann. Ein forschendes Mustern, ein kräftiger Händedruck, ein Nicken. »Ich war schon gespannt darauf, dich persönlich kennenzulernen. Nachdem Thorn und Benett so von dir geschwärmt haben.« Mit einem Schmunzeln lässt sie von mir ab und schiebt sich an mir vorbei zum Schrank.

Reflexartig weiche ich zurück, mein Herzschlag ein Taumeln, aus dem Takt gebracht von der Vorstellung, dass Grayson von mir *geschwärmt* hat. Auch wenn ich mir sicher bin, dass sie die Zeit meint, bevor ich ihm den Rücken zugekehrt habe ...

»Benett?« Trish nickt Jamar auffordernd zu. Während sie drei Gläser aus dem Schrank nimmt, reckt er sich hoch zum Schrankdeckel und zieht eine schwarze Plane herunter, die er mit zur Sitzecke nimmt. Als er anfängt, die Plane über der rechten Couch auszubreiten, schüttle ich den Gedanken an Grayson ab und eile ihm zur Hilfe.

Gemeinsam decken wir das saubere Polster ab, Trish balanciert derweil Gläser und eine Flasche Traubensaft zu uns rüber. Als sie beides auf dem Tisch abstellt, bemerke ich, dass die Karte ebenfalls abgedeckt wurde.

»Die Übergabepunkte für die nächste Verteilung«, erklärt Trish, die meinem Blick gefolgt sein muss. »Die Planung erfordert einen gewissen Vorlauf, damit wir alle Verbündeten rechtzeitig mit Thustra versorgen können. Allerdings obliegt die Kenntnis der Standorte allein dem inneren Kreis – aus Sicherheitsgründen. Bitte.« Sie deutet auf die Couch, auf der es sich Jamar gerade bequem macht.

Die Plane knistert, als ich mich neben ihn setze. Am liebsten würde ich Hose und Jacke genauso ausziehen wie die Schuhe, allerdings ist mir schon jetzt arschkalt. Dann lieber den unterschwelligen Gestank ertragen, der immer noch ein bisschen von Minze überdeckt wird.

»Stellt ihr Thustra auch hier unten her?«, frage ich, während ich meine eisigen Hände aneinanderreibe. Die Vorstellung, in den Katakomben könnte sich ein hochmodernes Labor verstecken, ist absurd. Die Vorstellung, es könnte gar kein hochmodernes Labor geben, sondern nur einen ähnlich kalten Raum, in dem es unterschwellig nach Kanalisation riecht, ist ... nichts, was ich gedanklich weiter vertiefen möchte.

»Sagen wir einfach, es wäre ziemlich fahrlässig, alle wichtigen Funktionen an einem Ort zu vereinen«, antwortet Trish ausweichend und lässt sich auf die Kante ihres Ohrensessels sinken. »Also, Maeander.« Etwas an der Art, wie sie die Ellenbogen auf die Knie stützt und sich vorlehnt, lässt ahnen, dass wir jetzt zum eigentlichen Thema kommen. »Für gewöhnlich lasse ich mir mehr Zeit, bis ich neue Thustras persönlich treffe, ganz egal, wie viele lobende Worte ich über sie gehört habe. Doch die jüngsten Ereignisse erfordern neue Prioritäten, und wie es das Schicksal will, bist du zu einer davon geworden.«

Trish weiß, wie sie die Anspannung binnen Sekunden zurück in meine Muskeln treiben kann. »Darf ich raten?«, erwidere ich, ohne auf eine Antwort zu warten. »Würde Nick nicht bald fürs Parlament arbeiten, sähen die Prioritäten anders aus.«

»Für den *Investigationssektor*«, präzisiert Trish, macht jedoch keinen Hehl daraus, dass ich ins Schwarze getroffen habe. »Thustra ermöglicht uns zwar, Dinge zu beschönigen, doch ich werde ganz direkt sein: Als wir im inneren Kreis über deine Aufnahme gesprochen haben, war uns das Risiko allen bewusst.« *Autsch.* »Und zwar genau wie bei jedem anderen, in dessen näherem Umfeld Aufsehende arbeiten. Aufsehende, die darauf trainiert sind, kleinste Lügen zu erkennen, die instinktiv Sekunden zählen und die jede Überreaktion umgehend melden – ganz gleich, wie nahe sie einem stehen«, fährt Trish fort. »Da die Sicherheit der Thustras an erster Stelle steht, entscheiden wir uns in diesen Fällen meist gegen eine Aufnahme – auch wenn es bedeutet, Menschen zurücklassen zu müssen, die genauso sind wie wir.«

»Du meinst Menschen mit Resistenzen gegen Sedatium?«

Als Trish nickt, breitet sich ein bitterer Geschmack in meinem Mund aus. Ich will gar nicht wissen, wie viele dieser Leute inzwischen so stark sediert werden, dass sie mit einer permanenten Watteschicht durch die Welt wandeln. Dass sie nur noch *funktionieren*, anstatt zu leben.

»Es ist jedes Mal eine harte Entscheidung, die niemanden von uns kalt lässt«, fügt Trish hinzu. »Doch wenn wir uns *für* jemanden entscheiden, dann in dem Versprechen, sie keiner unnötigen Gefahr auszusetzen, und damit kommen wir zurück zu dir: Im Normalfall hätten wir Thorns Vorschlag abgelehnt, doch sowohl er als auch Benett haben ein flammendes Plädoyer für dich gehalten – und sie haben sich beide für dich verbürgt. Was selten genug passiert, so dass wir uns am Ende *für* deine Aufnahme entschieden haben.«

Mein Puls schnellt in die Höhe. »Ihr habt euch für mich *verbürgt*?!« Wie von selbst fliegt mein Blick zu Jamar.

»Gern geschehen.« Grinsend deutet er einen Salut an. »Was übrigens heißt, dass wir dir sehr verbunden wären, wenn du keine Scheiße baust. Dann sind Thorn und ich nämlich auch am Arsch.«

Ungläubig starre ich ihn an. »Du meinst, Grayson und du …? Aber warum habt ihr …?« Ich ringe um die richtigen Worte, während mein Herz eine Spur zu heftig gegen meinen Brustkorb drängt. Mir war bewusst, dass Grayson mich vorgeschlagen hat, aber nicht, dass sich die beiden dermaßen für meine Aufnahme eingesetzt haben.

»Weil wir dir vertrauen«, erwidert Jamar. »Und nein, Thorn hat seine Bürgschaft nicht zurückgezogen.« Er wirft mir einen vielsagenden Blick zu, der mir direkt bis in den Magen fährt. Dabei muss es nichts bedeuten. Vielleicht hat Jamar das Gespräch nur verpasst, vielleicht hat Grayson vergessen, etwas zu sagen, vielleicht …

Trishs Räuspern zerreißt meine wirbelnden Gedanken. Auch wenn mein Herz das Thema Grayson weiter sezieren möchte, mahne ich mich zur Vernunft und schaue zurück zu Trish.

Sie wartet noch eine unbewegte Sekunde, dann redet sie weiter: »Keine zwei Tage nachdem wir also eine Dosis für Maeander Elking herausgegeben haben, kam die große Ankündigung, dass *Nicholas* Elking ins Parlament einziehen wird. Unter der Leitung von Nadira Kaldirim, genau der Abgeordneten, die für mehr als einen grausamen Tod in unseren Reihen verantwortlich ist. Du wirst also verstehen, dass wir im inneren Kreis ziemlich intensiv darüber diskutiert haben, wie wir mit dir verfahren sollen. Die eine Hälfte hat dafür plädiert, dich rauszuschmeißen, die andere hingegen sieht in dir eine Chance, und da wir hier sitzen, kannst du dir vielleicht denken, welche Seite die Diskussion gewonnen hat.«

Spätestens jetzt hat sie meine gesamte Aufmerksamkeit zurück. Denn das Wort *Chance* klang noch nie so falsch in meinen Ohren. Und noch nie hat es in mir Galle aufsteigen lassen. Ich schlucke dagegen an, ehe ich frage: »Eine Chance *worauf?*«

»Informationen.« Trish schaut mich geradewegs an. »Über Nicholas, seine Verbindung zum Parlament und nicht zuletzt über die Speakers of Truth.«

Fuck. Obwohl ich nur dasitze, starre, atme, frisst sich das Gefühl von Verrat durch meine Adern. Denn ich *dürfte* nicht nur sitzen, starren und atmen. Wo bleibt mein Nein, das wie aus der Pistole geschossen kommen sollte? Wo ist der brennende Wunsch, alles abzublocken, was Nick betrifft? Trish zu sagen, dass ich nicht zwischen die Fronten geraten möchte, auch wenn ich den Job meines Bruders mindestens genauso beschissen finde wie sie? Irgendwo in mir *muss* Widerspruch existieren, aber er kommt nicht raus. Vielleicht weil Trish einen weiteren Namen erwähnt hat, der alles andere überschattet …

»Speakers of Truth?«, wiederhole ich rau. »Wieso denkst du, ausgerechnet *ich* könnte Infos über diese Arschlöcher besorgen? Falls sie überhaupt existieren.«

»Angesichts der Tatsache, dass Kane bislang keine weiteren Karten ausgespielt hat, müssen wir davon ausgehen, dass sie doch mehr als ein Bluff waren.« Trish beugt sich vor und nimmt den Traubensaft. »Allerdings fehlen uns jegliche Beweise, was auch bedeutet, dass wir weder das wahre Ziel des Anschlags kennen noch die Bedeutung des Graffitis. Und ich nehme an, es ist in unser aller Interesse, genau das herauszufinden, womit ich den Bogen zurück zu dir spanne.« Sie füllt die Gläser, ehe sie wieder zu mir sieht. »Dein Bruder wird nicht erst seit gestern mit dem Parlament in Kontakt stehen. Vielmehr gehen wir davon aus, dass er als künftiger Leitender bereits jetzt über mehr Informationen verfügt als wir alle zusammen. Wofür sowohl sein versierter Einsatz am Tag des Anschlags als auch die Tatsache sprechen, dass er den Türcode für diesen Geheimgang kannte.«

»Ihr glaubt, *Nick* …?« Mit einem Schlag wird mir kotzübel.

Hätte Nick wirklich Infos über diese Wichser, die Dad ins Koma befördert haben, würde er … *Was?* Es mir *erzählen*? Ein verzweifeltes Lachen kratzt in meiner Kehle. Ich will *so* unbedingt daran glauben, aber dann sehe ich wieder den Mann vor mir, der mich an die Presse verkauft hat. Der die falschen VeriTabs nimmt, Cara Beruhigungstabletten in die Hand drückt – und der Türcodes aus dem Parlament kennt. Warum habe ich dieses Detail bislang nie hinterfragt? *Weil du jedes Mal weiter zu Grayson und Dad gesprungen bist …*

Trish hält mir ein frisch gefülltes Glas hin. Ihr Blick

spricht Bände. Sie glaubt also wirklich, dass Nick etwas Großes verheimlichen könnte. *Autsch.*

Obwohl ich keinen Durst habe, nehme ich das Glas an. Ein kleiner Schluck, aber nicht einmal der süße Saft kann den Geschmack von Galle überdecken. Oder ist das, was an meiner Zunge klebt, nur der bittere Geschmack der Realität?

»Mal angenommen, Nick hätte wirklich Informationen …« Mit bebender Hand stelle ich das Glas weg. »Warum sollte er mir auch nur das kleinste Detail verraten? Soweit ich weiß, nimmt er keine richtigen VeriTabs mehr, also …« Ich zucke hilflos mit den Schultern, schaue zu Jamar, der ungewohnt still geworden ist. Er klammert sich an sein Glas, als bräuchte er einen Anker, sein Gesicht ist qualvoll verzogen. Nein, er will genauso wenig daran glauben wie ich, aber vielleicht fängt er auch langsam an, die vielen Indizien zu kombinieren.

»Niemand sagt, dass du mit Nicholas reden sollst«, erwidert Trish eine Spur weicher. »Wir gehen davon aus, dass die meisten Informationen auf seinem SmartPad zu finden sind. Da es über mehrere Firewalls und weitere Sicherheitsvorkehrungen verfügen wird, ist ein Angriff übers Internet zum Scheitern verurteilt. Aber für solche Fälle haben wir zum Glück Walker.«

Walker ist wieder ein Name, den ich kenne. Wenn ich mich nicht täusche, war es die Person, die Grayson geholfen hat, sich in den Überwachungsraum zu hacken …

O bitte nicht.

»Walker hat eine Art Virus entwickelt, der sich Daten von SmartPads ziehen kann«, erklärt Trish und treibt die dunkle

Vorahnung tiefer in meine Knochen. »Allerdings muss er händisch in das Gerät eingeschleust werden. Und du bist die Einzige, die nahe genug an Nicholas herankommt.«

»Ich soll *was*?!« Jetzt rutscht mir doch ein schiefes Lachen raus. »Ich meine ... warum braucht ihr dafür *mich*? Nick und Jamar teilen sich ein Hochbett, da sollte es doch kein Problem sein, an sein SmartPad zu kommen?!«

»Keine Chance«, erwidert Jamar bitter. »Nick hütet dieses Ding, als wäre es ein Staatsschatz. Er besitzt sogar einen Tresor, um es nachts einzuschließen, nicht größer als ein Buch.« Das Glas nur noch mit einer Hand umfasst, deutet er die ungefähren Maße an.

Eine banale Geste – die einen weiteren Fetzen meiner Naivität zerreißt. Darunter blitzen Erinnerungen auf. Der Morgen unserer Abreise. Nicks schwere Tasche. Meine Vermutung, er hätte das Handbuch der Aufsehenden dabei. Weil ich mir keinen ähnlich schweren oder großen Gegenstand hätte vorstellen können. Bis jetzt. *Autsch.* Was, wenn in Wahrheit ich diejenige bin, die *seine* Schattenseiten zu lange übersehen hat? Wenn er tiefer in der Scheiße mit drinsteckt, als ich mir eingestehen will? Am Ende gibt es wohl nur einen Weg, diese Fragen zu beantworten.

»Okay.« Mein Magen rebelliert, mein Herz bricht, meine Seele reißt. »Ich bin dabei. Vorausgesetzt, ihr habt nicht wirklich vor, mit diesen Speakers of Truth zu kooperieren.«

Trish und Jamar tauschen einen Blick, der nicht sonderlich beruhigend ist.

»Bei den Thustras ging es von Anfang an darum, Menschen zu *schützen*, nicht zu gefährden«, erwidert Trish. »Allerdings wird die Welt da draußen zunehmend gefährlicher. AISS wird an immer mehr Orten installiert, Aufsehende patrouillieren in größeren Gruppen, und jetzt, da der Investigationssektor weiterwächst, kann es nur eine Frage der Zeit sein, bis es noch perfidere Methoden gibt, uns aufzuspüren – und zu verhören. Niemand von uns möchte sich mit den Speakers of Truth an einen Tisch setzen, aber wir müssen sie *verstehen*. Herausfinden, wie viele von ihnen existieren, ob sie persönliche Ziele verfolgen oder wirklich etwas verändern wollen, wie ihr Gegenmittel wirkt und wie sie es geschafft haben, diesen Anschlag zu organisieren – ohne aufzufliegen. Denn ob es uns gefällt oder nicht: Wir leben in Zeiten, in denen wir jede Hilfe brauchen können.«

Es fühlt sich an, als wäre die Luft plötzlich von Glut durchzogen. Jeder Atemzug brennt in meiner Lunge, meinen Augen – aber gleichzeitig verbrennt mein Protest. Nicht, weil sich an meiner Meinung über die Speakers of Truth etwas geändert hätte, aber zum ersten Mal erlaubt Trish mir, hinter ihre Maske zu sehen. Angst zu erkennen, vielleicht sogar Verzweiflung. Ja, sie *will* die Thustras um jeden Preis beschützen – doch sie hat keine Ahnung, wie.

Ich atme noch einmal die Glut ein, ehe ich mich endgültig in den Abgrund stürze: »Was genau muss ich tun?«

KAPITEL 13

Obwohl ich keine von Dads Tabletten genommen habe, fühle ich mich seltsam leer. Als hätte meine rationale Seite einen Schutzwall hochgezogen, der jedes Gefühl von Verrat aussperrt und Raum lässt, mich auf andere Dinge zu konzentrieren. Wie in etwa den geplanten Ablauf.

Laut Trish wird es am schwersten, an Nicks SmartPad heranzukommen. Alles danach soll ein Spaziergang sein. Ich muss nur einen Stick ans SmartPad anschließen, etwas Zeit schinden, und den Rest erledigt der Virus. Klingt nicht ganz nach einem Spaziergang, aber auch nicht unmöglich.

»Walker wird dir nachher eine kurze Einführung geben«, erklärt Trish. »Dann kann sie dir auch gleich eine Kopie von Cecilys Werken aufs SmartPad ziehen. Insbesondere der Part über Machtverhältnisse ist äußerst lesenswert.«

Ich runzle die Stirn, während ich in meinem Gedächtnis krame, aber ich bin mir sicher, dass ich *diesen* Namen zum ersten Mal höre. »Wer ist Cecily?«

Etwas in Trishs Miene flackert. Sofort geht ihr Blick zu Jamar, der nur die Augenbrauen zusammenzieht. »Bei allem

Respekt, Trish, aber du glaubst doch nicht echt, der Pausenmodus würde reichen, um jemandem die ganze Story zu erzählen?«

Trish wirkt trotzdem nicht begeistert. »Vielleicht nicht die ganze Geschichte, doch unsere neuen Mitglieder sollten zumindest wissen, woher unser Name kommt.« In einem Atemzug hat sie sich zurück an mich gewendet. »Um dir wenigstens die Kurzfassung zu geben: Cecily Thustra gehörte im späten 21. Jahrhundert zu den größten Kritisierenden Sestibys und seiner Leute. Sie hat mehrere Abhandlungen darüber geschrieben, welche Gefahren eine kollektive Vergabe von Veritas birgt – doch als Sestiby das Regiment übernommen hat, sind ihre Schriften der Großen Zensur zum Opfer gefallen. Öffentlich wurde Cecilys Existenz einfach ausradiert. In AISS Datenbank hingegen wurden ihre Texte gespeichert, verborgen hinter etlichen Verschlüsselungen. Bis es vor fünfzig Jahren endlich jemandem gelungen ist, sich in die Server einzuhacken und die Schriften zu decodieren.«

Fünfzig Jahre. Ich spüre, wie sich unter der Watteschicht ein nervöses Kribbeln meldet. »Du meinst Liar Whistle, richtig? Der, der auch den Pausenmodus entdeckt hat.«

»Sein richtiger Name war Titus Whistle, aber ja«, erwidert Trish. »Durch Cecilys Schriften wurde ihm klar, wie perfide unser System wirklich ist. Denn nach Cecilys Auffassung ist Vertrauen ein Gut, das mit Taten erarbeitet werden muss, und kein Geschenk, das man jedem Fremden in den Schoß werfen sollte. Insbesondere wenn zwischen den Parteien unausgeglichene Machtverhältnisse herrschen. Das fängt bereits im Kleinen bei Lernenden und ihren Lehrenden an und lässt sich bis hin zu einer ganzen Bevölkerung und ihrer Regierung ausweiten. Durch die VeriTabs will man uns glauben machen, die Verhältnisse wären ausgeglichen, doch in Wahrheit waren die Unterschiede womöglich nie so verheerend – oder gefährlich – wie heute.«

»Leider ist es Cecily nie gelungen, ein Gegenmittel zu entwickeln«, übernimmt Jamar. »Erst nachdem Whistle zu einem Leben in Ring Acht verurteilt wurde, kam die Sache langsam ins Rollen. Vor seiner Festnahme hat er alle Infos an seine Nichte Leandra weitergeleitet, die dank ihres medizinischen Backgrounds das notwendige Knowhow hatte, um den ersten Prototyp von Thustra zu entwickeln.«

»Und durch das Schicksal ihres Onkels die notwendige Motivation«, ergänzt Trish. »Denn auch wenn die Medien Whistle als Monster verkauft haben, das durch den Verzicht auf Veritas den Verstand verloren hat, kannte Leandra die Wahrheit. Sie wusste, dass ihr Onkel bis zur letzten Sekunde vollkommen klar war, woraus sie geschlussfolgert hat, dass die große Diskrepanz nicht mehr als eine Lüge ist. Es hat drei weitere Jahre gedauert, bis sie besagten Prototyp erschaffen hat, die Namenssuche ging dafür umso schneller. Mit Thustra wollte sie Cecily nicht einfach würdigen, sie wollte uns mit jeder Dosis daran erinnern, dass wir uns so ein Stück Machtgleichheit zurückholen. Ein Stück Kontrolle. Ein Stück Freiheit. Ein Stück Sicherheit.«

Gänsehaut zieht sich über meinen Körper, angefacht von Ehrfurcht. Im Vergleich zu dem, was Cecily und Leandra gewagt haben, wirkt mein Auftrag mit Nicks SmartPad echt lächerlich. Wäre er nur nicht mein Bruder …

»Was ist aus Leandra geworden?«, frage ich, ehe mein Schutzwall bröckeln kann.

Trish spannt sich merklich an, als hätte meine Frage dafür an *ihrem* Schutzwall gerüttelt. »Sie wurde zwei Wochen nach dem Durchbruch verhaftet«, erwidert Trish knapp. Als wäre das das Ende der Geschichte, unterbricht sie unseren Blickkontakt und greift nach ihrem Glas. Täusche ich mich, oder ist da ein Zittern in ihren Fingerspitzen?

Neben mir seufzt Jamar auf. »Zum Glück hatte Leandra eine gute Freundin, die ihr Vermächtnis angenommen und weitergetragen hat. Bis heute.« Er nickt so wenig subtil zu Trish, dass ich überrascht nach Luft schnappe. Die Anführende hat ein zeitloses Gesicht, das es schwer macht, ihr Alter zu schätzen, aber rein rechnerisch wäre es möglich.

»Du warst diese Freundin, oder?«

Trish sieht zu mir auf. Der Schmerz in ihren Augen ist Antwort genug, dann wischt sie ihn mit einem Blinzeln weg und leert ihr Glas in einem Zug. »Das war die Kurzfassung«, erklärt sie eine Spur rauer. »Alles Weitere kannst du nachlesen, sobald du bei Walker warst. Vorher müssen wir noch über gewisse Sicherheitsvorkehrungen …« Sie unterbricht sich, als das Licht über uns flackert. Dann geht ihr Blick zeitgleich mit Jamar zu den Screens mit den Überwachungsbildern.

Ich muss förmlich den Hals verrenken, um zur Kommode zu sehen, und selbst dann erkenne ich auf dem oberen Screen nur Umrisse. Jemand scheint vor der Tür zu stehen.

»Wow.« Jamar rafft sich auf. »Wer hätte gedacht, dass meine Schwester heute noch aufsteht?«

»Sie hätte schon vor einer Stunde hier sein sollen«, erwidert Trish nur und füllt ihr Glas auf.

Hat Jamar gerade *Schwester* gesagt? Eine Spitze von Neid durchbohrt den Schutzwall in mir. Sollte Nick echt so tief im Parlament verankert sein, werden *wir* nie wieder auf derselben Seite stehen. Geschweige denn jemals im selben Widerstand kämpfen.

Jamar schiebt die Tür auf. Das Mädchen, das hinter dem Türkoloss auftaucht, hat auf den ersten Blick ungefähr so viel Ähnlichkeit mit ihm wie ich mit Nick: keine. Ihr gewelltes Haar ist knallpink, das Gesicht bleich, und sie ist mindestens einen ganzen Kopf kleiner als er.

»Hey, Bruderherz!« Einzig ihr Grinsen zeigt eine Art Verbindung zu ihm – die keinen Sinn ergibt. Denn Jamar hat immer nur von einer *älteren* Schwester gesprochen, aber dieses Mädchen hier kann keine vierzehn sein. »Hätte ich gewusst, dass ihr schon da seid, hätte ich meinen Wecker nicht vier Mal snoozen lassen, sondern …«

»Sechs Mal?«, fällt Jamar ihr neckend ins Wort.

»Haha.« Das Mädchen verdreht die Augen, dann streckt sie ihm auffordernd ihre Faust hin.

Jamar lässt seine dagegen stoßen, gefolgt von einer geübten Reihe verschiedener Handschläge, so schnell, dass ich kaum mitkomme. Nur am Ende verpasst Jamar seinen Einsatz. »Shit«, zischt er.

»Und wieder verkackt.« Ihr Grinsen wird breiter. »Keine Sorge, noch entspannte zehn Jahre Übung, und du hast den Dreh auch raus.« Sie tätschelt seine Brust, ehe sie sich an ihm vorbeischiebt und die Schuhe von ihren Füßen streift.

Pinke Gummistiefel. So sauber, dass sie unmöglich durch dieselben Gänge gekrochen sein kann wie wir. Auch die pastellblauen Leggings und der rosa Oversize-Pullover zeigen nicht den kleinsten Fleck.

Anstatt die Stiefel in der Kiste zu versenken, lässt sie das Paar neben der Tür stehen und steuert direkt auf mich zu. »Mae, richtig?« Sie strahlt mich an. »So cool, dass wir uns endlich kennenlernen! Mein Bruder meinte, du würdest zeichnen, was sich echt gut trifft, denn ich hab da eine Zimmerwand, die dringend nach Kunst schreit, und da mein Talent eher technischer Natur …«

»Feleeca.« Trish unterbricht sie mit tadelndem Tonfall. »Sosehr ich deinen Enthusiasmus schätze, aber glaubst du nicht, dass es gerade Wichtigeres zu tun gibt, als Kunstwerke zu planen?« Sie streckt ihr auffordernd einen gefalteten Zettel hin.

»Kunst ist immer wichtig«, kontert Feleeca, was sie nur sympathischer macht. Dann lehnt sie sich zu mir runter und flüstert verschwörerisch: »Wir kommen später darauf zurück.«

Ein Lächeln zuckt über mein Gesicht. »Klingt gut.« Wobei ich gern wüsste, was Jamar erzählt hat, wenn sie glaubt, ich wäre die Richtige, um eine ganze Wand zu bemalen.

Feleeca geht rüber zu Trish, die den Zettel nicht sofort herausrückt. Stattdessen zieht sie ihn ein Stück zurück, als Feleeca danach greift. »Die Frequenz wird um sechs geändert«, sagt sie eindringlich. »Denkst du, du schaffst das?«

»Das kann ich dir erst sagen, wenn du loslässt«, stichelt Feleeca. Allmählich frage ich mich, ob sie nicht doch älter sein könnte als vierzehn.

Wortlos überlässt Trish ihr den Zettel, der kurz darauf entfaltet ist. »Wow.« Feleeca stößt zischend die Luft aus. »Das nenne ich mal eine Liste, aber sollte ich packen. Ist die Nachricht von Mill auch dabei?«

Trishs Antwort wird vom Rascheln der Plane übertönt, als Jamar sich wieder neben mich fallen lässt.

»Und jetzt kennst du auch Feleeca«, begrüßt er mich im Flüsterton, auf seinem Gesicht ein Schmunzeln.

»Aber sie ist nicht diese durchgeplante Perfektionistin, oder?«, wispere ich zurück. »Die, die im MedPlex lag?«

»Ha!«, ruft Feleeca über die Schulter. »Das Einzige, was Miss Farah Perfect und ich gemeinsam haben, ist unser Anfangsbuchstabe.«

»Hast recht«, erwidert Jamar ungerührt. »Farah weiß wenigstens, was Manieren sind. Und Pünktlichkeit.«

»Dafür ist ihr Humor *non*-existent.«

»Du meinst, er ist nur nichts für deine Comedynächte.«

Beim Wort Comedynächte macht es *klick*. Jamar und Grayson haben schon mal über Feleeca geredet, nur wurde mit keiner Silbe erwähnt, dass sie und Jamar verwandt sind.

»Und?« Feleeca zuckt mit den Schultern. »Ich finde, das ist ein ziemlich guter Maßstab.« Im nächsten Atemzug hat sie sich wieder Trish und dem Zettel zugewendet.

Ich versuche, dem Gespräch zu folgen, allerdings fallen so viele Namen, dass ich nach ein paar Minuten aufgebe. Stattdessen lehne ich mich zu Jamar und versuche es noch mal mit einem Wispern: »Warum hast du eigentlich nie erwähnt, dass du zwei Schwestern hast?«

»Na ja.« Er schürzt die Lippen. »Offiziell waren Feleecas Mom und unser Dad nie zusammen, was die Sache ein wenig verkompliziert.«

»*So* kompliziert ist es jetzt auch nicht«, wirft Feleeca ein. Ihr Gespräch mit Trish scheint beendet, zumindest lässt sie sich jetzt uns gegenüber aufs Sofa fallen. »Unser Dad hat damals ein Event für seine Firma organisiert, meine Mom war eine der engagierten Servicekräfte. Was als belangloser Flirt angefangen hat, wurde ziemlich schnell ziemlich heiß, oder in anderen Worten: Sie konnten die Finger nicht voneinander lassen.«

»Außerdem war Feleecas Mom eine Thustra«, fügt Jamar hinzu. »So kam Dad damals zum Widerstand. Nur ein Jahr später wurde Feleeca geboren, und weder Mom noch meine ältere Schwester Farah oder ich wussten von ihrer Existenz. Bis Dad mich nach meiner ersten emotionalen Überreaktion hergebracht hat und mir dieser kleine Quälgeist sofort um den Hals gefallen ist.«

»Du meinst wohl *bezaubernder Sonnenschein*«, korrigiert Feleeca, die es sich im Schneidersitz bequem gemacht hat.

Ich kann nicht anders, als die beiden im Wechsel anzustarren. »Dann seid ihr *Halb*geschwister?!«, frage ich, um sicherzugehen, dass ich es richtig verstanden habe.

»Halbe DNA, ganzes Herz«, bestätigt Feleeca.

Halbgeschwister sind verdammt selten. Nur die wenigsten Paare lassen sich scheiden, und kein FertiPlex der Welt würde es einer Affäre ermöglichen, Kinder zu zeugen – theoretisch. Praktisch sind Jamars Eltern noch verheiratet, und Feleeca existiert trotzdem. Ob es das ist, was Jamar mit *Liebe gegen alle Widerstände* meinte? Vielleicht gibt es im FertiPlex Verbündete oder …?

Trish räuspert sich mit solcher Schärfe, dass der Gedanke zerplatzt.

Feleeca verdreht nur die Augen. »Ich fang ja schon an«, sagt sie und lehnt sich zum Couchtisch, um ein schwarzes Gerät herauszuholen. Es sieht aus wie ein klobiges Smart-Pad. »Bitte schön. Ab jetzt bin ich mucksmäuschenstill.« Sie tut so, als würde sie ihren Mund abschließen, legt Trishs Zettel neben sich und fängt an, etwas ins Gerät zu tippen. Binnen Sekunden scheint Feleeca in die Arbeit versunken.

»Also, Maeander, ehe du zu Walker gehst, müssen wir über Sicherheitsvorkehrungen sprechen.« Trish nimmt unser Gespräch an der Stelle auf, an der wir vorhin unterbrochen wurden. Dieses Mal ohne flackerndes Licht. »Versteh mich nicht falsch: Ich vertraue darauf, dass du unsere Gespräche für dich behältst, allerdings leben wir in einer Welt mit Veritas. Solltest du in die Fänge des Investigationssektors geraten, bräuchten sie nur eine ordentliche Dosis, ein bisschen Geduld, und du müsstest ihnen alles auf dem Silbertablett servieren – einschließlich unseres Standorts, was für die Thustras einem Todesurteil gleichkäme. Da wir unseren Mitgliedern trotzdem ein Leben in der Gesellschaft ermöglichen wollen, haben wir Liquid entwickelt. Ein Medikament, das vollkommen harmlos ist, solange Thustra durch unsere Adern fließt. Doch sollte Thustra restlos abgebaut sein und trotzdem eine VeriTab eingenommen werden, führt Liquid zum Herzstillstand.«

Nein, Trish hat nicht übertrieben, als sie meinte, sie würde nichts beschönigen. Ich warte darauf, dass mein Fluchtinstinkt explodiert, dass Panik in mir aufbrandet, aber da ist nur ein Zupfen an meiner Magenwand. Weil ich automatisch an Anthony denken muss und mich frage, ob es die Folter war, die ihn umgebracht hat oder Liquid?

Mir liegt die Frage auf der Zunge, allerdings weiß ich nicht, wie nahe Feleeca oder Trish ihm standen, und ich möchte keine frischen Wunden reizen. Stattdessen stelle ich eine der vielen anderen Fragen, die in mir auftauchen: »Dann ist Liquid ein Bestandteil von Thustra?«

»Falls du wissen möchtest, ob es bereits durch deine Adern fließt: nein.« Trish schüttelt den Kopf. »Selbst wenn sich Thustra und Liquid kombinieren ließen, würden wir niemanden heimlich ein potenziell tödliches Serum injizieren.«

Immerhin. Die Botschaft zwischen den Zeilen ist trotzdem klar. »Aber ich werde die Katakomben nicht ohne Liquid verlassen, richtig?«, spreche ich das Offensichtliche aus.

Als Trish erneut den Kopf schüttelt, meldet sich neben dem Zupfen doch eine gewisse Anspannung.

»Wir haben hier unten eine Art medizinischen Bereitschaftsdienst«, erklärt sie. »Ein kurzer Anruf, und jemand wird rüberkommen, um dir die erste Dosis zu verabreichen.«

Von der Seite spüre ich Jamars schuldbewussten Blick. Sicher wusste er, was mich heute erwartet, und obwohl eine Vorwarnung nett gewesen wäre, nehme ich es ihm nicht übel. Weil es sowieso nichts geändert hätte. Seit ich die Lügen des Parlaments kenne, seit ich Anthony gesehen habe und zu Dads verbranntem Körper gekrochen bin, gibt es für mich kein Zurück mehr – egal, was es kostet.

»Liquid wird direkt in den Oberarm injiziert«, fährt Trish fort. »Wie bei Thustra erfolgt die Auffrischung alle drei Monate, um Wechselwirkungen zu vermeiden, jedoch nie am selben Tag. Außerdem würden wir dir gleich eine Blutprobe abnehmen, um sicherzustellen, dass Thustra wie gewünscht wirkt.«

»Ein Todesserum und eine Blutprobe«, fasse ich zusammen und klinge dabei nur ein bisschen heiser. »In Ordnung.«

Trish schaut mich an, als wollte sie sichergehen, dass ich es ernst meine. Dann wird ihre Miene weicher. »Thorn hatte recht«, sagt sie. »Du bist wirklich eine von uns.«

Thorn hatte ... Mein Herzschlag stolpert. »Das hat Grayson gesagt?«, rutscht es mir raus, und jetzt bin ich komplett heiser. »Wann genau?«

»Dein Ernst?« Feleeca schaut von ihrem Gerät auf, in ihren Augen ein Feixen, das Jamars Konkurrenz macht. »Frag lieber, wann Grayson *nicht* über dich geredet hat. Ich höre seit *Wochen* von dieser Frau mit *den süßen Sommersprossen* und *tödlichen Blicken*, und spätestens seit eurem Kuss ist er sowieso hoffnungslos verloren.«

Ich verschlucke mich fast an mir selbst. »Was?!« Mit schmerzhaft pochendem Herzen starre ich sie an, als sich Jamar von der Seite einmischt.

»Warum weißt du, mit wem Thorn rumknutscht?!«

»Schon mal was von Freundschaft gehört?«, erwidert Feleeca. »Da erzählt man sich solche Dinge halt.«

»Aber eine Freundschaft mit *Thorn?*« Jamar runzelt die Stirn. »Vielleicht sollten wir doch noch mal einen DNA-Test machen.«

»Liebend gern. Dann könnten wir vielleicht nachweisen, dass Charme eher auf meiner Seite liegt.« Während Feleeca redet, flackert das Licht erneut. »Aaah, wenn man vom Teufel spricht!« Anscheinend ist es ein Signal für Besuch, denn sie springt sofort auf und eilt zur Tür, das Gerät lässt sie einfach auf der Couch liegen.

Wenn man vom Teufel spricht? Mechanisch drehe ich den Kopf, ich kann nicht mehr richtig denken, nicht mehr richtig atmen. Nur noch die Tür anstarren, die unter Feleecas Druck aufschwingt.

»Beinahe pünktlich, Respekt«, begrüßt sie den Neuankömmling stichelnd und tritt zur Seite.

Er schiebt sich mit einer eleganten Bewegung durch den entstandenen Spalt. Verdreckter Anzug, frostblaue Augen.

Mein Welt bleibt stehen.

Grayson.

Wir alle kennen ihn, Ernest Sestibys großen Leitspruch: »Wahrheit ist Zukunft«. Eine schillernde Parole, von der man sich leicht blenden lassen kann, wenn man eine oder gar mehrere Stufen unter Ernest steht und keine Möglichkeit hat, einen Blick hinter die Worte zu werfen. Ja, streng genommen ist die einzig verlässliche Wahrheit die Gegenwart, der Boden, auf dem wir mit unseren eigenen Füßen stehen, die Gefühle, die wir in unserem eigenen Herzen spüren. Alles andere ist Interpretation, eine Frage der Perspektive, der Absichten, der Wahrnehmung.

Auszug aus »Die Lüge mit der Wahrheit« von Cecily Thustra, erschienen ca. Ende 2093

KAPITEL 14

Ich sollte ihn nicht anstarren, aber ich kann nicht anders. Es ist armselig, wie sich alles in mir nach seiner Aufmerksamkeit verzehrt, nach einem flüchtigen Lächeln, einem Blick, einer … winzigen Berührung. Ungeachtet dessen, dass seine Kleidung ähnlich schlimm aussieht wie meine.

»Entschuldigt die Verspätung.« Grayson wirft seine Schuhe in die Kiste. »Ich war noch bei Walker.« Ohne auch nur in meine Richtung zu blinzeln, geht er hinter mir vorbei und streift meinen Blick damit zwangsläufig ab.

Ich könnte zwar wieder den Hals verrenken, aber die Botschaft war eindeutig. *Scheiße, Scheiße, Scheiße.* Nicht einmal der Schutzwall in mir kann den Schmerz fernhalten, der auf mein Herz einhämmert. Dabei höre ich sogar, wie er keine Sekunde später das Wasser anstellt, ja, sicher wollte er nur den Dreck schnell loswerden.

»Du hast nichts verpasst«, erwidert Trish, während sie sich aufrafft. »Benett? Feleeca? Wir müssen noch diese eine Sache erledigen, und ich denke, jetzt wäre ein wirklich guter Zeitpunkt dafür.«

»Absolut«, pflichtet Feleeca bei, die immer noch am Ausgang steht – und wieder ihre pinken Gummistiefel trägt. »Bruderherz?« Sie nickt auffordernd zur Tür.

Mein Herz fährt hinab in meinen Magen, mein Blick zu Jamar. Kurz hoffe ich, er würde sitzen bleiben, aber er steht auf. Reflexartig schnappe ich nach seinem Handgelenk und ziehe ihn wieder zu mir runter.

»Es gibt keine Sache, um die ihr euch kümmern müsst, richtig?«, zische ich, jede Silbe von Anspannung getränkt.

»Es gibt *immer* eine Sache«, erwidert Jamar, nur seine gehobenen Mundwinkel verraten, dass es Bullshit ist. »Tu einfach nichts, was ich nicht auch tun würde, Elking.« Mit vielsagendem Zwinkern windet er sich aus meinem Griff und folgt den anderen.

Die Schuhkiste knallt zu, der Türkoloss wird ins Schloss gedrückt – und ich bin mit Grayson allein. So *richtig* allein. *Fuck.*

Ich höre, wie er das Wasser abstellt. Sicher sollte ich es als gutes Zeichen werten, dass er geblieben ist, aber ausgerechnet jetzt meldet sich mein Fluchtinstinkt mit voller Wucht.

Nicht etwa, als es darum ging, meinen Bruder zu bestehlen oder dass man mir ein Todesserum spritzen wird, nein, mein Körper schreit *jetzt* nach Flucht, da ich zum ersten fucking Mal mit Grayson allein bin. Ohne Medikamente, die ihn außer Gefecht setzen könnten, ohne neugierige Mitbewohnende, und am wichtigsten: ohne AISS.

Ich versuche, den Fluchtinstinkt niederzuringen, während in meinem Kopf pures Chaos herrscht. Der letzter Versuch, mich zu entschuldigen, ist ziemlich grandios gescheitert, andererseits meinte Feleeca, er wäre seit unserem Kuss *hoffnungslos verloren* – was keinen Sinn ergibt, da ich ihn am selben Tag abserviert habe. Und wenn ich Feleeca falsch verstanden habe, wenn es ironisch gemeint war, wenn …?

Als Grayson in meinem Augenwinkel auftaucht, ersterben alle Gedanken. Mein Kopf ruckt hoch – und Grayson sieht nicht länger durch mich hindurch. Stattdessen mustert er mich mit solcher Intensität, dass ich kurz vergesse, wie man richtig atmet. Meine Haut glüht, gleichzeitig rinnt ein Frösteln über meinen Rücken, weil da so *viel* in seinem Blick ist, so viele Ungesagtes, so viel … *Schmerz.* Wut. Vorwürfe. *Mitleid?* Es ist alles und nichts, und ich will mich einfach nur noch auflösen.

»Darf ich?« Er nickt zur Plane. Seine Stimme ist rauer als sonst, als würde ihn jedes Wort Kraft kosten.

»Klar.« Mehr kriege ich nicht raus.

In der Lücke zwischen uns spannt sich das Plastik, in meinem Körper jede Faser. So nah waren wir einander nicht mehr seit unserem Kuss, und natürlich muss ich genau jetzt an das Gefühl seiner Lippen auf meinen denken. Was eine

Sehnsucht in mir aufwallen lässt, die sogar den Fluchtinstinkt beiseiteschiebt.

Ich beiße mir auf die Zunge, denn genau *das* ist das beschissene Problem an der Sache. Ein Schritt zu schnell, zu weit, zu hoch, und wir stürzen wieder in die Tiefe, schlagen noch härter auf als beim letzten Mal. Denn egal, wie wir unsere Geschichte weiterschreiben, am Ende wartet immer der Absturz – weil das System nicht für uns geschaffen ist. Also wäre es nicht klüger, gleich am Boden zu bleiben?

Die Worte brennen schmerzhaft auf meiner Zunge, aber Grayson kommt mir zuvor.

»Es tut mir leid, Mae.« *Was?* »Ich wusste nicht, was mit deinem Dad passiert ist. Als ich gestern mit Benett geredet habe, kam das Thema auf, und ich ... Wenn ich früher ... Ich hätte sofort ...« Er ringt um Worte, während sich meine Muskeln nur weiter verspannen. »Ich hätte für dich da sein müssen«, sagt er schließlich, und alles, was ich in seinen Augen zu sehen geglaubt habe, wird von Reue übermalt.

Die Wörter, die auf meiner Zunge brannten, sind weg. Gelöscht von einem Thema, das seinen ganz eigenen Schmerz mitbringt. Er sticht kurz und heftig, aber dann schaffe ich es, das Bild von Dad wieder in mir zu verschließen. »Ist okay«, erwidere ich heiser. »Du bist der Letzte, der mir etwas schuldet.«

Grayson zieht die Augenbrauen zusammen. »Das sehe ich anders. Laut meiner Behandelnden würde ich nämlich nicht hier sitzen, hätte nicht jemand lange genug meine Blutung gestoppt.«

Der Schuss, sein Sturz, das viele Blut, meine kreischende Angst, ihn endgültig zu verlieren ... Noch mehr Erinnerungen, die ich nicht gebrauchen kann. Weil sie das gefährliche Bedürfnis zurückholen, ihn genau *jetzt* zu berühren, seine Jacke und das T-Shirt hochzuschieben und sicherzustellen, dass die Wunde wirklich verheilt ist.

»Dafür solltest du dich bei Jamar bedanken«, presse ich hervor, als könnte ich den Wunsch so ersticken.

»Habe ich. Nur dass Benett erzählt hat, du wärst sofort zu mir gelaufen und hättest sogar dein Kleid zerschnitten«, kontert er mit vielsagender Miene.

Touché, denke ich, meine Lippen formen trotzdem Widerspruch: »Ein Kleid aus *Seide.* Die nicht sonderlich saugfähig ist, womit wir wieder bei Jamar wären, also ...«

»Verdammt, Mae.« Grayson stößt einen frustrierten Seufzer aus. »Ich hab kapiert, dass du sauer bist, und du hast allen Grund dazu, aber könntest du mir bitte eine Chance ...«

»*Ich* habe Grund, sauer zu sein?!«, wiederhole ich in einer Tonlage, die zwischen Lachen und Weinen balanciert, weil mich jeder Satz nur weiter irritiert. »Darf ich dich kurz daran erinnern, dass *ich* diejenige war, die *dich* auf dem Parlamentsplatz hat stehen lassen?« *Direkt nach unserem Kuss.* »Nur, um zu meinem Bruder zu laufen? Du hast mich seitdem nicht einmal angesehen, kein richtiges Wort mit mir gewechselt, und als ich dich im MedPlex besucht habe, hast du mich abgewiesen, also ... was *soll* das hier?«

Sein Blick verwebt sich mit meinem. Herztaumel, Sehnsuchtsflackern, unendlich gefährlich. »Ich *habe* dich angesehen«, erwidert er so eindringlich, dass meine Haut kribbelt. »Und zwar jedes Mal, wenn ich mir sicher war, dass Nick nicht in der Nähe ist, denn ich weiß, wie wichtig er dir ist, und ich wollte kein Risiko eingehen, dass er die falschen – oder vielmehr die *richtigen* – Schlüsse zieht. Und dein Besuch im MedPlex?« Er lacht bitter auf. »Es fiel mir schwer, überhaupt die Augen offen zu halten. Später war ich nicht mal sicher, ob du wirklich da warst, und was denkt du, hätten sie getan, wenn jemand reingekommen und AISS um ein Update gebeten hätte – sie aber einfach still geblieben wäre? Der Pausenmodus kommt nie ohne Risiko aus, und in diesem Moment war es einfach zu groß. Aber es gab keine, nicht eine *einzige* Sekunde, in der ich dich nicht gewollt hätte.« Sein Blick ist Feuer, das ungefragt auf mich überspringt und jeden Schutzwall niederreißt, jedes rationale Denken verbrennt.

Wie von selbst lehnt sich mein Körper seinem entgegen, in seinen Iriden blitzt etwas auf, dann überwindet er die letzten Zentimeter. Die Sehnsucht in mir explodiert mit einem Kribbeln, ich keuche auf, als seine Lippen meine treffen. Sie sind weniger rau als in meiner Erinnerung, aber genauso zärtlich, da ist kein Fordern, nur Wünschen, kein Drängen, nur Begehren.

Ich lehne mich ihm weiter entgegen, lasse mich so tief in den Kuss fallen, dass dieser Moment zu meiner Welt wird. Grayson schmeckt nach Zahnpasta oder Minzbalsam, vielleicht nach beidem, ich weiß nur, dass es der einzige Geschmack ist, den ich je wieder schmecken möchte. Seine Hand an meinem Rücken die einzige Berührung, die ich spüren will, meine Finger in seinem Haar die einzige Geste, die sich richtig anfühlt.

Seine Zungenspitze neckt meine, während er mich noch

enger an sich zieht. Ich intensiviere den Kuss, öffne meine Lippen, atme nur noch ihn … und ihn … und ihn … bis ich spüre, dass sich etwas verändert. Dass mein Herzschlag noch schneller geht, dass er mit jeder Sekunde ein bisschen mehr Verzweiflung in den Kuss treibt. Weil sich meine elende Vernunft viel zu schnell aus der Asche gekämpft hat.

Grayson scheint die Veränderung auch zu spüren, denn er zieht sich zurück. Gerade so weit, dass sein Atem noch auf meiner Haut kitzelt, kurze, heftige Züge, als würde sein Herz ebenso rasen. »Was ist los?«, will er wissen, flüsternd, um den Moment nicht zu zerstören.

Wie gern würde ich die Vernunft noch mal verbrennen, aber ich will auch nicht ungebremst auf dem Boden der Tatsachen zerschellen. Wie kann sich etwas so *richtig* anfühlen und in dieser heuchlerischen Welt trotzdem zum Scheitern verurteilt sein?

In einem Seufzer lasse ich mich zurück in die Couch sacken. »Ich weiß einfach nicht, ob ich das kann.«

Grayson sieht aus, als hätte ich ihm eine Ohrfeige verpasst. »Ob du *was* kannst?«, fragt er.

»Da oben mit jemandem zusammen zu sein, den ich nicht richtig liebe, und hier unten mit … dir. Was nicht heißt, dass ich dich nicht *will*, aber diese Art von Leben klingt gefährlich und anstrengend und so, als würde am Ende immer jemand verletzt werden, deshalb weiß ich nicht, wie wir …«

»Mae.« Grayson unterbricht mich mit einem Blick, der elektrisierende Wellen durch meinen Körper jagt. »Hast du schon mal darüber nachgedacht, dass sich AISS auch für *uns* entscheiden könnte?«

Mir entkommt ein gebrochenes Lachen. »O ja. Weil AISS schon immer auf das Unperfekte stand«, spöttle ich, während sich in meinen Augen ein verzweifeltes Brennen meldet.

»Ich meine es ernst, Mae.« Grayson verzieht keine Miene. »Ich war vorhin extra noch mal bei Walker, um uns keine falschen Hoffnungen machen, aber … Sie arbeitet gerade an einem Hack, der beim Programm bestimmte Paare ermöglichen soll. Die Ergebnisse dürfen natürlich nicht komplett von der Realität abweichen, aber wir haben noch Zeit, und wenn wir unsere Antworten in den gemeinsamen Tests abstimmen, uns hin und wieder vor AISS Augen treffen und …«

»Warte.« Mein Brustkorb scheint plötzlich zu klein für das heftige Pochen in mir. »Walker glaubt, sie könnte *AISS* hacken? Damit du und ich, ich meine, wir beide …«

»Eine Chance haben.« Grayson nickt. »Denn du bist nicht die einzige Thustra, die keine Lust auf ein Doppelleben hat. Um genau zu sein, gibt es sogar zwölf von uns, aber …«

»Es gibt eine Chance«, sage ich, und zum ersten Mal seit zwei Wochen habe ich nicht mehr das Gefühl, ins Bodenlose zu fallen. Da ist auf einmal ein Netz, keine Ahnung, wie stabil es ist oder wie lange es mich trägt, aber in diesem Moment reicht es. Weil es zum ersten Mal eine reale Chance gibt, dass ein Teil meiner Zukunft *nicht* beschissen wird.

Grayson und ich sehen einander an, dann kehrt das vertraute Lächeln zurück auf seine Lippen. Nur ein leichtes Heben der Mundwinkel, so attraktiv, dass mein Magen flattert. »Dann darf ich Walker sagen, dass sie uns einloggen kann?«

Meine Antwort ist ein Kuss. Ich schmecke seinen Seufzer

an meinen Lippen – auf den mein Körper sofort reagiert. Ein Kribbeln lässt jedes Molekül in mir vibrieren, bis runter in den Bauch und tiefer. Nur der Zustand unserer Klamotten hält mich davon ab, meine Hand wirklich unter sein T-Shirt zu schieben. Und das Rascheln der Plastikplane. Und die allgemeine Umgebung. Als wollte das Schicksal die Stimmung endgültig ruinieren, flackert das Licht über uns. Das war's dann wohl mit unserer Ruhe.

Resigniert löse ich mich von Grayson, nicht ohne noch einen sehnsüchtigen Seufzer aufzufangen. »Trish ist echt eine Spielverderberin«, knurrt er. Dann stiehlt er sich noch einen kleinen Kuss, rafft sich auf und öffnet den anderen. »Willkommen zurück und ... willkommen, Harry.«

KAPITEL 15

Mit seiner Alltagskleidung sieht Harry locker dreißig Jahre älter aus. Anstatt Jeans und weißem Kittel trägt er eine beige Stoffhose mit passendem Hemd und einen grünen Pullunder. Außerdem hat er einen Arztkoffer dabei, den er ohne ein Wort vor mir aufspringen lässt. Darin alles, was man für eine Blutabnahme braucht – und eine kleine Stechampulle mit rötlichem Serum. *Liquid.*

Ehe ich zu viel darüber nachdenken kann, öffne ich den Reißverschluss meiner Jacke.

»Es geht echt schnell«, sagt Feleeca, ehe sie sich zurück auf ihren Platz setzt und das Gerät von der Couch nimmt. »Oh, und Harry? Ich hoffe, du hast für Mae Traubenzucker dabei. Einen von denen, die nach Kirsch schmecken – das sind die besten«, fügt sie an mich gewandt hinzu.

Harry schnaubt. »Maeander ist kein Kind mehr.«

»Wow«, zischt Feleeca spitz. »Keine Ahnung, warum du dich heute für die Arschlochmaske entschieden hast, aber ich bin auch kein Kind mehr und bekomme trotzdem immer einen.«

»Du hast recht«, erwidert Harry knapp. »Ab sofort gibt es nur noch welche für Thustras unter achtzehn.«

»Arsch.« Feleeca verdreht die Augen, während ich sie überrascht mustere. Ich habe zwar geahnt, dass sie älter ist, als ich anfangs dachte, aber über achtzehn?!

»Wer einen Traubenzucker möchte, bekommt auch einen«, mischt Trish sich ein. Sie steht zusammen mit Jamar und Grayson nahe der Tür, bis gerade haben sich die drei noch im Flüsterton unterhalten. Angesichts der paar Worte, die ich aufschnappen konnte, ging es um einen Transfer nach Acht, sicher ein Thema für den inneren Kreis. Jetzt löst sich die kleine Gruppe auf, Trish geht zur Kommode, die anderen beiden kommen zu uns.

Ich rutsche in die Mitte der Couch, damit sowohl Grayson als auch Jamar Platz auf der Plane haben.

»Sehr rücksichtsvoll«, bemerkt Jamar grinsend. »Aber ich möchte eure traute Zweisamkeit nicht stören. Feleeca, rutsch mal ein Stück.« Er zieht unter ihrer Couch eine zweite Plane hervor. Auch wenn sie bedeutend kleiner ist als unsere, reicht sie locker für den Fleck, den Feleeca murrend frei macht.

Harry geht erstaunlich behutsam vor. Die Nadel zum Blutabnehmen sitzt beim ersten Stich, der HealFix versiegelt den ersten Tropfen Blut, und als er Liquid aufzieht, wirkt er höchst konzentriert.

Obwohl ich weiß, dass das Medikament notwendig ist, meldet sich die Nervosität zurück. Ich versuche, die verkrampften Finger zu lockern – als Grayson nach meiner Hand greift und sie zärtlich drückt. »Alles okay?«, raunt er, und als ich nicke, ist der Piks schon überstanden.

Das war's. Das Todesserum ist restlos in meinem Körper verschwunden, und meine Haut wirkt nicht einmal gerötet. Keine erkennbare Einstichstelle. Nichts. Unwillkürlich muss ich wieder an den Mückenstich denken. An dieses kurze Piksen in Aidens Bad, daran, wie ich in der Nacht meinen Nacken betastet, aber nichts gefunden habe.

Auf einmal zwickt eine seltsame Unruhe an mir. Eine, die ich nicht richtig greifen kann, denn ich bin mir sicher, dass Aiden mir an dem Abend *kein* Todesserum injiziert hat, aber trotzdem kann ich das Gefühl nicht abstreifen ...

Harry lässt den Koffer zuknallen. »Ich melde mich, sobald ich die Ergebnisse habe.« Nicht einmal jetzt spricht er direkt zu mir, obwohl es um *mein* Blut geht. Stattdessen schaut er zu Trish, die nicht reagiert.

Ich sehe nach hinten. Die Anführende lehnt jetzt an der Kommode, vertieft in ein SmartPad. Ihre Aufmerksamkeit bleibt sogar am Display haften, als Harry die Tür öffnet und sich räuspert. »Sagt ihr, ich bin noch bis fünf da.« Seine Worte gelten wohl der ganzen Runde, als wäre er es gewohnt, von Trish ignoriert zu werden.

»Wird erledigt.« Jamar deutet einen Salut an, Grayson sagt: »Bis Morgen«, und Feleeca hebt nur den Mittelfinger.

Ich verzichte ganz auf eine Reaktion und genieße lieber, dass meine Finger weiter mit Graysons verwoben sind. *Es gibt eine Chance.* Ich lasse den Satz durch meinen Geist echoen, als könnte er jede Unruhe vertreiben. Es hilft tatsächlich. Vor allem in Verbindung mit dem zärtlichen Blick, den Grayson mir zuwirft. Wie von selbst schaue ich auf seine Lippen, und sofort kehrt der Wunsch zurück, ihn zu küssen. Mit einem Herztaumeln lehne ich mich vor – als der Moment abrupt zerrissen wird.

»Es gibt Neuigkeiten von Alicia.« Trish klingt, als hätte sie gerade noch jemanden an den Investigationssektor verloren. *Und wenn Anthonys Witwe wirklich …?* »Ihre Entscheidung steht fest. Sie wird Averra heiraten – oder nach Ring Sieben gehen.«

»Fuck«, zischen Grayson und Jamar wie aus einem Mund. Unter anderen Umständen würde ich lachen, aber Graysons Griff beweist, wie ernst die Lage ist. Seine Finger verkrampfen regelrecht um meine, darin ein Beben.

»Aber was ist mit den Kindern?«, fragt Jamar, der ähnlich angespannt wirkt. »Sie glaubt doch nicht echt, Averra wäre ein guter Dad für die beiden?!«

»Sicher nicht, nein.« Trish schüttelt den Kopf, die Stirn in solch tiefe Falten gelegt, dass sie zum ersten Mal alt aussieht. »Aber sie hofft auf gute Nannys.« Sie steckt das SmartPad ein und kommt zu uns rüber. »Wir alle wissen, wie gefährlich es ist, aber ihr kennt Alicia. Entsprechend werden wir ihr unsere volle Unterstützung zusichern.«

»Absolut beschissene Entscheidung.« Grayson schnaubt, ehe er seine Hand aus meiner zieht und sich vorlehnt. Die Ellenbogen auf die Knie gestützt, schaut er zu Trish, sein Gesicht überschattet von einer Mischung aus Wut und Besorgnis. »Es ist nicht nur gefährlich, es ist eine verdammte *Selbstmordmission*.«

»Und was wäre deiner Meinung nach die Alternative?«, kontert Trish. »Sie im Alleingang ins offene Messer laufen zu lassen?«

Noch ein Schnauben, ein hilfloses Schulterzucken – keine Erwiderung. Auch Jamar sitzt nur wie erstarrt da. Die Einzige, an deren Haltung sind nichts verändert hat, ist Feleeca. Sie liegt immer noch entspannt auf der Couch, und vielleicht ist sie auch deshalb die Einzige, die meinen fragenden Blick bemerkt.

»Alicia will sich an Carlos Averra ranschmeißen«, erklärt sie im Plauderton. »Seine Frau ist letzte Woche verstorben, und obwohl er in seinem Alter nicht noch mal heiraten müsste, hofft Alicia, ihn rumzukriegen. Also, mein Fall wär's zwar nicht, aber Averra ist ein guter Freund von Kaldirims Eltern. Treffen sich jede Woche in der Platinum Lounge, so 'n altbackener Club für langweilige Centers ...«

»... in dem wichtige Gespräche geführt und noch wichtigere Kontakte geknüpft werden«, übernimmt Jamar das Wort. »Als Averras neue Frau erhofft Alicia sich, nahe genug an Kaldirim heranzukommen, um von dieser persönlich für einen Wachposten im Parlament vorgeschlagen zu werden.«

»Ein Wachposten im Parlament?«, wiederhole ich überrascht. »Dann ist Alicia Aufsehende?«

»Zumindest war sie es mal, ja.« Jamar nickt. »Bis sie sich entschieden hat, sich auf Anthony, die Kinder und ihre Rolle bei den Thustras zu konzentrieren. Aber sie war gut, also sollte ein Wiedereinstieg das geringste Problem sein. Ihr Ziel ist die Einheit, die den Foltertrakt bewacht. Offiziell möchte sie den Menschen dort unten helfen, um ähnlich grausame Tode wie den ihres Mannes zu verhindern.«

»Inoffiziell wissen wir alle, dass sie nur die Verantwortlichen finden will, die an Anthonys Tod beteiligt waren«, ergänzt Grayson bitter. »Und wenn sie glaubt, dass ihre Liste vollständig ist, wird sie alles für ein bisschen Rache wegwerfen.«

»Weshalb sie uns *braucht*.« Trish steht auf. »Und wir brauchen sie, denn sollte sie es schaffen, ins Parlament zu kommen, wäre sie die erste Thustra, die direkt an der Quelle sitzt. Einsatzpläne, Gesetzesentwürfe, Einsicht in die Budgetverteilung: Es gibt etliche Infos, die für uns von großem Nutzen wären.«

»Ach ja?« Graysons Stimme trieft vor Skepsis, jede Faser in ihm scheint zum Zerreißen gespannt. »Du meinst, damit wir *die ganze verlogene Scheiße irgendwann auffliegen lassen können*?«

Ich zucke kaum merklich zusammen, denn ähnliche Worte hat er verwendet, als er mir Thustra gegeben hat. Und als wir die Videoaufnahmen aus dem Parlament gestohlen haben. Nur lässt er es dieses Mal wie das Zitat einer anderen Person klingen – an dessen Inhalt er selbst nicht glaubt.

»Wir alle brennen darauf, etwas zu verändern, Trish, aber machen wir uns nichts vor: Wir drehen uns seit *Jahren* im Kreis, ohne überhaupt einen richtigen Plan zu haben«, redet er weiter. »Und sosehr ich Alicia schätze: Ich bezweifle, dass sie als Aufsehende in einem Foltertrakt an Infos herankommt, die *wirklich* von Nutzen wären.«

Ich warte auf Trishs Konter, doch die Anführende steht unbewegt da, ganz so, als hätte Grayson es auf den Punkt gebracht. Langsam verstehe ich, warum Trish unbedingt an die Speakers of Truth herankommen will. Es geht nicht allein um Sicherheit, sondern um echte Veränderung – die für die Thustras Lichtjahre entfernt scheint. *Schöne Scheiße.*

»Um mal eben meinen Senf dazuzugeben«, durchbricht Feleeca das angespannte Schweigen, »eine Ehe mit Carlos Averra? Eww. Alicia als Spionagequeen der Thustras? Klingt eher nach einer Vorlage für meine nächste Comedynacht.«

Ich hätte nicht gedacht, dass Trish den Mund zu einer noch schmaleren Linie verziehen kann. »Falls hier keiner einen noch besseren Job im Parlament aus dem Hut zaubern kann, werden wir Alicia unterstützen.« Ihr Tonfall verrät, dass die Sache damit beschlossen ist.

Jamar und Grayson schnauben zeitgleich, Feleeca verdreht die Augen – nur auf meiner Zunge formt sich binnen Sekunden eine leichtsinnige Idee. Nein, eine absolut riskante, *tödliche* Idee, aber jetzt, da sie einmal aufgeblitzt ist, kann ich sie nicht mehr schlucken.

»Ich …« Mein Herzschlag rast hinab in meinen Magen. »Ich weiß nicht, wie viel besser der Job wäre, aber vielleicht kann ich helfen«, sage ich zögernd, und schon liegen alle Blicke auf mir. »Kane hat bei unseren letzten Gesprächen mehrmals angedeutet, er könnte mir zu einem Praktikum im Zentralarchiv verhelfen. Womit ich zwangsläufig Zutritt zum Parlament hätte *und* Zugriff auf relevante Akten.«

In Trishs Augen blitzt Interesse auf. »Was genau heißt *angedeutet?*«, fragt sie.

»Kane ist ein guter Freund von Professierter Adelaine, die das Zentralarchiv leitet«, erkläre ich. »Als ich sein Angebot abgelehnt habe, mir einen Praktikumsplatz bei ihr zu verschaffen, meinte er in etwa: *Wenn Sie mal höhere Ambi-*

tionen haben, als Lieferscheine zu archivieren, melden Sie sich. Für mich war die Sache damit erledigt, allerdings hat Kane sowohl im Parlament als auch beim Frühstück vor der Vereidigung noch mal Anspielungen gemacht.«

Trish verzieht nachdenklich den Mund. »Das Zentralarchiv wäre keine schlechte Adresse, allerdings ist ein Praktikum keine feste Stelle in einer Einheit.«

»Nein, aber es beinhaltet auch nicht die Ehe mit einem alten Mann, monatelanges Kontakteknüpfen und das Verlangen nach Rache«, erwidere ich, wobei der letzte Punkt nicht ganz stimmt. Sollte ich die Person finden, die Dad ins Koma befördert hat, kann ich nicht versprechen, sie ungestraft davonkommen zu lassen. Allerdings bezweifle ich, dass ich sie im Zentralarchiv finden werde – und wenn doch, umso besser. Keine Ahnung, warum ich nicht früher darauf gekommen bin. *Vielleicht weil Nick dich umbringen wird, wenn er davon erfährt?* Ich schiebe das zynische Wispern beiseite, denn Nick hat auch so genug Gründe, mich umzubringen. Selbst wenn er es noch nicht weiß.

»Zwei Wochen«, sagt Trish unvermittelt. »Bis dahin werde ich versuchen, Alicia von ihrem Vorhaben abzuhalten. Aber spätestens dann muss sie sich um eine neue Partnerperson bemühen, um nicht in Ring Sieben zu enden.«

»Zwei Wochen«, wiederhole ich zur Bestätigung, und obwohl alles in mir nach Gefahr schreit, fühlt es sich *richtig* an. Weil ich endlich das Gefühl habe, nicht länger ohnmächtig am Rand stehen und dabei zusehen zu müssen, wie meine Welt in Chaos versinkt.

»Feleeca?« Trish löst ihren Blick von mir. »Informiere Walker, dass Mae gleich vorbeikommt. Grayson, du bringst sie bitte rüber, und Jamar, ich könnte deine Hilfe bei Mill gebrauchen. Du kannst am besten mit ihr reden.«

Keiner widerspricht. Als sich alle aufraffen, bietet Grayson mir seine Hand an und zieht mich hoch. Eine Spur zu schwungvoll, so dass ich direkt in seinen Armen lande, ein Hauch seines Atems auf meiner Haut, ein Blick, der etwas in mir kribbeln lässt. Er macht keine Anstalten, mich loszulassen. Stattdessen lehnt er sich vor, bis seine Lippen mein Ohr streifen. »Ich wünschte, du hättest das nicht getan«, flüstert er.

Reflexartig ziehe ich den Kopf zurück und starre ihn an. Was ich in seinen Augen finde, ist das grelle Leuchten von Angst. Angst um *mich*. Ich will etwas sagen, ihn beruhigen, aber es gibt keine Worte, die nicht gelogen wären. Denn was ich vorhabe, *ist* gefährlich. Ein Praktikum in demselben Gebäude, in dem Anthony gestorben ist. In dem Grayson angeschossen wurde. In dem Dad seine Verletzungen erlitten hat. Wäre es andersherum, würde ich Grayson *anflehen*, sich fernzuhalten.

Doch Grayson sagt nichts mehr. Stattdessen lehnt er sich erneut vor, und seine Lippen treffen auf meine. Der Kuss schmeckt nach Furcht, nach Sehnen, nach zerbrochener Hoffnung, aber auch nach *Verständnis*. Nein, Grayson wird mich nicht bitten, das Angebot zurückzuziehen. Weil wir beide wissen, dass ich es tun muss. Für Alicia. Für Anthony. Für Dad. Für die Thustras, und nicht zuletzt: für mich selbst.

KAPITEL 16

Der Gang ist so schmal, dass wir in einer Reihe laufen müssen. Alle paar Meter springt eine neue Neonröhre an, um uns den Weg zu leuchten. Nachdem wir ein paar rostige Türen passiert haben, biegen Trish und Jamar in einen Seitengang ab. Grayson und ich halten uns weiter geradeaus, hin und wieder erzählt er mir im Flüsterton, an welchem Raum wir gerade vorbeilaufen. Quartier, Quartier, Küche, Quartier, Waschsaal, Quartier, Krankenzimmer, Quartier. Da sowohl die Gänge als auch Türen alle gleich aussehen, bezweifle ich, dass ich mir irgendetwas davon merken kann. Trotzdem hilft es mir, einen besseren Eindruck vom Leben hier unten zu bekommen. Von einem Leben, das ich definitiv nicht führen möchte.

Obwohl diese Gänge deutlich sauberer sind als die, durch die ich mit Jamar hergekrochen bin, treten hier und da Rinnsale aus den Ritzen. Manche schlängeln sich um bemooste Steine herum, manchmal tropft es von der Decke direkt in meinen Nacken. Ich schaudere.

Vor einer der rostigen Türen bleibt Grayson stehen. »Und

das hier ist Walkers Werkstatt«, erklärt er mit normaler Lautstärke. Vielleicht weil wir am Ende einer Sackgasse stehen, von der keine Quartiere abgehen. Er hebt die Hand und klopft rhythmisch gegen das Metall. Keine Sekunde später gleitet die Tür auf – ohne menschliches Zutun. Dafür ächzt und schnauft sie wie eine vorzeitliche Dampfmaschine, über die ich mal zusammen mit Paps eine Doku gesehen habe.

In dem kleinen Raum dahinter herrscht das pure Chaos. Überall türmen sich alte und neue technische Geräte; auf dem Boden, in Regalen, auf Tischen, deren Beine ebenfalls im Chaos versinken. An den Stellen, an denen die Wände nicht von Regalen verdeckt sind, hängen etliche Kabelrollen, Werkzeuge und Poster. Es scheinen uralte Werbeplakate zu sein, von Konsolen und winzigen SmartPads.

»Noch eine Minute!«, ruft jemand aus dem Chaos.

Überrascht schaue ich in die Richtung, aus der die Stimme gekommen ist – und entdecke weißgraue Locken, die sich hinter einem der Tische bewegen. Kurz darauf stieben Funken in alle Richtung, begleitet von einem leisen Surren.

»Fertig.« Eine Frau um die sechzig taucht aus dem Chaos auf. Rosige Wangen, schmale Nase, über den Augen eine moderne Schutzbrille, die sie hoch auf ihre zerzausten Locken schiebt. »Feleeca hat euch schon angekündigt. Hi. Ich bin Walker.« Sie steht auf, während sie ihre Arbeitshandschuhe auszieht und achtlos auf den Tisch wirft. »Ein Datentransfer und eine Einführung in das kleine Einmaleins der Viren, Würmer und Trojaner, richtig?« Ihr Blick fliegt in Windeseile über das Chaos auf dem Tisch, bevor sie den Kopf schüttelt und einfach weiterredet: »Entschuldigt, hab wieder zu viele Programme gleichzeitig offen. Hier oben.« Sie tippt sich gegen die Stirn. Dann schiebt sie sich hinter dem Tisch vor und bahnt sich einen Weg durchs Chaos. »Jetzt noch mal vernünftig. Editha Walker.« Ihr Lächeln zeichnet Grübchen auf das hagere Gesicht. »Freut mich, dich kennenzulernen, Maeander. Auch wenn ich den Geruch von Lötkolben und Schmieröl lieber mag als diese Kloake von da draußen.«

»Absolut verständlich«, erwidere ich. »Wobei ich eher Typ Acryl und Buchseiten bin.«

»Sehr sympathisch.« Walker hat einen festen Händedruck. Einmal schütteln, dann zuckt ihr Blick zurück zu ihrem Arbeitsplatz. »Tut mir leid, ich muss noch kurz ... Gibst du mir eben dein SmartPad? Für die Datenübertragung. Von Cecily.« Es klingt, als wären die letzten Stichpunkte für sie selbst bestimmt.

»Klar.« Ich ziehe das Gerät aus meiner Tasche.

»Dauert keine fünf Minuten.« Ohne zu zögern, nimmt Walker mir das SmartPad weg. »Wo hab ich nur ...?« Sie unterbricht sich selbst, um sich zu ihrem Schlachtfeld zu wenden. »Ah!« Sie sammelt einen kleinen Pin aus einem Gewirr von Kabeln und drückt mir diesen zwischen die Fingerspitzen. »Bitte gut festhalten. Der wird gleich noch wichtig«, kündigt sie an, nur um auf dem Absatz umzudrehen und sich samt meines SmartPads zum Tisch zu kämpfen.

Ich schaue zu Grayson, in dessen Mundwinkel sich ein Lächeln kräuselt. Dann lehnt er sich zu mir und flüstert: »Keine Sorge. Walker weiß, was sie tut.«

Beruhigend. Denke ich. Eine Weile sehen wir dabei zu,

wie Walker mit Kabeln hantiert, mein SmartPad von einem Haufen zum nächsten bugsiert und schließlich mit einem HoloPad verbindet.

»Grayson.« Walker schaut flüchtig zu uns auf. »Sei so gut und hol mir den Schraubendreher mit dem Torxbit. Den kleinsten, den du finden kannst.« Schon ist sie wieder zur Hälfte hinter Gerümpel abgetaucht.

Anders als ich scheint Grayson zu wissen, was sie meint. Er schiebt sich hinter mir entlang, nicht ohne dabei sanft meinen Rücken zu streifen, und bahnt sich einen Weg zu den Werkzeugen. Er lässt den Blick über die Wand schweifen, und als er sich nach oben reckt, genieße ich das Spiel seiner Muskeln vielleicht ein bisschen *zu* sehr. Zumindest quittiert es mein Magen mit einem sachten Flirren.

Grayson holt einen Schraubendreher von der Wand, dann pflückt er einen metallenen Bit von einer Magnetleiste und bringt beides zu Walker.

»Du bist ein Schatz.« Ohne von ihrer Arbeit aufzusehen, nimmt sie ihm das Werkzeug ab und drückt ihm dafür mein SmartPad in die Hand. »Cecily überspielt, AntiSpy-Software erfolgreich upgedatet.« Sie reckt einen Daumen in die Höhe, mehr ist von ihr nicht zu erkennen. »Geht doch nichts über die richtigen Sicherheitsvor… Verflixt nochmal!« Funken stieben, ehe Walker hochschnellt und sich den Finger zwischen die Lippen schiebt. »Sicherheitsvorkehrungen«, nuschelt sie an ihrem verbrannten Finger vorbei. »Jetzt braucht es schon einen verdammt guten Hack, um an die Geheimnisse zu kommen, die auf deinem SmartPad schlummern – schlummern!« Sie reißt die Augen auf, als hätte sie gerade einen Geistesblitz gehabt. »Ich wusste doch, ich hab da was vergessen. Es braucht eine *Snoozefunktion.*« Sie zieht ihre Handschuhe über und greift zum Lötkolben.

Snoozefunktion? Warum habe ich das Gefühl, dass sie gedanklich wieder bei einem anderen Projekt ist?

»Walker?« Grayson steht in dem schmalen Gang, der zu ihrem Tisch führt. »Du wolltest uns noch was über diesen wichtigen Pin hier erzählen.«

Wie aufs Kommando halte ich das winzige Ding hoch.

Walker stöhnt auf. »Zu viele Programme.« Sie massiert den Punkt über ihrer Nasenwurzel, bevor sie aufsteht und sich an Grayson vorbeiquetscht. »Das hier«, sie nimmt mir den Pin weg, »ist ein MicroStick. Inklusive Backdoorprogramm, das uns ermöglicht, Daten von fremden Geräten zu ziehen.« *Zum Beispiel von Nicks,* füge ich gedanklich hinzu. »Getarnt in einem hübschen Trojaner, der nur zwei Sekunden sichtbar ist und sich nach erfolgreichem Transfer selbst löscht. Alles, was man tun muss, ist diesen Pin hier in diesen Anschluss zu schieben. Darf ich noch mal?« Sie winkt Grayson heran, um ihm mein SmartPad wieder abzunehmen. Dann dreht sie es um, schiebt eine kleine Klappe auf und legt eine Öffnung frei. »Genau hier. Ich verzichte mal auf die Demonstration, aber ich denke, es ist selbsterklärend. MicroStick. Anschluss.«

In mir ringt Erleichterung mit Ernüchterung, die Hoffnung, Nick doch nicht bestehlen zu müssen, mit dem brennenden Wunsch, seine Geheimnisse aufzudecken. Nur dass besagter Wunsch gerade die Oberhand gewinnt …

»Tut mir leid, aber das wird nicht klappen«, sage ich mit

einem Seufzer. »Mein Bruder hat jetzt eins dieser SmartPads mit HoloDisplay.«

Walkers Augenbrauen wandern überrascht nach oben. Anstatt etwas zu sagen, drückt sie mir alles in die Hand und schlängelt sich zu ihren Regalen. Drei rausgezogene Kisten später wird sie fündig. »So eins?« Sie hält ein Modell hoch, das Nicks neuem ähnelt.

»Gut möglich«, erwidere ich, während ich meins wegstecke.

»Perfekt. Dann brauchen wir nur diesen Adapter hier.« Sie kramt in der Brusttasche ihrer Latzhose, bis sie ein kleines Kabel findet. Am unteren Ende steckt sie den MicroStick ein, die andere Seite hält sie an das transparente SmartPad. Als wäre das HoloDisplay ein Magnet, dockt der Adapter an. »Siehst du. Zwei Sekunden.«

Alles, was ich auf dem Display sehe, ist ein kurzes Flimmern, das die Apps verzerrt. Ansonsten verändert sich nichts.

»Das war's?«, frage ich überrascht.

»Nicht ganz. Je nach Datenmenge kann es um die fünf Minuten dauern, bis alle relevanten Daten gezogen sind. Chatverläufe, Mails, Fotos, Videos. So lange darf die Verbindung nicht unterbrochen werden.«

Ich muss Nicks SmartPad also mindestens fünf Minuten in meine Gewalt bringen, ohne dass er dabei zusieht. Das Flirren in meinem Magen wird von einem Ziehen verdrängt. Keine Ahnung, wie ich das anstellen soll – ohne ihm ins Gesicht lügen zu müssen.

»Übertragung Cecily, AntiSpy-Software, MicroStick«,

zählt Walker ihre erledigten To-dos auf. »Was war da noch, was war da noch …? Die Snoozefunktion! Eddie? Setze Snoozefunktion auf meine Liste fürs nächste Upgrade Kolibri.«

»Snoozefunktion notiert«, schnarrt eine monotone Stimme direkt aus dem Berg voll Schrott.

Obwohl sie nichts von AISS hat, spannen sich meine Muskeln an. »Was war das?«

»Mein virtueller Assistent. Ist nicht klüger als die Software der frühen 2000er Jahre, aber ein kleines Goldstück. Hab ihn selbst programmiert, um ab und zu ein paar Dateien aus meinem Gehirn in den Backlog schieben zu können«, erklärt Walker mit hörbarem Stolz. »Eddie? Codeprüfung Abschnitt Z muss noch zu Projekt Partnership. Reminder in einer Stunde. Apropos.« Ihr Blick pendelt zwischen Grayson und mir hin und her. »Ihr zwei werdet ein recht ansehnliches Paar abgeben. Vorausgesetzt, ihr habt euch schon entschieden?« Ein neugieriges Funkeln.

Ich nicke, während Grayson zu mir kommt und mir seinen Arm um die Taille legt. »Haben wir«, sagt er, und wir tauschen einen Blick, der mich elektrisiert, die Härchen in meinem Nacken angenehm kribbeln lässt.

Mit einem Räuspern versuche ich, mich auf Walker zu konzentrieren. »AISS hacken zu können, ist übrigens echt beeindruckend.«

»Hacken?« Walker winkt ab. »Ich wünschte, ich wäre dieses Genie, aber ich bezweifle, dass je ein menschliches Wesen in der Lage sein wird, AISS noch mal zu hacken. Wie kann ich es am besten erklären, wie kann ich …?« Sie unterbricht sich, während sie sich nachdenklich gegens Kinn tippt. »Ah! Stell dir vor, du bist AISS, und der Algorithmus für die Partnerschaftsberechnung ist eine Anwendung, die auf deinem SmartPad installiert ist. In der Theorie hast du jederzeit Zugriff, in der Praxis wirst du die Anwendung nur öffnen, wenn du sie brauchst. So weit verstanden, so weit klar?«

Ich nicke.

»Mein Programm zielt auf diesen winzig kleinen Moment ab, in dem AISS *nicht* auf die Anwendung zugreift. In dieser Zeit wird mein Code den Algorithmus mit neuen Informationen füttern, die beim nächsten Aufruf …« Sie stockt. »Eddie, Eddie! Wir haben die Diskrepanzmessung vergessen. Diskrepanzmessung auf Projekt Partnership setzen, hoch priorisieren, Reminder in dreißig Minuten. Wenn ihr mich dann entschuldigen würdet? Upgrade Kolibri muss bis nächste Woche fertig sein, und auf meiner Liste stehen noch zu viele Punkte. Grayson, danke, dass du Maeander hergebracht hast. Und Maeander, war echt schön, dich kennenzulernen.« Binnen eines Blinzelns springt ihre Aufmerksamkeit zwischen Grayson und mir hin und her. »Bringt mir mein Baby wohlbehalten zurück, ja?« Sie drückt mir Adapter und MicroStick in die Hand. Auf ihren Lippen ein Lächeln, von dem ich mir sicher bin, dass es ihrem Backdoorprogramm gilt.

»Versprochen«, erwidere ich.

»Also gut, wo hatte ich gerade …? Richtig! Der Torxbit. Eddie? Öffne Projekt Kolibri. Ich brauche die zwei ersten Zeilen.« Als hätten wir uns in Luft aufgelöst, wirbelt Walker herum und stürzt sich zurück in ihr Chaos. Begleitet von der blechernen Stimme, die Stichpunkte auflistet.

Auf dem Rückweg stößt nur Jamar zu uns, einen Trakt später finden wir uns an der Stelle wieder, an der wir vor gefühlten Ewigkeiten aus der Wand geklettert sind. Laut SmartPad waren es gerade mal zweieinhalb Stunden.

»Welcome back«, begrüßt uns Feleeca, die die Tür aufgeschoben hat. Ohne ihren Blick von dem schwarzen Gerät zu lösen, kehrt sie zurück zur Couch. »Soll euch von Trish ausrichten, dass sie es heute nicht mehr herschaffen wird. Irgendwas mit Logan und Ring Acht und Problemen. Der übliche Scheiß halt.«

Wir ziehen unsere Schuhe aus, auch wenn ich das Gefühl habe, dass wir nicht mehr lange bleiben. Denn abgesehen von der späten Uhrzeit macht keiner Anstalten, die Tür zu schließen – oder seine Schuhe in die Kiste zu stellen.

»Kommst du wenigstens gut voran?«, fragt Jamar, nachdem er seine Sneaker auf einen Fleck Beton geworfen hat, und geht rüber zur Kommode. Die unterste Schublade quietscht leise, als er sie aufzieht.

Stöhnend lässt Feleeca den Kopf in den Nacken fallen. Dabei hebt sie Trishs Zettel hoch. »Wisst ihr eigentlich, wie elend lang diese Liste ist? Und wie lange es dauert, jeden dieser Posten zu übermitteln?!«

»Dann hättest du vielleicht nicht damit angeben sollen, dass du die Schnellste von uns bist«, neckt Jamar mit einem Blick über die Schulter.

Feleeca verdreht die Augen. »Und mich kleiner machen,

als ich bin? Am Arsch.« Sie lässt den Zettel wieder sinken und hackt noch eine Spur schneller auf das Gerät ein. Als hätte sie die Stichelei motiviert.

Ich gehe zu ihr rüber. Da die Planen alle von den Sofas entfernt wurden, stütze ich die Hände von hinten auf die Lehne. Gerade so weit von Feleeca entfernt, dass ich ihr nicht direkt im Nacken hänge, aber nah genug, um das Gerät mustern zu können. Eine befremdliche Mischung aus sperrigem Gehäuse, langer Antenne und Touchdisplay. »Was genau sind das für Übermittlungen?«, frage ich mit Blick zur Liste.

»Koordinaten für die nächsten Lieferungen nach Acht, Grußbotschaften für unsere Leute vor Ort, kleinere Aufträge und so ein Kram«, erklärt Feleeca und hält mir das Papier bereitwillig hin. »Alles, was sich nicht übers offizielle Netz übermitteln lässt, da AISS sofort Wind davon kriegen würde.«

Ich überfliege die Liste, die aus unterschiedlichen Handschriften zusammengesetzt wurde. Als ich einen Dreizeiler überfliege, in dem jemand schwört, auch nach zwei Jahren der Trennung noch dieselben Gefühle zu hegen, höre ich auf zu lesen und gebe es Feleeca zurück. »Wie viele Leute habt ihr in Acht?«

»Dreiunddreißig Erwachsene, vier Kinder«, antwortet Grayson, der neben der Tür stehen geblieben ist. »Das sind alle, die ihre Überprüfung überstanden haben, ohne in einer dieser Zellen zu landen.«

»Kinder?!« Meine Finger krallen sich fester in das Polster. »Ich dachte, Kinder von Straftätigen werden in staatlichen

Einrichtungen unterbracht, bis man sie in stabile Familien vermittelt?« Ein Grund mehr für alle Eltern, sich strikt an die Gesetze zu halten.

»Richtig.« Jamar wühlt noch immer in der Schublade herum. »Das betrifft alle Kinder, die zum Zeitpunkt der Festnahme registriert sind. Aber die, die offiziell nicht existieren …«

»Hörst du, Mae, in Wahrheit bin ich wirklich nur ein Quälgeist, shuhu!« Feleeca schaut zu mir hoch, das Gesicht zu einer Grimasse verzogen.

Vielleicht würde ich lachen, wäre da nicht dieser Knoten in meinem Magen. »Wie?«, frage ich knapp.

Feleeca und Jamar tauschen einen Blick, und selbst Grayson mischt bei dem lautlosen Gespräch mit. Am Ende ist er derjenige, der sich von der Tür löst und zu mir kommt.

»Es gibt eine Möglichkeit, den Eingriff bei uns Männern rückgängig zu machen«, erklärt er. »Für manche ist es nur eine Form von Protest gegen das Parlament, für andere ist es die einzige Chance auf eine Familie.«

Es ist das erste Mal, dass Feleeca in meiner Gegenwart zusammenzuckt. Also hatte ich recht. Kein FertiPlex der Welt würde es einer Affäre ermöglichen, Kinder zu kriegen. Was heißt, dass Feleeca auf alte, absolut unnatürliche Weise entstanden sein muss. Ohne geprüfte DNA. Ohne Auswahl genetischer Merkmale. Ohne Unterstützung durch Behandelnde.

»Mae?« Grayson streicht über meine Hand. »Ist alles in Ordnung?« Seine Finger glühen förmlich im Kontrast zu meinen.

»Ich weiß es nicht«, erwidere ich ehrlich und sehe ihn an. Unter seinem Blick stiehlt sich das Flirren zurück in meinen Bauch, und eine unangemessene Sekunde lang gibt es nur einen Gedanken. »Hast du …?« Ich beiße mir auf die Unterlippe.

»Nein.« Mit einem leisen Lachen lässt er die Finger zwischen meine gleiten. »Ich halte zwar nichts von dieser Form der Kontrolle, aber ich sehe auch die Vorteile.«

Obwohl Grayson und ich noch nicht einmal in der Nähe von Sex waren, atme ich auf. Als würde er es darauf anlegen, den wohligen Schauer bis in den letzten Winkel meines Körpers zu treiben, lehnt er sich vor und haucht mir einen Kuss in den Nacken. »Du musst dir also keine Sorgen machen«, flüstert er dabei, und jetzt ist das Flirren *wirklich* überall.

»Feleeca, stand hier nicht irgendwo der Kotzeimer?«, mischt Jamar sich ein, der mit drei folierten Kleiderbündeln auf uns zukommt, darauf eine Tube Balsam.

»Neidisch?«, kontert Feleeca zwinkernd.

»Wir sollten uns langsam auf den Rückweg machen.« Jamar übergeht die Frage gekonnt, indem er sich an uns wendet. »Sorry, Thorn, ich weiß, Rosenduft weckt deinen Brechreiz, aber ich schätze, damit wären wir quitt.«

»Grayson?« Feleeca greift in ihre Hosentasche und zieht eine kleine Dose heraus. »Kamille.«

Grayson reckt sich vor und nimmt ihr die Dose ab. »Besten Dank«, sagt er mit feinem Lächeln.

»Verräterin«, murmelt Jamar. »Mae, das oberste Paket ist für dich, Thorn …« Anstatt noch etwas zu sagen, presst er Grayson das Bündel gegen die Brust.

Mit spürbarem Widerwillen löst Grayson seine Hand aus meiner. »Danke, Benett.« Ironie träufelt aus jeder Silbe.

Ich mustere mein eigenes Päckchen. Durch die Folie schimmert weißer Stoff. An einer Stelle kann man den dunkelroten Streifen erahnen, der sich auch jetzt über unsere verdreckten Jacken zieht, darunter ertaste ich Schuhe. »Wartet, woher ...?«

»Belinda arbeitet in der Wäscherei«, antwortet Feleeca. »Sobald ihr wieder oben seid, zieht ihr euch um und lasst die alten Sachen einfach runterfallen. Irgendeine arme Sau darf dann später durch die Gänge kriechen und hinter euch herräumen. Und ratet mal, wer sich nach dieser Nachtschicht sicher nicht freiwillig melden wird. Bingo! Dieser fleißige Quälgeist hier, der sich in der Zeit von irgendeiner lahmen Doku in den Schlaf säuseln lassen wird.«

Ich fühle mich mies bei dem Gedanken, dass jemand unsere verdreckten Sachen einsammeln muss, allerdings scheint es System zu haben. Und mir fällt keine bessere Lösung ein, um halbwegs sauber zurückzukommen.

Wir verabschieden uns von Feleeca, dann machen wir uns auf den Rückweg.

Ich habe fast vergessen, wie übel die Kanalisation wirklich riecht. Ich atme so flach wie möglich, bis Jamar neben einem von vielen Aufgängen stehen bleibt und einen Stein aus der Wand ruckelt. Was wohl heißen dürfte, wir sind da. Ich verkneife mir ein erleichtertes Aufatmen, denn an dieser Stelle riecht es besonders übel. Stattdessen gebe ich Jamar meine Stirnlampe und warte, bis er alles verstaut hat.

Die Taschenlampe zwischen die Zähne geklemmt, klettert Jamar nach oben, öffnet die Luke – und fängt an, sich vor unseren Augen auszuziehen. Erst die Jacke, aus der er noch kurz sein SmartPad befreit, dann das Schlafshirt. Ich sollte aufhören, ihn anzustarren, allerdings sollte ich mir seine Taktik vermutlich merken. Außerdem verhindert der zitternde Schein der Taschenlampe ohnehin, dass man zu viele Details erkennt.

Als Nächstes fliegt die Hose, noch ein Platschen vor meinen Füßen, dann schwingt Jamar sich in Boxershorts hoch auf die Kante, stellt die Lampe ab und lässt die Schuhe folgen. Nur die Socken behält er an. Er steht auf und bedeutet uns mit einem Handwink, ihm zu folgen.

Ich drehe mich zu Grayson, dessen Gesicht kaum beleuchtet ist. Trotzdem glaube ich, das neckende Funkeln in seinem Frostblau zu erkennen. Am liebsten würde ich ihn bitten, vorzugehen, aber dafür müsste ich mich viel zu dicht an die Wand pressen, und er müsste sich auf dem schmalen Steg an mir vorbeiquetschen. Leider zu gefährlich.

»Du weißt schon, dass ich Jamar bitten werde, die Taschenlampe so lange auszuschalten, oder?«, flüstere ich Grayson zu.

Er lacht kaum hörbar. »Wenn du riskieren willst, den Halt zu verlieren, bitte. Außerdem bin ich mir sicher, dass der Rest von dir genauso schön ist wie das, was ich bisher gesehen habe.«

Hoffentlich reicht das Licht nicht, um die Hitze zu sehen, die sich in meine Wangen stiehlt. »Wärst du ein Gentleman, würdest du dich umdrehen.«

»Und die Chance verpassen, dich aufzufangen, solltest du abrutschen?«

Ich weiß nicht, ob ich mir seiner Blicke je so bewusst war wie jetzt. Und ich weiß nicht, ob das Glühen meiner Wangen wirklich Scham ist oder ob ich es nicht eher *genieße*. Weil ich spüre, dass er es ernst meint, dass er meine Narben und Dehnungsstreifen nicht als Makel sehen würde, sondern als Teil von *mir*. Genau wie meine Sommersprossen.

»Zum Glück kann ich gut auf mich selbst aufpassen«, wispere ich heiser. Dann drehe ich mich um, bevor ich dem Drang nachgeben kann, ihn an mich zu ziehen und uns womöglich beide in diesen trüben Fluss zu befördern.

Die Sprossen fühlen sich noch rutschiger an als auf dem Hinweg. Trotzdem finde ich auf einer der oberen festen Stand und schaue zu Jamar, der in Boxershorts und Socken an der Wand lehnt; die Taschenlampe hat er neben sich auf den Boden gestellt.

»Wenn du Thorn versehentlich einen Schuh an den Kopf wirfst, gebe ich dir morgen mein Dessert«, sagt er gerade laut genug, um das Wasserrauschen zu übertönen, und wendet mir grinsend den Rücken zu.

Ich verdrehe nur die Augen, während ich meine Jackentaschen leere und zusammen mit dem folierten Bündel auf den Rand lege. Kaum habe ich die Jacke ausgezogen, schnappt die Kälte so bissig nach meiner Haut, dass jede Hitze abklingt. Dagegen war es selbst in der Zentrale warm.

»Ach, Jamar?«, frage ich, um mich von der Kälte abzulenken. »Gibt es eigentlich jemanden, mit dem Walker dich verpartnern soll? Falls Projekt Partnership klappt?« Ich ziehe das fleckige Top über meinen BH. Als ich es fallen lasse, schaue ich hinterher – und sehe, dass Grayson sich ebenfalls abgewendet hat. Ein Lächeln huscht über meine Lippen, begleitet von einem kleinen Stich des Bedauerns.

»Jetzt sag nicht, dass sie Thorn und dich …«

»Jamar …«, unterbreche ich ihn tadelnd und öffne mit einer Hand meine Hose, während ich mit der anderen die letzte Sprosse fest umklammere.

»Ich hab's befürchtet.« Dafür liegt in seiner Stimme erstaunlich wenig Spott. »Lysander«, fügt er hinzu. »Gehört auch zum innerem Kreis. Ist auf seine Weise echt witzig, charmant und durchaus sexy. Hat ein bisschen was von einer altgriechischen Gottheit.«

»Uh, und warum hab ich bisher nie von ihm gehört?« Stichelnd ziehe ich die Hose über die Schuhe, wische meine Hände am Stoff ab und lasse sie fallen. Danach schwinge ich mich nur in Unterwäsche bekleidet auf die Kante, um mich den Schuhen zu widmen. Scheiße. Ist. Das. Kalt.

»Weil er nur ein Kumpel ist«, erwidert Jamar. Einzig sein bemüht beiläufiger Unterton lässt vermuten, dass da vielleicht etwas mehr sein könnte.

»Verstehe«, necke ich. »Dann hoffe ich, es klappt.«

Um Grayson nicht wirklich zu treffen, gebe ich dem Schuh ein bisschen Schwung nach hinten mit – und schmeiße ihn geradewegs in den Fluss. Beim Platschen fährt Grayson sofort herum. Sein Blick rast hoch zu mir, und ich verziehe entschuldigend die Lippen. Nicht, ohne sein offensichtlich angetanes Funkeln zu genießen.

»War das Thorn oder ein Schuh?«, fragt Jamar, ohne sich umzudrehen.

»Sorry, aber ich muss dich enttäuschen.« Dann sammle ich meine Sachen zusammen und stehe auf.

»Also kein Extradessert. Und ich dachte, du magst Süßes.«

»Falls es dir nicht aufgefallen ist: Die Portionen sind sowieso jedes Mal zu groß, um Nachschlag zu nehmen.«

»Redet ihr echt über Essen?«, mischt Grayson sich ein.

Ich drehe mich um und muss feststellen, dass er Jacke und Shirt bereits ausgezogen hat. Mein Puls jagt nach oben. Im MedPlex habe ich ihn schon mal mit nacktem Oberkörper gesehen, aber das war was völlig anderes. Ich sollte mich umdrehen und ihm dieselbe Privatsphäre geben wie er mir, nur leider bin ich wie erstarrt.

»Dessert«, korrigiere ich heiser und hoffe, dass er die Anspannung in meinem Körper nicht bemerkt. »Dessert ist kein richtiges Essen.«

»Und genau deshalb sagt keiner nein zu einer Extraportion«, feixt Jamar hinter uns.

Ich würde gern etwas Schlagfertiges erwidern, aber in diesem Moment zieht Grayson sich nur in Boxershorts hoch auf die Kante, wird die Schuhe in zwei geschickten Würfen los und steht kurz darauf vor mir. Die Hitze, die sein Körper abstrahlt, ist unfair. Genau wie die sanfte Berührung an meiner Taille, bevor er sich abwendet, um die Luke zu verschließen.

Jamar räuspert sich. »Was auch immer da hinten so lange dauert: Falls wir nicht vorhaben, gleich wie drei Zombies beim Frühstück zu erscheinen, sollten wir los.«

Als ob die paar Stunden noch was retten könnten. Wie viel Uhr ist es jetzt? Fünf? Halb sechs? Das letzte Mal, dass ich so lange wach war, dürfte der Filmabend im Oktober gewesen sein. Und den Tag danach habe ich nur überlebt, weil Nick mich mit zum Joggen genommen hat. Wir haben auf der ganzen Strecke kein Wort gewechselt – jetzt weiß ich auch, warum, denn damals war er in Gedanken sicher bei seinen gerade gefallenen Leuten.

Ich presse mein Kleiderbündel samt SmartPad und Datenkabel enger an meinen Körper. Eine miese Idee, denn die Sachen fühlen sich auf meiner Haut an wie Eiswürfel. Eine Berührung von Grayson wäre sicher … nichts, worüber ich jetzt nachdenken sollte.

Als sich unsere Blicke kreuzen, ist sein Bedauern nicht zu übersehen. Ich erwidere es mit einem entschuldigenden Lächeln. Irgendwie bezweifle ich, dass ich heute überhaupt noch schlafen werde …

Jegliche Forschung an künstlicher Intelligenz ist verboten, sofern sie nicht im Auftrag der Regierung erfolgt. Sollten sich im Rahmen anderer Forschung unbeabsichtigt Fortschritte in diese Richtung abzeichnen, sind sie umgehend an die Prüfungsinstanz MOSS zu melden.

Das gute Gesetz, Art. 24, Absatz 1

KAPITEL 17

Als der Wecker geht, würde ich gern etwas gegen AISS Lautsprecher schmeißen. Da ich erst vor knapp zwei Stunden in Windeseile geduscht habe, um den beißenden Gestank loszuwerden, kann ich noch ein paar Minuten liegen bleiben. Theoretisch. Leider poltert keine Sekunde später Therese von oben herunter und lässt sich wie so oft zu mir auf die Matratze fallen. Dieses Mal versagen meine Reflexe. Anstatt die Beine an den Körper zu ziehen, stöhne ich auf, als Therese sich quer darüberlegt.

»Bitte sag, dass deine Muskeln auch brennen«, nuschelt sie. »Der Parcours gestern war echt die Hölle!«

»Du vergisst, dass ich nur bei diesem Workout für die Verletzten war«, erinnere ich sie. »Also nein, kein Muskelkater.« *Nur das bisschen vom Kriechen und Klettern durch die Kanalisation.* Es kommt mir immer noch surreal vor, dass ich in der Zentrale der Thustras war. Dass ich Trish kennengelernt habe und dass ich jetzt eine echte Aufgabe habe. *Nein,* zwei *Aufgaben,* korrigiere ich mich. Wobei sich mein müdes Gehirn weigert, auch nur für eine davon einen Schlachtplan zu entwickeln.

»Du Glückliche.« Ächzend richtet Therese sich auf. »Okay, wow, ich nehme alles zurück. Deine Augenringe sind echt übel – hast du überhaupt geschlafen?!«

Meine erste Antwort ist ein inbrünstiges Gähnen. »Schon, ja. Hast du noch Concealer?«, sage ich ausweichend, um sie nicht weiter anlügen zu müssen.

»Hab zum Glück letzte Woche welchen von zu Hause mitgenommen, also ja. Komm hoch.« Therese hält mir ihre Hand hin.

Widerwillig lasse ich mich auf die Beine ziehen. Vielleicht haben Grayson und Jamar ja einen Profitipp, wie man nach solchen Nächten überlebt.

»Kaffee.« Jamar sitzt heute direkt neben mir und füllt meine Tasse bereits zum dritten Mal nach. »Sehr viel Kaffee.« Es ist unverschämt, wie ausgeruht er aussieht. Mit etwas Phantasie kann man auf seiner braunen Haut Schatten erahnen, aber entweder hat er einen noch besseren Concealer als Therese, oder ihm reichen zwei Stunden Schlaf – genau wie Grayson.

Er sitzt einige Plätze weiter, so dass wir hin und wieder verstohlene Blicke tauschen können. Ein kleines Lächeln hier, ein anzügliches Funkeln da. Alles hinter Nicks Rücken – wortwörtlich, da mein Bruder neben Amara am Nachbartisch sitzt. Als er einmal über die Schulter sieht, greife ich gerade nach der Zuckerdose. Eigentlich trinke ich meinen Kaffee schwarz, nur heute brauche ich jede Energie.

Nick lächelt flüchtig, was mein schlechtes Gewissen aufblitzen lässt. Ich habe den MicroStick samt Adapter in meinem BH verstaut. Nicht der beste Ort, wenn ich schnell drankommen möchte, allerdings habe ich Angst, er könnte mir sonst aus der Tasche fallen. Oder dass ich meine Jacke genau heute bei einem Test vergesse. So brauche ich nur eine kleine Bewegung und spüre, dass der Stick da ist. Wie ein Mahnmal dafür, dass ich immer noch nicht weiß, wie ich an Nicks SmartPad kommen soll.

Jamar stößt mich mit der Schulter an. »Du kannst ihn fallen lassen.«

Irritiert schaue ich zu dem Zuckerwürfel, den ich immer noch mit einer kleinen Goldzange über meiner Tasse halte. Ich lasse los. »Sorry. Meine Gedanken waren woanders.«

»Hat man gemerkt. Lucy, ich glaube, du musst deine Frage wiederholen.« Grinsend nimmt Jamar mir die Zange ab, um sich selbst zwei Würfel in die Tasse zu schaufeln.

»Willst du heute Abend mitmachen?«, fragt Lucinda, die mir schräg gegenübersitzt. »Beim nächsten Dartturnier.«

Offensichtlich hab ich ein ganzes Thema verpasst. »Danke, aber ich muss leider passen. Ich bin lieber Zuschauende.« Außerdem würde ich in meinem Zustand eher Leute verletzen, als ins Schwarze zu treffen.

Nach dem Frühstück steht Liv vom Nachbartisch auf und kündigt das Programm für den Vormittag an. Bei der Erwähnung der Interessensrunde stöhne ich innerlich auf. Es gibt nicht viele Tests, bei denen es um Schnelligkeit geht, aber das ist einer davon. Immerhin schaffe ich es, mich so lange auf Liv zu konzentrieren, bis ich weiß, dass Grayson und ich in derselben Gruppe sind. Und Nick nicht.

Auf dem Weg zum Labor lässt Grayson sich zurückfallen, bis er auf derselben Höhe ist wie Jamar und ich. Die andere Gruppe ist gerade abgebogen, so dass mein Bruder nicht mitbekommt, wie Graysons Fingerspitzen meine streifen. Die Funken jagen ungehindert bis in meinen Magen, mein Herz, meine Mundwinkel, die sich wie von selbst heben.

»Thorn.« Jamar weiß seine Abneigung mit einem falschen Grinsen zu überspielen. »Welch unverhoffte Gesellschaft.«

»Wie gut, dass ich nicht zu dir wollte.« Graysons kleiner Finger bleibt an meinem hängen. »Mae, wenn du kurz …?« Mit einem sanften Ziehen bedeutet er mir, mein Tempo zu verlangsamen.

Mein Schritt taumelt, während ich mit geschürzten Lippen zu Jamar sehe, der die Situation sofort versteht. Anstatt mich aufzuhalten, sagt er: »Ich wollte sowieso noch mit Lucy übers Dartturnier reden.« Und schon hat er zu unserer Mitbewohnenden weiter vorne aufgeschlossen.

Grayson und ich warten, bis alle anderen an uns vorbei sind, erst dann folgen wir ihnen mit etwas Abstand.

»Wir sollten unsere Antworten abstimmen«, wispert er mir zu, sein Kopf so nah an meinem, dass sein Atem sanft kitzelt. »Ein Nicken, wenn wir die Antwort kennen, ein Kopfschütteln, wenn nicht. Wir melden uns nur, wenn beide nicken.«

Es sind kurze, knappe Anweisungen, perfekt für jemanden, der sich schon wieder ein Gähnen verkneifen muss.

»Okay«, flüstere ich zurück. »Warum siehst du eigentlich aus, als hättest du erholsame acht Stunden geschlafen?«

»Übung.«

Ich genieße sein provokantes Funkeln, bis ich fremde Blicke spüre. Joline hat sich im Laufen zu uns umgedreht und verzieht das Gesicht, wobei ich keine Ahnung habe, ob es Abscheu oder Verwirrung ist. So oder so will ich mich von Grayson lösen, aber er hat andere Pläne. Anstatt mich loszulassen, zieht er mich noch ein Stück näher, senkt die Lippen neben meine und raunt in einem halben Kuss: »Sie denkt, ich würde mich an dich ranmachen, um deinen Bruder zu ärgern.«

»Der gerade nicht hier ist?«, erwidere ich, während sich ein verräterischer Schauer durch meinen Körper windet.

»Alles Teil des Plans.«

»Klingt nicht besonders ausgefeilt.«

»Was vielleicht daran liegt, dass er nach einer ziemlich kurzen Nacht entstanden ist.«

Wie gern wäre ich jetzt mit ihm allein. Ohne Balsam und dreckige Klamotten. Oder generell ... Klamotten. Auch wenn ich wahrscheinlich binnen zwei Minuten einschlafen würde, sofern ein Bett, Kissen oder Decken involviert wären.

Die Tür zu Labor 8 steht offen. An der linken Wand hängt ein riesiger HoloScreen, in der Mitte gibt es einen ovalen Tisch, dessen Kopfseite abgeschnitten wurde, umringt von dreißig Stühlen. Ich setze mich neben Jamar, Grayson nimmt den Platz gegenüber, so dass wir jede winzige Regung voneinander sehen können.

Die Interessensrunden gleichen einer Schulstunde. Geladenes Fachpersonal stellt Wissensfragen zu einem Thema, wer die Antwort kennt, zeigt auf, und binnen zwei Sekunden wird jemand drangenommen. Heute steht eine Professierte der Golden University vorne und kündigt als Oberthema Geschichte an. *Jackpot* – in der Theorie. Praktisch habe ich unterschätzt, wie schwer es ist, den Nebel im Kopf ohne Veritas zu bekämpfen. Normalerweise schleust es richtige Antworten selbst an der schlimmsten Migräne vorbei, heute bin ich auf mich gestellt. Und versage auf ganzer Linie.

Die ersten Fragen ziehen einfach an mir vorbei. Ich schaue immer wieder zu Grayson, der die letzte Nacht *definitiv* besser weggesteckt hat. Mehr als einmal nickt er mir zu, während ich entschuldigend das Gesicht verziehe.

Konzentration, Mae. Ich starre der Professierten auf die Lippen, als könnte ich ihre Worte so schneller verarbeiten.

»Kommen wir zu einer Frage, bei der ich die meisten Hände oben sehen möchte«, ein Blick in die Menge, »wie viele Überlebende gab es nach der letzten Schlacht vor Alt-München?«

Es funktioniert tatsächlich. Meine Hand schießt nach oben – Graysons folgt. Leider wird der Typ drangenommen, der neben Firn sitzt.

»Knapp zwei Millionen«, schnarrt er gelangweilt.

Um knapp achtzigtausend daneben. Die Professierte lässt es trotzdem gelten, was auf so viele Arten falsch ist, dass mein Kampfgeist aufflammt.

»Was genau war der Auslöser für den Letzten Weltkrieg?«

Ein flüchtiger Blick zu Grayson, ein geteiltes Nicken, wieder geht meine Hand nach oben. Dieses Mal mit Erfolg. Die Professierte deutet auf mich. »Alle anderen sind von der Antwort entbunden«, fügt sie die Floskel hinzu, die dank Veritas jeder Frage folgen muss.

»Lügen«, erwidere ich. »Der Auslöser waren Lügen.«

Geschafft. Lächelnd schaue ich zu Grayson. Ein erster Punkt für mich. Ich erwarte, dass er mein Lächeln erwidert – stattdessen nickt er nur mit alarmierter Miene zur Professierten. Im gleichen Moment verpasst Jamar mir einen sachten Tritt unterm Tisch. Mein Herzschlag stolpert. War meine Antwort nicht richtig?! Oder habe ich die Frage irgendwie falsch …?

Ich erstarre, als ich merke, dass die Professierte mich erwartungsvoll mustert. Kann es sein, dass sie noch etwas gefragt hat? Aber wann? Und warum mich? *Fuck, fuck, fuck.*

»E… Entschuldigung, ich war abgelenkt«, stammle ich, ehe sie aus den verstrichenen Sekunden falsche Schlüsse ziehen kann. Wer hätte gedacht, dass mich ausgerechnet ein *Geschichtstest* dermaßen auf die Probe stellen wird?! Keine Gefährdungsanalyse, kein Smalltalk mit meinem Bruder, nein, ausgerechnet das Thema, für das ich brenne. Brennen *muss*, wenn ich ins Zentralarchiv will.

»Konzentration wäre äußert wünschenswert«, tadelt die Professierte, ohne den Blick von mir zu lösen. »Also noch mal: Können Sie Ihre Antwort präzisieren?«

Am sichersten wäre ein Nein, aber ich bringe es nicht heraus. Denn langsam dämmert mir, dass hier mehr auf dem

Spiel steht als mein Stolz oder künftige Partnerschaften. Sollte ich es wirklich in die engere Auswahl fürs Praktikum schaffen, wird Professierte Adelaine mich durchleuchten. Angefangen bei Bewertungen aus der Schule über Empfehlungsschreiben – bis hin zu meinen Ergebnissen aus dem Camp. Wenn ich bei einem solch simplen Geschichtstest versage, könnte mein Plan scheitern, ehe ich ihn richtig angestoßen habe.

Mit einem tiefen Atemzug falte ich die Hände auf dem Tisch. »Natürlich kann ich es präzisieren.« Aus den Augenwinkeln sehe ich, wie Grayson sich versteift, aber jetzt gibt es kein Zurück mehr. »Zum damaligen Zeitpunkt waren die meisten Staaten durch das mutierte Virus bereits komplett zerfasert.« Ich bemühe mich um einen ruhigen Tonfall, während Adrenalin jede Müdigkeit wegwischt. »Es gab kaum noch fruchtbares Land, keine Infrastruktur mehr, keine klaren Grenzen, keine Gesetze – oder zumindest niemanden mehr, der sie hätte durchsetzen können. Um die Welt vor dem endgültigen Kollaps zu bewahren, haben sich die Anführenden der drei letzten Nationalverbunde zu einem Zukunftsgipfel verabredet, in Alt-München, das als neutraler Boden galt. Doch die Absichten der Teilnehmenden waren nicht aufrichtig. Während sie über Bündnisse, geteilte Ressourcen und Kompetenzen gesprochen haben, hat jeder der drei Anführenden heimlich Truppen ausgesendet, um die Lager der anderen zu plündern. Als der erste Alarm losging, ist der Letzte Weltkrieg entbrannt.«

»Das war in der Tat sehr präzise.« Die Professierte findet ein Lächeln. Dann wendet sie sich der Menge zu, und Erleichterung brandet in mir. »Nutzen wir diese schöne Überleitung gleich für die nächste Frage: Welcher Nationalverbund hat den Krieg für sich entschieden?«

Grayson wirkt immer noch angespannt, und trotzdem teilen wir ein Nicken. Zwei gehobene Hände, dieses Mal darf er die Antwort geben: »Keiner. Sie haben sich gegenseitig zerschlagen, was Ernest Sestiby genutzt hat, um selbst aus Alt-München heraus den Vorsitz über die neue Welt zu übernehmen.«

Richtig. Meine Mundwinkel ziehen nach oben. In der Schule war ich oft die Einzige, die solche Dinge wusste, aber Grayson ist mindestens genauso versiert wie ich.

Frage für Frage spielen wir uns ein. Ein Blickwechsel, ein Nicken, zwei gehobene Hände, Triumph, Euphorie, ein Prickeln. Ich hätte nie gedacht, dass ich mal einen Typ treffe, bei dem sogar das Vereidigungsdatum von Abgeordneter Tawley hängengeblieben ist.

Jamar stößt mit dem Knie gegen meins. »Pass auf, dass du nicht anfängst, zu sabbern, Elking«, flüstert er mit hörbarem Feixen.

»Neidisch?«

»Darauf, dass ihr beide mehr Zeit mit Geschichte verbracht habt als mit spaßigen Aktivitäten? Lass mich kurz nachdenken. Nein, ich bin mir sicher, ich bevorzuge Comedynächte und Partys mit süßen …«

»Jamar Benett, wenn Sie die Antwort kennen, melden Sie sich und hören Sie auf, Ihre Mitbewohnende abzulenken«, geht die Professierte mit schneidender Stimme dazwischen.

Ich sauge die Unterlippe ein, um nicht zu lachen.

Nach dem Test wird Grayson wieder von Joline und Firn in Beschlag genommen. Da ich auf zwei Drittel der Gruppe keine Lust habe, halte ich mich an Jamar und lasse mich von ihm mit ins Fitnessstudio schleifen. Neben Kaffee scheint Bewegung seine Überlebensstrategie für den Tag, und ich fürchte, sie ist gar nicht so mies.

Die Frauenumkleide ist wie leergefegt. Nur Lace stopft gerade ihre Tagesklamotten in den Spind. War ja klar. Sofort regt sich mein Fluchtinstinkt – den ich mit einem tiefen Atemzug niederringe. Schließlich hat Lace seit unserer nächtlichen Begegnung keine einzige Spitze mehr gegen mich fallenlassen, geschweige denn tödliche Blicke in meine Richtung gejagt. Auch jetzt tut sie so, als wäre ich einfach nicht da, während sie ihre Trainingssachen überzieht.

Ich steuere auf die Ausgabe zu – als sich plötzlich Finger um mein Handgelenk schließen. Wie angewurzelt bleibe ich stehen und sehe zurück zu Lace. Sie funkelt mich aus ihren unnatürlich goldenen Augen an, ihr Brustkorb hebt und senkt sich in schweren Atemzügen, als hätte sie das Training bereits hinter sich.

Ein paar zähe Sekunden starren wir einander an, ehe Lace den Mund öffnet. »Danke.« Ihr Flüstern ist so leise, dass ich mir nicht sicher bin, ob ich sie richtig verstanden habe. »Ich schätze, ich schulde dir was.« Ein Blick, der ihre Worte unterstreicht, dann lässt sie abrupt von mir ab, wirft ihren Spind zu und stürzt aus der Umkleide.

Ich schaue irritiert auf mein Handgelenk. Die weißen Druckstellen verflüchtigen sich bereits, und trotzdem habe ich Laces Angst gespürt. Unwillkürlich frage ich mich, wie sie es so lange geschafft hat, einer Überprüfung zu entkommen. Allein mit Amaras Hilfe? Oder ist der Rest ihrer Familie genauso bemüht wie meine?

Ein erneutes Türöffnen reißt mich aus meinen Gedanken. Ich wende mich der Ausgabe zu, während eine Mitbewohnende neben mir an den Spind geht und ihre Klamotten durchwühlt. »Ah.« Sie zieht triumphierend ihre EarPods raus. »Was man nicht im Kopf hat und so …« Mit einem flüchtigen Lächeln wirft sie den Spind wieder zu und verschwindet.

Ich fordere einen Satz Trainingsklamotten an, als mir klarwird, dass ich endlich wieder ganz allein bin. »AISS?« Ich beiße mir nervös auf die Unterlippe. »Erinnerst du dich an die Visitenkarte von Präsidierendem Kane?«

»Selbstverständlich«, flötet AISS aus einem Lautsprecher nahe der Ausgabe, während meine Kleiderkapsel in den Schacht fällt. »Laut meinen Aufzeichnungen wurde sie Ihnen am 7. April zugestellt und am selben Tag gelöscht.«

»Richtig. Kannst du sie wiederherstellen?«

»Technisch ja, allerdings wurde für die Wiederherstellung eine Bedingung hinterlegt. Bitte beantworten Sie die folgende Frage: *Haben Sie mein Angebot noch mal überdacht?*«

Die Stimme wechselt mitten im Satz zu Kanes, und mein Puls schießt mit solcher Wucht nach oben, dass ich einen Schritt zurückmache.

Es ist nur eine Aufzeichnung, sage ich mir, und trotzdem stellen sich sämtliche Härchen auf. »Habe ich«, erwidere ich in dem Versuch, meine Anspannung mit einem höheren Tonfall zu kaschieren. »Falls das Angebot noch steht, würde ich gern hören, welche Karrieremöglichkeiten der Präsidierende für mich sieht.«

Kurze Stille. Dann ist AISS wieder sie selbst. »Vielen Dank, Maeander. Ich habe Ihre Antwort gespeichert und weitergeleitet. Sie finden die Visitenkarte in Ihrem Eingang.«

»Danke, AISS.« Ich lege die Klamotten auf die Bank und hole mein SmartPad raus, ehe ich einen Rückzieher machen kann. Kanes Stimme hat dafür gesorgt, dass mein Kopf klar genug ist, um ein paar Zeilen an seine Assistenz zu formulieren: eine knappe Vorstellung, ein paar Worte zum Gespräch auf dem Eröffnungsbankett, abschicken.

Da Kane nicht zur Familie gehört – und ich glaube, ich war selten über einen Umstand so glücklich –, schrumpft mein Nachrichtenkontigent auf zwei. Erster Schritt geschafft. Ich atme durch, versuche, die Anspannung zu vertreiben. Jetzt kann ich nur warten, und in der Zwischenzeit sollte ich mich um Nicks SmartPad kümmern. Denn sobald mein Bruder erfährt, dass ich Kane kontaktiert habe, könnte dieses Unterfangen selbst für mich unmöglich werden ...

KAPITEL 18

Mein Plan ist so mies, dass ich Nick den ganzen Tag über aus dem Weg gehe. Erst beim Abendessen habe ich keine andere Wahl, als mich neben ihm auf den üblichen Platz zu setzen. Ich habe nicht einmal Jamar eingeweiht, der mit Therese und Loyd gegenübersitzt. Er weiß nur, dass er das Thema im Laufe des Abends auf Kunst lenken soll. Was schwierig sein dürfte, da Therese nach der Projektion am Nachmittag noch redseliger ist als sonst. Irgendwie schafft sie es, selbst mit dem Suppenlöffel im Mund ohne Punkt und Komma zu reden – bis Jamar ihr eine Scheibe Brot hinhält.

»Du hast noch eins mit Chiliflocken ergattert?!«, unterbricht sie sich. »Ich dachte, das war leer!«

»Hab ich.« Grinsend tritt Jamar seine Beute an sie ab. »Nenn es eine Mischung aus Schnelligkeit und Talent. Apropos Talent.« Sein Blick gleitet zu mir. *Ist nicht sein Ernst.* Wenn er das wirklich bringt, dürfte es der flachste Übergang aller Zeiten werden. »Mae, warum durften wir eigentlich noch nie eins deiner Kunstwerke bewundern? Hast du nicht mal erwähnt, dass du auch digital zeichnest?«

Er meint es ernst. Und schon liegt alle Aufmerksamkeit auf mir – einschließlich Nicks.

Meine Wangen fangen Feuer. »Weil ich normalerweise nur ... für mich zeichne«, bringe ich heraus. »Der einzige Mensch, dem ich je ein Bild geschickt habe, ist Nick. Und bevor ihr fragt: Es waren zwei einsame Wölfe, weil ich damals dachte, Nick hätte genauso wenige Freunde wie ich.« Irgendwie schaffe ich es, ein Necken in meine Stimme zu legen.

Nicks Mundwinkel zucken nach oben. »Es war trotzdem das perfekte Geschenk«, erwidert er. »Was hatte ich in dem Jahr noch mal für dich? War das dieser rote Stift, der nach zwei Zeilen ausgetrocknet ist?«

»Genau der.« Ich lächle gezwungen, während sich mein Inneres zusammenzieht. Das Thema driftet viel zu schnell in die falsche Richtung ab. »Immerhin sah er hübsch aus.«

»Aber ihr wisst schon, dass Wölfe Rudeltiere sind, oder?«, geht Jamar elegant dazwischen. »Klingt, als bräuchte dieses Bild ein kleines Update. Was meinst du, Mae?« Er hat meinen Plan also durchschaut.

»Weiß ich, ja«, erwidere ich in dem Versuch, meine Anspannung zu überspielen. »Und ich glaube, du hast recht. Ohne ArtPen wird es zwar schwierig, aber für eine kleine Skizze sollte es reichen. Nick? Dein SmartPad bitte.« Ich mustere meinen Bruder mit dreistem Selbstverständnis – und würde am liebsten im Erdboden versinken.

Sein Widerwille ist offensichtlich. »Warum malst du es nicht auf deinem Pad und schickst es mir im Anschluss?«

Zum Glück habe ich so etwas einkalkuliert. Ich schürze

die Lippen, als würde ich gegen die Antwort ankämpfen. Nach zwei Sekunden gebe ich auf. »Weil ich weiß, dass du eins dieser hochmodernen Dinger hast«, gebe ich zu. »Und ... ich würde es gern mal testen.« *Wow.* Der Award für die mieseste Schwester des Jahrhunderts geht eindeutig an mich. *Oder sollte ich sagen, für die beste Liar?* Der Gedanke tut weh, und es tröstet auch nicht, dass es noch begnadetere Liar gibt. Wie Kane, Kaldirim, *Nick* ...

»Na gut.« Schließlich zieht er sein SmartPad raus. »Aber du bleibst in der Zeichen-App, okay?« Dann öffnet er die Skizze unserer beiden Wölfe und hält mir das Pad hin.

»Versprochen.« Das Wort geht mir nur schwer über die Lippen. *Fuck.* Mit der perfekten Portion Selbsthass nehme ich Nick das SmartPad ab, gleichzeitig flehe ich *inständig*, dass Walker in seinen Daten nichts finden wird.

Ich schiebe meinen Stuhl nach hinten und ziehe die Knie hoch. »Aber ihr dürft nicht gucken«, weise ich die Runde an. Mein Herz schlägt dabei so laut, dass ich fürchte, es könnte mich verraten, noch bevor ich den ersten Strich gezeichnet habe.

Jamar lenkt die Aufmerksamkeit gekonnt zurück zum Tisch. Er vollführt einen Trick mit einem Untersetzer, während ich eine Hand unter mein Top schiebe und im Schutz meines Körpers das kleine Kabel heraushole.

Mit bebender Hand halte ich den Adapter ans SmartPad, dann flackert der Screen auf. Ab jetzt laufen meine Minuten. Ich verberge das Kabel mit meiner linken Hand, während ich mit der rechten Fingerspitze anfange, das alte Bild zu ergänzen. Im Vergleich zu meinem SmartPad ist dieser Screen viel sensibler. Er erkennt jedes Wackeln, jedes Zittern, aber dank der App ziehen sich die Linien von selbst gerade.

Ich spüre, dass Nick immer wieder zu mir schaut, nur flüchtig, doch die Falten auf seiner Stirn sind nicht zu übersehen. Als hätte er Angst, ich könnte die App doch verlassen, über irgendeinen Chat stolpern, einen Mailverlauf oder Dokumente, die niemand sehen sollte …

Mit einem flauen Gefühl wechsle ich den Pinsel. *Für eine kleine Skizze sollte es reichen.* Wem mache ich hier eigentlich was vor? Nick weiß genauso gut wie ich, dass ich bei meiner Kunst perfektionistisch bin, er wird merken, wenn …

Ich schaffe es gerade noch, einen Schrei zu unterdrücken, als sich das Display schwarz tönt und einen eingehenden Anruf anzeigt. *Reid Kane.* Kein Blinzeln später geht der Klingelton los, der Nick sofort auf den Plan ruft. Er springt regelrecht auf und reißt mir das SmartPad aus der Hand. Zum Glück halte ich das Kabel fest genug umklammert, damit es einfach abrutscht. Nur das Ende ragt einen Millimeter aus meiner Faust raus.

Shit. Shit. Shit!

»Tut mir leid, Mae, aber da muss ich drangehen.« Nick scheint es nicht zu bemerken. Mit schnellen Schritten strebt er auf den Trakt der Männer zu, und erst als die Tür für ihn aufgleitet, hält er sich das SmartPad ans Ohr. Seine Stimme geht im allgegenwärtigen Geräuschpegel unter.

Ich bin unfähig, mich zu rühren. Was, wenn das keine fünf Minuten waren? Oder wenn er doch etwas gesehen hat? Wenn digitale Spuren zurückgeblieben sind oder wenn Kane angerufen hat, um ihn zu informieren, dass ihm gerade Daten gestohlen werden? Ich muss an Walkers Werkstatt denken, an ihren ständig suchenden Blick und die vielen *offenen Programme* in ihrem Kopf. Laut Grayson weiß sie, was sie tut, aber wir reden hier vom SmartPad eines *Parlamentsmitglieds*. Plötzlich kommt es mir naiv vor, dieser ganzen Scheiße zugestimmt zu haben. Wenn Nick erfährt, dass er gehackt wurde, während ich …

»Jetzt nimm schon, Süße«, grätscht Therese in meine Gedanken. »Ist nur eine Generation älter als Nicks.« Sie hat sich quer über den Tisch gelehnt, um mir ihr SmartPad hinzuhalten.

Allein für diese Geste hätte sie eine Zeichnung verdient, aber ich kann nur noch an das Kabel in meiner Hand denken, an Nick und an Kane. »Später, okay?«, sage ich.

Sie lässt sich zurück auf ihren Stuhl sinken. »Na klar.« Und schon wird das nächste Thema eröffnet.

Als AISS das Essen für beendet erklärt, folgen wir den anderen runter in den Sofaraum. Inmitten des regen Stroms nimmt Jamar mir den MicroStick ab, begleitet von einem geraunten: »Ganze sechs Minuten. Respekt, Elking.« Ich sollte erleichtert sein, aber Nick ist immer noch nicht zurück.

In jeder Minute seiner Abwesenheit wechselt Furcht mit der Hoffnung, es könnte bei diesem Telefonat um etwas anderes gehen. Wobei selbst die Hoffnung einen bitteren Beigeschmack hat, denn seit wann ruft der Präsidierende *persönlich* bei meinem Bruder an? Müsste der Kontakt nicht über Kaldirim laufen? Die in der Hierarchie genau zwischen den beiden steht? Warum hat Nick überhaupt seine …

Ein Klatschen schneidet den Gedanken entzwei. Lucinda erklärt die Regeln, dann geht es los. Ich tue so, als würde meine ganze Aufmerksamkeit dem Spiel gelten. Ich juble, wenn Therese jubelt, gebe enttäuschte Laute von mir, wenn sie sich schnaubend neben mich fallen lässt.

»Noch ein BerryPop?« Sie bietet mir eins der alkoholfreien Getränke an. »Die Runde kann dauern.«

»Danke.« Ich lasse mir die Flasche entkorken und nippe an dem süßen Zeug. Es schmeckt nach nichts.

An der Dartscheibe bricht erneuter Jubel aus. Loyd klatscht bei ein paar Umstehenden ab, während Therese grinsend aufspringt. Ich sehe dabei zu, wie sich Loyd einen Weg zu ihr bahnt, sie an sich zieht und küsst. Sie sind in unserem Camp das einzige Paar, bei dem ich keine Sekunde daran zweifle, dass AISS ihre Namen in dreieinhalb Wochen gemeinsam verkünden wird.

»Mae?«

Fucking hell. Ich drehe mich auf der Couch um – und weiß sofort, dass etwas nicht stimmt. Nick steht mit versteinerter Miene vor mir, in seinem sonst so kontrollierten Blick ein Sturm, der gewillt ist, alles niederzureißen. Immerhin ist er allein, keine weiteren Aufsehenden, die mich auf der Stelle abführen werden. Es ist ein solch schwacher Trost, dass ich nicht weiß, ob ich lachen oder weinen soll.

»Ja?« Mein Tonfall ist mindestens eine Quinte zu hoch. Vielleicht sogar eine Oktave, Therese könnte es sicher genauer bestimmen.

»Wir müssen reden. Allein.«

»Okay.« Hilfesuchend sehe ich zu Jamar, aber er ist gerade

selbst am Zug. Also raffe ich mich auf und halte mich allein an mir fest, die Flasche stelle ich weg. »Verrätst du mir, worum es geht? Ist bei Dad …?«

»Gleich.« Dann legt er die Hand in meinen Rücken, um mich Richtung Ausgang zu schieben. Die Berührung ist weder zärtlich noch grob, eher angespannt. Draußen lässt er von mir ab und bedeutet mir, ihm zu folgen.

Wir gehen nach oben, in den Gang, den wir sonst nur betreten dürfen, wenn wir zu Tests müssen. Für Nick scheinen diese Regeln allerdings nicht zu gelten. Ohne von AISS aufgehalten zu werden, biegen wir in eine mir unbekannte Sackgasse. Keine der Türen hat Schilder, dafür gibt es überall Codefelder. Nick weiß genau, was er tut. Er bleibt vor der letzten Tür stehen, sechs Ziffern später verfärbt sich das Feld grün, und die Tür gleitet auf.

Der Raum ist menschenleer. Es sieht aus wie ein Büro mit Schränken, Schreibtisch und einem Regal voller Bücher.

Kaum ist die Tür ins Schloss geglitten, holt Nick sein SmartPad raus, geht zum Schreibtisch und öffnet unter der Platte ein verstecktes, silbern ausgekleidetes Fach.

»SmartPad und EarPods hier rein«, weist er mich an, während er seine eigenen Sachen ins Fach legt.

Mit zitternder Hand gebe ich ihm mein SmartPad. »Der EarPod liegt im Zimmer«, erkläre ich. Unwillkürlich muss ich wieder an meinen letzten Check-up denken. An den Moment, in dem Nick unsere gesamten Sachen in einen Müllbehälter geworfen und hinterher unbeschadet geborgen hat. Vielleicht gab es dort ein ähnliches Fach. Eins, das alle Geräusche abschirmt, so dass AISS uns nicht mehr belauschen kann. Nach dem Check-up wollte Nick mich beschützen – *aber jetzt?*

Nick drückt das Fach zu und schaut mich geradewegs an. Ich weiß nicht, ob ich ihn je so gesehen habe. Die Falten auf seiner Stirn sind tief wie Gräben, sein Blick gezeichnet von einem Vorwurf, der meinen Fluchtinstinkt aufheulen lässt.

»Reid Kane hat uns zum Abendessen eingeladen.« Seine Stimme ist kalt, distanziert, nur das Vibrieren verrät, dass er sich mit aller Kraft zusammenreißt. *»Uns«*, wiederholt er. »Und Maya Adelaine. Was zur Hölle hast du dir dabei gedacht, Mae?! Ich meine, hast du überhaupt eine Ahnung, was du mit dieser winzigen Nachricht ausgelöst hast?!« Das Vibrieren bricht, und da ist der Sturm. »Hast du auch nur eine Sekunde darüber nachgedacht, dass sie dir einen Praktikumsplatz anbieten werden? Nein, vergiss die Frage, warum sonst hättest du Reids Assistenz diese beschissene Nachricht geschickt? Du hast darauf *spekuliert*, dass sie dich einladen! Ins Zentralarchiv. Direkt ins Parlament, ins Herz des Centers, in dem *jeder* absolut *jeden* deiner Schritte beobachten wird. Jede wütende Hitze, jede Kränkung, jede noch so kleine Träne! Wenn du einmal da drinnen bist, kann dich *niemand* mehr beschützen. Nicht einmal … *ich.*« Er steht mit geballten Fäusten vor mir, sein Brustkorb hebt und senkt sich in schweren Zügen, während er krampfhaft versucht, seine Mimik unter Kontrolle zu halten. Als hätte ich nicht längst kapiert, dass er gerade eine emotionale Überreaktion hat.

Meine Gedanken wirbeln durcheinander. Er ist nicht hier, um mich festzunehmen. *Gut.* Er nimmt kein Sedatium mehr. *Scheiße.* Was trotzdem nicht heißt, dass er die Wahrheit kennt. *Richtig.* Spielt es eine Rolle, mit welcher Lüge sie ihm seine *neuen* Gefühle verkauft haben? *Gerade nicht, denn jetzt zählt nur eins: Er zeigt sie.* Und zwar vor *mir.* Was ziemlich beschissen ist, wenn man selbst kein Veritas mehr nimmt und keinen blassen Schimmer hat, wie man in diesem Fall reagieren müsste.

Erst mal mit Antworten, zischt meine Vernunft, und sie hat recht. In Nicks Ausbruch waren gleich mehrere Fragen, auf die ich reagieren sollte – wenn das hier nicht doch noch in einer Verhaftung enden soll.

»Was ich mir dabei gedacht habe?« Ich picke die eine Frage heraus, die am schwersten wiegt. So schwer, dass sie in meinem Magen rebelliert. »Meinst du das ernst? Du weißt, dass Professierte Adelaine seit *Jahren* mein Vorbild ist, und ich *will* diesen Job. Ja, ich habe versucht, Kanes Angebot zu vergessen, aus genau den Gründen, die du aufgezählt hast – bis mir klarwurde, dass es vielleicht meine einzige Chance ist, das zu tun, was ich *wirklich* liebe.« Immer mehr Worte brechen aus mir heraus, als hätten sie schon ewig auf diesen Moment gewartet. »Ich will nicht mein Leben lang in einem Job versauern, bei dem mein Tageshighlight ein Stück Kuchen ist. Bei dem ich abends nach Hause fahre, um mich allein in meiner Kunst zu vergraben und digitale Bücher zu lesen. Ich will echtes Papier anfassen, studieren, lernen, in unsere Geschichte eintauchen, ich will ... *dieses* Leben. Aber weißt du, was ich wirklich nicht verstehe? *Dich.*« Ohne es zu wollen, meldet sich hinter meinen Augen ein Brennen.

»Mae ...« Nick macht einen Schritt auf mich zu.

Ich weiche zurück, seine Konturen verschwimmen vor mir. »Du hast mich mein Leben lang beschützt«, fahre ich fort, blinzle Tränen weg. »Du hast mir Kissen geholt, damit ich schluchzen und schreien kann, du hast unsere SmartPads in diesen kleinen Tresor gesperrt, du hast den Stecker vom HoloTerminal rausgezogen, mich von allen Menschen isoliert, die mir schaden könnten. Du hast Dads Tabletten ins Camp geschmuggelt – und dann nimmt du diesen Posten im Parlament an und ernennst mich zu deiner *Bezeugenden.*« Nick zuckt zusammen, mein Herzschlag stolpert. »Natürlich habe ich mich geehrt gefühlt, aber du musst gewusst haben, was das heißt. Dass man mich auf eine Bühne stellen wird, gut sichtbar für ganz Sestiby, und dann diese Homestory?! Mit *Aiden*? Obwohl ich gesagt habe, dass es keine gute Idee ist?« Mir entfährt ein heiseres Schnauben. »Wenn dieses Abendessen mit Kane und Adelaine so ein großes Problem für dich ist: Warum hast du mich dann überhaupt in die Öffentlichkeit gezerrt?«

Dieses Mal bleibt Nick, wo er ist. »Weil ich dachte, es wäre der beste Weg, dich zu *beschützen*«, raunt er in einem Ton, als würde er selbst gegen Tränen ankämpfen. »Denn *gib der Presse, was sie wollen, dann lassen sie dein echtes Leben in Ruhe.*«

Autsch. »Ist das eine von Julvernes Weisheiten?«, frage ich heiser. »Falls ja, solltest du ihm vielleicht sagen, dass es Menschen gibt, für die sich jeder Tag nach dem *echten* Leben anfühlt, jede Minute, jede Sekunde. Und genau deshalb will ich es mit Dingen füllen, die mich *glücklich* machen – auch wenn es gefährlich ist.« Ich schlucke gegen den Kloß an, der sich in meinem Hals gebildet hat. »Also, wann ist dieses Abendessen?«

Es verlangt mir alles ab, nicht auf der Stelle zusammenzubrechen. Keine Rückzieher zu machen, Nick nicht in die Arme zu schließen und ihn zu bitten, so zu tun, als hätte es all das hier nie gegeben.

Drei Sekunden lang starrt er mich an, seine Augen glänzen tränennass. Dann strafft er die Schultern und verbannt jedes Gefühl an einen Ort, den ich niemals ergründen werde. »Freitag um achtzehn Uhr bei den Kanes. Paul wird uns eine halbe Stunde vorher abholen.«

»Okay.« Andere Wörter fallen mir nicht mehr ein.

Nick scheint es genauso zu gehen. Er lässt das Fach aufspringen und holt seine Sachen raus. Auf dem Weg nach draußen bleibt er auf meiner Höhe stehen. »Wenn ich meine kleine Schwester verliere, könnte ich mir das nie verzeihen«, flüstert er. Von der Seite spüre ich seinen durchdringenden Blick. »Also pass bitte gut auf sie auf.« Er lehnt sich vor und haucht mir einen Kuss auf die Wange.

Ich schließe die Augen, bis ich die Tür hinter mir zugleiten höre. Er ist weg.

»Unser Rudel«, von M. E.

KAPITEL 19

Julverne hat natürlich Wind von dem bevorstehenden Abendessen bekommen. Trotz seines *äußerst engen* Terminkalenders schafft er es, uns persönlich im Camp zu besuchen. Mein Anteil an dem Meeting beschränkt sich zwar auf zwanzig Minuten, aber es reicht, um mich daran zu erinnern, warum ich Julverne nicht mag. Seine vermeintlich enthusiastische Art kann nicht darüber hinwegtäuschen, dass er mich für einen Problemfall hält, den er mit aller Macht zu formen versucht. Er verspricht großzügig, sich um mein Outfit zu kümmern, mir wieder die besten Make-up-Artists zur Seite zu stellen, und weist beiläufig darauf hin, dass ich mir das neue Briefing gut einprägen soll.

Das Briefing beschränkt sich dieses Mal auf einen überschaubaren Ablauf – und zwei lange Listen. Eine mit Themen, über die man im Hause Kane sprechen darf, und eine mit Themen, die wir besser meiden sollten. Am Ende lassen sie sich mit zwei Sätzen zusammenfassen: Alles, was Nick in ein gutes Licht rückt, ist gern gesehen. Alles, was das Gegenteil bewirken könnte, ist tabu.

Ich nicke und lächle und versuche, meinem Bruder damit zu beweisen, dass ich bereit bin. Für dieses Abendessen. Und für alles, was daraus hoffentlich resultiert.

Als ich am Freitag neben Nick den Aufzug verlasse, bin ich eine Mischung aus der Mae von der Vereidigung und der Homestory. Mein Make-up ist dezent, aber verdeckt jede Sommersprosse, anstatt eines Seidenkleids trage ich einen hautengen Body unter einer weiten schwarzen Hose, dazu einen seegrünen Blazer. In meinem Dekolleté baumelt eine kleine Kette mit einem goldenen V. Obwohl es laut Julverne allergenfreies Echtgold ist, fühlt es sich an, als würde meine Haut darunter brennen. Mein SmartPad musste ich zusammen mit Lippenstift und Puder in eine winzige Handtasche quetschen.

»Ihr seht gut aus«, begrüßt uns Paul, der im Foyer auf uns wartet. »Wobei ich sagen muss, dass mir Maeander noch etwas besser gefällt.«

»Da muss ich neidlos zustimmen.« Nick lässt mir den Vortritt. Es ist unheimlich, wie erwachsen er in diesem Anzug aussieht. Fast ein bisschen wie Dad ...

Schnell husche ich nach draußen. Dafür, dass wir noch nicht einmal achtzehn Uhr haben, ist es ziemlich dunkel. Wo ich Sonne und milde Temperaturen erwartet habe, türmen sich dicke graue Wolkenberge am Himmel auf, begleitet von frischem Wind, der nach Regen riecht. Und tatsächlich glänzen die Straßen, als hätte es erst vor Kurzem einen Wolkenbruch gegeben. *Und wir kriegen unten nichts davon mit.*

Nick steigt vorne mit ein. Er und Paul finden schnell ein

Gesprächsthema, bei dem ich nicht mitreden kann: Anekdoten von der Silver University. Aber es passt mir, denn so kann ich hinten entspannt mein SmartPad rausholen.

Ich öffne das Chatfenster, das diese Woche neu aufgetaucht ist. Es beinhaltet nur zwei Nachrichten, und trotzdem breitet sich sofort ein warmes Gefühl in mir aus. Anders als Julvernes Listen habe ich diese Zeilen wieder und wieder gelesen, bis sie sich eingebrannt haben.

Ich konnte vorhin nicht aufhören, dich anzusehen. Wenn ich gekonnt hätte, wäre ich sofort aufgestanden, hätte dich an mich gezogen und genau da weitergemacht, wo wir in den Katakomben aufgehört haben.

Sie ist von dem Abend, an dem ich mein SmartPad in dieses Fach gelegt und mich mit Nick gestritten habe. Als ich sie später gelesen habe, lag ich zum Glück schon im Bett und musste niemandem die feine Gänsehaut erklären oder warum ich mir auf die Unterlippe gebissen habe oder das Lächeln, das sich trotzdem in meine Mundwinkel gestohlen hat. Da Graysons Kontingent für die Woche aufgebraucht war, habe ich nur einen Satz geschrieben:

Nächstes Mal solltest du es einfach tun.

Einen kurzen Moment hat es mich sogar davon abgelenkt, dass ich an demselben Abend von dem Menschen angeschrien wurde, der immer die Ruhe in Person war.

Mein Blick gleitet zu Nick. Als würde er es spüren, schaut er nach hinten, und obwohl er sich verhält wie immer, weiß ich, dass bei diesem Streit etwas zwischen uns zerbrochen ist: die Illusion, wir würden beide dasselbe Leben für mich sehen. Jetzt kennt er meine Wünsche, Ziele, Hoffnungen, und auch wenn sie nicht der eigentliche Grund für meine Nachricht an Kane waren, sind sie trotzdem real. Ich *will* echtes Papier spüren, studieren, lernen, Geschichte atmen – und zwischen den Zeilen nach etwas suchen, das dem Parlament zum Verhängnis werden könnte.

Ich mime ein Lächeln und warte, bis Nick sich zurück nach vorne dreht. Dann konzentriere ich mich wieder auf den Chat mit Grayson. Ich habe die ganze Woche gehofft, wenigstens fünf Minuten mit ihm allein zu sein, allerdings ist jeder Versuch gescheitert, uns heimlich wegzustehlen. Also hat sich unser Kontakt auf Blicke beschränkt, auf flüchtige Berührungen – und diesen Chat.

Ich setze gerade an, ihm zu schreiben, als grelles Licht durch die getönte Scheibe fällt. Geblendet schaue ich nach draußen. Schuld ist ein Scheinwerfer, der beim Vorbeifahren einfach angesprungen ist. Er thront auf einem steinernen Sockel, der sich als Bestandteil eines weit geöffneten Tors herausstellt. Die Wolken hängen immer noch schwer am Himmel, und zusammen mit dem Scheinwerferlicht kommt es mir vor, als wäre es mitten in der Nacht. Dabei sind wir pünktlich auf die Minute.

Ich lehne mich zur Seite, um durch die Windschutzscheibe zu schauen. Das Stadthaus oder vielmehr die *Villa*, auf die wir zusteuern, ist mit Abstand das beeindruckendste Gebäude, das ich neben dem Parlament kenne. Kein Wunder. Soweit ich weiß, war bei beiden Bauwerken Frankie Skyler involviert. Und wie es aussieht, hat der Architekturschaffende eine Vorliebe für Kuppeln, denn in der Mitte von Kanes Flachdach erkenne ich nach außen gewölbtes Glas. Je näher wir kommen, desto mehr wird von der Perspektive verschluckt, bis nur noch weiße, blickdichte Fassaden zu sehen sind, golden gerahmte Stockfenster, Säulen, die ein Vordach stützen, und der verschwenderisch breite Treppenaufgang zur Eingangstür.

Entlang der Auffahrt gibt es Beete mit echten Blumen, die bei Tageslicht bestimmt wunderschön leuchten, dahinter erstreckt sich ein gepflegter Rasen, links ragen Bäume in die Höhe, die irgendwann so dicht stehen, dass man nicht sagen kann, was dahinter ist, rechts erkenne ich Ausläufer eines Pools, der um das Haus herumgehen muss. Früher hätte ich aufpassen müssen, dass mir die Kinnlade nicht runterklappt. Jetzt muss ich aufpassen, Paul nicht in den Nacken zu kotzen, während er den Wagen direkt vor dem Treppenaufgang parkt.

Kurz darauf öffnet er meine Tür. »Wenn ich bitten dürfte?« Charmant hält er mir seine Hand hin, und ich nehme sie an.

»Danke.« Ein Lächeln, während mein Puls nur weiter steigt. Denn erst als ich einen Schritt auf das Haus zumache, wird mir richtig klar, wer da oben auf mich wartet: Maya Adelaine. Ich kenne jeden Schritt ihres Werdegangs, angefangen bei ihrer Geburt in Ring Drei, über ihren tadellosen Schulabschluss, ihre Heirat mit einem zwei Jahre älteren Center, bis hin zu ihrem Studium, in dem sie bereits nach drei Semestern entdeckt wurde. Ich weiß, dass sie Schokolade liebt und nicht viel von Angleichungen hält, sie steht zu ihrer Sehschwäche, die sie mit einer Brille ausgleicht, denn Kontaktlinsen glaubt sie immer zu spüren, selbst wenn diese so hauchzart sind, dass es wissenschaftlich nicht nachzuvollziehen ist, sie geht gern ins Theater – und ich *bete*, dass sie keine Liar ist. Auch wenn ich fürchte, dass die Chance *ziemlich* gering ist.

Nick, der bereits an der Treppe steht, bietet mir seinen Arm an, und ich hake mich unter. Obwohl die Absätze meiner Pumps keine vier Zentimeter hoch sind, klingen sie auf den Stufen laut. Als wollten sie aller Welt verkünden, dass wir hier sind. Es klappt. Noch bevor wir die Veranda erreicht haben, wird die Tür geöffnet.

Ein Mann in schwarzer Dienstuniform steht aufrecht in der Tür und bedeutet uns, einzutreten. »Die Elking-Geschwister. Guten Abend.« Er nickt uns zu, ehe er die Tür schließt.

Ich zucke zusammen, als ich zwei weitere Angestellte bemerke, die wie Statuen neben einer vergoldeten Garderobe stehen. Selbst als ich ihnen zulächle, verziehen sie keine Miene. Unheimlich. Ob Kane seinen Angestellten eine Extradosis Sedatium einflößt, damit sie keinerlei Empfindungen mehr haben? Es wäre ziemlich grausam, aber schließlich reden wir hier von Kane …

»Der Präsidierende empfängt Sie im Palmengarten.« Die Stimme des Angestellten hat eine angenehme Klangfarbe. »Wenn Sie mir bitte folgen würden.«

Allein das Foyer ist unglaublich. Der marmorierte Boden aus Gold und Weiß, der Spiegel neben der Garderobe, die meterhohen Wände, die bis in die zweite Etage reichen, all die Gemälde, die Flügeltüren aus weiß lasiertem Holz. Wir steuern auf die mittlere zu, die von einem weiteren Angestellten geöffnet wird. Dahinter liegt ein Gang, der zum Herz des Anwesens führt: die gläserne Kuppel. Von außen wirkt sie wie eine Seifenblase, in der ein Stück der verlorenen Welt konserviert wurde. Riesige Blätter pressen sich dicht an das Glas, Blüten hängen schwer dazwischen, Palmen ragen so hoch, dass mir schwindelig wird.

Ich schlucke schwer. Alles in mir sträubt sich dagegen, etwas zu bewundern, was Kane erdacht und finanziert hat, aber dieser Garten ist ... »Wow.« Es rutscht mir einfach so raus. Ich presse die Lippen zusammen, aber aus den Augenwinkeln sehe ich, wie ein Lächeln über Nicks Gesicht huscht.

Wir betreten die Seifenblase durch eine kunstvoll gearbeitete Glastür, hinter der sich ein Steinweg durch den Garten schlängelt. Ich habe noch nie *so* viele Grüntöne gesehen und muss dem Drang widerstehen, mit den Fingerspitzen über die Blätter zu streichen. Es fühlt sich verboten an – genau wie unsere Anwesenheit an diesem Ort. Das Klima ist drückend, schwer, als wollten uns diese Pflanzen nicht hier haben. Was mich nicht wundern würde, schließlich waren es unsere Vorfahren, die ihre mit Krieg und Chemiewaffen ausgerottet haben.

Unser Ziel liegt in der Mitte der Kuppel. Auf einem kreisrunden Platz steht ein Pavillon, unter dem drei Menschen an einer Tafel sitzen. Maya Adelaine macht keine Anstalten, aufzustehen, dafür schieben die anderen beiden ihre Stühle zurück. Kane und sein Ehemann Samson. Es gibt nur zwei Dinge, die ich über den schmalen, kaum ein Meter siebzig großen Mann weiß: Seine Vorfahren haben es noch vor dem Kollaps geschafft, einen der letzten Flieger von Seoul nach

Alt-München zu bekommen. Und er kennt Kane bereits seit der Schulzeit.

»Maeander, Nicholas.« Kane setzt sein charismatisches Lächeln auf, als er unter dem Pavillon hervortritt und uns die Hand reicht. »Wie schön, dass Sie gekommen sind. Wenn ich vorstellen dürfte: Das hier ist meine bessere Hälfte Samson. Und das dort drüben vor Kopf ist meine gute Freundin Maya.«

Während Samson uns mit einem Lächeln auf dem warmweißen Gesicht begrüßt, verzieht die Professierte keine Miene. In aller Ruhe faltet sie eine Serviette von ihrem Schoß zusammen, steht auf und streicht das dunkelgrüne Etuikleid glatt. Ihr markantes Brillengestell hat dieselbe Farbe, genau wie ihre Iriden, ein scharfer Kontrast zu der fast weißen Haut. Anstatt ihren Platz zu verlassen, scheint sie zu erwarten, dass wir zu ihr kommen.

Als ich unter das Pavillon trete, stelle ich überrascht fest, dass sich das Klima ein weiteres Mal ändert. Hier ist es angenehm temperiert, die Luft weder zu feucht noch zu trocken, sondern genau richtig.

»Maeander Elking«, stelle ich mich vor. »Es ist mir eine große Ehre, Professierte Adelaine.«

Sie umfasst meine angebotene Hand mit beiden Händen und hält mich einen Moment zu lange fest. Den Blick so intensiv auf mich gerichtet, als wollte sie mir den Lebenslauf von den Augen ablesen. »Die Archivierende von Edgar Moore. Richtig.« Dann zucken ihre Mundwinkel den Bruchteil einer Sekunde nach oben. »Nennen Sie mich Maya. Und bitte setzen Sie sich doch zu mir. Ich glaube, wir haben viel zu besprechen.« *O ja.*

KAPITEL 20

Die Vorspeise ist so winzig, dass es mir albern vorkommt, Besteck zu verwenden. Aber ich halte mich an Maya, imitiere jede ihrer Bewegungen, ohne sie zu offensichtlich anzustarren. Es fühlt sich so surreal an, neben der Frau zu sitzen, über die ich alles weiß – und zu merken, dass ich in Wahrheit gar nichts weiß. Mit jedem Gang taut sie mehr auf, ohne ihre strenge Art ganz zu verlieren. Aber sie steigt freiwillig in die Anekdoten der Kanes ein, und einmal bringt sie unseren ganzen Tisch zum Lachen. Mit einem Fehler aus der Anfangszeit ihrer Karriere: In ihrer Hektik hatte sie zwei Akten vertauscht, weshalb ihr Vorgesetzter bei einem Vortrag über die VeriTab-Forschung mit einem Haufen Unterlagen über die Synthetisierung von Honig vor seinem Kurs stand.

»Er war meisterlich im Improvisieren, so dass er kurzerhand eine Brücke zwischen synthetischen Produkten und dem eigentlichen Thema geschlagen hat«, erzählt Maya, deren Mundwinkel sich immer öfter heben. Vielleicht liegt es auch an dem Wein, der ihr zu den letzten zwei Gängen serviert wurde.

»Diese Brücke hätte ich gern gehört.« Samson lacht und setzt sein Glas an. In der Ernest Residenz dachte ich noch, er würde nicht zu Kanes selbstbewusstem Wesen passen, aber im Laufe des Abends hat er mich vom Gegenteil überzeugt. Er ist charmant, klug und erkennt genau die richtigen Lücken im Gespräch, um sich einzubringen.

»Dann rate ich dir, AISS bei nächster Gelegenheit nach den Aufzeichnungen des Wissenschaftskurses II am 20. Juli 2270 zu befragen. Ein Mittwoch«, meint Maya, bevor sie sich Wein nachschenken lässt. »Die nötige Freigabe lässt sich sicher leicht besorgen.« Sie zwinkert Kane vielsagend zu.

»Siehst du, mein Lieber, klingt, als hätten wir morgen Abend doch andere Pläne«, neckt Kane seinen Mann. »Oder wolltest du wirklich zu dieser Veranstaltung im CenTheatre?«

»Es ist die Premiere von *Blooming Gale.* Natürlich möchte ich dorthin!« Samson wirkt nahezu entrüstet. »Maeander, Ihr Bruder hat kürzlich erwähnt, dass Sie beide große Bewundernde der Bühnenkunst sind. Warum begleiten Sie uns morgen nicht? Die Kritiken der Vorpremiere sind durch die Bank weg begeistert und loben *Blooming Gale* als eins der spektakulärsten, intelligentesten Stücke unserer Zeit.«

Ich versuche, die Tatsache zu ignorieren, dass Samson und mein Bruder irgendwann über mich geredet haben, während ich überlege, was Veritas sagen würde. »Das klingt absolut phantastisch«, erwidere ich und merke, dass ich es *ernst* meine. Es ist Wochen her, seit ich mit Nick eine der Aufführungen in Ring Fünf gesehen habe, und es gibt nichts, was mich mehr inspiriert als eine gelungene Vorstellung.

»Wenn es nach mir ginge, würde ich Ihnen meine Karte ohne zu zögern geben, allerdings fürchte ich, dass ich ein Veto einlegen muss«, mischt sich Kane ein. »Liv ist nicht sonderlich begeistert von all den *Ausnahmen*, die wir in den letzten Wochen für Sie beide gemacht haben. Die meisten waren selbstverständlich notwendig, einschließlich unseres heutigen Treffens, doch eine Theaterpremiere könnte unter Ihren Mitbewohnenden zu gewissen Konflikten führen.«

Vielleicht sollte ich ihm sagen, dass mich der Großteil im Camp sowieso ignoriert und Therese mir quietschend um den Hals gefallen ist, als ich ihr von dem Dinner erzählt habe. Aber ich halte mich zurück, denn er könnte trotzdem recht haben. Und ich habe keine Lust, den zarten Frieden mit Lace zu riskieren.

»Es tut mir leid, Maeander, ich wollte Ihnen keine falschen Hoffnungen machen.« Samson verzieht entschuldigend das Gesicht. »Möglicherweise klappt es bei der nächsten Premiere. Ich werde Sie auf jeden Fall auf die Gästeliste setzen lassen.«

»Vielen Dank«, erwidere ich, und da ist es: ein echtes Lächeln.

Was zur Hölle mache ich hier?! Es fällt mir viel zu leicht, Samson zu mögen, und Maya und sogar *Kane*. Privat ist der Präsidierende offener, lockerer, geradezu sympathisch. Er teilt seine Aufmerksamkeit gleichmäßig unter allen Beteiligten auf, bedrängt mich nicht mit Fragen, sondern sorgt wohldosiert dafür, dass Maya mehr über mich erfährt.

»Ich bin auch eine große Verfechtende des Theaters«, knüpft Maya an. »Zu Beginn jeder Sommersaison lade ich alle Teilnehmenden des Praktikums in meine Loge ein. Maeander, was halten Sie davon, wenn Sie uns am ersten Juli Gesellschaft leisten?«

Ich spüre, wie sich Nick auf dem Stuhl neben mir versteift. Aber ich weiß, dass er dieses Mal nicht behaupten wird, ich wäre bei Edgar *glücklich*. Jetzt liegt die Verantwortung allein bei mir, und das heißt, mir bleiben nur ein paar Sekunden, um meine Aufregung zu schlucken und souverän zu antworten.

»Es ... wäre mir eine große Ehre«, entgegne ich mit voller Ernsthaftigkeit. »Soll das bedeuten ...?«

»Dass ich Ihnen ein Sommerpraktikum im Zentralarchiv anbiete? Nein.«

Es fühlt sich an wie ein Schlag in die Magengrube.

»Das Bewerbungsverfahren ist bereits seit Monaten abgeschlossen, und die Plätze sind alle belegt.«

Natürlich. Ich kenne die Fristen, aber ich war naiv genug, zu glauben, Kane könnte etwas daran drehen.

Unauffällig ziehe ich eine Hand vom Tisch, um sie auf meinem Schoß in die Serviette zu krallen. »Verstehe.« Tue ich nicht. Oder nur im Ansatz. Ich war mir *so* sicher, dass dieser Abend anders enden würde, und ich fürchte, dass es mir absolut jeder von der Stirn ablesen kann.

»Was nicht bedeutet, dass ich nicht mit Ihnen zusammenarbeiten möchte«, fährt Maya nach einer unangenehmen Pause fort. »Im Gegenteil. Ihr bisheriger Werdegang ist vielversprechend, und Sie gehen mir bislang nicht auf die

Nerven, was durchaus eine Leistung ist. Wenn Sie sich in den kommenden drei Wochen auf den Abschluss des Partner Evaluation Programs konzentrieren, werde ich diese Zeit nutzen, um gewisse Optionen zu besprechen. Ich bin mir sicher, Reid und mir fällt etwas ein.«

»Absolut. Die Golden University freut sich immer über talentierten Nachwuchs.« Kane prostet mir zu, als wäre die Sache so gut wie erledigt.

Es ist unheimlich, wie schnell sich manche Dinge ändern. Wie aus dem Traum, an die Golden University zu gehen, das Gefühl geworden ist, dass es nicht *reicht*. »Die Golden University. Wow.« Mit dem Griff zum Glas verschaffe ich mir einen Moment Zeit, um nachzudenken. Dann wende ich mich direkt an Maya. »Ich hoffe, es klingt nicht undankbar, aber welcher Kurs war es noch gleich, der Sie so schnell als Assistenz ins Zentralarchiv gebracht hat? Recherchetechnik I bei Professiertem Hessling oder Historie bei Lehrender Perkin?«

Maya schürzt die Lippen, wobei ich nicht weiß, ob sie sauer ist oder ein Lächeln verbirgt. »Recherchetechnik I bei Professiertem Hessling. Allerdings ist er inzwischen im Ruhestand, und sein Kurs wurde von meiner guten Freundin Rachel Faro übernommen.«

»Dann sollte ich Recherchetechnik I wohl zuerst belegen.« Ich hebe die Mundwinkel, während kalter Schweiß in meinem Nacken klebt. Nicks Zweifel springen mir regelrecht von der Seite entgegen, denn er weiß, dass das nicht wirklich ich bin. Es war zu forsch, zu direkt – ein glatter Treffer.

Jetzt lächelt Maya wirklich. »Ich glaube nicht, dass das nötig sein wird. Geben Sie mir einfach diese drei Wochen.«

»Reid?!« Samson springt so plötzlich auf, dass er sein Glas mit dem Ellenbogen zu Boden schmeißt.

Bei dem Klirren zuckt mein Blick reflexartig hoch zur Kuppel. Keine schwarzen Gestalten, keine Spraydosen oder sonstige Zeichen für einen Angriff. Es ist alles intakt. Es ist alles ...

»Reid, bitte sag doch was! Schatz ... Verzwickte Scheiße!« Samson klingt mehr als alarmiert. »Nicholas, Sie müssen mir sofort helfen!«

Nick springt auf, während ich noch versuche, zu verstehen, was gerade passiert. Kane sitzt nach wie vor auf seinem Stuhl – vollkommen still, unbewegt –, doch das Gesicht, vorhin noch makellos, ist jetzt übersät von roten Flecken. Seinem Adamsapfel nach zu urteilen, versucht er, viel zu schnell zu schlucken, auch sein Brustkorb hebt und senkt sich in einem Tempo, das nicht normal ist. Droht er gerade zu *ersticken*?! *Ach, du Scheiße!*

Maya und ich schieben zeitgleich unsere Stühle zurück, nur um untätig dort zu stehen und zuzusehen, wie sich Samson und mein Bruder um den Präsidierenden kümmern. Sie heben ihn mit dem Stuhl vom Tisch weg, während der Angestellte angerannt kommt, der uns vorhin die Tür geöffnet hat. Er hat ein längliches Etui dabei, aus dem er Samson einen Stift reicht. Eine abgezogene Kappe später rammt Samson die Spitze in Kanes Oberschenkel.

»Komm schon, Reid, komm schon«, betet Samson vor sich hin, den Stift mit der Faust umklammert. Nach etwa zehn Sekunden zieht er ihn raus und fängt an, die Stelle zu massieren.

Kane schnappt nach Luft – und sein ganzer Körper beginnt zu zittern. Was, wenn er wirklich ... *stirbt*? Eine grausame Sekunde lang halte ich es für das Beste, nur um mich im nächsten Atemzug für den Gedanken zu verabscheuen. Gute Menschen wünschen *niemandem* den Tod. Nicht einmal, wenn es um den Liar geht, der keine Skrupel hat, Leute wie Anthony foltern zu lassen.

Ich will etwas tun, aber ich weiß nicht, *was*. Nick hält Kanes Schultern fest, Samson massiert weiter und redet dabei auf seinen Mann ein. Die Stimme so ruhig, als wäre die akute Gefahr gebannt. Und tatsächlich scheint sich Kanes Atmung zu beruhigen.

»Stoker und sein Team sind in etwa fünf Minuten hier«, sagt der Angestellte.

»Danke, Atlas.« Samson beendet seine Massage und richtet sich auf. »Wir müssen ihn hier rausbringen. Nicholas, wenn Sie so freundlich wären?«

Meine Bruder zögert keine Sekunde. Zusammen mit Samson zieht er Kane auf die Beine. Es ist beeindruckend, wie viel Kraft in diesem kleinen Mann steckt.

»Atlas, sperren Sie den gesamten Garten, bis Sie die Quelle gefunden haben. Und beginnen Sie bei den Freesien. Dort hat es letztes Mal auch angefangen.« Samson mustert seinen Angestellten vielsagend. »Irgendwann werde ich hier wirklich alles niederbrennen«, murmelt er dann mehr zu sich selbst, bevor er sich an uns wendet. »Maya, Maeander, es tut mir leid, dass unser Abendessen so abrupt endet.

Atlas, wären Sie so gut, die beiden nach draußen zu begleiten?«

»Natürlich. Wenn mir die Damen bitte folgen würden.«

Wir gehen denselben Weg, den wir gekommen sind, während Nick und Samson Kane in eine andere Richtung schleifen. Offensichtlich gibt es mehrere Ausgänge. Ich schaue noch mal über die Schulter. Es ist ein seltsamer Anblick, den Präsidierenden so verwundbar zu sehen und das nur wegen ... *was?* Da er der Einzige von uns ist, der reagiert hat, muss es ein persönliches Problem sein. Eine Allergie? Dank der modernen Wissenschaft gibt es heute nur noch wenige problematische Allergene, aber man hört immer wieder von Fällen, bei denen selbst modernste Desensibilisierung keine dauerhafte Sicherheit bietet. Trotzdem ist es fragwürdig. Denn wenn ich Samsons Worte richtig interpretiere, hat es etwas mit diesem Garten zu tun – und wer würde sich etwas potenziell Tödliches ins eigene Haus holen?

Als wir im Foyer ankommen, sind die anderen Angestellten verschwunden, weshalb Atlas persönlich Mayas Sachen von der Garderobe holt.

»Danke, mein Lieber.« Sie schlüpft in den hauchdünnen Mantel, der bis zu den Waden reicht, ehe sie an mich gewandt hinzufügt: »Ich verspreche Ihnen, dass nicht alle Veranstaltungen mit den Kanes derartig spektakulär enden.«

»Also nur die Hälfte?« Es rutscht mir einfach so raus, vielleicht, um die angespannte Situation aufzulockern.

»Nein. Bisher zähle ich drei unerwartete Abbrüche, die Vereidigung mit eingeschlossen.«

»Sie waren da?«, frage ich überrascht.

»Nicht in persona. Ich bevorzuge es, große Menschenmengen zu meiden und dem wahren Feuerwerk von der Loge aus beizuwohnen. Oder wenn keine in der Nähe ist, tut es auch der VisionScreen. Apropos.« Sie rückt ihre Brille zurecht, bevor sie Atlas ihre Handtasche abnimmt. »Reid erwähnte, dass die Homestory Ihrer Familie heute Abend ausgestrahlt wurde. Vielleicht genehmige ich mir gleich die Aufzeichnung im MultiStream. Machen Sie es gut, Maeander.« Dieses Mal streckt sie ihre Hand zuerst aus.

Die Homestory. Julverne hat den Termin sicher erwähnt, aber bis gerade habe ich es komplett verdrängt. Ich wische mir die Hand beiläufig an meiner Hose ab und hoffe, dass Maya den kalten Schweiß nicht bemerkt. »Es war mir eine Ehre.«

Wir nicken einander zu, dann öffnet Atlas die Tür, und ich sehe, dass sich die Auffahrt gefüllt hat. Neben Pauls Wagen gibt es einen zweiten, sportlich geschnittenen Citygleiter in Rot, auf den Maya jetzt zusteuert, von hinten fährt ein Krankenwagen ein. Ein dreiköpfiges Behandlungsteam springt raus, angeführt von einem streng wirkenden Mann, der immer zwei Stufen auf einmal nimmt. Er nickt Atlas zu und verschwindet samt Team hinter der linken Flügeltür. Offenbar ist er nicht zum ersten Mal hier.

Draußen schlägt eine Tür zu. Paul ist ausgestiegen und geht zur hinteren Beifahrertür. Als er sie öffnet, sagt sein Blick mehr als tausend Worte. Ich denke fieberhaft nach, mit welcher Ausrede ich den Behandelnden folgen könnte, aber keine ist gut genug. Also verabschiede ich mich widerwillig von Atlas und krieche genauso schlau wie vorher auf die Rückbank. Nur um vierzig Minuten dabei zuzusehen, wie sich Schatten hinter den Stockfenstern auf und ab bewegen. Leider werde ich von Nick niemals erfahren, was darin noch besprochen wurde, denn ich weiß schon jetzt, dass er mich anlügen wird.

Es ist nach neun Uhr, als wir vor dem Wolkenkratzer halten, in dem sich der Aufzug zum Camp befindet. Beim Anblick der beiden Personen, die im Foyer auf uns warten, stöhne ich innerlich auf. Sollten sie Freitagabend um diese Uhrzeit nicht andere Pläne haben?

Ich bedanke mich bei Paul für den Fahrservice und folge Nick ins Innere. Liv steht am Empfang und redet mit dem Angestellten, Julverne sitzt im Wartebereich und schießt pfeilschnell nach oben, als er uns sieht.

»Ah, da sind Sie ja endlich!« Mit zügigen Schritten kommt er auf uns zu, in seinen Händen wie üblich ein HoloPad. Ob er schon die nächsten Auftritte für uns plant? Das würde zumindest erklären, warum Liv angepisst wirkt. Dann nickt sie dem Angestellten zu, löst sich von der Empfangstheke und stößt zu uns.

»Sechzehnte Etage, dritter Raum auf der linken Seite«, sagt sie knapp.

»Das sind genau die Neuigkeiten, die ich hören wollte.« Entweder bemerkt Julverne Livs Missmut nicht, oder es ist ihm egal. »Maeander, Nicholas, wenn Sie mir dann bitte folgen würden?«

Wir gehen gemeinsam mit Liv zu den Aufzügen, an denen sich unsere Wege trennen. Während wir den linken nehmen, der laut Anzeige nach oben fährt, wartet Liv auf den rechten. Als sich die Türen schließen, sehe ich noch, wie sie den Kopf schüttelt, den Mund zu einer schmalen Linie verzogen. Ich kann es ihr nicht einmal verübeln. Seit Nicks Beförderung sprengen wir permanent die Regeln, angefangen beim privaten Frühstück mit Julverne über die Generalprobe, das erweiterte Nachrichtenkontingent bis hin zu diesem Abend, den wir eigentlich mit den anderen Mitbewohnenden hätten verbringen sollen.

Der Aufzug braucht nicht lange. Er spuckt uns ohne Unterbrechung auf der sechzehnten Etage aus. Der Boden im Flur ist hell, die Wände dafür aus dunklem Holz getäfelt. Hinter der dritten Tür erwartet uns ein Büro mit Panoramablick auf das in Nacht getauchte Center. Durch das riesige Fenster fällt genug Licht ein, um die paar Möbel zu erkennen: ein Schreibtisch, eine Anrichte, mehrere Regale, eine gläserne Sitzecke, die zum Teil in die Fensterscheibe selbst integriert ist. Darauf verteilt liegen weiße Kissen.

»Raum drei, Licht auf Stufe eins«, sagt Julverne in die Dunkelheit.

Ein paar Deckenspots leuchten auf, allerdings so gedimmt, dass die Sicht nach draußen klar bleibt. »Haben Sie Höhenangst?« Julverne mustert uns fragend, bevor er zur Anrichte geht und eine Wasserkaraffe nimmt.

»Nein«, antwortet Nick.

»Keine Ahnung«, erwidere ich, immer noch gebannt von der Aussicht. »Ich war noch nie so weit oben.« Das Höchste, was ich bisher erlebt habe, war das kleine Riesenrad auf dem Sommerfest in Ring Vier. Das hier sind ganz andere Dimensionen. Ich trete näher an die Scheibe. Von hier aus kann man das halbe Center überblicken, auch wenn sich immer wieder Wolkenkratzer in das Sichtfeld drängen. Überall sind Lichter. In einem gläsernen, gedrehten Hochhaus findet eine Party statt, in einem der Zimmer darunter liegt ein Paar auf der Couch und schaut VisionScreen. Obwohl ich ihre Gesichter nicht mal erkennen kann, kommt es mir vor, als würde ich in einen viel zu intimen Moment eindringen.

»Nun, solange Sie keinen Schwindel verspüren, sollten Sie sich setzen«, sagt Julverne hinter mir. »Die Form des Glases wurde extra ergonomisch angepasst.«

Ich reiße mich von dem Anblick los und setze mich. Das Sofa bei den Thustras war irgendwie bequemer.

Julverne klemmt das HoloPad unter seinen Arm, um drei Gläser mit Wasser zu füllen. Dann balanciert er diese zu dem Tisch, der inmitten der gläsernen Sitzgruppe steht.

Nick setzt sich, ohne auch nur einen Blick nach draußen zu werfen. Ob er sich bereits an die Aussicht gewöhnt hat?

»Können wir es kurz machen?«, fragt er. »Ich habe gleich noch ein wichtiges Telefonat.«

»Natürlich.« Julverne nimmt uns gegenüber Platz, das HoloPad auf sein überschlagenes Bein gebettet. »Wie ich hörte, ist der heutige Abend nicht ganz nach Plan verlaufen. Ich bin hier, um mit Ihnen über die Geschehnisse zu sprechen und die weiteren Schritte abzustimmen.«

Warum habe ich das Gefühl, dass man Julverne im selben Zuge informiert hat wie das Behandlungsteam?

»Der Präsidierende selbst hat mich darum gebeten, diesen Zwischenfall aus der Presse herauszuhalten. Entsprechend muss ich Sie bitten, von proaktiven Schilderungen des heutigen Abends abzusehen. Das betrifft sowohl Ihre Mitbewohnenden als auch die Presse selbst sowie Ihre Behandelnden, Liv Evans eingeschlossen«, erklärt Julverne weiter. »Sollten Sie nach dem heutigen Abend gefragt werden, konzentrieren Sie sich auf den Teil, der unverfänglich ist. Erzählen Sie von dem guten Essen, dem beeindruckenden Haus der Kanes oder dem Kennenlernen mit Professierter Adelaine. Sollten Detailfragen aufkommen, lassen Sie Veritas antworten und versuchen Sie, das Thema in eine andere Richtung zu lenken. Sofern ich meinen Job gut mache, wird Sie niemand direkt auf den Ausgang des Abends, geschweige denn die medizinische Behandlung ansprechen. Sollten Sie trotzdem in die Lage geraten, den Zwischenfall erwähnen zu müssen, rufen Sie sich Ihre eigenen Gefühle in Erinnerung. Den Schrecken über die plötzlich auftretende Atemnot, die Erleichterung, als sich herausgestellt hat, dass alles in Ordnung ist.«

Während uns Julverne eine Anleitung zur Vermeidung der Wahrheit gibt, spüre ich, dass Nick jede meiner Regungen beobachtet. Er weiß, dass ich nicht naiv bin. Dass ich die Botschaft zwischen den Zeilen verstehe. Ich überlege kurz, ob ich meine Skepsis äußern sollte, aber dann entscheide ich mich für die Rolle der gut erzogenen Schwester, die ihrem Bruder vertraut. Anstatt etwas zu sagen, lächle ich ihm kurz zu und konzentriere mich wieder auf Julvernes kleine Geschichte.

Kein erneuter Attentatsversuch: Präsidierender Reid Kane hat sich soeben zu dem heutigen Einsatz an seinem Anwesen geäußert und gibt Entwarnung. Im Rahmen eines privaten Abendessens hat er sich ungünstig verschluckt, die akute Gefahr war beim Eintreffen des Behandlungsteams jedoch bereits gebannt.

Newsmeldung vom 11. 05. 2306

KAPITEL 21

Nick bleibt für sein Telefonat auf der Sechzehnten. Er meinte, es wird sicher dauern, also fahre ich allein runter ins Camp. In meinen Gliedern ein nervöses Kribbeln. Denn wie oft bekomme ich schon die Gelegenheit, einen Abend ohne Nicks wachsame Blicke zu verbringen? Es ist zwar bereits halb zehn, aber mit etwas Glück sind noch ein paar im Sofaraum, allem voran Grayson …

Um keine kostbare Sekunden zu verlieren, gehe ich direkt zum Sofaraum. Zum Glück treffe ich dabei nicht Liv, denn sie würde mich sicher sofort hochschicken, damit ich mich erst mal umziehe.

Etwa die Hälfte der Tische ist belegt, auf den Sofas hängen vereinzelt Leute herum, die auf ihr SmartPad starren, lesen oder in Zeitschriften blättern, im Hintergrund läuft Musik.

Therese sitzt mit ein paar anderen vor einem aufgebauten Spielbrett. Es ist mir ein Rätsel, wie man jeden Abend dasselbe spielen kann, ohne sich zu langweilen. Aber wie es aussieht, hat die Gruppe Spaß, denn Therese ist nicht die Einzige, die grinst.

Bevor sie mich entdeckt, ziehe ich mich in den Schatten der Wand zurück und suche weiter nach Grayson. Eigentlich sitzt er mit seinen Leuten immer in derselben Ecke. Nur heute ist keine Spur von ihm zu sehen. Ernüchterung fährt hinab in meinen Magen – als mich jemand an der Taille berührt. Ein hauchzartes Streifen, begleitet von einer Vorahnung, die jede Enttäuschung wegwischt.

Obwohl uns hier jeder sehen könnte, lasse ich es zu, dass er den Arm von hinten um mich schlingt und mich ein Stück näher an sich zieht.

»Sie sind früher zurück als erwartet, Miss Elking«, raunt Grayson in mein Ohr, bevor er mir einen Kuss auf den Übergang zwischen Kiefer und Hals haucht.

Das Kribbeln schießt in einer Welle durch meinen ganzen Körper. Mit weichen Knien drehe ich mich zu ihm um, bis wir Gesicht an Gesicht voreinanderstehen. »Vielleicht hätte ich Ihnen schreiben sollen«, wispere ich, während ich die Arme über seine Schultern lege, die Handtasche fest umklammert. »Wobei ich bezweifle, dass eine Nachricht diesem Abend gerecht geworden wäre.«

Sein Augenbrauen zucken nach oben. »Interessant. Darf ich fragen, wo Sie Ihre Begleitung gelassen haben?«

»Wenn du die Stimmung ruinieren möchtest, gern«, sage ich, gefolgt von einem Seufzer. »Nick ist oben geblieben und telefoniert. Wenn ich mich nicht täusche, war seine künftige Vorgesetzte dran.« Zumindest glaube ich, ihre Stimme gehört zu haben, ehe die Tür hinter mir zugefallen ist.

Wo ich früher nur Frost gesehen habe, zeigt mir Grayson jetzt ganz unverhohlen seine Zweifel, die Neugierde, all die ungestellten Fragen, für die wir gerade am falschen Ort sind. Als hätte er dasselbe gedacht, greift er sanft nach meinen Handgelenken und streift meine Arme über seine Schultern nach unten. »Komm mit.« Seine Finger verweben sich mit meinen, bevor wir auf die Tür am Ende des Flurs zusteuern. Die Bibliothek, in der gewissermaßen alles angefangen hat.

Unsere Nische ist frei. Der Zweisitzer heißt uns mit seinen weichen Polstern willkommen, und heute versuche ich nicht, zu verhindern, dass sich unsere Knie berühren. Im Gegenteil. Ich streife die schwarzen Pumps ab, ziehe die Füße auf die Couch und lasse meine Beine bereitwillig gegen seine sinken.

In Graysons Gesicht blitzt ein Lächeln auf, während er seine Hand schwer und warm auf mein Knie legt. »AISS?« Er rezitiert die Strophe aus dem Schlaflied, und obwohl es mir schwerfällt, mich nicht allein auf seine Berührung zu konzentrieren, versuche ich, mir seine Aussprache einzuprägen.

»Du kennst die Übersetzung, richtig?«, frage ich, nachdem er die Strophe beendet und den Timer seines SmartPads gestellt hat. Dreißig Minuten Privatsphäre.

»Wie kommst du darauf?« Mit den Fingerspitzen fährt er von meinem Knie den Oberschenkel hoch, nur um in der Mitte zu stoppen. Als wäre dort eine unsichtbare Grenze, für deren Übertretung er meine Zustimmung bräuchte. Am liebsten würde ich sie ihm geben, aber unsere Zeit läuft, und auch wenn ich es hasse, so zu denken, weiß ich, dass wir unsere Minuten nicht verschwenden dürfen.

Resigniert lasse ich mich tiefer ins Polster sinken. »Weil es klingt, als würdest du die Bedeutung der Wörter kennen.«

»Hm.« Grayson streicht zurück zu meinem Knie und hält inne. »Das Lied geht auf das 18. Jahrhundert zurück und umfasst im Original ganze sieben Strophen. Die meisten sind religiös geprägt, aber in dieser heißt es schlicht und ergreifend, man solle in der Stille schlafen und den Jammer des Tages vergessen.«

»Sehr passend. Und woher …?«

»Trish. Sie hatte mal eine Affäre mit einer Professierten der verlorenen Sprachen. Aber jetzt bin ich dran.« Er zieht die Hand ein Stück zurück, und etwas in seinem Blick verändert sich. »Du hast gar nicht erwähnt, dass Aiden bei eurer Homestory dabei war … Die Art, wie er dich die ganze Zeit über angesehen hat, und dein Lachen …«

In meinem Magen bildet sich ein Knoten, der sich so eng zuzieht, dass ich mich auf meinem Platz versteife. »Du hast diese elende Story gesehen?«

»Jemand hat den VisionScreen im Sofaraum angeschmissen und sogar Popcorn besorgt«, erwidert er, was es nicht gerade besser macht. »Es war entsprechend schwer, *nicht* hinzusehen. Oder hinzuhören.«

Bis gerade habe ich keinen Gedanken mehr an die Ausstrahlung verschwendet. »Klingt ja nach einem richtigen Event«, spöttle ich flau, während ich innerlich alle Szenen durchgehe, die mit Aiden und mir gedreht wurden: Die Begrüßung, bei der mir alle Gesichtszüge entglitten sind, das gemeinsame Kochen, die Anekdoten im Park, mein gefaktes Lachen. Auf Anhieb finde ich nichts Verfängliches, aber ich kenne Julverne gut genug, um zu wissen, wie findig er beim Verdrehen der Wahrheit ist. Ein eingefangener Blick hier, ein Lächeln in anderem Kontext da, ein geschickter Schnitt – voilà. Es ist einfach, das Publikum gewisse Dinge sehen zu lassen, wenn man es darauf anlegt.

»Okay, jetzt habe ich die Stimmung wirklich gekillt.« Mit einem ungewohnt nervösen Lachen zieht Grayson seine Hand zurück und fährt sich durchs offene Haar. »Tut mir leid, Mae. Wahrscheinlich hätte ich einfach aufstehen und gehen sollen, aber euch so zusammen zu sehen ... Ich schätze, ich bin eifersüchtig.«

Langsam erkenne ich, was sich in seinem Blick verändert hat. Er ist nicht *weniger* zärtlich geworden, nicht weniger begierig, sondern von allem *mehr*. Gepaart mit einer Furcht, die meinen Herzschlag aus dem Takt bringt.

»Du bist eifersüchtig?«, wiederhole ich.

»Rasend.« Seine Pupillen ziehen sich flüchtig zusammen, und gleichzeitig lösen sich alle Knoten in meinem Magen.

Anstatt etwas zu sagen, lehne ich mich vor, bis unsere Lippen kein Flüstern mehr voneinander entfernt sind. Ein letzter Blick, und ich schließe die Augen, um nur noch zu fühlen. Seine Lippen streifen über meine, so leicht, dass es kitzelt, während seine Hand an meinen Rücken findet.

Zu viel Stoff, schießt es mir durch den Kopf, und intuitiv befreie ich mich von dem Blazer, werfe ihn irgendwohin und genieße den stärker werdenden Druck auf meinen Lippen, das Raue, das Versprechen, das sich in einem Seufzer ankündigt. Grayson zieht mich näher, bis ich halb auf ihm liege, die Lippen leicht geöffnet, so dass ich seinen Atem bei jedem Zug spüre.

Die Zärtlichkeit seiner Berührungen jagt einen Schauer nach dem nächsten durch meinen Körper. Er zeichnet Muster auf meinem Rücken, wagt sich mit der Zungenspitze vor, so neckend, dass mich ein Lächeln überkommt. Mit einer Hand stütze ich mich auf der Armlehne hinter ihm ab, die andere findet ihren Weg über sein Haar in seinen Nacken, um selbst mit dem Druck zu spielen. Es gibt nur noch Funken und Feuer und Hitze und Nähe und Wünsche, die meine Hand weiter zu seiner Brust gleiten lassen, um den Reißverschluss seiner Jacke zu öffnen. Auch wenn ich mich dafür kurz zurückziehen muss. Sein Lächeln ist dunkler, tiefer, anziehender als je zuvor.

Als ich die Hand unter sein T-Shirt schiebe, spüre ich sein Schaudern. Meine Finger sind eiskalt, aber er schiebt sie nicht weg, sondern lässt seine Hand ungerührt weiter nach unten wandern, bis er meinen Hosenbund erreicht.

Der Body. Innerlich verfluche ich Julverne für die Kleiderwahl, die jetzt verhindert, dass Grayson mich genauso berühren kann wie ich ihn. Immerhin ist der Hosenbund elastisch. Ich spüre Graysons kurze Irritation, ehe er den Body einfach weiter entlangfährt. Zentimeter für Zentimeter, über meine Lenden, die Rundung meines Pos entlang, bis zum Saum.

Wie gern würde ich Grayson zuflüstern, dass es nur ein Klettverschluss ist, dass er nur eine geschickte Bewegung braucht, um ihn zu öffnen, mir dieses teure Teil über den Kopf zu ziehen und es dorthin zu befördern, wo auch mein Blazer gelandet ist. *Ich will, ich will, ich will,* sind alle Gedanken, die bleiben. Die Worte auf den Lippen lehne ich mich hoch zu seinem Ohr – und mache den Fehler, über seine Schulter zu sehen.

Hinter ihm liegt das SmartPad, auf dem der Countdown unbarmherzig runterläuft. *Nein, nein, nein!* Ich kneife die Augen zusammen, versuche, mich wieder fallenzulassen, alles auszublenden, jedes Risiko, jeden Druck, jede Erinnerung an heute Abend.

Aber Grayson merkt sofort, dass etwas nicht stimmt. »Mae?« Er zieht die Hand, mit der er gerade noch auf dem besten Weg war, meinen Body zu öffnen, aus meinem Hosenbund, und streicht mir stattdessen eine Strähne aus dem Gesicht. »Wohin sind deine Gedanken gerade verschwunden?«

Mein Körper ist nicht so schnell wie mein Geist. Er steht immer noch unter Strom, als würde er erwarten, dass wir gleich weitermachen, aber dafür sind die letzten Stunden wieder viel zu präsent. Frustriert ziehe ich mich zurück und lasse mich auf meinen Platz sacken. »Zu Kane.«

»Okay …« Grayson lässt seine Finger zwischen meine gleiten. »Ich versuche mal zu ignorieren, dass du beim Rumknutschen mit mir an das größte Arschloch der Nation denkst, und tue so, als würde ich dir beim Reden nicht die ganze Zeit auf die Lippen schauen und mir wünschen, wir wären woanders.«

Ich räuspere mich, um mein eigenes Verlangen zu überspielen. »Kane wäre heute Abend fast gestorben.«

»WAS?!« Und schon starrt er nicht mehr auf meinen Mund.

»Maya und ich haben gerade über meine potenzielle Zukunft im Zentralarchiv gesprochen, als Kanes Gesicht plötzlich rot wurde und er keine Luft mehr bekommen hat«, erzähle ich, während das Feuer in mir abklingt. Ich konzentriere mich auf die Fakten. Samsons schnelle Reaktion, diesen Stift, den Stich in den Oberschenkel, die Anweisung, alles abzusperren, das Behandlungsteam. »Paul hat uns schon vor einer Weile zurückgefahren, allerdings wurden wir im Foyer von Julverne abgefangen. Kane möchte wohl nicht, dass die Geschichte an die Öffentlichkeit gelangt, weshalb wir ein Briefing bekommen haben, gerade so unverfänglich, dass es vor AISS besteht. Sollte uns jemand nach der Behandlung fragen, wurde uns eine Version eingetrichtert, die in etwa so klingt: Kane hat sich ungünstig verschluckt, ist rot angelaufen, Nick ist sofort zur Hilfe geeilt, alle waren erleichtert, als der Präsidierende wieder zu sich gekommen ist.«

»Was für ein Dreckskerl.« Grayson schüttelt den Kopf, begleitet von einem schnaubenden Lachen. »Und wie erklärt Julverne den EpiPen? Oder dass Samson den ganzen Garten hat abriegeln lassen?«

EpiPen. Jetzt, da Grayson es ausgesprochen hat, weiß ich wieder, dass ich schon mal welche gesehen habe. In Dads Notfalltasche. Er hat sie mir vor Jahren gezeigt, als er mitbekommen hat, dass es bei meinen Hausaufgaben um Desensibilisierungsverfahren ging.

»Der EpiPen war laut Julverne ein nicht erwähnenswerter

Vitaminbooster, der Garten wurde gar nicht thematisiert. Ich vermute, dass Julverne selbst nichts davon wusste«, erwidere ich. »Aber weißt du, was mich wundert? Wenn Kane wirklich eine Allergie hat, warum sollte er den Auslöser in seinem eigenen Garten anpflanzen?«

Grayson wirkt nachdenklich. »Gut möglich, dass die Kanes es damals noch nicht wussten«, sagt er schließlich. »Wenn es wirklich eine Pflanze sein sollte, kann es sein, dass er nur auf bestimmte Bestandteile reagiert. Etwa auf die Pollen, die sich erst zur Blütezeit zeigen. Vielleicht haben sie den Übeltäter also erst gefunden, nachdem er seinen ersten anaphylaktischen Schock hatte, und angesichts der Größe des Gartens könnten sie bei der Entfernung der entsprechenden Pflanze durchaus einen Ableger übersehen haben – der inzwischen nachgewachsen ist.«

»Was erklären würde, warum Samson gedroht hat, irgendwann alles niederzubrennen«, führe ich seine Überlegungen weiter. »Klingt logisch. Verrätst du mir, woher du so viel über Pflanzen weißt?«

Seine Finger spannen sich merklich zwischen meinen an. »Von meinen Eltern.« Den Bruchteil einer Sekunde ist sein Gesicht von einem Schmerz gezeichnet, der mich wünschen lässt, ich hätte nicht gefragt. »Wie ich Therese kenne, hat sie dir bestimmt von ihrem Tod erzählt.«

»Hat sie.« *Und dass du dich am Todestag wie ein absolutes Arschloch verhalten hast, weshalb ich das Thema nie zur Sprache gebracht habe*, füge ich in Gedanken hinzu.

»Therese denkt, die beiden hätten im Labor eines Kosmetikkonzerns gearbeitet, um neue Wirkstoffe zu entwickeln«, wiederholt Grayson die Geschichte, die ich bereits kenne. »Viele davon basierten auf Pflanzen, weshalb unser halbes Arbeitszimmer voll mit entsprechenden Büchern war. Im MultiStream gab es hauptsächlich Empfehlungen von botanischen Dokumentationen, und selbst der Feed unseres HoloTerminals war voll mit Recherchen. Ich habe es immer ignoriert, bis ihr gesamtes Entwicklungsteam mit einer Chemikalie in Berührung gekommen ist, die sich binnen kürzester Zeit durch ihren Körper gefressen und das Herz zum Stillstand gebracht hat. AISS hat sofort Alarm geschlagen, allerdings konnte der Behandelnde bei seinem Eintreffen nur noch den Tod von sechs Menschen feststellen. Darunter den unserer Eltern. Das Labor wurde umgehend evakuiert, dekontaminiert und zwei Tage später wieder in Betrieb genommen. Mit einem neuen Team.«

Das hat Therese *nicht* erwähnt. Weder die Art des Unfalls noch die Tatsache, dass an diesem Tag sechs Menschen gestorben sind. Jetzt erinnere ich mich dunkel daran, damals irgendwas im Newsfeed gesehen zu haben, allerdings war ich erst zwölf, vielleicht dreizehn und habe mir die Details nicht eingeprägt.

Meine Brust fühlt sich eng an. Ohne es zu wollen, muss ich an Dad denken. Irgendwo in mir lauert die ständige Angst, ihn zu verlieren, aber für Grayson ist diese Angst längst Realität geworden. Und ich glaube nicht, dass es Worte gibt, die den Schmerz lindern können, also schließe ich meine Finger nur fester um seine.

»Ich war rasend vor Trauer, Wut, Hass, den ich auf niemand Bestimmten richten konnte«, erzählt Grayson weiter.

»Alle haben mir immer wieder versichert, dass es ein *Unfall* war, der keine Schuldigen kennt. Ich wurde zur Überprüfung geschickt, bei der man mir eine höhere Dosis Sedatium verabreichte – noch so ein angeblicher Vitamincocktail – und mir versicherte, es würde alles gut werden. Die ersten Tage war ich wie betäubt und habe sogar angefangen, den Vorfall zu *vergessen.*« Ihm entfährt ein Schnauben. »Bis Trish Kontakt zu mir aufgenommen hat. Sie hat mich schon eine Weile beobachtet, nachdem Belinda einen meiner Wutausbrüche mitbekommen hat. Also, nicht direkt. Belinda war auf dem Heimweg von einer Party und hat gesehen, wie ich auf der Straße einen Kieselstein eine Spur zu schroff weggekickt habe. Ein so banales Detail, in das die Thustras zum Glück mehr reininterpretiert haben als AISS.

Jedenfalls war Trish die Erste, die mir gesagt hat, dass es in Ordnung ist, mich so zu fühlen. So ohnmächtig und zugleich wütend, dass ich am liebsten die ganze Welt in Brand gesteckt hätte. Und sie hat mir einen Schuldigen geliefert. Mit einem Schriftstück, das bewiesen hat, dass dieses Labor nie im Besitz des Kosmetikkonzern war, der sich öffentlich zu dem tragischen Ereignis bekannt hat. Es war schon immer Eigentum des Parlaments.«

»Eigentum des Parlaments?«, wiederhole ich, und seine Anspannung geht direkt auf mich über. »Dann haben eure Eltern für die *Regierung* gearbeitet?«

»Wahrscheinlich«, erwidert er, gefolgt von einem Lippenschürzen. »Anfangs wollte ich Trish nicht glauben. Ich bin nach Hause gelaufen und habe jedes dieser verfluchten Bücher aus dem Regal geholt, alle markierten Stellen gelesen, mir die Suchverläufe angeguckt und sogar durch ein paar Dokus geskippt, um zu beweisen, dass *das* ihre echte Forschung war. Aber nachdem ich die Fassade einmal abgekratzt habe, ist mir schnell klargeworden, dass sich dahinter nichts als ein dunkler Hohlraum befand. Die markierten Stellen waren völlig wahllos gesetzt. Die Zeitstempel in den Suchverläufen hatten zu viel System, als hätten meine Eltern jeden Tag zu exakt derselben Zeit eine Anfrage gestartet – oder einen Algorithmus beauftragt, es so aussehen zu lassen. Dasselbe mit den Aufrufzeiten der Dokus. Was ich damit sagen will: Unser ganzes Haus war nur die Tarnung für ein Leben, über das ich bis heute kaum etwas weiß. Dank Trish konnte ich immerhin ein paar Indizien sammeln, dass die eigentliche Forschung etwas mit VeriTabs zu tun hatte, aber es sind eben nur … *Indizien.*«

»Fuck«, rutscht es mir raus. Eigentlich wollte ich es nur *denken*, aber da Graysons Blick zu mir hochschnellt, habe ich es wohl laut ausgesprochen. *Fuck, again.*

Einen Moment lang sieht Grayson mich unbewegt an, und ich warte nur darauf, dass er mir seine Hand entzieht. Aber dann entfährt ihm ein raues Lachen. »Fuck«, wiederholt er in einer Tonlage, die meine Haut kribbeln lässt. »Das war die treffendste Beschreibung, die ich je gehört habe, Miss Elking.« Ein neckendes Aufblitzen, das seinen Schmerz flüchtig verwischt. Auch wenn ich sehe, dass er immer noch da ist.

»Du meinst wohl eher die unempathischste«, widerspreche ich, während ich mich auf den Rücken sinken lasse, den Kopf auf seinen Schoß gebettet.

»Tut mir leid, der Preis ist schon vergeben.«

»An wen?«

»Logan.« Grayson streicht durch mein Haar. »Als er von meiner Vorgeschichte Wind bekommen hat, meinte er, meine gesamte Familie würde für das Parlament arbeiten und man solle mich besser *beseitigen*, bevor ich die Thustras verraten kann. Dann hat ihm jemand eine Flasche über den Kopf gezogen, und vielleicht war dieser Jemand ich, was womöglich zu einer kleinen Schlägerei geführt hat, die ich Tante Rose am nächsten Morgen mit einem misslungenen Training erklären musste.« Er zuckt mit den Schultern. »Hätte ich damals gewusst, was er für ein Arsch ist, hätte ich zwei Flaschen genommen.«

»Verständlich.« Ich lasse meinen Kopf leicht zur Seite rollen. Der Timer auf dem SmartPad ist fast abgelaufen, und mir fällt ein, dass ich immer noch nicht alles erzählt habe. Auch wenn Graysons Geschichte mindestens genauso wichtig war. »Eine Sache habe ich noch vergessen«, sage ich und schaue wieder zu ihm auf. »Bevor sich Kane *verschluckt* hat, haben wir über meine Zukunft gesprochen. Die Sommerpraktika sind alle vergeben, allerdings hat Maya deutlich gemacht, dass sie trotzdem mit mir zusammenarbeiten möchte. Und ich habe deutlich gemacht, dass mir ein Stipendium für die Golden University nicht reicht, sondern dass ich ins Zentralarchiv möchte. Sie hat gelächelt.«

»Wow.« Grayson hört auf, mit meinem Haar zu spielen. »Ein einziges Abendessen, und du hast den Präsidierenden am Boden gesehen, nennst die Professierte beim Vornamen und hast gute Aussichten auf eine Stelle im Zentralarchiv.

Warum habe ich das Gefühl, dass ich dich schon früher hätte anrempeln sollen?« Er streicht über meine Schläfe, in seinem Blick ein vielsagendes Funkeln.

»Apropos. Du schuldest mir immer noch einen EarPod.«

Seine Augenbraue wandert nach oben. »Und ich dachte, du wolltest mich melden?«

»Vielleicht bevorzuge ich ja den unbürokratischen Weg?«

»Klingt nach den perfekten Voraussetzungen für eine Mitarbeitende des Zentralarchivs.«

Sein Sarkasmus lässt meine Mundwinkel nach oben zucken. Ich schaue ihn an, er schaut mich an, und das Kribbeln kehrt mit einer Wucht zurück, die mich schlucken lässt. Wie kann man sich von einem Menschen so aus dem Konzept bringen lassen?

Das SmartPad vibriert. Dieses Mal haben wir alle wichtigen Themen besprochen, und es gibt auch kein Gegenmittel, das noch schnell verabreicht werden müsste. Grayson wischt beiläufig übers Display, dann ist Stille, und es gibt nur noch uns. Ich lege die Hand in seinen Nacken, ziehe mich zu ihm hoch und weiter auf seinen Schoß. Den nächsten Kuss genieße ich mit allem, was ich habe. Und erst als Jamar reinkommt, um uns zu informieren, dass Nick nach mir sucht, merke ich, dass ich nicht einmal an meinen Bruder gedacht habe. Irgendwo in mir zupft ein Gefühl von Reue, aber es kommt nicht gegen den Glückstaumel an, der leise in mir flüstert: *Du bist in Grayson Thorn verliebt.*

KAPITEL 22

Beim Frühstück gibt es nur zwei Themen. Das erste ist der Besuch bei den Kanes. Julverne würde vor Stolz heulen, wenn er sehen könnte, wie perfekt ich mich an sein Drehbuch halte. Ich erwähne nur das beeindruckende Anwesen, was für ein schönes Paar Reid und Samson abgeben und wie gut das Essen war.

Das zweite Thema ist die Homestory. Je mehr ich darüber höre, desto weniger möchte ich sie sehen. Selbst Lace, die mir heute schräg gegenübersitzt, lässt sich zu einer Bemerkung über diese *durchaus heiße Vier* hinreißen, womit sie wohl Aiden meinen dürfte. Den *bislang so unterschätzten Jungen aus den unteren Ringen, der sein Talent so lange in den Fabriken vergeudet hat.*

Es fällt mir schwer, einen Würgereiz zu unterdrücken. Eigentlich dachte ich, diese Homestory sollte Nicks Karriere fördern, nicht Aidens. Aber wie es aussieht, kennt spätestens jetzt absolut jeder hier im Camp seinen Namen – und jeder weiß, dass wir mal zusammen waren. Es ist Priya, die mich mit süffisantem Lächeln fragt, warum ich nicht längst einen

Ring am Finger habe. Und da eine Lüge zu leicht auffallen würde, muss ich zugeben, dass er einer anderen einen Antrag gemacht hat. Es sollte mich nicht mehr interessieren, aber besagter Tag hat trotzdem eine Wunde hinterlassen, in der Salz wie das von Priya brennt.

Immerhin lässt mich ihre Clique danach in Ruhe. Als wären sie alle beruhigt, dass sich ihr neuer Held nicht *wirklich* für eine Fünf interessiert.

Nach dem Frühstück schließe ich mich Nick und Jamar bei einer Partie Dart an. Wäre es ein Turnier, wäre ich bereits in der ersten Runde rausgeflogen. Zum Glück lassen mich die beiden weiter mitspielen, bis ich von AISS aufgerufen werde.

Anders als sonst geht es nicht zu den Laboren, sondern zu einem Behandlungszimmer nahe der Station. Beim Anblick des Mannes, der hinter dem Schreibtisch sitzt, stöhne ich innerlich auf.

»Guten Morgen, Behandelnder Lavis«, begrüße ich Harry.

Er würdigt mich keines Blickes, sondern deutet nur wortlos auf die Liege. *Wow.* Wenigstens vor AISS könnte er ein Mindestmaß an Höflichkeit zeigen. Aber vielleicht ist es ihm auch egal, wenn sie ihn für ein Arschloch hält, und was mich betrifft, ist die Sache eh durch.

Während ich mich setze, gleitet die Tür hinter mir zu. Die meisten Behandlungszimmer sehen gleich aus. Es gibt eine gepolsterte Liege, einen Schreibtisch, Waschbecken, Haken mit Handtüchern sowie einen Holzschrank mit Schubladen und Fächern, die von außen beschriftet sind. Gut möglich, dass hier mal eine meiner Nachuntersuchungen stattgefunden hat – oder es war der Raum nebenan. Ich weiß nur, dass mir jeder Behandelnde lieber wäre als Harry.

»Wie geht es deinem Brustkorb?«, fragt er schließlich. Nicht einmal jetzt sieht er mich an, sondern geht direkt zum Schrank und öffnet mehrere Schubladen.

Ich bin irritiert. Beim letzten offiziellen Treffen hat er mich noch gesiezt. »Gut«, erwidere ich. »Es zwickt nur noch hin und wieder bei bestimmten Bewegungen.«

»Gut«, wiederholt er. »Und der Kopf?«

»Keine Schmerzen mehr.«

»Falsche Antwort.« Mit mehreren Utensilien bewaffnet dreht er sich zu mir um. »Du verspürst gelegentlich ein unangenehmes Pochen in den Schläfen, weshalb ich zur Sicherheit eine umfassende Untersuchung durchführen werde. Beginnend mit einem generellen Check-up, gefolgt von einem erweiterten Hirnscan«, er hält einen silbernen Reif hoch, der ohne Stacheln auskommt, »bis hin zu einer Blutabnahme, um weitere Ursachen auszuschließen. AISS wird mir dabei bedauerlicherweise nicht assistieren können, da sie in diesem Raum nicht verfügbar ist. Eine Fehlkonstruktion beim Verlegen der Leitungen.«

»Okay?« Zweifelnd runzle ich die Stirn. »Erklärst du mir vielleicht auch, was das Ganze soll?«

Harry zieht einen Rollhocker heran, legt seine Instrumente neben mir ab, und zum ersten Mal sieht er mir direkt ins Gesicht. Ich wünschte, er würde es nicht tun. Neben der erwartbaren Abneigung, die sich in seinen Mundwinkeln kräuselt, glüht hinter seiner Brille ein vertrautes Interesse. Ich kenne es von Dad und weiß, dass es rein wissenschaftlicher Natur ist. Meistens war dieser Ausdruck der Vorbote für eine Zeit, in der wir Dad kaum zu Gesicht bekommen haben. Weil er nur noch zwischen dem zentralen MedPlex und der kleinen Arbeitsnische gependelt ist, die er sich oben im Schlafzimmer eingerichtet hat. Hat man ihn gefragt, was er dort macht, ging es immer um irgendwelche neuen Studien, Dossiers oder Entwicklungsschritte in der Medizin.

Ob ich für Harry auch nur ein Forschungsobjekt bin? Bisher habe ich nichts von meiner Blutprobe gehört, weshalb ich angenommen habe, alles wäre in Ordnung. Aber dieses Glühen ...

»Oberkörper freimachen, den BH kannst du anlassen.« Mit einem Blinzeln wendet er sich von mir ab und sucht aus den mitgebrachten Sachen alles Notwendige zusammen. »Um es gleich vorwegzunehmen: Was wir heute besprechen werden, wird diesen Raum nicht verlassen. Trish allein entscheidet, wann diese Informationen mit dem inneren Kreis geteilt werden, und das bedeutet: kein Wort zu Jamar oder Grayson. Verstanden?«

Ich lege die Jacke neben mir ab, auf meinen Lippen ein schnaubendes Lachen. »Wow.« Es klingt nicht halb so abfällig wie gewollt, was daran liegen dürfte, dass mein Herz viel zu schnell gegen meinen Brustkorb drängt. »Ich soll etwas vor den einzigen beiden Menschen geheim halten, denen ich noch vertrauen kann? Keine Chance.«

Harry verzieht angesäuert den Mund. »Dein Top«, sagt er dann ausweichend. In der Hand hält er mehrere transparente Plättchen. Soweit ich weiß, kann man mit ihnen Herz und Lunge abhören.

Widerwillig ziehe ich mir das Top über den Kopf und lasse mir die Dinger auf den Oberkörper kleben. »Ich meine es ernst, Harry: keine Geheimnisse vor Grayson und Jamar.«

Ich kann förmlich hören, wie er mit den Kiefern mahlt.

»Du bist echt anstrengend«, knurrt er, bevor er sich eine Art EarPod ins Ohr steckt. »Tief ein- und ausatmen.« Er wiederholt die Anweisung ein paarmal, während er auf dem EarPod herumdrückt und wohl die verschiedenen Plättchen ansteuert. Dann holt er sein HoloPad rüber, macht sich Notizen und fährt mit der Untersuchung fort. »Ich werde Trish sagen, dass ich dich auf die Geheimhaltung hingewiesen habe, du dich aber geweigert hast, zu kooperieren. Alles danach liegt in deiner Verantwortung.«

Ein winziger Triumph, der mich sogar seine kalten Finger ertragen lässt, mit denen er meinen Kopf abtastet.

»Fangen wir mit den weniger überraschenden Neuigkeiten an: Thustra funktioniert bei dir tadellos, keine Spur von Nebenwirkungen zu erkennen. Außerdem hat die Analyse deiner Blutwerte gezeigt, dass dein Körper Resistenzen gegen Sedatium bildet«, sagt er und leuchtet mir im Wechsel in die Augen. Das Licht der kleinen Lampe ist zu grell. »Auffallend ist allerdings die Ausprägung. Selbst nachdem ich Thustra vollständig aus deiner Probe extrahiert habe, brauchte ich die sechsfache Dosierung einer gewöhnlichen Sedatium-Einheit, um einen sichtbaren Erfolg zu erzielen. Bislang lag der höchste gemessene Wert unter Thustras bei zweieinhalb, meist reicht sogar eine Erhöhung auf anderthalb Einheiten.«

Ich blinzle immer noch gegen die Lichtpunkte an, während Unruhe in mir aufwallt. Hat Grayson nicht mal erwähnt, das Verfahren, um Resistenzen nachzuweisen, wäre zeitintensiv und arschteuer? Weshalb die Regierung es nur in konkreten Verdachtsfällen durchführt? Irgendwie bezweifle ich, dass die Thustras es bei allen neuen Mitgliedern durchführen.

»Und das bedeutet was?«, hake ich nach.

»Falsche Frage«, tadelt Harry. »Sie sollte lauten: Was noch? Denn während die einen Resistenzen deutlich erhöht sind, fehlen sie an anderer Stelle *komplett.* Schon die kleinste Zufuhr von reinem Veritas reicht, um dich zur Wahrheit zu treiben, und ab hier wird es *richtig* interessant.« Harry nimmt sein HoloPad auf, um es mit einem Klick zu aktivieren. »Du kannst dich vorerst wieder anziehen. Die Health-Pads bleiben bis zum Ende der Untersuchung dran.«

Dankbar dafür, der Kälte zu entkommen, schlüpfe ich wieder in mein Top. »Was genau heißt *interessant*? Oder ist das auch wieder die *falsche Frage*?«, spotte ich herausfordernd, auch wenn ich in Wahrheit nur über die Anspannung hinwegtäuschen will, die sich mit jeder Sekunde in diesem Raum weiter in mir ausbreitet.

Harry antwortet mit einem angepissten Blick, was wohl heißt, dass die Frage richtig war. »Vergleichen wir die Ergebnisse meiner Untersuchungen mit sämtlichen Analysen durch AISS, gibt es deutliche Diskrepanzen. Oder in anderen Worten: Für AISS bist du der *biologisch perfekte Mensch.*« Er spuckt die Bezeichnung förmlich aus, die bis unter meine Haut kriecht. »Offiziell besitzt du kaum Resistenzen – weder gegen Veritas *noch* gegen Sedatium. Hätten alle Menschen solche Werte, könnte man die Wirkstoffe in VeriTabs deutlich verringern, was die Kosten einer Vergabe drastisch senken würde. Und mit *drastisch* spreche ich von einem Ausmaß, gegen das selbst das Ehegesetz lächerliche Zahlen schreibt.«

Obwohl ich nun auch die Jacke wieder anhabe, fröstle ich. *Für AISS bist du der biologisch perfekte Mensch.* Kurz überlege ich, ob Harry nur Scheiße erzählt, um mich zu ärgern, aber es ist dieses Forschungsinteresse, das mich von dem Gedanken abbringt ...

»Einer der Werte stimmt also nicht«, erwidere ich.

»Richtig.« Harry nickt knapp. »Und da ich die Proben eigenhändig untersucht habe, muss der Fehler im System liegen. Es gibt also zwei Szenarien. Entweder hat man dir vor jeder offiziellen Blutabnahme eine utopisch hohe Dosis Sedatium verabreicht, um die Ergebnisse zu verfälschen, oder es ist jemandem gelungen, AISS so zu manipulieren, dass jede deiner Analysen vorbildlich ausfällt. Und jetzt bist du dran.« Er fährt mit dem Rollhocker ein Stück nach hinten, um mich genaustens zu mustern. »Mit welcher dieser Vermutungen liege ich richtig?«

Sein Blick scheint mich komplett zu durchbohren. Ich weiß nicht, wie ich reagieren soll. Lachen? Ihm gegen das Schienbein treten? Wegrennen?

»Was?«, ist das einzige Wort, das ich rauskriege.

»Beantworte einfach die Frage.« Binnen Sekunden ist aus seinem Interesse Argwohn geworden. »Komm schon, Maeander, hören wir auf mit diesem Spielchen. Ich war von Anfang an gegen deine Aufnahme bei den Thustras.« *Ah, deshalb ist er seit Tag eins mit mir auf Kriegsfuß.* »Eine achtzehnjährige Frau, die ihr Leben lang unter emotionalen Überreaktionen gelitten hat, aber jeden Check-up mit Bravour überstanden hat? Ohne nach ihrer Pubertät auch nur einmal zur hormonellen Anpassung geschickt zu werden? Und das alles in der Gegenwart eines Bruders, der nicht nur Aufsehender ist, sondern Kanes neues Schoßhündchen? Trish hätte Grayson nie die Erlaubnis geben dürfen, dich einzuweihen, aber das hier«, er hebt das HoloPad an, »ist in der Tat noch größer, als ich vermutet hätte. Also, wer hat dir geholfen, diese Ergebnisse zu vertuschen? Vielleicht dein Bruder selbst? Oder sogar jemand aus der Regierung? Wie viel hast du ihnen über die Thustras erzählt? Wissen sie von unserem Versteck? Dem Gegenmittel? Unserer Infrastruktur? Planen sie bereits, uns festzunehmen, oder warten sie noch, bis du ihnen mehr Informationen geliefert hast?«

Ich starre Harry an, der sich mit jedem Satz weiter in etwas reinsteigert, das in mir sämtliche Alarmglocken schrillen lässt. *Ergebnisse vertuschen? Die Thustras verraten? Geplante Festnahmen?*

»Bullshit«, presse ich hervor, meine Finger fest in die Liege gekrallt. Wenn ich jetzt aufspringe, wie hoch stehen meine Chancen, es nach draußen zu schaffen? Und wie weit käme ich wohl, bevor AISS merkt, dass etwas nicht stimmt?

Harrys Miene verfinstert sich. »Andere hätten dich an meiner Stelle längst an diese Liege gekettet und dich gezwungen, die Wahrheit zu sagen. Aber ich bin ein Freund von Worten und Konsens, deshalb appelliere ich an deine Menschlichkeit.« Seine Worte stehen in einem ziemlich scharfen Kontrast dazu, dass er sich jetzt so postiert, dass die Tür unerreichbar scheint. »Du hast gesehen, wie erbärmlich wir leben. Du hast Feleeca kennengelernt und Walker, und wir haben in den Katakomben *Kinder*. Wenn Kaldirims Elite einen Schlag gegen uns plant, gib uns wenigstens die Chance, unsere vulnerablen Mitglieder in Sicherheit zu bringen. Sag mir, was du ihnen erzählt hast.«

Er meint jedes Wort ernst. Ich erkenne es an seiner Haltung, in den verkrampften Händen, den Schultern und nicht zuletzt an seinem Blick, in dem sich so viele unterdrückte Gefühle spiegeln. Aber allem voran erkenne ich, dass Weglaufen zwecklos ist.

Ein vertrautes Brennen schießt mir in die Augen. Ich will ihm entgegenschleudern, dass er sich diese Unterstellungen sonst wohin schieben soll, aber ich kann nicht. Weil ich genau weiß, wie es sich anfühlt, Angst um geliebte Personen zu haben, und ... weil da diese Werte im Raum stehen. Werte, aus denen er zwar die falschen Schlüsse zieht, aber die trotzdem bedeuten, dass etwas nicht stimmt. Mit mir oder AISS – oder Harry.

»Maeander.« Seine Stimme ist erschreckend kontrolliert. »Trish und ich glauben, dass du ein vernünftiger Mensch bist, weshalb wir diese Sache vorerst für uns behalten haben. Und ich kann dich nur noch einmal bitten ...«

»Nein«, unterbreche ich ihn, gefolgt von einem Atemzug, der in meiner Lunge sticht. »Es ist egal, was ich sage, denn du wirst mir sowieso nicht glauben. Weil ich dank Thustra eine *Liar* bin.«

Er sieht mich einfach nur an, und ich versuche, gegen die

Verzweiflung anzukämpfen, die sich langsam, aber sicher in mir ausbreitet. Denn es ist eine klare Pattsituation, aus der ich keinen Ausweg sehe. Und Harry scheint es ähnlich zu gehen. Vielleicht hört er durch seinen EarPod, wie heftig mein Herz wummert.

»Du hast recht«, bricht er schließlich das Schweigen. »Ich bin ein Mann der Fakten, und die Fakten sprechen gegen dich.« Er schürzt die Lippen, bevor er über die Schulter Richtung Schrank sieht. »Eine Möglichkeit gäbe es aber vielleicht doch ... Sie ist allerdings äußerst schmerzhaft und wird dich ein paar Stunden außer Gefecht ...«

»Welche?«

Anstatt direkt zu antworten, rollt Harry zum Schrank und zieht nacheinander Schubladen auf. »Es wären drei Spritzen«, fängt er an zu erklären. »Mit der ersten hemme ich Thustra so weit, dass es Veritas nicht mehr blockiert, bis auf den Stich wirst du kaum etwas merken. Mit der zweiten verabreiche ich dir reines Veritas. Eigentlich wird es genutzt, um die Zeit zwischen zwei Vergaben zu überbrücken, sofern sich abzeichnet, dass die letzte VeriTab nicht richtig eingestellt war. Hochdosiert wird es dir jedoch unmöglich sein, länger als fünf Millisekunden nicht zu antworten – was dazu führt, dass sich dein Bewusstsein gewissermaßen ausklinkt. Die Antworten werden direkt aus deinem Unterbewusstsein auf deine Zunge katapultiert, manche kriegen davon mehr mit, manche gar nichts, und dann ist da noch das Brennen. Du kennst die Hitze, die Veritas auslösen kann, stell sie dir einfach noch ein Dutzend Mal schlimmer vor, und du hast einen ungefähren Eindruck des Schmerzlevels.«

Ich schlucke schwer, während sich alles in mir dagegen sträubt, dieses Zeug auch nur in die Nähe meiner Venen zu lassen. Aber die Alternative ist auch nicht viel besser, denn wenn sie mich jetzt rausschmeißen, wird Liquid mich in weniger als drei Monaten killen. Und sofern sie vorher die Sache mit dem Projektionsschock durchziehen, wüsste ich es womöglich nicht einmal, sondern würde einfach umkippen ...

»Sobald ich alle Antworten habe, erlöse ich dich mit einem Narkotikum, das frisches Thustra enthält. Damit kannst du deinen Rausch ausschlafen«, beendet Harry die Aufzählung. »Es dauert etwa vier Stunden, bis sich danach alles wieder eingependelt hat.«

»Und dann würdest du mir glauben?«

Harry lacht in sich hinein. »Dann würde ich sogar Kane persönlich glauben.«

KAPITEL 23

Ich fühle mich wie überfahren. Mein Schädel dröhnt wie nach dem Projektionsschock, meine Zunge ist pelzig, meine Glieder bleischwer, als hätte ich sechs Parcours nacheinander bewältigt. Und dann ist da dieser Durst. Brennender als je zuvor, aber ich weiß, dass Wasser ihn nicht löschen kann. Es ist eher, als wäre mein ganzer Körper durstig. Jede Vene ausgetrocknet, jede Arterie verdorrt, mein Herz ein Häufchen Asche, das langsam zerbröckelt. Von meiner Kehle gar nicht erst zu sprechen. *Und diese Kopfschmerzen …*

Ächzend versuche ich, die Augen zu öffnen. Erfolglos. Also bleibe ich einfach liegen. Lausche meinem Atem. Fühle die harte Liege unter mir. Bin ich immer noch im Behandlungszimmer? Allmählich tropfen Erinnerungen zurück in meinen Kopf, zäh und klebrig und *wichtig*.

Harry hat mir alle Fragen gestellt, die er stellen musste. Denke ich, glaube ich, *hoffe* ich. Es ging so schnell, dass ich nicht jede mitbekommen habe, denn mein Unterbewusstsein hat mir einfach die Kontrolle entzogen. Über meinen Körper, meinen Verstand, meine *Seele*.

Ich erinnere mich, dass er nach meiner ersten emotionalen Überreaktion gefragt hat, nach meiner Überprüfung, meinem Kennenlernen mit Grayson und meinem aktuellen Verhältnis zu Nick. Alles in mir hat darauf *gebrannt*, jede noch so kleine Frage zu beantworten – wortwörtlich. Diese Unfähigkeit, auszuweichen. Das Gefühl, mich komplett nackt zu machen, von den harmlosen Wahrheiten bis zum widerlichsten Fleck Seele, der zugegeben hat, die Thustras über meinen eigenen Bruder zu stellen. Nein, *zugeben* ist das falsche Wort. Mein Unterbewusstsein hat förmlich danach gegiert, sich nach außen zu stülpen und alles auszusprechen, was ich niemals teilen wollte.

Grell blitzt eine Erinnerung nach der anderen auf. Ich habe sogar diesen beschissenen *Mückenstich* erwähnt, nur weil Harry wissen wollte, ob ich mich an unerklärliche Reizungen im Bereich Schultern, Nacken oder Arme erinnere. Und er hat mich nach Dad befragt. *So viele Fragen über Dad.* Ich weiß, dass er sie nicht wahllos gestellt hat. Aber der zähe Teer in meinem Kopf verhindert, dass ich die Teile richtig zusammensetzen kann.

Harry weiß jetzt alles über mich, während ich nur eine Erkenntnis gewonnen habe: Ich will mich nie wieder so ausgeliefert fühlen. Nie wieder gefangen in meinem eigenen Körper sein, regiert von einem Unterbewusstsein, das mir selbst Angst macht.

Das Zischen der Tür lenkt mich ab. Jemand kommt rein. Absätze klackern über den Boden, und ich versuche noch mal, meine Lider zu öffnen. Grelles Licht blendet mich. Es fühlt sich an, als würde ich in die Sonne sehen, dabei ist es nur die normale Beleuchtung. Ich kämpfe gegen die Schmerzen an, bis sich meine Umgebung scharf stellt. Wie es aussieht, bin ich tatsächlich im Behandlungszimmer. Zusammen mit einer Frau, die ich anhand ihrer schwarzen Locken erkenne: Evenita. Ich überlege, ob ich auf mich aufmerksam machen soll, aber ich habe keine Ahnung, wie Harry meine Ohnmacht erklärt hat. Und ob das Ausmaß meiner Schmerzen dazu passt. Also bleibe ich still und lausche, warte, was sie als Nächstes tut.

Evenita öffnet die kleine Kühlvorrichtung, die sich im unteren Teil des Schranks befindet. Ich habe sie genau vor Augen, denn dort lagert das reine Veritas, an dem sich Harry vorhin bedient hat. Abgefüllt in Stechampullen mit blauem Deckel. Und wenn Evenita merkt, dass eine fehlt? Unwahrscheinlich. Ich habe gesehen, wie viele dieser kleinen Ampullen darin stehen. Sofern Evenita keine Inventur plant, sollte eine mehr oder weniger nicht auffallen.

Wieder ein Zischen, gefolgt von weiteren Schritten.

»Evenita.«

Ich kann nicht anders, als zur Seite zu blinzeln. Evenita fährt augenblicklich hoch, und ich sehe, wie sie zwei Stechampullen in ihrem Kittel verschwinden lässt.

»Harry.« Sie lächelt ihn an. »Einer der jungen Männer braucht mal wieder einen Booster. Die Projektion hat ihn ziemlich mitgenommen.« Ihre Hand gleitet in den Kittel, um eine der Ampullen rauszuziehen. Der Deckel ist orange. Dabei bin ich mir sicher, dass einer von beiden blau war …

»Du weißt ja, dass ich nicht viel davon halte«, erwidert Harry sachlich. »Booster sind für Leute mit Mangelerscheinungen oder unausgeglichenem Hormonhaushalt. Gib dem Jungen ein, zwei Stunden Ruhe, und er wird auch so wieder klarkommen.«

»Nun, ich bevorzuge es, meine Teilnehmenden nicht unnötig zu quälen. Eine kleine Injektion, und sein Adrenalinspiegel ist binnen Minuten im Griff.« Sie lässt die Ampulle in ihre geschlossene Faust sinken. »Vielleicht solltest du es bei deiner Patientin auch mal versuchen.«

Reflexartig schließe ich die Lider und konzentriere mich auf meinen gleichmäßigen Atem. Es kostet mich alle Kraft, nicht leidvoll aufzustöhnen. Falls dieser Booster gegen Kopfschmerzen hilft, werde ich Harry gleich persönlich anflehen, mir einen zu verabreichen.

»Ich habe meine Prinzipien«, sagt Harry nur. Dann höre ich das Klicken des Kühlschranks.

»Und genau deshalb beauftragt man dich nicht mit solch empfindsamen Verfahren wie der Projektion«, spöttelt Evenita. »Ich werde Liv vorschlagen, Maeander beim nächsten Check-up zu mir zu schicken. Diese junge Frau ist zu erfolgversprechend, um sie von jemandem behandeln zu lassen, der nicht einmal die richtige Frequenz für einen Hirnscan kennt. Hoffen wir, dass bei ihr keine bleibenden Schäden zurückgeblieben sind.« Ihre klackernden Schritte kommen in meine Richtung. »Schlaf dich schön aus, Maeander.« Dann streicht sie mir so plötzlich eine Strähne aus dem Gesicht, dass ich zusammenzucke.

Scheiße. Ich gebe ein Murren von mir, als hätte ich gerade einen miesen Traum, und versuche, die Gesichtszüge zu entspannen.

»Dein Teilnehmender wartet doch sicher auf seinen Booster«, höre ich Harry sagen.

»Richtig. Aber lass dir eins gesagt sein, Harry: Wenn Maeander unter deinem Pfusch leidet, hat sie einen ganzen Club einflussreicher Frauen hinter sich, die gern dabei helfen, dich wieder zu dem Provinzbehandelnden zu degradieren, der du vorher warst.«

Droht sie Harry gerade mit ihrem *Poloclub*?!

»Dann ist es ja gut, dass sie bei mir in besten Händen ist.«

Es folgt ein Moment der Stille. Ich widerstehe dem Drang, die beiden anzusehen. Jeder meiner Atemzüge ist der einer Verdurstenden, und ich fürchte, dass ich bald husten muss.

»Wir sehen uns, Harry.« Evenita legt eine Mischung aus Lächeln und Drohung in ihre Worte. »Ach, und bring sie nächstes Mal sofort auf die Station. Das hier ist eine wirklich unbequeme Liege.« Ich spüre, wie sie in das Polster neben mir drückt. Dann entfernen sich ihre Schritte.

Zum ersten Mal bewundere ich Harry. Dafür, dass er sich nicht von dieser Frau hat einschüchtern lassen, die eindeutig die einflussreicheren Kontakte hat. Und die ich bis gerade wirklich mochte.

»Ich weiß, dass du wach bist«, sagt Harry. »Ich höre es an deinen Herzschlägen.«

Gott sei dank! Ich reiße ich die Augen auf und schnelle hoch, um mich sitzend aushusten zu können. Es würde mich nicht wundern, wenn ich Harry gleich meine Lunge vor die Füße spucken würde, diesen vertrockneten Klumpen, der alles schwerer macht. Ich klopfe mir aufs Brustbein, als hätte ich mich verschluckt.

Harry zieht sich fluchend den EarPod aus dem Ohr. Während er ihn mit schmerzverzerrter Miene wegsteckt, geht er zum Schreibtisch. »Hier.« Er gibt mir ein volles Wasserglas. »Und danke.«

Leider kann ich nicht reden. Ein fragender Blick muss reichen, bevor ich das Glas ansetze und versuche, den Husten zu ersticken. Im ersten Moment fühlt es sich an, als würde ich Öl in eine Flamme gießen. »Fuck!«, zische ich zwischen zwei Schlucken. Dann wird es besser. Der Hustenreiz ebbt ab, und mein Körper fühlt sich weniger verdorrt an. Von *gut* bin ich trotzdem weit entfernt. Mit bebender Hand gebe ich Harry das Glas zurück und lasse mich gegen die Wand sinken. »Hast du eine Schmerztablette?«

»Sicher. Das ist wohl das Mindeste, was ich tun kann.« Harry füllt zuerst das Glas nach, dann holt er einen Blister aus dem Schrank.

Dankbar spüle ich die Tablette herunter.

»Darf ich?« Harry deutet auf das Fußende meiner Liege. »Du kannst die HealthPads übrigens einfach abziehen, wenn du so weit bist.«

Ich nicke nur. Immerhin scheint Thustra wieder zu wirken, denn nichts zwingt mich, ihm verbal zu antworten.

»Ich werde mich nicht dafür entschuldigen, dass ich dir misstraut habe«, sagt Harry mit der üblichen Direktheit. »Allerdings rechne ich es dir hoch an, dass du diese Prozedur über dich hast ergehen lassen, um unser Vertrauen zu gewinnen. Ich habe mich vor rund zehn Jahren einem ähnlichen Verhör stellen müssen, deshalb weiß ich, welche Spuren es hinterlassen kann. Ich meine … auf der Seele.« Er weicht meinem Blick aus. »Falls du mal mit jemandem reden möchtest, der dasselbe durchgemacht hast, kannst du jederzeit zu mir kommen. Nur, dass du das weißt.«

Das kam unerwartet. Auch wenn ich mich wohl nie freiwillig an Harry wenden würde, ist es eine nette Geste. »Danke«, sage ich schief. Und trinke noch mehr.

»Aber deshalb bin ich nicht zurückgekommen. Ich habe mir die Aufzeichnungen unseres Gesprächs noch mal angesehen und erste Überlegungen angestellt.« Er holt sein HoloPad aus dem Kittel. »Eigentlich wollte ich vorab einige Dinge recherchieren, aber sollte mir Evenita wirklich das Behandlungsrecht für dich entziehen lassen, weiß ich nicht, wann und wo wir wieder ungestört reden können.«

»Was ist mit den Katakomben?« Jedes Wort ist wie Schleifpapier in meiner Kehle. Ich verziehe das Gesicht, was das Hämmern in meinem Kopf zusätzlich befeuert. *Wann wirkt diese elende Tablette endlich?*

»Liv hat unser Team vorhin informiert, dass wir einen Besuch von MOSS erwarten. Es wurden mehrere Ausfälle bei AISS registriert. Vorwiegend in der Bibliothek und den Schlafsälen.«

Oh, Scheiße. »Werden sie etwas finden?«

»Unwahrscheinlich. Aber sie werden alle Leitungen durchmessen und mit speziellen Abbruchsensoren ausstatten. Sprich: Ausflüge in die Katakomben sind ab sofort gestorben.«

Nicht nur die Ausflüge, ergänze ich lautlos. Ohne Pausenmodus gibt es keine privaten Treffen mehr mit Grayson oder Jamar. Keine Gespräche über Kane oder Sedatium, meinen

Bruder oder diese ganze Scheiße hier. Obwohl es nur noch drei Wochen sind, scheint mein Nervenkostüm plötzlich ziemlich dünn. Tränen schießen mir in die Augen. Ob das diese Spuren sind, die Harry meinte? Falls ja, hoffe ich, dass sie schnell verschwinden.

»Verstehe.« Ich atme gegen jedes Brennen an. »Was ist mit dem SmartPad meines Bruders? Jamar meinte, er hätte den MicroStick für mich abgegeben, aber seitdem konnten wir nicht mehr ungestört sprechen. Also ... weißt du was?«

»Walker ist dabei, die gezogenen Daten zu entschlüsseln, allerdings ist es eine ziemliche Herausforderung«, antwortet Harry. »Sollte sie etwas finden, werde ich versuchen, euch die Informationen zukommen zu lassen.«

Noch ein Riss mehr in meinem Nervenkostüm. »Okay.«

»Um zurück zu unserem Gespräch zu kommen.« Er aktiviert sein HoloPad und öffnet die Notizen, die er während des Verhörs gemacht hat. »Nach allem, was du erzählst hast, denke ich, dass dein Bruder nicht das einzige Familienmitglied ist, das etwas vor dir verheimlicht.«

Etwas in mir zieht sich zusammen. Es ist eine dumpfe Vorahnung, als müsste ich die Puzzleteile nicht zusammensetzen, um das Bild zu sehen, das Harry im Kopf hat. Irgendwie *spüre* ich, was jetzt kommt, und ich bin nicht bereit, es aus seinem Mund zu hören.

»Nein.« Meine Stimme ist schneidend. »Nein, Harry, einfach nein. Nur weil du tausend Fragen über Dad gestellt hast, kannst du nicht ...«

»Maeander.« Sein Blick bohrt sich förmlich in meinen. »Dein Dad ist Behandelnder im Center. Sein Abschluss an der Silver University war ausgezeichnet. Er hat ohne Zweifel das medizinische Knowhow, um jemandem die richtige Menge Sedatium zu verabreichen.«

»Nein.«

»Außerdem hast du erwähnt, dass ihr vor dem jährlichen Check-up eine Tradition habt. Einen Film und eine Tasse heiße Schokolade, nach der du immer besonders gut schlafen kannst. Vielleicht so gut, dass du nicht mitbekommst, wenn dir jemand etwas in den Nacken injiziert.«

»Nein.« Ich fange an, den Kopf zu schütteln, auch wenn es scheiße weh tut. »Die Tradition war Paps' Idee.«

»War sie nicht«, widerspricht Harry. »Du hast gesagt, du *glaubst*, es wäre seine Idee gewesen, aber nicht einmal Veritas war sich sicher. Und im März hattest du eine Reizung im Nacken – der vermeintliche *Mückenstich* –, genau am Tag des Check-ups, an dem du morgens ungewöhnlich warst.«

Das habe ich alles erzählt? Wie viel ist da dann wohl noch, an das ich mich nicht erinnern kann?

»Dein Vater hatte immer Tabletten im Haus, um dir zu helfen.« Harry macht unermüdlich weiter. »Tabletten, die in keine normale Hausapotheke gehören, denn alle gängigen Beruhigungsmittel basieren auf Sedatium. Und da wir wissen, dass Sedatium praktisch keine Wirkung auf dich hat, muss es etwas anderes sein. Was wiederum nur jemand besorgen würde, der *weiß*, dass alles andere nicht funktioniert. Und wenn wir schon bei diesen Tabletten sind: AISS fordert vor jeder Medikamentenbestellung ein Interview mit der betroffenen Person, um festzustellen, woher der Bedarf rührt. Du hattest nie Interviews, und jemand wie dein Dad …«

»Können wir einfach zur Pointe kommen?«, presse ich hervor. Auf meinen Lippen schmecke ich Salz, während sich meine Seele wie wundgescheuert anfühlt.

Harry schürzt die Lippen, als würde er sich wieder an sein eigenes Verhör erinnern, dann nickt er. »Für mich sieht es nach einem Vater aus, der alles dafür tut, um sein Kind zu beschützen.« Seine Stimme ist eine Spur weicher geworden. »Aber auch nach einem Vater, der genug Einfluss hat, um gewisse Ergebnisse direkt bei AISS zu manipulieren. Andernfalls hättest du deine erste Überprüfung damals nicht überstanden.«

Der Widerspruch liegt mir auf der Zunge, aber ich bringe ihn nicht raus. Bei meiner ersten Überprüfung war ich zwölf, und ich wurde direkt von der Schule aus hingebracht. Ohne Dad, der mir noch schnell etwas hätte injizieren können. Dasselbe gilt für die Blutabnahme nach meinem Projektionsschock. *Was, wenn Dad wirklich ...?* Ich will es nicht zu Ende denken. Aber ich kann auch nicht mehr zurück. Also bleibt mir nichts anderes übrig, als meinen inneren Widerstand zu überwinden.

»Manipulieren?«, wiederhole ich kratzig. »Das klingt, als müsste man dafür AISS hacken. Und Walker meinte ...«

»... dass es unmöglich ist, ich weiß. Das gehört zu den Dingen, die ich vorher recherchieren wollte, aber ich bezweifle, dass es etwas an den anderen Fakten ändert.« Harry nimmt sein HoloPad und steht auf. »Ich will nicht behaupten, es nachfühlen zu können, denn meine Familie und ich hatten schon immer ein unterkühltes Verhältnis. Aber vergiss nicht, dass es auch Liar mit guten Absichten gibt. Zum

Beispiel solche, die alles tun, um ihre Tochter zu schützen.« Mit aufmunterndem Lächeln nimmt er mir das Glas ab, um es gegen ein Taschentuch zu tauschen.

Es gefällt mir nicht, was die letzten Wochen aus mir gemacht haben. Grayson ist damals sofort losgelaufen und hat alles auf den Kopf gestellt, um sich von der Unschuld seiner Eltern zu überzeugen. Alles, was ich gerade fühle, ist pure Resignation. Denn Harry hat recht: Manche Fakten lassen sich nicht wegreden. Ich wünschte nur, ich könnte Dad selbst fragen, *warum* er es getan hat. Oder seit wann er weiß, dass etwas mit mir nicht stimmt. Oder ob er je darüber nachgedacht hat, was es für mich heißt, als *biologisch perfekter Mensch* verkauft zu werden. Was, wenn ich es nur deshalb in dieses Camp geschafft habe? Wenn sich Kane nur für mich interessiert, weil ich in seinen Augen leicht zu lenken bin?

»Was ist mit meinem Bruder?«, frage ich. »Weißt du, ob seine Werte genauso perfekt sind?«

»Fast«, erwidert Harry. »Seine Resistenzen sind nur geringfügig höher als deine. Sofern sie nicht ebenfalls manipuliert wurden, ist es immer noch ein beeindruckendes Ergebnis.«

Unwillkürlich denke ich an Nicks Ausbruch Anfang der Woche. Und an die achtzehn Jahre davor, in denen er nie auch nur die kleinste emotionale Überreaktion gezeigt hat.

»Verdammt.« Harry schaut fluchend von seinem HoloPad auf. »Ich habe Liv versprochen, dich bis zum Abendessen wieder auf die Beine zu bekommen. Meinst du, du schaffst es, in zwanzig Minuten mit den anderen zu essen?«

»Zwanzig Minuten?!« Irritiert hole ich mein SmartPad

raus. Ich habe geschlagene sechs Stunden geschlafen. Kein Wunder, dass meine Blase drückt. »Okay. Ich muss nur vorher in den Waschraum.«

»Natürlich. Soll ich dich begleiten?«

Ich rutsche an den Rand der Liege und bleibe noch kurz sitzen, um die HealthPads von meiner Haut zu zupfen. Als ich das letzte los bin, habe ich das Gefühl, die Tablette fängt endlich an zu wirken. »Danke, aber ich denke, ich komme klar.« Tue ich definitiv nicht, aber daran wird auch Harrys Begleitung nichts ändern.

Harry mustert mich, als würde er mich durchschauen. Allerdings scheint er nicht der Typ dafür, anderen Hilfe aufzudrängen. »Okay. Falls jemand fragt, gab es Komplikationen mit einem routinemäßigen Hirnscan. Eine Folge deines Projektionsschocks, aber nicht besorgniserregend. Du musstest dich nur ausruhen und hast allem voran Kopfschmerzen.«

Nach Julvernes umständlich gewobener Geschichte ist es erfrischend, die Lüge so offen präsentiert zu bekommen.

Ich stoße mich von der Liege ab und stelle erleichtert fest, dass mich meine Beine tragen. »Ist notiert. Und ich hoffe, Evenita macht ihre Drohung nicht wahr.«

»Das hoffe ich auch.« Harry nickt vor sich hin. »Pass bitte gut auf dich auf.«

Beim Rausgehen bleibt mein Blick am Schrank hängen. »Ach, Harry?« Ich halte inne, bevor mich der Türsensor erfassen kann. »Evenita hat zwei Ampullen mitgenommen. Ich glaube, eine davon war dieses hochdosierte Veritas.«

Er verzieht das Gesicht. »Genau wie ich befürchtet habe. Danke, Maeander. Ich werde mich darum kümmern.«

KAPITEL 24

Evenita hat nicht geblufft. Als ich fünf Tage später zu einer Kontrolluntersuchung gerufen werde, geht es in ein anderes Behandlungszimmer. Ausgestattet mit AISS, die Evenita gerade eine Reihe von Zahlen vorträgt. Ich versuche, ein Muster zu erkennen, aber kaum ist die Tür hinter mir zugeglitten, ist AISS fertig.

»Kann ich sonst noch etwas für Sie tun, Evenita?«

»Vorerst nicht. Danke, AISS.« Evenita wischt über ihr HoloPad und steht auf. »Maeander, bitte entschuldige. Ich habe mich wohl in der Zeit verschätzt und dachte, ich könnte noch kurz mit AISS ein paar Ergebnisse meiner eigentlichen Forschung besprechen.« Mit einem Lächeln deutet sie auf die Liege.

»Eigentliche Forschung?«, wiederhole ich und bemühe mich um eine freundliche Miene. Es ist unmöglich, nicht an ihr Gespräch mit Harry zu denken. Oder daran, dass sie mich als *erfolgversprechend* bezeichnet hat. Ob sie damit auf meine Blutwerte angespielt hat? Wahrscheinlich.

»Außerhalb der Camps bin ich Bestandteil eines kleinen

Teams, das im Auftrag des Forschungssektors arbeitet«, antwortet sie überraschend direkt, während sie sich einem Schrank zuwendet. »Wir befassen uns primär mit erblich bedingten Krankheiten sowie deren Behandlung, alles nachzulesen im Transparenzbericht des Sektors. Und da die Camps bereits in zwei Wochen enden, wird es langsam Zeit, mich auf den neusten Stand zu bringen. Um meine Arbeit nahtlos wiederaufnehmen zu können. Würdest du den Oberkörper bitte kurz frei machen? Den BH kannst du anlassen.« Aus ihrem Mund klingt es eindeutig höflicher als aus Harrys.

»Klar.« Ich befreie mich von Jacke und Top. »Das klingt nach einem wirklich spannenden Job.«

Evenita lacht freudlos auf, während sie die HealthPads auf meine Haut klebt. »Danke. Doch ich fürchte, es klingt interessanter, als es ist. Im Grunde starren wir den halben Tag auf Zellhaufen und fragen uns, warum sie tun, was sie tun.« Ihre Finger sind warm, ihre Berührungen vorsichtig. Nachdem sie das letzte Pad aufgeklebt hat, richtet sie sich räuspernd auf. »Nun, zurück zum eigentlichen Thema: Hattest du in den vergangenen Tagen noch mal Kopfschmerzen? Ein Pochen in den Schläfen? Ein Stechen oder dumpfes Hämmern?«

»Nein«, erwidere ich. »Es geht mir bestens.«

Eigentlich droht mein Kopf permanent zu platzen. Weil er über zu viele Dinge gleichzeitig nachdenken muss. Über die Thustras, zu denen wir kaum Kontakt haben, über das nahende Ende der Camps, über Grayson, Nick, Price, diese Speakers of Truth und nicht zuletzt über *Dad*. Es geht ständig um Dad, obwohl ich weiß, dass ich keinen Schritt weiterkomme, solange er nicht wach ist. Und selbst wenn er aufwacht, weiß ich nicht, ob ich von ihm die Wahrheit hören würde. Denn wenn die Sache mit den heimlichen Injektionen stimmt, hätte er bei der Gefährdungsanalyse längst auffliegen müssen – außer er ist ein Liar. Was ungefähr so realistisch ist wie die Vorstellung, Gloria Moore wäre im Herzen ein weltoffener Mensch. Es passt einfach nicht.

Evenitas Blick zufolge habe ich gerade eine Frage verpasst.

»Was?« Ich schüttle blinzelnd den Kopf. »Tut mir leid. Meine Gedanken sind abgeschweift.«

»Lass mich raten: dein Dad?« Mild lächelnd zieht Evenita einen Rollhocker heran und setzt sich.

»Richtig, woher …?« In mir zieht sich etwas zusammen. Es ist eine Sache, wenn Grayson oder Jamar meine Gedanken durchschauen, aber ausgerechnet *Evenita*?

»Als meine Mutter im MedPlex lag, war ich ständig abgelenkt«, erklärt sie. »Und ich hatte dabei meist denselben verlorenen Gesichtsausdruck wie du gerade.«

»Mh.« *Verloren* trifft es gut. Auch wenn ich gern wüsste, wonach ich überhaupt suche – oder ob ich es wirklich finden *will*.

»Was mir damals geholfen hat, waren Besuche. Wenn du möchtest, kann ich Liv bitten, noch mal eine Ausnahme für dich zu machen. Ich weiß, sie sieht es nicht gern, wenn die Teilnehmenden entgegen der Regeln entschwinden, aber in diesem Fall …«

Ich versteife mich auf der Liege. Alles in mir sträubt sich dagegen, wieder dieses Zimmer zu betreten, aber ich bezweifle, dass Evenita es verstehen würde. Außerdem ist da das schlechte Gewissen, dass ich es immer noch nicht geschafft habe, dem Mann im gläsernen Sarg ins Gesicht zu sehen.

»Sehr gern. Vielen Dank.« *Vielleicht sagt Liv ja auch einfach nein.* Ich räuspere mich und wechsle das Thema. »Also, was hattest du gerade gefragt?«, lenke ich ab.

»Ob du schon Zeit hattest, dir Beatrices Einladung anzusehen«, wiederholt Evenita. »Ich weiß, es ist vorerst nur ein Brunch, aber die anderen würden dich gern kennenlernen, bevor sie dich zu einem offiziellen Treffen einladen.« Sie steckt sich den EarPod ins Ohr, während sie mich erwartungsvoll mustert.

»Welche Einladung?« Ich muss mein SmartPad nicht rausholen, um zu wissen, wie mein Messenger aussieht. Denn ich checke ihn mindestens zwanzigmal täglich, immer in der Hoffnung, Walker könnte einen Weg gefunden haben, mir verschlüsselte Updates zu schicken. Auch wenn ich rational gesehen weiß, dass sie eher Jamar oder Grayson kontaktieren würde ...

Evenita hebt überrascht die Augenbrauen. »Zu Beatrices Kennlernbrunch am zehnten Juni. Sie hat die Einladung kurz nach der Ausstrahlung der Homestory abgesendet.«

»Sekunde ...« Jetzt hole ich mein SmartPad doch raus und öffne den Messenger. Es gibt tatsächlich eine neue Nachricht. Ich bin irritiert, da ich das Vibrieren nicht mitbekommen habe – bis ich den Absender sehe. Sie ist von dem einzigen Menschen, dessen Benachrichtigungen ich ausgeschaltet habe: Aiden. Vielleicht hätte ich ihn ganz blockieren sollen.

»Nichts. Hier.« Ich halte das Display in Evenitas Richtung.

Mein demonstratives Scrollen dauert nicht lange, denn die Chats begrenzen sich auf den von Aiden, Paps, Grayson, Vain und Dad, wobei letzterer nach ganz unten gerutscht ist. »Vielleicht hat Beatrice einfach vergessen, die Nachricht abzuschicken?«

»Möglich, auch wenn sie nie müde wird, ihr eigenes Organisationstalent zu erwähnen«, erwidert Evenita und lässt diesen gewissen Unterton mitschwingen, den sie öfter hat, wenn sie über Beatrice redet. »Aber abgesehen davon: Es freut mich zu sehen, dass die Spekulationen um gewisse *Kontakte* zu stimmen scheinen.« Sie schenkt mir ein vielsagendes Zwinkern. »Aiden Goodale ist eine wirklich nette Partie.«

Ich muss mich zwingen, ihr nicht schnaubend ins Gesicht zu lachen. Vielleicht sollte ich mir diese Homestory doch endlich ansehen.

»Dann wollen wir mal schauen, ob dein Körper genauso fit ist wie dein Geist.« Evenita tippt auf den EarPod. »In der nächsten Minute bitte nicht sprechen. Und jetzt einmal tief einatmen.«

Nick hat keine Zeit, mich am Nachmittag ins MedPlex zu begleiten. Äußerlich mime ich Bedauern, innerlich heule ich vor Erleichterung auf. Dann muss ich immerhin nicht so tun, als würde ich Dad wirklich *sehen* wollen. Es fiel mir schon schwer genug, Liv Dankbarkeit vorzutäuschen, als sie mich nach dem Mittagessen abgefangen hat.

Dafür bietet Nick an, Paul als Chauffeur zur Verfügung zu stellen, was ich schlecht ablehnen kann. Also finde ich mich dreißig Minuten später auf der Rückbank des schwarzen Citygleiters wieder.

»Wird wohl langsam zur Gewohnheit«, begrüßt Paul mich mit einem flüchtigen Schmunzeln und bietet mir – wie gewohnt – Snacks und Getränke an. Ich lehne ab.

Das Mittagessen liegt mir noch schwer im Magen. Schuld daran dürfte die Projektion sein, durch die ich vorhin durchmusste. Ein erschreckend realer Theaterbesuch mit Maya, Nick und Aiden. Zum Glück habe ich Caras unsichtbares Armband ertastet, bevor ich zu tief in die Situation fallen konnte, aber das hat nichts an der vermeintlich ausgelassenen Stimmung in Mayas Loge geändert. Keine Ahnung, warum mein Kopf genau *diese* Kombination gewählt hat. Ich weiß nur, dass ich seitdem ständig an Aidens Nachricht denken muss, die ich immer noch nicht geöffnet habe.

Wie von selbst gleiten meine Fingerspitzen in die Jackentasche. Neben dem SmartPad spüre ich Papier – und muss lächeln. Ich habe echt unterschätzt, wie praktisch es ist, mit zwei Typen aus den gehobenen Ringen befreundet zu sein. Kurz nach meinem Verhör bei Harry hat Jamar mich mit einem Notizblock versorgt, von Grayson gab es einen Kugelschreiber, der förmlich über das Papier gleitet. Schreiben ist zwar nicht dasselbe wie Reden, aber es reicht für den wichtigsten Austausch. Eine flüchtig zugesteckte Notiz hier, ein untergeschobener Zettel da. Meist zerreiße ich die Nachrichten direkt nach dem Lesen und spüle die Fetzen in der Toilette herunter. Aber diese Notiz hat Grayson mir erst vorhin zugesteckt. Begleitet von einem Blick, der mich hat wünschen lassen, ihn einfach mitnehmen zu können.

»Paul? Können wir Musik anmachen?«

»Klar.« Anstatt AISS zu beauftragen, den richtigen Channel einzustellen, wischt Paul über das Touchpad neben dem Lenkrad. »Wenn du was anderes hören willst: In den Kopflehnen sind Konsolen verbaut. Einfach den kleinen schwarzen Knopf drücken.«

Ich probiere es direkt aus, um die Lautstärke höher zu stellen. Der Bass dröhnt so laut, dass ich ihn im ganzen Körper spüre. Und er überdeckt jedes andere Geräusch, sollte AISS uns doch zuhören.

»Guter Geschmack!«, lobt mich Paul über die Musik hinweg.

Ich lächle ihm nur durch den Rückspiegel zu und warte, bis er wieder zur Straße sieht. Seinen rhythmischen Kopfbewegungen nach ist Hard Rock genau seine Musikrichtung. Dann hole ich den Zettel raus und öffne ihn im Schatten meiner Hand. Beim Anblick der Zeilen muss ich mir auf die Unterlippe beißen, um ein Grinsen zu unterdrücken.

Habe beim Essen aufgeschnappt, ein gewisser Bruder muss um zwanzig Uhr wieder in ein Meeting. Bibliothek, grüne Nische, wenig nachdenken, viel Ablenkung?

Einen besseren Vorschlag hätte Grayson nicht machen können. Mit nervös kribbelnden Fingern stecke ich den Zettel wieder ein und lasse das SmartPad, wo es ist.

Da ich Liv versprechen musste, zum Abendessen zurück zu sein, verabreden Paul und ich uns für halb sechs vor dem

MedPlex. Das heißt, ich muss zwei Stunden totschlagen. Ob AISS erwartet, dass ich die gesamte Zeit in Dads Zimmer verbringe? Es wäre sicher seltsam, nach fünf Minuten wieder abzuhauen, also überlege ich fieberhaft, wie ich möglichst viel Zeit schinden kann. Vielleicht bitte ich zuerst um ein Gespräch mit Christa, der Behandelnden, die sich als Dads Kollegin vorgestellt hat. Abgesehen davon, dass ich wissen will, ob es Neuigkeiten gibt, hat sie vielleicht ein paar *privatere* Infos über Dad. Irgendwelche Details über ihre gemeinsame Arbeit, die Ordnung in mein inneres Chaos bringen.

Ich schätze die Frau am Empfang auf Mitte dreißig und die Anzahl ihrer Angleichungen auf ... viele. Beige Haut ohne jeden Makel, das Haar in blondem Balayage gefärbt, die Augen strahlendes Aquamarin, umrandet von dichten Wimpern.

»Hi, ich bin Maeander Elking. Ich würde gern meinen Dad auf der IntenseCare besuchen. Arthur Elking.«

Beim Klang meines Namens starrt mich die Frau an, als hätte sie einen Geist gesehen. »Die Schwester von Nicholas?!«, fragt sie. »Die aus der Homestory?!«

Ich muss aufpassen, nicht die Augen zu verdrehen. Kein Wunder, dass sie mich so ansieht. Immerhin trage ich heute nur Concealer, nicht diese makellose Maske, die mir Julverne sonst aufsetzt.

»Genau die«, erwidere ich. »Also, kann ich einfach nach oben gehen? Und ist seine Behandelnde heute da? Christa?«

»Natürlich, Sie kennen den Weg ja. Und lassen Sie mich kurz den aktuellen Dienstplan checken.«

Während sie ihr HoloPad bedient, lasse ich den Blick durch das MedPlex schweifen. Auf der anderen Seite gibt es ein Café, das mit Glasfronten vom Foyer abgetrennt ist. Die Einrichtung ist alles andere als steril oder zweckmäßig wie in der winzigen Kantine, die unser lokales MedPlex zu bieten hat. Es sieht eher aus, als sollte es eigentlich woanders stehen, irgendwo zwischen gut besuchten Läden, damit sich reiche Leute in gepolsterte Sessel sinken lassen und die Last des vielen Geldausgebens vergessen können.

Vor den Glasfronten gibt es einen Wartebereich, in dem einige Leute zusammensitzen und sich unterhalten. Allgemein herrscht reges Treiben. Aufzüge springen auf und entlassen Dutzende Personen, manche verschwinden in Gängen, andere gehen Richtung Café oder laufen wartend auf und ab.

»Behandelnde Melrose ist heute im Haus«, sagt die Angestellte. »Soll ich sie informieren, dass Sie mit ihr sprechen möchten?«

»Sofern sie Zeit hat, gern.«

»Ich werde ihr Bescheid sagen. Aber falls ich Ihnen noch einen Tipp geben dürfte.« Die Frau lehnt sich ein Stück nach vorne und senkt die Stimme. »Christa macht schon länger keine Angleichungen mehr. Also, nur für den Fall, dass Sie mit ihr darüber reden wollten: Versuchen Sie es lieber bei Behandelndem Adeyemi auf der Dritten. Er ist ein wahrer Gott seines Fachs und würde diese Makel binnen weniger Sitzungen verschwinden lassen.«

Es hätte mir klar sein müssen, dass so etwas früher oder später passiert, und trotzdem erwischt es mich eiskalt. Ich presse die Fingernägel in meine Handflächen, um das Beben zu unterdrücken. Am liebsten würde ich zurückschnappen, aber wie hat Edgar mal so schön gesagt? *Sei immer freundlich zum Empfangspersonal, denn du weißt nie, wann du ihre Hilfe noch mal brauchen kannst.* Also versuche ich, den Kommentar genauso zu schlucken wie Glorias Beleidigungen.

»Danke für den Tipp«, erwidere ich und ringe mir ein Lächeln ab. »Aber ich möchte mich wirklich nur nach dem Zustand meines Dads erkundigen.«

»Arthur, richtig.« Seufzend zieht sich mein Gegenüber zurück. »Dieser ganze Zwischenfall war wirklich eine Tragödie. Arthur hat jeden Morgen so freundlich gegrüßt, selbst wenn Noah schon wieder mit seiner übellaunigen Art am Treppenhaus stand und ständig auf die Uhr geguckt hat.« Sie verdreht die Augen.

»Noah?«

»Leitner. Der Kollege Ihres Dads? Griesgrämiger Ausdruck, sonnengebräunter Teint und trägt seine Haare immer in dieser fürchterlichen Tolle? Komplett betoniert mit Gel?« Die Frau untermalt ihre Beschreibung mit wilden Gesten. Bei mir macht es trotzdem nicht *klick*, denn ich bin mir ziemlich sicher, dass Dad nie einen Noah erwähnt hat. »Wenn Sie ihn sehen, werden Sie wissen, wen ich meine. Christa wird Sie übrigens in zwanzig Minuten oben treffen.« Keine Ahnung, wann sie die Anfrage abgeschickt hat. »Vielleicht bleibt Ihnen danach ja noch Zeit für einen Besuch auf der Dritten. Behandelnder Adeyemi ist bis achtzehn Uhr im Hause.«

Ob ich sie darauf hinweisen sollte, dass mein Vermögen noch genauso üppig ist wie vor dem Camp? Also praktisch nicht existent? Ich bedanke mich nur ein weiteres Mal, um dieses Gespräch so schnell wie möglich zu beenden. Auch wenn das heißt, dass ich als Nächstes nach oben muss.

KAPITEL 25

Dads Zimmer hat sich kaum verändert. Der gläserne Sarg, die beiden Sessel, die Garderobe – nur auf dem Beistelltisch sticht jetzt ein Farbklecks hervor. Es ist ein üppiger Blumenstrauß in kräftigen Tönen. Ich will gar nicht wissen, wie viele Credits man dafür hinlegen musste. Auf jeden Fall genug, um Paps' Budget weit zu überschreiten. Entweder ist er an unsere spärlichen Rücklagen gegangen, oder der Strauß ist von jemand anderem. Beides fühlt sich falsch an.

Ich will nicht hier sein, aber ich weiß, dass AISS jeden meiner Schritte beobachtet. *Bring es einfach hinter dich*, ermahne ich mich und trete an den gläsernen Sarg heran. Wie lange ist der gemeinsame Besuch mit Nick und Paps jetzt her? Zwei Wochen? Vielleicht sieht Dad ja wirklich besser aus. Vielleicht hat IntenseCare die oberen Hautschichten geheilt, vielleicht ... ist er immer noch ein lebloses Bündel Fleisch und Muskeln. Ich unterdrücke jede Regung, als ich auf ihn hinabsehe. Mit viel Phantasie ist sein Gesicht ein bisschen besser geworden. Eher rosa als dunkelrot. Trotzdem ist die geschundene Haut weit davon entfernt, Bartstoppeln oder Augenbrauen ansetzen zu können – falls die schwarzen Härchen je wieder nachwachsen.

Mit einem dicken Kloß im Hals lasse ich den Blick nach unten wandern. Über Dads Brustkorb, weiter zu seiner Hand, die einem Stück Kohle gleicht, zu seinen Beinen, die ebenfalls frei von Haaren sind, bis hin zu seinen Fußgelenken. Keiner sieht seine Eltern gern nackt. Aber abgesehen davon, dass er immer noch den schwarzen Lendenschurz trägt, ist das hier viel zu abstrakt, um Scham zu empfinden. Als stünde ich vor einer Puppe und nicht vor dem Mann, der mich großgezogen hat. Und von dem ich immer dachte, dass er nach Paps der Erste sein wird, der mir zur Verlobung gratuliert. Mit einem Kuss auf die Stirn, einer festen Umarmung und einem gewisperten *»Ich freue mich, dich so glücklich zu sehen«*.

Da ist es wieder. Das viel zu dünne Nervenkostüm, unter dem ich aufpassen muss, nicht in Tränen auszubrechen. In zwei Wochen erfahren wir, ob es den Thustras gelungen ist, Walkers Code ins Programm einzuschleusen. Aber selbst wenn ich das Camp mit Grayson verlasse, kann ich mir nicht vorstellen, eine *Hochzeit* zu planen. Nicht ohne Dad, der Paps' Hand hält, wenn wir das Kleid aussuchen. Der mich daran erinnert, dass es meine Entscheidung ist, welches Menü wir nehmen. Der mich zur Ruhe ermahnt, wenn es stressig wird, der mich erdet, der mir versichert, dass es nicht viel zu *früh* ist.

Ich versuche, die aufsteigende Panik wegzuatmen. Ich weiß, dass meine Gefühle für Grayson echt sind, aber sie sind auch neu und unerfahren, und einen anderen Menschen zu heiraten, ist *groß*. Keine Ahnung, wie ich früher denken konnte, es wäre normal, jemandem ewige Treue zu schwören, den man nur wenige Wochen kennt. Vielleicht, weil es dank Eternity genug Leute vorgemacht haben?

»Außerordentlich hübsch, oder?«

Eine Stimme lässt mich herumfahren. Es ist Christa, die lautlos ins Zimmer geschlichen ist. Ihrem Blick zufolge meint sie die Blumen.

»Sehr«, erwidere ich, gefolgt von einem Räuspern, um die Heiserkeit loszuwerden. »Wissen Sie, von wem der Strauß ist?«

»Von uns«, antwortet Christa. »Johanna hat Ende letzter Woche eine Sammelaktion im Kollegium gestartet. Etwas voreilig, wenn man bedenkt, dass das meiste in ein paar Tagen verblüht sein wird, doch ich schätze, es ist die Geste, die zählt.«

Ich ignoriere den indirekten Reminder, dass Dad noch länger im Koma liegen wird. Immerhin sagt mir der Name Johanna etwas. Dad hat sie hin und wieder erwähnt, auch wenn ich dachte, Johanna würde in einem benachbarten Techkonzern arbeiten, nicht im MedPlex.

Christa schaut auf ihre Armbanduhr. »Also, Maeander, ich wurde informiert, dass Sie mit mir sprechen wollten?«

»Richtig. Mein Bruder hat mich zwar über Dads Zustand auf dem Laufenden gehalten, aber ... gibt es irgendwelche Neuigkeiten?« Ich schaue flüchtig zu dem Glaskasten. Wie jedes Mal sinke ich innerlich ein Stück zusammen. »Ich meine, seine Hand sieht nicht besonders gut aus.« Die Untertreibung des Jahrhunderts.

»Das ist leider richtig. Sie werden entschuldigen, wenn ich die Zeit nutze, um nebenbei einige Einstellungen zu überprüfen?« Sie deutet einen Schritt in die Richtung an, in der ein HoloScreen Kurven zeichnet.

»Natürlich.«

»Arthurs Genesungsprozess hat sich bislang wie gewünscht entwickelt, so dass ich optimistisch bin, in wenigen Wochen den ersten Rückholversuch starten zu können«, berichtet sie, während sie über den Screen wischt und weitere Diagramme öffnet. »Einzig bei seiner rechten Hand gibt es Komplikationen. Wir können nicht genau rekonstruieren, woher die Schwere der Verletzungen rührt oder warum sie unter IntenseCare nicht wie gewohnt heilen. Nach Rücksprache mit Ihrem Bruder habe ich einen Antrag auf ein experimentelles Rekonstruktionsverfahren gestellt, allerdings kann ich keinen Erfolg der Behandlung garantieren.«

»Und das heißt?«

»Dass er die Hand möglicherweise verlieren wird.« Sie hält auf dem Screen inne, macht jedoch keine Anstalten, sich zu mir zu drehen. »Sollte es so weit kommen, sorgen wir dafür, dass er zeitnah eine der modernsten Prothesen erhält. Wie ich Arthur kenne, wird er damit sehr gut leben können. Es braucht nur etwas Übung.«

Wo vorhin Panik in mir aufsteigen wollte, blitzt jetzt nackte Wut auf. Einer von Edgars Geschäftspartnern hat im vergangenen Jahr eine Beinprothese bekommen. Obwohl sie täuschend echt aussieht, hat es *Monate* gedauert, bis er imstande war, auch nur einen Schritt selbstständig zu gehen. *Manchmal fühle ich mich wie ein Kleinkind, das ge-*

rade zum ersten Mal laufen lernt, erinnere ich mich an seine Worte, gefolgt von einem Schnauben und dem Klirren eines angestoßenen Whiskeyglases. *Und dann noch diese ständigen Phantomschmerzen.* Kurz danach hat Edgar mich gebeten, die beiden allein zu lassen, und ich bin runter zu Brigit gegangen, um ihr beim Nähen zuzusehen.

Wenn Dad seine Hand wirklich verliert, kann es ewig dauern, bis er sie wieder richtig verwenden kann. Ich überlege, Christa darauf anzusprechen, aber sie scheint nicht der Typ zu sein, mit dem man als Laie über Medizinisches diskutieren sollte.

»Kennen Sie meinen Dad eigentlich schon lange?«, frage ich stattdessen.

»Sehr lange.« Jetzt dreht sie sich doch um. Allerdings nur, um an der Kopfseite von Dads *Bett* eine Klappe zu öffnen. »Seit etwa dreiundzwanzig Jahren. Ich hatte meinen ersten Tag in der Abteilung für Angleichungen, und da mein Kollegium Termine hatte, stand ich in der Pause allein im Café. Obwohl ich alles andere als eine junge, unerfahrene Behandelnde war, hat mir Arthur wohl angesehen, dass ich neu bin, und hat mich eingeladen, mit seinem Team zu essen.«

Ein Lächeln huscht über mein Gesicht. »Das klingt genau nach Dad. Und dann haben Sie öfter zusammen gegessen?«

»Fast drei Jahre lang jeden Tag, an dem wir hier waren. Als er die Abteilung gewechselt hat, wurde es komplizierter. Aber irgendwie haben wir es trotzdem geschafft, uns einmal pro Woche mit den anderen zu treffen.«

Wie kann es sein, dass sie so viel Kontakt hatten und Dad immer nur von anderen gesprochen hat? Und warum wusste ich nicht, dass er vor etwa zwanzig Jahren den Bereich gewechselt hat? *Vielleicht, weil du noch nicht mal geboren warst*, spöttelt eine Stimme in mir, die meine Zweifel langsam lächerlich findet.

»In welche Abteilung ist er damals gegangen?«

Christa hält inne. »Keine Ahnung.« Als sie aufsieht, hat sie den Mund zu einer schmalen Linie verzogen. »Sollte Nicholas Sie beauftragt haben, mich danach zu fragen, können Sie ihm ausrichten, dass ich die Regeln kenne. Und hätte seine Einheit vernünftig recherchiert, wüsste er, dass ich mir in meinen gesamten vierzig Dienstjahren keinen Verstoß zuschulden habe kommen lassen.«

»Was?« Falls ich dachte, dieses Gespräch würde Ordnung in meine Gedanken bringen, habe ich mich getäuscht. Vielmehr wird es mit jeder Silbe, jedem Satz verwirrender.

»Ihr schauspielerisches Talent in allen Ehren, Maeander, aber es hat sich herumgesprochen, dass man unser Personal derzeit Stück für Stück durchleuchtet. Allerdings hätte ich nicht gedacht, dass diese neue Taskforce so weit gehen würde, Zivilpersonen vorzuschicken.« Christa wirft die Klappe so lautstark zu, dass ich zusammenzucke. »Und lassen Sie mich raten: Es ist mir untersagt, Sie nach weiteren Details zu befragen?«

Unwillkürlich schaue ich zu meinem Handgelenk. Das Armband ist gut sichtbar, also ist das hier keine Projektion.

»Mir wurde gar nichts untersagt«, erwidere ich irritiert. »Weil mich niemand mit irgendwas beauftragt hat.«

Christas Schultern wirken plötzlich verkrampft. Erst scheint sie nicht zu wissen, was sie sagen soll, dann schüttelt sie den Kopf, begleitet von einem Lachen. »Entschuldigen Sie, Maeander. Ich hätte nicht annehmen dürfen ... Es ist schlichtweg so, dass in letzter Zeit mehreren hier ungewöhnliche Fragen gestellt wurden – insbesondere von Ihrem Bruder. Aber da habe ich wohl die falschen Schlüsse gezogen.«

»Dann war Nick noch öfter hier?« *Ohne mich?*

»O ja. Er kommt meist gegen Abend, hin und wieder sogar während der Nachtschicht«, erwidert sie hörbar zerknirscht. »Dank seiner Freigaben kann ich es nicht einmal unterbinden.«

Ich weiß, dass Nick immer wieder in Meetings verschwindet. Allerdings dachte ich, er würde in einem der Räume ohne AISS telefonieren, vielleicht an Videokonferenzen teilnehmen. Aber ich bin nie auf die Idee gekommen, er könnte das Camp dabei *verlassen*.

»Und was genau war an meiner Frage so ungewöhnlich?«, hake ich nach.

»Dann wissen Sie es also wirklich nicht.« Christa legt die Stirn in Falten. »Arthur ist ein V. Und Vs werden weder nach ihrer Abteilung noch nach ihren Projekten gefragt.«

Das Mittagessen, das mir schon die ganze Zeit schwer im Magen liegt, fühlt sich an wie ein Klotz Beton. »Vs?«, wiederhole ich.

»Die Leute mit dem kleinen roten V? Sagen Sie, Maeander, hat Arthur nie mit Ihnen darüber gesprochen?«

Sie muss den Aufnäher meinen, der Dad als vergabeberechtigt kennzeichnet. Aber ich kann mich nicht daran erinnern, dass wir das Thema jemals vertieft hätten. Um genau zu sein, haben wir nie etwas vertieft, was mit seiner Arbeit zu tun hat.

»Nein«, antworte ich mit fadem Beigeschmack. »Es war einfach nie ... wichtig.« Weil Dad schon immer Behandelnder war und man im Alltag zu viele Dinge als gegeben hinnimmt. Zu viele Details übersieht, zu viel abnickt, ohne es zu hinterfragen.

»Verstehe.« Christas Gesichtszüge werden weicher. Oder zumindest bilde ich es mir ein, weil ihre Mundwinkel nicht mehr ganz so streng nach unten ziehen. »Dann haben Sie alles richtig gemacht. Wenn Sie mich wieder entschuldigen würden. Ich werde schon seit ein paar Minuten im OP zurückerwartet.«

»Klar.« *So viel zum Thema Zeit schinden.* »Darf ich Sie nur noch um eine Sache bitten? Wenn Sie neue Informationen über Dad haben, könnten Sie mich ebenfalls kontaktieren?«

Ihr Nicken wirkt zögerlich. »Ich denke, das sollte kein Problem darstellen. Sobald wir eine Entscheidung bezüglich seiner Hand getroffen haben, sende ich Ihnen eine Nachricht.« Dann hebt sie die Finger im V an ihr Herz. »Für die Wahrheit.«

Ich imitiere die Geste, die sich nach den ganzen letzten Wochen nur noch lächerlich anfühlt. »Für den Frieden«, spule ich das vertraute Mantra ab.

Kaum ist Christa weg, lasse ich mich in einen der Sessel sinken. Ich wusste nicht, dass Nick bereits im Dienst ist. Oder dass Dads Aufnäher für mehr steht als die Berechtigung zur Vergabe.

»AISS?«, frage ich in die Stille. »Darfst du mir Auskunft darüber geben, was Vs sind?«

»Natürlich, Maeander.« Das Säuseln kommt aus einem Lautsprecher direkt hinter mir, weshalb ich zusammenzucke. »Ein V kennzeichnet Forschende, deren Projekte der Geheimhaltung unterliegen. Aufgrund der Sicherheitsbestimmungen werden sie gesetzlich in dieselbe Kategorie eingeordnet wie Mitarbeitende der Regierung.«

Bitte was? Ich widerstehe dem Drang, mein Gesicht in den Händen zu vergraben, während wieder ein Teil meiner alten Welt in Scherben zerfällt. Dabei hätte ich mir so sehr gewünscht, dass meine Geschichte anders abläuft als die von Grayson und seinen Eltern. Dass sich irgendwie herausstellt, dass Harry und ich falsche Schlüsse gezogen haben, dass Dad nur ein ganz gewöhnlicher Behandelnder ist, der nichts mit meinen Blutergebnissen zu tun hat.

»Danke, AISS.« Jedes Wort kostet mich Kraft. »Darfst du sagen, in welcher Abteilung mein Dad arbeitet?«

»Es tut mir leid, Maeander, doch ich bin nicht befugt, solche Informationen herauszugeben.«

Herzlich willkommen in der Realität, wispert es in mir, während ich mich tiefer in den Sessel sinken lasse. Wie kann es sein, dass sich binnen so kurzer Zeit so viel ändert? Vor nicht mal zwei Wochen war ich dankbar dafür, endlich eine Aufgabe zu haben, und jetzt sitze ich hier mit gebundenen Händen, ohne den leisesten Schimmer, was ich noch aktiv tun kann. Denn ich muss überall warten. Warten, dass Walker sich meldet. Warten, dass Maya sich meldet. Warten, dass Dad aufwacht, warten, warten, warten …

Ich taste nach meinem Armband und klammere mich daran fest, um gedanklich in den Moment zu fliehen, in dem Cara es mir geschenkt hat. Damals dachte ich, die Trennung von Aiden wäre das Schlimmste, was mir je passieren könnte. *Knapp daneben.*

Das Vibrieren meines SmartPads lässt mich aufschrecken. Es ist die Einladung von Beatrice Bachmann. Ich überfliege sie nur grob, ehe ich zusage. Eine andere Option gibt es nicht. Es fühlt sich nicht halb so befriedigend an, wie es sollte. Abgesehen davon, dass dieser Club in meinem Kopf aus lauter Gloria-Verschnitten besteht, weiß ich nicht, was meine Teilnahme bewirken soll. Vielleicht kann ich mir das Vertrauen einiger einflussreicher Frauen erschleichen oder sogar jemanden rekrutieren. Aber ich muss der Wahrheit ins Gesicht sehen: Nichts davon wird reichen, um gegen Kane und seine verlogene Regierung anzukommen.

Ich brauche Ablenkung.

»AISS? Kannst du den VisionScreen einschalten?«

»Gern, Maeander.« Und schon flackert der größere Screen auf der anderen Seite des Raums auf. »Aktuell läuft Channel 5, der präferierte Kanal von Arthur.«

Es ist eine Dokumentation über eine außerstädtische Plantage, auf der Zitrusfrüchte in großen Hallen gezüchtet werden. Gerade geht es um die Herkunft der Orangen und den ursprünglichen Import aus verlorenen Ländern wie Spanien oder Griechenland. Meistens hat Dad solche Dokus nebenbei geguckt, während er am HoloTerminal saß oder etwas am SmartPad gelesen hat. *Ich mag die Geräuschkulisse im Hintergrund*, hat er einmal gesagt, und wenn ich jetzt die

Stimme der Sprechenden höre, verstehe ich, warum. Es ist leicht, die Worte zu ignorieren und sich nur auf den sanften Klang zu konzentrieren, der das eigene Gedankenchaos übertönt. Ob in Dads Kopf auch so viel Chaos war? Wenn er über mich Bescheid weiß, muss es die Hölle gewesen sein, es vor allen und jedem geheim zu halten.

Die Dokumentation verabschiedet sich in eine Werbepause. Ich lasse die bunten Bilder an mir vorbeihuschen – bis ein vertrautes Gesicht auf dem Screen auftaucht. *Ach. Du. Scheiße.* Ich verschlucke mich fast an mir selbst, obwohl mein Mund staubtrocken ist. Als hätte er es darauf angelegt, mich zu verfolgen, sieht Aiden in die Kamera und wirbt zusammen mit einer hübschen Frau für ein Studium an der Silver University. Ich habe keine Ahnung, was sie sagen, denn das Blut rauscht zu laut in meinen Ohren. Den Einblendungen nach geht es um Bewerbungsfristen fürs Herbstsemester, und da beide die graue Uniform der Aufsehenden tragen, hat es wohl etwas mit diesem Studiengang zu tun. Warum haben sie nicht einfach Loyd genommen? Das Gesicht, das absolut jeder in Sestiby kennt – *genau wie Aidens.* Erst diese medienwirksame Erwähnung nach der Vereidigung, dann die Homestory. Und natürlich hat man die beiden Muttermale auf seiner Wange elegant kaschiert.

Ich sollte mich für ihn freuen. Immerhin wird ihm dieser lächerliche Spot einige Credits eingebracht haben, und wie ich Aiden kenne, wird er sie verwenden, um seinen Eltern Zusatzschichten zu ersparen. Weil er immer noch etwas von diesem Typ hat, in den ich mich damals verliebt habe. Weil er gut ist und freundlich und zuvorkommend, und irgendwas daran macht mich sauer. Ich unterdrücke mein inneres Beben, öffne den Messenger und lösche seine Nachricht ungelesen.

Dann stehe ich auf, straffe die Schultern und gehe zu Dads Gefängnis. Ich überwinde mich noch einmal, ihm ins Gesicht zu sehen. »Komm bald wieder zurück, Dad«, wispere ich, die Finger auf das warme Glas gelegt.

Als ich mich dieses Mal umdrehe, weiß ich, dass ich in den nächsten beiden Wochen nicht mehr zurückkommen werde. Denn ich will diese ganze Scheiße einfach nur noch hinter mich bringen – um in dieser zerbrochenen Welt endlich was verändern zu können.

KAPITEL 26

Ich mache Projektionen mit, verbringe Abende im Sofaraum, spiele mit den anderen die achtzigste Partie Against the Liar. Ich lächle und halte Smalltalk, abends liege ich manchmal neben Therese im Bett und höre mir ihre Zukunftspläne an, die alle auf einer Hochzeit mit Loyd basieren. Wenn Nick nicht da ist, treffe ich mich mit Grayson in unserer Nische, entweder halten wir auch Smalltalk, da wir vor AISS keins der wichtigen Themen ansprechen können, oder wir reden gar nicht, sondern küssen uns nur, wobei ich mir ziemlich sicher bin, dass es das Einzige ist, was mich hier über Wasser hält. In gemeinsamen Tests stimmen wir weiter unsere Antworten ab, und dann sind da noch die Zettel, die wir uns mit Jamar schreiben.

Einmal hat Jamar so getan, als hätte er sich beim Parcours verletzt, damit er mit Harry unter vier Augen sprechen konnte. Das Ergebnis war ernüchternd. Walker schafft es nicht, die Verschlüsselung von Nicks SmartPad zu knacken, und ob ihr Code für die Testergebnisse funktioniert, werden wir erst bei der großen Bekanntgabe erfahren. Immerhin soll er erfolgreich ins Programm eingeschleust worden sein, ein kleiner Triumph …

»Erde an Mae, bist du noch da?« Eine Hand taucht vor meinem Gesicht auf. Die Bilder der beiden letzten Wochen zerplatzen, und ich bin zurück im Speisesaal, umgeben von Kaffeeduft und – Therese.

Blinzelnd schaue ich sie an. »Sorry, nein, aber jetzt hast du meine volle Aufmerksamkeit«, erwidere ich, bevor ich mir die Erdbeere in den Mund schiebe, die auf meiner Gabel steckt. Keine Ahnung, wann ich sie aufgespießt habe. Vor Sekunden? Minuten? Es ist unmöglich, mich aufs Frühstück zu konzentrieren, wenn so viele Themen gleichzeitig durch meinen Kopf geistern.

»Perfekt!« Therese lässt ihre Hand sinken und strahlt mich an. »Also, da das heute unser letzter gemeinsamer Abend ist, würden wir ihn gern in kleiner Runde ausklingen lassen. Natürlich feiern wir erst mal hier oben mit den anderen, trinken was, tanzen, aber dann verlagern wir die Party nach unten, nur wir beide, Loyd, Jamar, Lucy, Ashan und natürlich dein Bruder. Wir dachten an ein paar nette Games wie Wahrheit oder Pflicht, Ich habe noch nie oder …«

Meine Gedanken driften schon wieder ab. Wie von selbst zieht es meinen Blick rüber zum anderen Tisch, an dem Grayson mit dem Rücken zu mir sitzt. Irgendwie habe ich gehofft, ich könnte mich heute Abend mit *ihm* wegstehlen, wenn hier oben die große Abschiedsparty tobt. Denn zum ersten und letzten Mal wird es keine offizielle Ruhezeit geben. Warum auch? Morgen stehen nur noch zwei Programmpunkte auf dem Plan, und für keinen davon müssen wir fit sein: Frühstück und Abreise. Keine Projektionen mehr, keine Diskussionsrunden, keine Parcours. Nur ein letztes Mal Pancakes und Croissants, dann fahren wir alle nach Hause, um uns auf die Abschlusszeremonie vorzubereiten.

Ich wünschte nur, ich hätte vorher noch mal die Chance, mit Grayson allein zu sein. Für den Fall, dass Walkers Code nicht funktioniert, dass auf der Zeremonie andere Namen verlesen werden, dass ich mit jemand anderem als ihm … Ich lege meine Gabel beiseite. Jetzt kriege ich sowieso keinen Bissen mehr runter.

»Maaaaae!« Therese holt meine Aufmerksamkeit mit einem entnervten Seufzer zurück an unseren Tisch. »Komm schon, ein bisschen mehr Konzentration bitte! Bist du dabei oder nicht?«

Der letzte gemeinsame Abend. Erst als ich mich zu ihr drehe, das erwartungsvolle Leuchten in ihren Sommeraugen sehe, das vorsichtige Grinsen in den Mundwinkeln, wird mir bewusst, dass es auch *unser* letzter Abend ist.

»Klar bin ich dabei«, erwidere ich mit einem Ziehen im Magen. Wie können sich acht gemeinsame Wochen so lang und gleichzeitig dermaßen kurz anfühlen?

Therese quietscht triumphierend. »Perfekt!« Obwohl die Frequenz in den Ohren schmerzt, werde ich es vermissen. Scheiße, und *wie* ich es vermissen werde, genau wie ihre morgendlichen Überfälle, ihr Gerede über Loyd und ihren nie enden wollenden Enthusiasmus. »Ashan versucht noch, Klebezettel für eine Runde Wer ist es? zu besorgen, richtig?«

»Ja. Drückt mir die Daumen, dass ich Liv gleich noch erwische.« Ashan schielt über die Schulter zum Nachbartisch, an dem sich Liv wieder einen der freien Plätze geschnappt hat.

»Ach, klar. Zur Not schmeiß ich mich ihr in den Weg.« Lucinda greift nach Ashans olivfarbener Hand.

Kaum dass die beiden einander berühren, stiehlt sich ein Lächeln auf Ashans Gesicht. In ihren stahlgrauen Augen ein Ausdruck, der mich wegsehen lässt. Zu zärtlich, zu intim. Irgendwie dachte ich, Lucinda würde nur auf Männer stehen, aber seit letzter Woche bandelt sie mit Ashan an, oder mit anderen Worten: Die beiden verbringen plötzlich jede freie Sekunde zusammen.

Ich versuche, mich auf das Gespräch zu konzentrieren. Zu nicken, zu lächeln und so zu tun, als wüsste ich, worum es gerade geht. Zum Glück spricht mich keiner direkt an, und dann steht Liv auch schon auf und geht zur Bühne. Ein Räuspern am Mikro, und es wird still.

»Da beim Essen gerade das Thema Abschiedsparty aufkam, möchte ich ein paar Dinge ergänzen«, sagt sie, während sie den Blick über unsere Gruppe schweifen lässt. »Zunächst einmal gilt die Aufhebung der offiziellen Ruhezeiten ausschließlich für die *öffentlichen* Bereiche. In den Schlafsälen sollte ab 22 Uhr Stille herrschen, damit diejenigen, die früher ins Bett gehen wollen, nicht gestört werden. Und ja, auch heute gilt die Regel: Kein Betreten von fremden Schlafsälen oder Einzelzimmern.« Ihr Blick bleibt am Nachbartisch hängen, und ein paar Leute verdrehen stöhnend die Augen. Darunter Joline, Priya und Firn.

Ich weiß zwar nicht, was sie vorhatten, aber ich bin froh,

mich im Zweifelsfall einfach in mein Bett flüchten zu können – ohne dabei Firn in die Arme zu laufen.

»Morgen stehen zwar keine Tests mehr an, trotzdem empfehle ich euch, es nicht zu übertreiben«, fährt Liv fort. »Seht diese Feier lieber als Chance, die vergangenen zwei Monate Revue passieren zu lassen und eure letzten gemeinsamen Stunden zu genießen.«

Thereses hochgezogene Augenbrauen sagen *als ob,* und auch Lucinda schürzt die Lippen, als würde sie sich ein Lachen verkneifen. Nur Ashan nickt vor sich hin.

»Und jetzt bitte ich die folgende Gruppe zu Labor 4: Joline, Therese, Nicholas und Amara. Das Frühstück ist hiermit beendet.«

Der Lärmpegel schnellt nach oben, Gespräche werden wieder aufgenommen, Stühle verschoben. Ich raffe mich auf, um das Geschirr zusammenzustellen, während ich zu Nick schaue. Seine ganze Aufmerksamkeit gilt Amara, die neben ihm saß und ihn jetzt in ein Gespräch verwickelt.

Ein Prickeln tanzt auf meiner Haut, wartet nur darauf, dass die beiden weg sind und ich zu Grayson gehen kann. Zu Grayson, der immer wieder verstohlen zu mir sieht, genau wie jetzt. Ein Funkeln aus seinen Augen, und das Prickeln wird heißer – bis sich Liv zwischen uns schiebt.

»Maeander.« Sie steuert direkt auf mich zu, in ihrer Hand ein HoloPad. »Kommst du kurz mit?«

»Okay.« Ich nehme den Stapel Teller, um ihn im Vorbeigehen auf einen Geschirrwagen zu stellen, und folge Liv.

Erst als wir außer Hörweite der anderen sind, bleibt sie stehen und aktiviert das HoloPad. »AISS hat deine Daten noch einmal analysiert, und obwohl wir deine Sperrzeit erfolgreich nachholen konnten, empfiehlt AISS zum Abschluss eine weitere Projektion. Als finale Absicherung für einen Verhaltensparameter, der noch nicht ganz eindeutig bestimmt werden konnte.«

Liv hält das HoloPad so, dass ich einen Blick auf das Display erhaschen kann. Darauf leuchten Kurven und Diagramme, darunter eine Liste, in der ich etliche grüne Haken und ein gelbes Fragezeichen erkenne. Leider kann ich die Schrift davor nicht entziffern, und dann hat Liv das Display auch schon wieder deaktiviert.

»Mir ist bewusst, dass du seit deinem Schock kein Fan von Projektionen bist, allerdings sollten wie uns diese Chance nicht entgehen lassen.« Livs Formulierung lässt ahnen, dass ich sowieso keine Wahl habe.

»Alles für die perfekte Partnerschaft, richtig?«, säusle ich mit gefaktem Lächeln.

»Richtig.« Liv klingt zufrieden. »Behandelnde Harper erwartet dich in zehn Minuten in Labor 12.«

Seit ich die Einladung zum Brunch bei Beatrice Bachmann angenommen habe, behandelt Evenita mich nahezu vertraut.

»Maeander.« Sie streckt zur Begrüßung die Arme aus, umfasst meine Schultern und haucht mir Küsse links und rechts auf die Wangen. »Wie schön, dass wir uns doch noch einmal sehen.«

Viel. Zu. Vertraut. Ich versuche, mich nicht zu versteifen, was gar nicht so leicht ist, denn hinter Evenita erspähe ich den Behandlungsstuhl. Und an der Lehne einen dieser verfluchten Initiatoren.

»Eine echte Überraschung«, murmle ich, während Evenita von mir ablässt. Wie von selbst ist mein Puls nach oben geschossen, dabei waren die letzten Projektionen alle unauffällig. Kaum Schmerzen, keine unangenehmen Begegnungen, alles alltägliche Situationen.

»Leider steht uns nur ein begrenztes Zeitfenster zur Verfügung, da ich gleich noch eine Diskussionsrunde leite.« Evenita dreht sich um und nimmt den Initiator von der Lehne. »Allerdings sollte eine zehnminütige Session reichen, um dein Profil zu vervollständigen. Setz dich gern schon mal hin.«

Blut. Kies. Fliesen. Wann immer ich auf einen Behandlungsstuhl zugehe, zucken die Bilder durch meinen Kopf. Mit zu Fäusten geballten Händen versuche ich, dagegen anzukämpfen, ermahne mich lautlos, durchzuatmen.

Nur noch ein Mal. Ein letztes Mal das kühle Gel auf meiner Haut spüren, den Druck auf meinem Kopf, ein letztes Mal in völlige Dunkelheit abtauchen. Und hoffentlich zu Hause wieder auftauchen, vielleicht neben Cara auf der Couch oder mit Paps beim Essen kochen oder ... mit Dad. Seit der Projektion mit dem Popcorn und der Kissenburg kam er nicht mehr vor. Als hätte mein letzter Besuch im MedPlex dafür gesorgt, dass ich ihn nur noch auf eine Weise sehen kann: gefangen in dem gläsernen Sarg, der ihn am Leben hält.

Ich setze mich auf die Kante des Stuhls und schaue dabei zu, wie Evenita den Initiator vorbereitet.

»Und? Schon sehr nervös wegen der Zeremonie?«, fragt sie, ohne mich anzusehen.

»Ja.« Meine Lippen fühlen sich spröde an. Mit einem Schürzen versuche ich, sie zu befeuchten. »Darf ich fragen, welcher Parameter noch fehlt?«

»Bedauerlicherweise nein.« Samt Initiator steht Evenita von ihrem Rollhocker auf und kommt zu mir rüber, auf ihrem Gesicht ein entschuldigendes Lächeln. »Es ist zwar äußerst unwahrscheinlich, doch solltest du während der Projektion merken, dass die Situation nicht *echt* ist, könnten solche Informationen deine Reaktion manipulieren.«

Instinktiv greife ich nach meinem Armband. Warum habe ich das Gefühl, dass jetzt kein guter Zeitpunkt ist, um zu erwähnen, dass es für mich wie ein Anker in der Realität ist? Dass mein Bewusstsein früher oder später immer erkennt, dass es eine Projektion ist?

Ich streiche über das Garn, dann rutsche ich tiefer in den Sessel. Einatmen und ausatmen. Puls beruhigen. *Blut, Center, Kies, Fliesen.* Gedanken aussperren. Konzentrieren.

»Bist du bereit?« Evenita steht direkt vor mir.

Am liebsten würde ich einfach nicken, aber ich zwinge mich zu einem möglichst optimistischen »Auf jeden Fall«.

Der Reif drückt kühl in meine Haut. Therese meinte letztens, bei ihr würde sich dieser Prozess anfühlen wie *einschlafen*. Lucinda, Jamar und ein paar andere haben zustimmend genickt, für mich ist es Welten davon entfernt. Obwohl aus dem kreischenden Schmerz ein kurzes Stechen geworden ist, reißt mich die Dunkelheit viel zu brutal, viel zu abrupt aus der Realität.

Mit nur einem Blinzeln ist das Labor verschwunden, dafür stehe ich in schemenloser Finsternis. Jetzt heißt es warten – mal wieder. Manchmal kommen die flackernden Lichter ganz schnell, heute lassen sie sich Zeit. Ich schaue runter zu meinem Handgelenk. Mein ganzer Körper wird von diesem tintenschwarzen Nebel umflossen, und trotzdem kann ich erkennen, dass mein Handgelenk nackt ist. Genau wie meine Unterarme, Ellenbogen – nur auf den Schultern liegen hauchzarte Träger in Salbeigrün. Sie gehören zu dem Kleid, das ich auf Nicks Vereidigung anhatte.

Bitte nicht! Obwohl alles still ist, glaube ich, das Trommeln meines Herzschlags hören zu können. Wenn es einen einzigen Moment gibt, den ich nie wieder durchleben will, ist es diese beschissene Vereidigung.

Keinen Atemzug später zerbricht die Schwärze, und ich bin wieder da. Auf dem SkyWalk im Parlament, den Blick auf den Saal unter mir gerichtet. Auf die Gäste und auf Irony, die auf der Bühne letzte Anweisungen gibt. Nur noch ein paar Minuten bis zur Liveschalte. Etwa eine halbe Stunde, bis das Chaos losbricht, bis Grayson angeschossen wird, bis ...

»Therese ist hier?!« Pierre reißt mich aus den Gedanken. Er steht neben mir und schaut jetzt auch nach unten.

Nein, nein, nein, das ist falsch. Alles ist falsch! Wo sind die sich anbahnenden Blitzlichter? Die sich langsam abzeichnende Kulisse? Und warum ist mein Bewusstsein sofort *wach*? Normalerweise dauert es immer, bis ich meinen unsichtbaren Anker ertaste. Vielleicht liegt es daran, dass es eine echte Erinnerung ist. Keine zusammengewürfelte Situation, die in der Form nie existieren wird.

»Sieht ganz so aus, ja«, spule ich meinen Text ab.

Dieses Mal kriege ich aus den Augenwinkeln mit, wie Julverne auf uns zusteuert. »Dann haben Sie Ironys kleine Überraschung also schon bemerkt«, begrüßt er mich. »Da sich Nick bei seiner Gästeliste wirklich bescheiden gezeigt hat, dachten wir, es wäre eine schöne Geste, wenn all Ihre Freundinnen und Freunde dieses große Ereignis mit Ihnen feiern würden. Und wieder lächeln.« Er zieht die Mundwinkel demonstrativ nach oben. »Sehr schön. Ab jetzt wirklich volle Konzentration.« Ein letzter mahnender Blick, und er schiebt sich an uns vorbei nach vorne. Warum hat sich mein Unterbewusstsein diesen Dialog bitte gemerkt?

Da ich weiß, wer wo sitzt, geht mein Blick gezielt von Grayson zu Jamar zu Aiden und meiner Familie. Zu Paps, der stolz grinst, und zu Dad, der Cara übers Haar streicht. Welchen Parameter will AISS wohl überprüfen? Irgendwie bezweifle ich, dass es etwas mit meiner Familie zu tun hat. Schließlich kamen sie in den meisten meiner Projektionen vor, andererseits ist das hier der einzige Moment, in dem ich sie im Stich gelassen habe. Mein Inneres zieht sich schmerzhaft zusammen. Und wenn ich dieses Mal mit ihnen gehe? Wenn ich Grayson hole, bevor er angeschossen werden kann, und ihn mit den anderen in den geheimen Gang zerre? Aber was würde das *beweisen*?

»Mae?« Pierre hat mir seine Hand in den Rücken gelegt und schiebt mich sanft nach vorne. »Wir halten den Verkehr auf.«

Shit. Warum muss sich nur alles so real anfühlen? Ich schaue nach hinten, zu Nick, Ada und Blaise, die darauf warten, dass wir weiterlaufen. In Nicks Augen liegt ein Drängen. Klar, schließlich bin ich seine Schwester und kurz davor, ihn zu blamieren.

Ich straffe die Schultern und laufe weiter. Zumindest ein paar Schritte. Denn als wir einen Seitengang passieren, nehme ich darin eine Bewegung wahr, einen huschenden Schatten, der meinen ganzen Körper mit Gänsehaut überzieht. Letztes Mal habe ich es einfach ignoriert. Habe das Gefühl, beobachtet zu werden, auf die Kameras geschoben. Aber jetzt bin ich mir ganz sicher, dass da jemand war. Jemand, der nicht gesehen werden möchte.

Bullshit, wirft meine Vernunft ein. Es kann auch einfach nur jemand von der Technik gewesen sein, der es eilig hatte. Trotzdem werde ich dieses ungute Gefühl nicht los. Und wenn diese Speakers of Truth bereits hier sind?

Mein Blick zuckt zu meinem nackten Handgelenk. Ich streiche über die Haut, nur um ganz sicherzugehen, dass es eine Projektion ist. Kaum dass meine Fingerspitzen das unsichtbare Garn berühren, breche ich aus der Formation aus. Schlüpfe wie ein Schatten in den mit schwarzen Platten ausgekleideten Gang.

Ich *weiß*, dass ich nicht weit kommen werde. Dass ich jede Sekunde eine Hand auf meiner Schulter spüren werde, Nicks Stimme höre, wenn er mich fragt, was die Scheiße hier soll. Ich wage es nicht, mich umzudrehen. Vielleicht kann ich es ja verhindern, indem ich so tue, als wäre niemand hinter mir. Als gäbe es auf diesem Gang nur mich und den Schatten. Nur meine Schritte, die immer schneller werden, nur den Wunsch, diese Gestalt einzuholen.

Da vorne ist jemand! Die Gestalt rennt immer tiefer in den Gang rein, in dem sich die Lichter plötzlich verändern. Aus konstant leuchtenden Deckenspots werden pulsierende Punkte, aus weißgelbem Licht alarmierendes Rot. Wie eine Warnung tanzt es auf meiner nackten Haut.

Weiter, weiter!, sporne ich mich selbst an. Der Gang hätte längst irgendwo einen Knick machen müssen, aber er zieht sich. Klar. In der Realität war ich nie in diesem Teil des Parlaments, also bastelt sich mein Kopf was Eigenes zusammen.

Die fremde Silhouette kommt näher. Ertrinkt im Wechsel in Dunkelheit und rotem Licht. Als ich die Klamotten erkenne, stolpere ich beinahe. Schwarze Hose, Schuhe, Jacke, Sturmhaube. Wie die Speakers of Truth. Ich habe keine Ahnung, wie viel Zeit in der echten Welt vergangen ist und wann Evenita mich zurückholt. Aber ich weiß, dass ich mit dieser Person reden muss.

Kurzerhand kicke ich mir die unbequemen Pumps von den Füßen, raffe das Kleid und setze zum Sprint an. »Bleib stehen!«, rufe ich atemlos. »BLEIB. STEHEN!«

Der Schatten wirbelt so jäh zu mir herum, dass sich der Abstand zwischen uns rasend schnell verkleinert. Ich habe keine Waffen. Nichts, womit ich mich verteidigen könnte. Dafür zieht die Gestalt etwas aus ihrem Gürtel. Eine Spraydose. Den Blick auf mich gerichtet, wirft die Person den Deckel weg, schüttelt die Dose und wendet sich der Wand zu.

Dieses Mal höre ich das Zischen, das Entweichen von Treibgas und Farbe. Die Bewegungen der Gestalt sind hektisch, abgehackt, ich werde erst auf den letzten Metern langsamer. Als ich mir sicher bin, dass ich nur noch einen

Sprung brauche, um die Person zu fangen, sollte sie ein weiteres Mal fliehen. Aber sie bleibt. Ihre ganze Konzentration gilt dem Graffiti. Meine der Sturmhaube. Mit zitternden Fingerspitzen strecke ich eine Hand aus.

Es ergibt keinen Sinn, schießt es mir durch den Kopf. Was auch immer sich darunter verbirgt, ist nur ein Produkt meiner Phantasie. Ich muss es trotzdem wissen.

Kurz bevor ich den Stoff berühren kann, zuckt die Gestalt zurück. Das Graffiti ist fertig. Helle Schrift, die sich von der Wand abhebt.

HALTE DICH FERN VOM PARLAMENT.

Registriert. Nicht verarbeitet. Mein Blick zuckt zurück zum Schatten, der keine Anstalten mehr macht, abzuhauen. Ohne länger zu zögern, greife ich nach der Sturmhaube, ziehe sie der Person vom Kopf – und taumle verwirrt nach hinten. *Grayson?!*

Seine frostblauen Augen starren mich geradewegs an. »Ich meine es ernst, Mae«, raunt er eindringlich. »Du darfst diesen Job nicht annehmen.« Dann lässt er die Spraydose fallen, und mit ihrem Aufschlagen löst sich die ganze Szene in Luft auf.

Warnung«, von M. E.

KAPITEL 27

Am Abend lasse ich Therese bei meinem Make-up freie Hand. Schlimmer als die Looks, die Julverne mir aufgedrängt hat, kann es sowieso nicht werden. Und tatsächlich beweist Therese mal wieder, dass sie Geschmack hat. Dass sie meine Sommersprossen *nicht* komplett verdecken muss, um meinen Teint strahlen zu lassen, dass sie keinen Lidschatten braucht, um meine Augen weit zu öffnen, und dass Lippenstift einfach nur als Akzent dienen kann.

»Uuuund fertig.« Therese grinst mich zufrieden an, während sie die letzten Sachen zurück in die große Schminktasche stopft.

Nur noch ein Mal, schießt es mir durch den Kopf, und die Wehmut trifft mich wie ein Pfeil mitten ins Herz. Vor acht Wochen war es mein größter Albtraum, so viel Zeit unter Fremden zu verbringen, aber ich hatte ja keine Ahnung, wie wichtig mir diese *Fremden* werden würden.

»Bereit für die große Party?« Sie wischt sich eine der springenden Kirschlocken aus dem Gesicht, bevor sie mir ihre Hand anbietet.

»Bereit.« Ich schiebe meine Finger zwischen ihre und genieße das kurze Drücken, das geteilte Lächeln, versuche, die Wehmut nicht bis in meine Augen steigen zu lassen. Tränen würden das Make-up nur ruinieren.

Lucinda schließt sich uns an, und vorm Schlafsaal treffen wir auch Ashan wieder, deren Zimmer ein paar Gänge weiter liegt. Sie sehen beide phantastisch aus. Ob sie das Programm wohl gemeinsam verlassen werden? Keine Ahnung, wie ihre Tests ausgefallen sind, ob sie auf Dauer kompatibel wären, aber das Leuchten in ihren Augen sagt, dass zumindest die emotionale Ebene stimmt. *Genau wie bei Grayson und mir*, schießt es mir durch den Kopf, und ich kann nur hoffen, dass AISS es auch sieht.

»Viel Spaß auf der Party«, flötet die KI über unseren Köpfen, ehe die Tür zum Speisesaal aufgleitet.

Das Licht wurde gedimmt, stattdessen zucken Blitzlichter umher, Formen tanzen über den Boden, in Blau und Grün und Violett. Sie bewegen sich im Takt der Musik, die so laut durch den Saal wummert, dass man sich anbrüllen muss, um noch miteinander zu reden. Das absolute Gegenteil zu den klassischen Klängen auf dem Eröffnungsbankett. Es gibt sogar eine DJane, die hinter ihrem Pult für fließende Übergänge sorgt, während davor Leute tanzen.

»Der Song kommt mir so bekannt vor!«, schreit Therese über die Lautstärke hinweg. »Tanzen?« Sie schaut fragend in unsere kleine Runde.

»Aber so was von ja!«, antwortet Lucinda breit grinsend.

Ashan stimmt mit ein, und jetzt liegen alle Blicke auf mir. Sofort schießt mir Hitze in die Wangen. *Tanzen.* Ich habe noch *nie* unter Menschen getanzt. Nur für mich allein in meinem Zimmer, manchmal mit meinen Geschwistern, damals, als Vain noch da war und mich einfach durchs Wohnzimmer gewirbelt hat.

»Komm schon!« Thereses Druck um meine Hand wird fester, darin ein leichtes Ziehen. »Du musst einfach nur meinen Bewegungen folgen!«

Mein Widerstand bricht. »Okay.« Ich lasse mich von Therese mitziehen, Adrenalin pumpt durch meine Adern, als wären wir auf dem Weg zu einem besonders wichtigen Test. Dabei liegen alle Tests hinter uns. Eine letzte Diskussionsrunde am Vormittag, ein letzter Assoziationstest am Nachmittag, erstaunlich unspektakulär.

Der Song geht in den nächsten über. Wie ein Stromschlag fährt der Beat mitten in mein Herz, lässt es einen Takt lang stolpern, nur um dann in Euphorie zu ertrinken.

»Das ist *Unbreakable*!«, schreie ich in Thereses Richtung. »Von Secret Sirens!« Einer meiner Lieblingssongs, die ich noch nie so laut gehört habe. Jede Faser meines Körpers ist wie elektrisiert, das Grinsen stiehlt sich von selbst auf mein Gesicht.

Keine Ahnung, ob Therese mich verstanden hat, aber sie nickt vor sich hin, dann nimmt sie auch meine zweite Hand, um mich zu führen, meine Bewegungen zu lockern, etwas zu wecken, von dem ich nicht einmal wusste, dass es in mir ist. Mein Kopf schaltet ab. Mein Körper übernimmt.

Die Tür gleitet immer wieder auf, der Saal wird voller und voller. Manche kommen direkt zu uns auf die Tanzfläche, andere steuern erst die Bar an, hinter der Mitarbeitende

Cocktails mixen, wieder andere bedienen sich an dem Büfett, das heute das Abendessen ersetzt. Obwohl es verlockend aussieht, habe ich keinen Hunger. Weil alles in mir von der Musik ausgefüllt wird, die mich immer mutiger werden lässt.

Einmal zieht Ashan mich in eine halbe Drehung, wirbelt mich gegen Lucinda, aus deren Armen ich mich lachend aufrapple. Dann legt Therese ihre Hand auf meine Schulter und zieht mich zu sich herum.

»Ich brauch dringend Abkühlung!«, brüllt sie heiserer als vorhin, während sie sich mit der freien Hand Luft zufächelt. »Kommst du mit?«

Erst jetzt werde ich mir der Hitze bewusst, dem Schweiß in meinem Nacken, den Haarsträhnen, die verirrt in meinem Gesicht kleben. Und meiner Kehle, die einer Wüste gleicht. »Klar«, krächze ich in dem Wissen, dass ich heute zu wenig getrunken habe. »Lucinda? Ashan?«

Die beiden schütteln den Kopf und geben unisono ein »Noch nicht« von sich.

Ich nicke und folge Therese rüber zur Bar. Als ich sehe, wer gerade seine Bestellung aufgibt, weiß ich, dass es Therese nicht nur um *Erfrischung* geht. Sie und Loyd sind wie Magneten, die es unweigerlich zueinanderzieht, sobald sie im selben Raum sind. Kaum hat Loyd sie bemerkt, erhellt sich seine Miene, und er schließt sie in eine halbe Umarmung. Unverständliche Worte, ein Nicken, dann hebt er zwei Finger in Richtung der Servicekraft, die sofort ein weiteres Glas unter der Bar hervorholt. Ich könnte mich dazustellen, aber irgendwie möchte ich ihnen diesen Moment zu zweit lassen. Und wo sind eigentlich Nick und Jamar?

Als hätte er meine Gedanken gehört, läuft Jamar an mir vorbei, bewaffnet mit mehreren Flaschen Sirup? Schnaps? Es sieht jedenfalls bunt und teuer aus. Er umrundet die Theke, als würde er selbst zum Personal gehören, und hält mit breitem Grinsen vor einem der Mitarbeitenden inne.

»Alles gefunden, was ich brauche!«, höre ich ihn rufen. Oder vielleicht dichte ich es mir auch nur aus seinen Mundbewegungen zusammen. Die Musik ist hier hinten zwar einen Ticken leiser, aber sie verschluckt immer noch zu viel.

Der Mitarbeitende verschränkt die Arme vor der muskulösen Brust, in seinen Augen ein Feixen. »Schön, dann zeig mal, ob du's wirklich hinbekommst!« Kennen sich die beiden etwa?

Ich gehe näher heran, schiebe mich zwischen ein paar Leuten hindurch, um einen Platz direkt an der Theke zu ergattern. Die Hände auf der Holzplatte gefaltet, beuge ich mich vor, dann bleibt Jamars Blick an meinem hängen. Nur kurz, aber es reicht, um den schwarzen Kajalstrich zu bemerken, der seine Augen umrandet. Stechend scharf und echt attraktiv.

»Ah, Mae!« Grinsend stellt er die Flaschen ab, bevor er sich bückt und einen Shaker zutage fördert. »Willkommen zu deinem ersten Benett-Cocktailabend. Ist zwar nicht ganz der Rahmen, den ich ursprünglich im Kopf hatte, aber was soll's.« Und schon hat er eine Flasche geöffnet und kippt gekonnt einen Schuss in den Shaker.

»Benett-Cocktailabend?«, wiederhole ich in Erinnerung an die Einladung, die er damals im CenterTrain ausgesprochen hat. »Müssten dafür nicht mehr … Benetts hier sein?«

»Ach was.« Jamar winkt ab. »Zwei sind ausreichend. Apropos. Das ist Liam, mein Cousin.« Er nickt zu dem Mitarbeitenden, der jetzt vortritt und mir die Hand hinhält.

Meine Augenbrauen zucken überrascht nach oben. Tatsächlich haben die beiden eine gewisse Ähnlichkeit, die gleiche braune Haut, das dichte schwarze Haar. Allerdings ist Liam locker zehn Jahre älter, und natürlich trägt er einen Ehering.

»Mae, hi.« Ich wische mir die Hand schnell an meiner Hose ab, bevor ich Liams schüttle. »Aber du warst nicht das ganze Camp über hier, oder?«, füge ich fragend hinzu.

»O nein.« Liam lacht auf und klingt dabei wie eine noch tiefere Version von Jamar. »Bin mit meinem Team nur für heute Abend engagiert worden. Wobei ich das Gefühl habe, Jam würde mir den Job gern abspenstig machen.« Mit vielsagender Miene schaut er zu Jamar, der mit der nächsten Flasche einen beeindruckenden Wurftrick hinlegt.

»Niemals. Ich will hier nur eine Wette gewinnen.« Ein herausforderndes Funkeln, ein Schuss Sirup, der nächste geübte Wurf.

Ich bin zu fasziniert von seinen Bewegungen, um weitere Fragen zu stellen. Abgesehen davon hat diese Wette sicher was mit diesem Cocktail zu tun, denn auch Liam beobachtet jeden Handgriff genau.

Am Ende holt Jamar drei Martinigläser raus, füllt sie jeweils bis zur Hälfte und steckt zum krönenden Abschluss ein Stück Ananas an den Rand. Seine schwarz lackierten Nägel heben sich deutlich vom Cocktail ab, als er eins der Gläser vor mir auf die Theke stellt, die anderen sind für Liam und ihn.

Liam hält sich das Glas prüfend vors Gesicht. »Die Farbe könnte schon mal hinkommen«, stellt er fest, bevor er daran nippt. Seine Augen weiten sich erstaunt.

»Und, was hab ich gesagt?« Jamars Grinsen wird breiter.

»Verdammt.« Liam lässt das Glas sinken. »Du hast dir die Zutaten also echt alle gemerkt. Und ich hätte schwören können, du wärst an dem Abend viel zu betrunken gewesen …«

»Daaaas sind Geschichten, die wir uns für den echten Benett-Cocktailabend aufheben«, fällt Jamar ihm ins Wort und lässt sein Glas gegen meins klirren. »Cheers.«

Obwohl ich mir sicher bin, dass mindestens drei alkoholhaltige Zutaten ihren Weg in diesen Cocktail gefunden haben, trinke ich einen Schluck. Weil direkt neben mir eine Schale mit den pinken Tabletten steht, die mich davor bewahren werden, Mist zu bauen. Und wenn ich … einfach mal Mist bauen *möchte*?

Während Jamar und Liam über etwas lachen, zuckt mein Blick zurück in den Saal. Nick ist nirgends zu sehen. Vielleicht ist er wieder in einem seiner wichtigen Meetings. *Oder bei Dad?* Ich schiebe den bitteren Gedanken weg, wichtig ist nur, dass er nicht hier ist. Anders als … Grayson! Sofort breitet sich ein wohliges Kribbeln in mir aus, ich könnte es auf den Alkohol schieben, aber ich weiß, dass es nicht stimmt. Es ist Graysons Blick, der unverwandt auf mir liegt, dieses angedeutete Lächeln, in dem ich kein bisschen Falschheit erkennen kann. Ganz egal, was ich noch vor acht Wochen zu sehen geglaubt habe. Zu *wissen* geglaubt habe. Jetzt schreit jede Faser meines Körpers danach, bei ihm zu sein, und ich weiß, dass ich heute Abend nicht dagegen ankämpfen werde.

Grayson nickt kaum merklich zur Tanzfläche.

Ich leere mein Glas in einem Zug. »Der war echt gut!«, platze ich in Jamars und Liams Gespräch. »Und sorry, aber den Song kann ich mir auf keinen Fall entgehen lassen!« Ohne auf ihre Reaktion zu warten, wende ich mich ab und strebe zurück zur Tanzfläche.

Grayson steht nicht länger bei Joline und Firn. Aber ich vertraue darauf, dass ich ihn in der Menge finde, dass wir genauso magnetisch sind wie Therese und Loyd oder Lucinda und Ashan, an denen ich mich elegant vorbeischiebe. Immer weiter in die Mitte. Immer tiefer in den Pulk sich bewegender Menschen, die dicht genug stehen, um jede Berührung wie ein Versehen wirken zu lassen, jedes heimliche Streifen von Fingern, jedes Kollidieren von tanzenden Körpern.

Ich spüre eine Hand auf meiner Hüfte. Sofort wirble ich herum, mein Herz donnert wie wild in meiner Brust. Grayson. Er steht so dicht vor mir, dass ich glaube, sein Glühen ganz besonders zu spüren, auch wenn hier jeder Einzelne Hitze ausstrahlt. Sah er schon immer so sexy aus? Oder ist es das Licht, das seine Konturen in jedem Aufblitzen umschmeichelt? Blau. Violett. *Rot.*

Ich schlucke schwer. Ohne es zu wollen, stiehlt sich diese Projektion zurück in meinen Kopf. Ich habe den halben Tag damit verbracht, sie zu analysieren, und ich weiß, dass sie keinen Sinn ergibt. Grayson ist ein Thustra. Er saß bei der Vereidigung mit allen anderen im Saal, wurde selbst von einem Speaker of Truth angeschossen, und bisher hat er keine Anstalten gemacht, mich vom Parlament fernzuhalten. Da war nur dieses Flüstern in den Katakomben, dieses kleine *»Ich wünschte, du hättest das nicht getan«*, nachdem ich angeboten habe, an Alicias Stelle ins Parlament zu gehen. Anscheinend hat es gereicht, um diesen Bullshit zu modellieren. *Also hör endlich auf, darüber nachzudenken!*

Grayson schlingt seine Finger um meine. Die Berührung holt mich zurück in die Realität. Erdet mich. Und gleichzeitig lässt sie den Wunsch in mir explodieren, ihm *noch* näher zu sein. Ob er Jamars Cocktail auf meinen Lippen schmecken würde? Ich beiße mir selbst auf die Unterlippe, sehe, wie sich etwas in Graysons Augen zusammenzieht, wie jede Vernunft von Begierde weggewischt wird. Und ich spüre, dass ich es auch könnte. Mich fallenlassen, ihn hier und jetzt küssen, inmitten der Menge – aus der nur eine falsche Person zu uns sehen müsste, damit Nick Wind davon kriegt.

Mein Körper erbebt. Ich hasse es, dass mein Bruder so fest in meinen Gedanken verankert ist, aber ich bin nicht bereit, ihn gewinnen zu lassen. Nicht heute Abend. Ich führe Graysons Hand zurück auf meine Hüfte, seine andere folgt wie von selbst. Ohne meinen Blick loszulassen, zieht er mich näher, bis ich seinen Körper an meinem spüre.

Nicht denken. Nur fühlen. Ich weiche nicht aus, als er den Kopf senkt. Schrecke nicht zurück, als seine Lippen meine Wange streifen, als heißer Atem auf meiner Haut kitzelt. Schließe nur die Augen, lasse meine Welt immer kleiner werden, so klein, bis nur noch unser Kuss in sie hineinpasst. Bis jeder Zweifel in Flammen steht, bis nur noch ein einziger Gedanke übrig bleibt: Das hier ist richtig. *Wir* sind richtig. Und ganz egal, was AISS in drei Tagen verkündet, sie wird uns nicht davon abhalten können, für das hier zu kämpfen.

KAPITEL 28

Wir stehen in derselben Halle, in der wir vor acht Wochen angekommen sind. Unsere VitaTracks wurden entfernt, die Einstichstelle mit HealFix überklebt. Die meisten tragen wieder die Klamotten, die sie bei ihrer Anreise anhatten, wobei sie auf ihre langärmligen Pullis, Blazer oder Hemden verzichtet haben. Immerhin warten draußen sonnige fünfundzwanzig Grad auf uns.

Ich hingegen wurde in ein knielanges Sommerkleid gesteckt, cremefarben, dazu passende Riemchensandalen, die an den Fußgelenken scheuern. Außerdem hat Julverne seine Make-up-Artist vorbeigeschickt, um mich zurück in eine polierte Fake-Eins zu verwandeln, ohne die kleinste Sommersprosse, dafür mit glänzenden Lippen und drei Schichten Wimperntusche. Ich hasse alles an diesem Look, aber das ist der Preis, den ich zahlen muss, damit ich wie alle anderen mit dem CenterTrain fahren darf. Damit ich noch ein bisschen länger in der Nähe meiner Freunde bleiben kann – auch wenn wir alle komplett übernächtigt sind.

Unsere Runde saß noch locker bis vier Uhr zusammen im

Sofaraum. Keiner von uns wollte, dass die Nacht vorbeigeht, aber leider hat sich die Zeit nicht aufhalten lassen. Nicht mit Spielen und Anekdoten, nicht mit Gelächter, als Jamar und Loyd angetrunken versucht haben, die Dartscheibe zu treffen, nicht mit Ashans Kartentricks und Lucindas Beifall, nicht mit Thereses und meinem Gekicher, während wir kopfüber auf der Couch hingen, und nicht einmal, als Nick gegen Mitternacht zu uns gestoßen ist, seine Flasche gegen meine hat klirren lassen und mir einen Kuss auf die Stirn gedrückt hat. Und obwohl er nicht gesagt hat, wo er den ganzen Abend war, hat es sich ein bisschen angefühlt wie früher. Als noch kein Blatt Papier zwischen uns gepasst hat, geschweige denn ein ganzer Wälzer voller Geheimnisse. Es war schön. Aber viel zu flüchtig, um die Risse zwischen uns zu kitten.

»Also dann.« Liv ist vor unsere Gruppe getreten, die Hände vor dem Körper verschränkt. »Es war mir eine Freude, euch alle kennenzulernen, und vielen Dank für die Teilnahme am Partner Evaluation Program.« Sie bemüht sich sichtlich um die gewohnte Strenge, aber da ist ein verräterischer Glanz in ihren Augen. »Binnen der nächsten vierundzwanzig Stunden erhaltet ihr alle eine Einladung zur offiziellen Bekanntgabe. Insgesamt wird es zwanzig Termine geben, verteilt auf die gesamte nächste Woche. An der Stelle ein wichtiger Hinweis: Die Verteilung der Termine richtet sich *primär* danach, mit wem ihr das Programm verlasst. Erst in zweiter Instanz ist der Algorithmus darauf programmiert, möglichst viele Personen eines Camps zeitgleich einzuladen, damit sie diesen besonderen Tag gemeinsam feiern können. Entsprechend gibt es keine Garantie, dass ihr euch bei der Bekanntgabe wiedersehen werdet. Doch jetzt kommt erst mal … gut nach Hause.« Sie strafft die Schultern, auch wenn jedem die Pause am Ende aufgefallen sein dürfte. Dann formt sie das übliche V und berührt die Stelle über ihrem Herzen. »Für die Wahrheit.«

»Für den Frieden«, plappern wir monoton zurück.

Liv nickt, macht auf dem Absatz kehrt und winkt Loyd und meinen Bruder mit sich Richtung Aufzug. Die beiden haben noch Folgetermine, weshalb sie nicht mit uns fahren werden.

Anstatt Liv direkt zu folgen, wenden sich Nick und Loyd unserer Runde zu, um sich zu verabschieden.

»Komm her, Kumpel.« Nick fängt bei Jamar an, der die Müdigkeit gekonnt weggrinst. Sie ziehen einander in eine Umarmung, genauso vertraut wie damals am Bahnsteig von Ring Zwei. Als ich Jamar für einen attraktiven Fremden gehalten habe und nicht wusste, wie wichtig er mir werden würde. Oder dass er zu einer Gruppe gehört, die mein ganzes Leben auf den Kopf stellt.

Neben mir tauschen Loyd und Therese vertrauliche Worte. Der eine flüstert, die andere versucht es zumindest. Als Therese ihren kleinen Finger ausstreckt und Loyd seinen darum schlingt, habe ich das Gefühl, etwas zu Intimes zu beobachten.

Ich schaue weg, und wie so oft wandert mein Blick zu Grayson, der einige Schritte entfernt bei seinen Leuten steht. Als er mich bemerkt, reicht ein Blinzeln, um den Gedanken von gestern wieder durch meinen Kopf hallen zu lassen: *Das hier ist richtig. Wir sind richtig.* Ich hebe die Mundwinkel zu einem Lächeln, seine Erwiderung jagt ein Arsenal von Funken durch meinen Körper. Spätestens wenn wir im CenterTrain sind, hoffe ich, dass wir unseren letzten Kuss *richtig* beenden können. Ohne von einer tanzenden Menge auseinandergerissen zu werden.

Nick schiebt sich zwischen uns. Keine Sekunde später werde ich in eine Umarmung gezogen. Liebevoll. *Schmerzhaft.* Ich wäre nie auf die Idee gekommen, dass ausgerechnet wir beide das Programm auf getrennten Wegen verlassen werden.

»Grüß Paps und Cara von mir, ja?«, sagt er dicht an meinem Ohr. »Ich bin spätestens morgen Abend wieder da. Und versuch, auf dem Weg nicht zu viel Aufmerksamkeit zu erregen. Julverne hat zwar ein Interviewverbot verhängt, aber du weißt ja, wie die Presse ist.«

Auch so ein Satz, von dem ich nie gedacht hätte, ihn mal aus seinem Mund zu hören. Oder ihn bejahen zu können. »Ich gebe mir Mühe«, verspreche ich, die Arme immer noch um ihn geschlungen. »Viel Erfolg für deinen Termin.«

»Danke, Mae.« Als er von mir ablässt, ist da ein Schatten in seinen Augen, das helle Seegrün verfärbt von Sorge. Kurz sieht es aus, als wollte er noch etwas sagen, aber dann lächelt er nur, nickt mir zu und wendet sich ab.

Nachdem sich alle aus unserer Runde verabschiedet haben, verschwindet er zusammen mit Loyd und Liv im Aufzug.

Die Türen gleiten zu.

Das war's. Acht Wochen sind vorbei, ohne lange Reden,

ohne spektakuläres Finale. *Falsch.* Das echte Finale kommt erst noch, und trotzdem fühlt es sich ... zu wenig an. Ein Blick in die verbliebenen Gesichter zeigt, dass es den anderen auch so geht, dass sie nicht wissen, ob sie jetzt einfach in den HoverTrain steigen sollen oder ob noch etwas kommt.

»Liebe Teilnehmende des Partner Evaluation Programs«, AISS Stimme erfüllt die ganze Halle, »Die Camp-Phase ist hiermit offiziell abgeschlossen. Damit Ihre Anschlüsse alle nahtlos erreicht werden können, begeben Sie sich bitte jetzt in den HoverTrain.«

Dann ist es also echt Zeit, zu gehen. In meinem Magen ballt sich etwas zusammen, ein Gewicht, das mich daran hindern möchte, mich zu bewegen. Es wäre leichter, wenn ich wüsste, dass ich Jamar, Therese und die anderen auch nach der Bekanntgabe regelmäßig sehen kann. Aber niemand kann sagen, wie unser Alltag bald aussieht. Was, wenn jemand von uns das Programm mit einer Person verlässt, die bereits einundzwanzig ist? Wenn man sofort mit der Planung für die Hochzeit beginnen muss?

»Ich bin einfach mal so frei.« Jamar hebt meine Tasche hoch und wirft sie sich über die Schulter. »Immerhin meinte ein gewisser Bruder, ich solle mich gut um dich kümmern.«

»Ach, hat er das?«, frage ich irritiert.

»Und ob.« Jamar lehnt sich zu mir. »Zusammen mit der Bitte, dich von einem gewissen Jemand fernzuhalten. Ich will ja nicht sagen, ich hätte dich gewarnt, aber eure schmachtenden Blicke waren echt schwer zu ignorieren«, raunt er mit anzüglichem Unterton. »Oh, und dieser Kuss gestern Abend? Ich war so kurz davor, Jenkins zu holen, für den Fall, dass einer von euch beatmet werden muss.«

Ein heißkalter Schauer vertreibt die Müdigkeit aus meinen Gliedern. Dabei sollte es mich nicht überraschen. Graysons und meine verschränkten Hände im Parlament, mein Besuch an seinem Krankenbett, unser Geflüster vor der Interessensrunde … Es gab so viele verbotene Momente, dass Nick früher oder später etwas mitbekommen musste. Und trotzdem habe ich tief im Inneren gehofft, mich dem Thema erst nach der Bekanntgabe stellen zu müssen. Wenn ich mich auf AISS Legitimation berufen kann.

»Hey, ihr Süßen, wir sollten echt mal.« Therese nickt zum HoverTrain, der gleich voll ist, gefolgt von einem Gähnen. »Sorry, aber ich könnte auf der Stelle einschlafen.«

»Wir kommen«, sagen Jamar und ich zeitgleich. Er wirft mir noch einen vielsagenden Blick zu, bevor er sich aufrichtet und sich sowohl Thereses rote Tasche als auch seinen Weekender über die andere Schulter wirft.

»Du bist echt ein Schatz.« Therese strahlt ihn an, ehe sie sich bei mir unterhakt und mich mit sich zieht.

Das Gewicht in meinem Magen ist gerade um eine Tonne schwerer geworden. Jetzt kann ich nur hoffen, dass mich Nick morgen Abend nicht darauf anspricht. Oder dass die Zeit wenigstens reicht, um eine Lüge zu flechten, die uns beide weniger verletzt …

Der HoverTrain setzt sich in Bewegung, und die Halle verschwindet aus meinem Sichtfeld. Übrig bleibt mein eigenes Spiegelbild vor der Dunkelheit des Tunnels. Sowie meine Gedanken, die sich wieder im Kreis drehen. Um das Programm und Kane, Nick und Grayson, um die Speakers of Truth und ob es irgendwelche Neuigkeiten von den Thustras gibt. Kein Wunder, dass mein Kopf anfängt zu schmerzen.

Seufzend lasse ich die Stirn gegen die kühle Scheibe sinken. Hin und wieder blitzen Signallichter im Tunnel auf. Ich versuche, die Sekunden zwischen den Abständen zu zählen, um mich abzulenken. Eins, zwei ... eins ... zwei ...

Als der HoverTrain zum Stehen kommt, schrecke ich hoch. Die Fahrt kann keine Viertelstunde gedauert haben, und ich bin trotzdem eingeschlafen.

»Ich freue mich so auf mein eigenes Bett«, murmelt Therese, während sie ihre Hand aus meiner löst und sich aufrafft. »Hoffentlich haben Tante Rose und Peter heute Abend nichts geplant, sondern lassen mich einfach direkt schlafen gehen.«

Ob Paps und Cara was geplant haben? Sicher werden sich beide riesig freuen, mich wieder bei sich zu haben. Allein die Vorstellung, dass sie seit der Vereidigung nur zu zweit am Tisch saßen ...

»Kann ich verstehen«, sage ich, bevor das Gewicht in mir noch schwerer werden kann.

»Die nehme ich wieder.« Jamar kommt mir zuvor, als ich meine Tasche aus der Ablage ziehen möchte. »Bitte.«

»Weißt du eigentlich, dass das ziemlich unverschämt ist?«, mischt Therese sich ein. »So fit zu sein, obwohl keiner von uns mehr als drei Stunden geschlafen hat?«

»Nicht wirklich. Man nimmt halt, was man kriegen kann«, erwidert Jamar grinsend und schultert auch ihr Gepäck. »Außerdem wäre es eine Schande, die letzte Stunde mit euch nicht voll zu genießen.«

Ich beiße mir auf die Unterlippe, wofür mich die Make-up-Artist sicher schelten würde. Jamar hat recht. Wenn ich mir weiter den Kopf über Dinge zerbreche, die ich gerade nicht lösen kann, hätte ich auch gleich einen Privatwagen nehmen und mir diese ganze Verkleidung sparen können.

»Alles klar, Mister Charming.« Therese unterdrückt das nächste Gähnen. »Verrätst du mir auch, welchen Concealer du trägst? Oder wie viele Tassen Kaffee du hattest?«

»Bright Eyes 05 hazelnut von CC, und ich schätze, um die vier«, antwortet er, während wir uns mit den anderen nach draußen schieben.

Damit haben die beiden ihr Gesprächsthema gefunden. Ich lausche ihrem Fachgesimple über Beautymarken, von denen ich nur CC – Caparelli Cosmetics – kenne, und das auch nur dank Chloe. Lucinda steigt mittendrin ein, Ashan lässt sich auf meine Höhe zurückfallen, als wir die Treppen hoch in den Bahnhof nehmen.

Zum ersten Mal seit zwei Wochen sehe ich echtes Sonnenlicht. Es bricht sich strahlend in dem gläsernen Dach der Bahnhofshalle, lässt Lichtpunkte und Schatten auf dem Boden tanzen, über den wieder unzählige Menschen eilen. Fremde, die nicht zum Camp gehören. Ein paar unserer Mitbewohnenden bleiben stehen, um diejenigen zu verabschieden, für die hier Endstation ist. Die im Center wohnen und einfach zu Fuß weitergehen oder draußen einen Wagen nehmen können.

»Also, dann …« Ashan ist ebenfalls stehen geblieben.

Überrascht drehe ich mich zu ihr um. Entweder habe ich verdrängt, dass sie eine Center ist, oder wir haben echt nie darüber geredet.

Auch Lucinda scheint es vergessen zu haben, denn sie wirbelt auf dem Absatz herum und stürzt mit alarmierter Miene an mir vorbei, um Ashan in ihre Arme zu ziehen. »Ich werde dich so vermissen«, höre ich sie erstickt nuscheln.

Ashan nickt und murmelt etwas, das sicher nicht für mich bestimmt ist.

Alles in mir schreit danach, mir einen ähnlichen Abschied mit Grayson zu stehlen. Ich suche die Menge nach ihm ab, aber sehe ihn nirgends, genauso wenig wie Joline oder Firn. Ob sie schon zum Gleis gegangen sind? Laut HoloScreen geht der nächste CenterTrain in zehn Minuten, der danach in einer halben Stunde. Und wenn wir uns verpassen? Wenn er denkt, ich wäre bereits im Zug und ...?

Jeder Gedanke erstirbt, als in der Menge ein vertrautes Gesicht aufblitzt: Aiden. Der Fluchtinstinkt brandet so scharf in mir, dass ich mich davon abhalten muss, wirklich loszurennen. Stattdessen drehe ich mich herum und bete, dass er mich nicht sieht. Was zur Hölle macht er überhaupt hier?! Sollte er nicht ... keine Ahnung, halt irgendwo anders sein? Bei den Leuten aus Camp Fünfundachtzig? Oder in Ring Vier?

»O shit, Süße.« Therese starrt mit großen Augen an mir vorbei. »Dreh dich jetzt besser nicht um. Ich glaube, da hinten ist dein Ex.«

»Schon gesehen«, presse ich hervor. »Meint ihr, er hat ...?«

»Dich bemerkt?«, beendet Jamar meine Frage. »Da er jetzt

geradewegs in unsere Richtung läuft, ja. Und ich fürchte, er ist nicht der Einzige.«

»Holy moly, das nenne ich mal Journalists.« Therese hat ihre Blickrichtung verändert, ein Stück weiter nach links. »Gut gemeinter Rat, Süße, aber wenn du nachher keine Fotos von dir sehen willst, auf denen du perplex ins Nichts starrst, solltest du jetzt besser lächeln.«

»Maeander!«, ruft jemand. Und noch jemand. Und noch jemand. Dann löst die erste Kamera aus.

Das Wort *Fluchtinstinkt* ist zu schwach für das, was in mir explodiert. Gleichzeitig weiß ich, dass ich mit diesen beschissenen Absätzen keine fünf Meter weit rennen kann, ohne zu stolpern. Und diese Schlagzeile möchte echt niemand lesen. Mein aufpolierter Teint, das Sommerkleid, Aiden, die Presse ... Warum fühlt sich das alles nach einer riesigen Show an? Nach einer inszenierten Scheißnummer von Julverne, was auch erklären würde, warum er so schnell eingewilligt hat, mich mit den anderen gehen zu lassen. Ob Nick davon *wusste*?

»Ja, hi ... Jamar Benett hier«, höre ich ihn hinter mir sagen. Spricht er in sein SmartPad? Ist die App wieder freigeschaltet? »Nicholas Elking hat mich gebeten, anzurufen, sollten wir Verstärkung ... Ja, genau, Standort stimmt. Fünf Minuten? Danke.«

Ich versuche, meine Mundwinkel zu heben. Erst links, dann rechts. Ist das ein Lächeln? Keine Ahnung. Ich kann nicht nach vorne und nicht nach hinten, bin eingekesselt zwischen Mitbewohnenden und Fremden, Kameras blitzen in der Menge auf, mein einziger Schutz ist der kleine Kreis aus Jamar, Therese, Lucinda und Ashan. Warum schaltet AISS sich nicht ein?! Müsste sie die Menge nicht zur Ordnung rufen oder wenigstens bitten, mich nicht zu bedrängen? Oder wurde sie instruiert, die Journalists frei walten zu lassen?

Plötzlich spüre ich eine Hand an meinem Rücken. Zu meiner Erleichterung ist es nur Jamar, der mich mit der ernsten Miene eines Aufsehenden anschaut. Der gleiche Ausdruck, den er drauf hatte, als sie vor ein paar Wochen Loyd vor der schaulustigen Menge schützen mussten.

»In spätestens fünf Minuten steht draußen ein Wagen bereit«, informiert er mich.

Ein Wagen. Ich spüre, wie sich ein Brennen in meine Augen stiehlt. Das ist der wohl denkbar schlechteste Moment für eine emotionale Überreaktion. Aber ich *will* hier nicht weg. Nicht ohne Abschied von Grayson, von meinen Freunden ...

Jetzt rufen die Journalists noch einen Namen. *Aiden.* Der Held der Nation. *Fuck my life.*

Ich presse die Fingernägel in meine Handflächen, so fest, dass es mich nicht wundern würde, wenn es gleich blutet. *Du trägst ein weißes Kleid,* erinnere ich mich und lasse locker. Auch wenn mir dadurch der nötige Halt fehlt. Atmen. Schultern straffen. Ich kann das.

»Wir bringen dich hier raus«, sagt Therese, während Jamars Hand immer noch an meinem Rücken liegt.

Behutsam schiebt er mich voran, in Richtung Ausgang. Vorbei an Menschen, die ich kaum wahrnehme. Meine Beine bewegen sich mechanisch, als hätte sich mein Körper ganz einfach von meinem Bewusstsein getrennt. Vielleicht kann er dieses stoische Lächeln deshalb aufrecht erhalten.

Draußen empfängt uns sommerliche Wärme, noch etwas, das ich nur flüchtig registriere. Dafür muss ich ab jetzt auf jeden Schritt achten, denn der Platz vor der Bahnhofshalle ist aus Kopfsteinpflaster, originale Steine aus der Vorkriegszeit.

Fakten, das ist die Lösung, ich muss mich auf Fakten konzentrieren. Genau wie bei meinem letzten Check-up.

Ich atme ein, während ich den Blick schweifen lasse. In der Mitte des Platzes steht ein Brunnen, aus dem türkises Wasser springt. *Fischbrunnen*, ergänze ich in Erinnerung an den Geschichtsunterricht. Noch so ein Relikt, das vor dreihundert Jahren beim Rathaus von Alt-München gestanden haben soll. Zur Linken gibt es ein großes Blumenbeet, vor dem Bänke stehen, im Hintergrund ragen gläserne Gebäude in den Himmel, das größte müsste von Frankie Skyler ...

In der Menge blitzen graue Uniformen auf. Aufsehende! Eine Sekunde bin ich erleichtert, bis ich registriere, dass in einer davon Aiden steckt. Als wäre er geradewegs diesem Werbespot entsprungen, den ich an Dads Krankenbett gesehen habe. Dabei dachte ich, er dürfe sie erst tragen, wenn sein Studium losgeht. Immerhin macht er keine Anstalten mehr, sich zu mir durchzukämpfen. Vielmehr scheint er zu versuchen, Journalists und Schaulustige auf Abstand zu halten.

Langsam checke ich, dass sich die Dynamik um mich herum verändert hat. Therese, Jamar, Lucinda und Ashan bilden immer noch meinen ersten Schutzwall, aber dahinter ist deutlich mehr Luft als in der Halle. Weil Aiden nicht der Einzige ist, der den Kreis um uns herum vergrößert. Da sind die anderen Uniformierten – und Leute, die eben noch mit im HoverTrain saßen. Firn. Joline. *Grayson.* Das Bedürfnis, auf offener Straße loszuheulen, ebbt ab. Ich lasse mich weiter über den Platz Richtung Straße schieben, aber jetzt hat mein Herz einen Anker. Auch wenn ich bezweifle, dass ich noch mal viel näher an ihn herankommen werde. Aber er ist hier. Und er hat es irgendwie geschafft, Joline und Firn zu überreden, mir zu helfen.

Mein Zeitgefühl hat mich verlassen. Kaum dass wir den Rand des Platzes erreicht haben, schwebt ein schwarzer Citygleiter vor. Die Beifahrertür wird von innen aufgestoßen – und Paul lehnt sich von der Fahrerseite rüber.

»Mit euch Elking-Geschwistern wird es nie langweilig«, begrüßt er mich.

Wohl wahr. Widerstrebend steige ich ein und achte darauf, dass mein Kleid nicht nach oben rutscht. Denn irgendeine Kamera wird sicher weiter auf mich gerichtet sein. Ich schaue zurück in die Menge – und sehe, dass Aiden seine Position verlassen hat und in meine Richtung läuft. *Auf gar keinen Fall!*

Plötzlich wird die Tür hinter mir aufgerissen.

»Nächster Halt Ring Fünf?«, fragt Therese, die sich ungerührt auf die Rückbank schwingt. Ohne auf eine Antwort zu warten, rutscht sie durch, dicht gefolgt von Jamar.

»Uns wirst du nicht so schnell los«, feixt er, während er sich von Lucinda und Ashan unser Gepäck reinreichen lässt. »Ihr seid die Besten, danke euch.« Er schenkt den beiden ein

Grinsen, ehe er die Taschen auf dem mittleren Sitz stapelt. »Oh, sorry, Kumpel, aber der Platz ist schon belegt.« Mit bedauerndem Schulterzucken zieht er die Tür zu. Direkt vor Aidens Nase.

»Mae, ich …« Ehe Aiden den Satz beenden kann, schließe ich auch meine Tür. Ein Stich rast durch meine Brust, als unsere Blicke sich treffen. Und ich weiß nicht, ob es am Glas liegt, an der Sonne oder ob seine Augen wirklich wie zwei perfektionierte Bernsteine leuchten. Darin ein Ausdruck, der zwischen Enttäuschung und etwas anderem liegt, das neu ist. Frust? Ärger? *Wut?*

»Das war eigentlich nicht der Plan«, sagt Paul.

»Fahr.« Ich schaue geradeaus. »Bitte fahr einfach.«

KAPITEL 29

Keiner sagt etwas. Wir brauchen wohl alle einen Moment, um die Scheiße zu verarbeiten, die da gerade passiert ist. So viele Menschen. So viele Kameras. Als Nick meinte, ich wüsste ja, wie die Presse sei, habe ich mit ein, vielleicht zwei Fotos gerechnet. Mit einer Randnotiz im Newsfeed, in der es um das Ende der Camps geht. Aber sicher nicht mit dermaßen vielen Journalists, die meinen Namen schreien. Die förmlich *Jagd* auf mich machen – und auch noch genau zur selben Zeit auftauchen wie mein Ex. Keine Ahnung, auf welche Story Julverne spekuliert hat. Ich kann nur hoffen, dass wir seine Pläne gründlich versaut haben.

Ich schaue zur Rückbank. Obwohl die bequemen Sitze perfekt für ein Nickerchen wären, sind sowohl Therese als auch Jamar wach. Beide scrollen auf ihrem SmartPad herum. Bisher wurde nur die Telefonfunktion freigeschaltet, die anderen Apps sind weiter ausgegraut.

»Soll ich Musik anmachen?«, frage ich.

»O ja, bitte!« Therese atmet auf, als hätte sie seit Stunden auf die Frage gewartet. »Vielleicht was von Secret Sirens?«

Meine Mundwinkel zucken hoch. »Immer gern. Gib mir eine Sekunde.« Ich aktiviere das Touchpad in der Mitte, auch wenn ich mehrere Anläufe brauche, um das Menü zu finden, das Paul letztes Mal angewählt hat. Eine Eingabe später stehen etliche Tracks zur Verfügung. Ich wähle einen, den ich nicht auswendig kann, nur um zu verhindern, dass ich versehentlich mitsinge. Auch wenn es sicher miesere Wege gibt, sich als Liar zu verraten.

»Ich *liebe* diesen Song«, quietscht Therese. »Jetzt noch ein paar Snacks, eine Coke, und ich fühle mich wie in einem dieser alten Roadmovies.«

»Und der Wagen bräuchte Reifen, die platzen können, um für den richtigen Plot-Twist zu sorgen«, fügt Jamar grinsend hinzu.

»Mit Reifen kann ich nicht dienen, aber …« Ich öffne das Handschuhfach, in dem sich das übliche Arsenal von Snacks befindet.

»WAS!« Mit großen Augen beugt sich Therese vor, bis das Limit ihres Gurts ausgereizt ist. »Sind das da etwa gesalzene Pistazien?!«

»Sind es«, antwortet Paul. »Eigentum von Nicholas Elking.«

»Der sicher nichts dagegen hat, wenn du dir ein paar nimmst«, ergänze ich und reiche die Tüte nach hinten durch. Von der Seite bemerke ich Pauls Blick, die zusammengezogenen Augenbrauen, die Lippen, die eine noch ernstere Linie formen als sonst. Ob er echt angepisst ist, dass mir die beiden geholfen haben?

»O wow, danke!« Therese reißt die Tüte auf. »Ich hatte

schon *ewig* keine Pistazien mehr, dabei habe ich sie früher echt geliebt. Peter, also, der Mann meiner Tante Rose, hatte jahrelang ein Dessert mit frischen Pistazien auf der Karte, und ab und zu hat er uns abends …«

»Wo darf ich euch beide nachher rauslassen?«, unterbricht Paul sie. »Ring Eins? Oder Zwei?«

»Ah, nein. Das vorhin war ernst gemeint.« Therese nimmt eine Handvoll aus der Tüte, ehe sie sie an Jamar weitergibt. »Nächster Halt: Ring Fünf. Wir bleiben bei Mae, bis sie sicher zu Hause angekommen ist.«

»Und da wir keine Umstände machen wollen, nehmen wir später einfach den CityTrain nach Ring Zwei«, erklärt Jamar. »Unsere Familien wissen schon Bescheid.«

Ich starre sie ungläubig an. »Ihr wollt echt …?«

»Wie gesagt: alles geklärt.« Jamar hebt vielsagend sein SmartPad, bevor er selbst eine Pistazie knackt. Grinsend schiebt er sie sich zwischen die Lippen.

Als Paul den Citygleiter auf die Schnellstraße lenkt, hat Therese den Dreh mit der Musik raus. Sie wählt die Songs, die sich trotz Veritas mitsingen lassen. Uninspirierte Texte, die wahre Ereignisse beschreiben, dafür ein eingängiger Beat, bei dem sogar Paul mit dem Kopf wippt. Ein winziger Fortschritt. Auch wenn er immer noch aussieht, als würde er die beiden gern rauswerfen – oder am besten gleich uns alle drei.

»LEUTE!«, ruft Therese mittendrin. »Die anderen Apps sind auch wieder frei! GoSocial, der Messenger, ShortNews …«

Mein Puls schnellt nach oben. *Grayson.* »Könnt ihr mir

bitte meine Sachen geben?«, frage ich nach hinten gewandt. Julverne hätte mir echt andere Klamotten geben sollen oder wenigstens eine Handtasche für die wichtigsten Sachen.

»Klar.« Jamar fischt meine Tasche aus dem Berg heraus. Bei der Übergabe mustert er mich auf eine Weise, die ich nicht verstehe. Durchdringend, als wollte er mir etwas sagen.

Ich kräusle fragend die Stirn, aber er schürzt nur die Lippen und lässt sich zurücksinken. Okay, die Art von Kommunikation haben wir wohl noch nicht raus.

Kopfschüttelnd drehe ich mich wieder nach vorne und krame mein SmartPad aus dem Seitenfach. Ein Wisch übers Display, und tatsächlich: keine ausgegrauten Icons mehr.

»Über fünfhundert fucking Nachrichten!« Therese stöhnt auf. »Ob die alle nicht gecheckt haben, dass ich da unten nichts empfange?«

»Dasselbe frage ich mich auch«, erwidert Jamar, der sein SmartPad wieder rausgeholt hat. »Der Benett-Familienchat ist explodiert, und ... sie haben den Cocktailabend ohne mich durchgezogen!«

Während die beiden über ihre ausgeuferten Gruppenchats sprechen, steht neben meinem Messenger eine kleine Vierzehn. Zwei Monate, und ich habe nur *vierzehn* neue Nachrichten. Es sollte mich nicht überraschen. Alle, mit denen ich früher geschrieben habe, waren auch in den Camps: Nick, Kira, Mariella, Aiden; und mein einziger Gruppenchat ist der mit meiner Familie. Mit Vain, die sich noch nie proaktiv gemeldet hat, mit Nick, Paps und ... Dad.

Ich schlucke gegen den Kloß in meinem Hals an und öffne den Messenger. Die Nachrichten verteilen sich auf drei Chats. Die neuste ist von Aiden, laut Zeitstempel keine halbe Stunde alt und perfekt zum ungelesenen Archivieren.

Darunter leuchtet die Familiengruppe auf, zwölf Nachrichten, die alle aus der Woche vor der Vereidigung stammen. Ich überfliege den Schriftwechsel zwischen Paps, Dad und Vain, in dem es um die Kleiderwahl und den Treffpunkt geht. Die letzte Nachricht ist ein Foto von meinen Eltern in ihren Anzügen, aufgenommen in unserem Wohnzimmer. Paps grinst so stolz, und selbst in Dads Mundwinkel zeichnet sich ein kleines Lächeln ab.

Wie sehr ich ihn vermisse.

Ich speichere das Foto in meinen Favoriten und wünschte, es würde kein Vermögen kosten, es drucken zu lassen – wobei ... vielleicht kann Nick ja was daran drehen.

Die letzte Nachricht ist schon über fünf Wochen alt und kommt von Ruben Caivanos:

Hey, ich war heute in deinem Atelier. Ich habe es dir ja schon früher gesagt, aber du hast wirklich Talent. Vielleicht schaffen wir irgendwann noch mal eine Session zusammen ... Würde mich freuen. Gruß, Ruben.

Stimmt, ich habe ganz vergessen, dass er während der Camps hat fragen lassen, ob er sich mein *Atelier* anschauen dürfte. Wobei es *chaotischer Dachboden* besser trifft.

Ich antworte ihm mit drei Sätzen, dann öffne ich endlich

ein neues Fenster für Grayson. Obwohl es keine zwei Stunden her ist, seit wir uns gesehen haben, vermisse ich ihn auf eine Weise, die anders schmerzt als bei Dad. Aber solange das Programm noch läuft, bringt es nichts, über das Ende nachzudenken.

Du schuldest mir noch einen EarPod.

Mein Magen flirrt, als ich die Nachricht abschicke. Es gibt so viel mehr, was ich schreiben könnte, aber ich weiß, dass wir nicht mehr brauchen. Hoffentlich bekommt Grayson schnell mit, dass die Apps wieder freigeschaltet sind.

»Uuuund, erledigt!«, verkündet Therese enthusiastisch, zeitgleich ploppt bei mir ein neues Chatfenster auf. »Dachte, das könnte ganz hilfreich sein, wenn wir eigene Cocktailabende planen wollen.«

Ein Lachen kratzt in meiner Kehle. »Die Elite?!«, lese ich den Namen der neuen Gruppe vor. Meiner ersten Gruppe, die nicht aus meiner Familie besteht. Dafür aus Therese, Jamar, Lucinda und Ashan.

»Camp Eins klang so langweilig«, erwidert Therese grinsend. »Nick und Loyd haben das automatische Hinzufügen deaktiviert, aber hab ihnen einen Einladungslink geschickt.«

Keine Sekunde später taucht die erste Nachricht auf.

Lucinda
Beste Idee! ☺

Ashan
Definitiv. Ist schon jemand von euch zu Hause angekommen?

Therese
Neee, bleiben noch bei Mae. Roadtrip! 😀

Übrigens danke, dass ihr mir vorhin geholfen habt. Ich hätte euch echt gern noch mal gedrückt.

Lucinda
Ich hab zu danken. Hab durch das kleine Fluchtmanöver den Zug verpasst und konnte noch länger bei Ashan bleiben. 😇

Ashan
♡

Jamar
Also, wann sehen wir uns alle wieder?

Paul bietet an, Therese und Jamar direkt am Bahnhof rauszulassen, allerdings scheinen die beiden das mit dem Nachhausebringen *wirklich* ernst zu meinen. Ich warne Paps vor, dass ich in Begleitung komme, er sich aber keinen Stress machen soll, da die beiden eh weitermüssen. Entsprechend sind wir immer noch zu viert, als wir ankommen.

Obwohl ich dieses Mal vorne sitze, fühlt es sich an wie ein Déjà-vu. Menschen bleiben auf den Bürgersteigen stehen, um den schicken Wagen zu mustern, der nicht für diese Straßen gemacht ist, Gesichter erscheinen hinter Fenstern, Türen werden geöffnet. Fehlt nur noch jemand, der mir permanent souffliert, ich solle gleich *ungefilterte Emotionen* zeigen.

Wo bisher Vorfreude auf Paps und Cara war, wispert jetzt die Angst, mich in meinem eigenen Zuhause nicht mehr wohlzufühlen. Letztes Mal musste ich nur einen Tag zwischen neuer Tür, Fassade und teuren Sofakissen überstehen, jetzt werde ich dort wieder leben. Schlafen. Essen. Versuchen müssen, ich selbst zu sein. Ohne mich permanent beobachtet zu fühlen.

Therese ist hinten ungewohnt still geworden. Seit wir an den Betonklötzen vorbeigefahren sind, schaut sie nur noch aus dem Fenster, scheint jedes Bild aufzusaugen. Auch wenn ich von hier aus unmöglich sagen kann, ob sie fasziniert oder schockiert ist. Noch so eine Sache, an die ich bisher keinen Gedanken verschwendet habe. Sowohl Therese als auch Jamar sind die gehobenen Ringe gewohnt, ich weiß nicht einmal, ob sie je hier unterwegs waren. Jamar vielleicht bei seinen Einsätzen, aber Therese?

Dieses Mal habe ich freie Sicht, so dass unser Haus am Rand des Wendekreises sofort heraussticht. Die elend weiße Fassade, die neue Tür. Vielleicht habe ich insgeheim gehofft, Julverne wäre Arschloch genug, die Veränderungen nach dem Dreh rückgängig zu machen, aber wie es aussieht, waren es alles Geschenke des Parlaments. Wie oft wird Paps in den letzten Wochen wohl darauf angesprochen worden sein? In einer Welt ohne Sedatium würde ich vermuten, dass etliche Herzen vor Neid stechen. Dass mehrere Leute dieselbe Schlussfolgerung ziehen würden, zu der ich letztes Mal gekommen bin: Die Regierung könnte so viel mehr tun, wenn sie nur wollte. Aber dafür müssten sie sich erst mal dem Gefälle zwischen unseren Ringen bewusst werden.

Paul parkt wieder vor unserem neuen Gehweg. Die Haustür wird aufgerissen – und heute ermahnt mich keiner, noch sitzen zu bleiben. Ohne zu zögern, drücke ich den Button, der die Beifahrertür öffnet, und stürze nach draußen. Keinen Atemzug später fliegt Cara in meine Arme. Und dann kommt auch Paps, der kurzerhand in die Umarmung mit einsteigt. »Oh, Maelein!«

Einen Moment lang halten wir einander fest. *Echte, ungefilterte Emotionen, bravo!*, hallt Julvernes Stimme durch meinen Kopf, und ich hasse ihn dafür, dass er Teil meiner Gedankenwelt ist. Teil von Erinnerungen, die ich am liebsten ausradieren würde.

»Bleibst du heute bei uns?«, nuschelt Cara.

Ich nicke mit einem Kloß im Hals, bis mir einfällt, dass ich etwas sagen muss. »Auf jeden Fall«, wispere ich und ziehe sie noch näher an mich.

»Es ist *so* schön, dass du da bist.« In einem Seufzer löst sich Paps von uns. »Wo hast du deinen Bruder gelassen?«

Ich folge seinem suchenden Blick zum Citygleiter, aus dem die anderen gerade aussteigen. Jetzt kann ich Thereses Gesicht richtig sehen und erkenne zum Glück mehr Staunen als Schock.

»Nick hat noch einen wichtigen Termin«, erkläre ich, ehe ich Cara einen Kuss aufs Haar drücke und sie loslasse. »Aber ich soll euch lieb von ihm grüßen, und er wird spätestens morgen Abend zurück sein.«

Schade, dass er nicht mal Zeit hatte, Paps persönlich zu informieren. Als ob zwei Zeilen zu viel verlangt wären.

»Ah, natürlich!« Paps strahlt auf einmal übers ganze Gesicht. »Weißt du, Maelein, manchmal kommt es mir vor wie im Traum, dass mein Junge jetzt eine so wichtige Persönlichkeit ist. Aber dann werde ich ihn mal lieber nicht anrufen. Und ich nehme an, das sind die Freunde, von denen du geschrieben hast?«

»Richtig.« Ich winke Therese und Jamar herbei, Paul bleibt beim Citygleiter stehen, ganz die Leibwache, die im Hintergrund agiert. »Kann gut sein, dass ihr euch bei der Vereidigung schon gesehen habt: Therese, Jamar, das sind mein Paps und meine Schwester Cara.«

»Oliver«, stellt sich Paps vor, dessen Augen leuchten. »Freut mich, endlich mal ein paar von Maes Freunden kennenzulernen, und verzeiht, falls wir uns gesehen haben. Auf dieser Vereidigung war einfach *so* viel los, schwierig, da den Überblick zu behalten.«

Ich wechsle einen Blick mit Jamar. Dieses Mal klappt unsere Kommunikation, denn er runzelt ebenso skeptisch die Stirn wie ich. Aus Paps' Mund klingt es, als wäre es im Parlament einfach nur voll gewesen, dabei sind Menschen *gestorben. Nein, angeschossen worden,* korrigiere ich mich ironisch. Laut Medien gab es keine Todesopfer, wobei ich mich echt frage, wie sie das den Angehörigen erklärt haben?

»O ja, ich weiß genau, was du meinst!«, erwidert Therese grinsend. »Aber ich habe euch in der Menge trotzdem sofort erkannt. Ihr habt die gleiche mega Haarfarbe wie Mae, die ich *liebe*, und sind diese Locken etwa echt?!«

Ich glaube, Paps hat sich gerade etwas verliebt. Die beiden halten kurzen Smalltalk über Haare, ehe er sich auch an Jamar wendet. »Maelein – Verzeihung, *Mae* hat geschrieben, ihr wärt auf der Durchreise, aber vielleicht möchtet ihr ja noch zum Essen bleiben? Da ich sowieso mit mehr Personen gerechnet habe, habe ich zu viel gekocht. Paul ist natürlich auch eingeladen.«

Paul mimt ein Lächeln, das weniger echt wirkt als das, was ich von unseren sonstigen Fahrten kenne. »Sehr freundlich, aber ich muss vor dem Abend zurück im Center sein«, erwidert er, während er sich vom Citygleiter abstößt. »Ich wollte nur sicherstellen, dass Maeander gut zu Hause ankommt und keine unangenehmen Überraschungen auf sie warten.« Auf unseren fragenden Blick hin fügt er hinzu: »Journalists. Wenn ich nur kurz die Toilette benutzen dürfte? Dann bin ich sofort wieder weg.«

»Selbstverständlich.« Paps tritt beiseite. »Du weißt noch, wo du hinmusst? Erste Etage …«

»… erste Tür links«, vervollständigt Paul den Satz. »Danke.« Als er an uns vorbeiläuft, blitzt die Waffe an seiner Seite auf.

Ein Frösteln stiehlt sich in meinen Nacken. Auf gewisse Weise mag ich ihn, und trotzdem hoffe ich, dass er schnell abhaut. Nur Therese und Jamar dürfen gern bleiben.

»Fühlt euch zu nichts gezwungen«, sage ich an sie gewandt. »Ich weiß, dass deine Tante Rose und Peter …«

»… mich noch lange genug an der Backe haben werden?«

Therese hakt sich grinsend bei Jamar unter. »Essen klingt perfekt.«

»Bin da ganz bei Therese«, erwidert Jamar, bevor er neckend hinzufügt: »Außerdem wollte ich schon immer herausfinden, ob Nicks Zimmer genauso grau ist wie seine Klamotten.«

»Wie wunderbar!« Paps klingt zufrieden. »Dann ist jetzt wohl der perfekte Zeitpunkt, um zu sagen, dass Post gekommen ist. Ein Brief ganz allein für dich.« Er zieht etwas unter seinem T-Shirt hervor, einen Umschlag, der teurer wirkt als alle, die ich bei Edgar je in der Hand hatte, selbst teurer als Kiras Einladung zur Geburtstagsgala der van Steegens. Feinstes Pergament, marmorierte Struktur, mein Name handgeschrieben auf einem goldumrandeten Etikett.

Meine Gedanken sind wie eingefroren, als ich den Brief nehme und auf die Rückseite drehe. Er ist von Maya Adelaine.

KAPITEL 30

Alles in mir drängt danach, den Brief einfach aufzureißen. Ich beherrsche mich, da ich keine Lust habe, beim Lesen von der halben Nachbarschaft beobachtet zu werden. Letztendlich sind zwar nur ein paar Leute vor die Tür getreten, aber wenn wir noch länger hier herumstehen, fürchte ich, dass sie ihre Zurückhaltung gleich ablegen und zu uns herüberkommen. Um mir jedes Detail aus den Rippen zu leiern, über das ich vielleicht gar nicht reden möchte.

»Jetzt mach schon auf, Mae«, drängelt Cara. »Biiiiitte.«

»Gleich, okay? Hast du übrigens gesehen, was ich trage?« Ich halte ihr mein Handgelenk mit dem Armband hin, während ich sie mit der anderen Hand sanft Richtung Haus schiebe.

Das Ablenkungsmanöver klappt. »Aaah, du hast es immer noch!« Sichtlich begeistert hält Cara ihr eigenes Handgelenk daneben. Das braune Band sieht mindestens genauso lädiert aus wie meins, wobei ich bezweifle, dass Cara es zwischendurch abgerissen hat. Oder dass jemand die Enden notdürftig neu verknoten musste.

»Ich hole noch schnell unser Gepäck«, sagt Jamar.

Über die Schulter hinweg schenke ich ihm ein Lächeln, dann schiebe ich Cara durch die Haustür. Erleichtert lasse ich von ihr ab. Kein Kamerateam weit und breit, nur Paul kommt von oben die Treppe heruntergelaufen. Auf der letzten Stufe bleibt er stehen, weiter käme er sowieso nicht, da wir uns alle hintereinander in den kleinen Flur quetschen. Es ist das reinste Chaos, und ich liebe es. Weil es heute echt ist, ungestellt, weil nur Menschen hier sind, bei denen ich kein Problem damit habe, wenn wir zusammenstoßen.

»Donnerschädel.« Therese reibt sich den Kopf, nachdem wir uns zeitgleich gebückt haben, um unsere Schuhe auszuziehen. »Dann mach du zuerst. Die Dinger sehen zwar krass gut aus, aber auch krass unbequem«, bemerkt sie mit Blick auf meine Sandalen.

Dankbar lockere ich die Riemchen, die rote Striemen auf meiner glatt geschminkten Haut hinterlassen haben. Als ich barfuß den kühlen PVC-Boden berühre, atme ich erleichtert auf. Jetzt nur noch Klamotten, die sich weniger anfühlen wie ein Korsett, eine Dusche, und ich habe mir ein Stück Normalität zurückerobert.

»Stell das Gepäck gern erst mal im Wohnzimmer ab. Gleich hier drüben«, navigiert Paps Jamar hinter sich her, Cara läuft mit beschwingtem Gang vor. Es tut so gut, sie aufblühen zu sehen.

»Maeander?« Paul hat es geschafft, die Treppe zu verlassen, und steht jetzt hinter uns. »Ich würde mich dann auf den Weg machen.« Er schaut von mir zu Therese, die gerade ihre Schuhe abgestreift hat.

»Es war echt eine *so* coole Fahrt«, erwidert Therese. »Danke für die ganzen Snacks und Getränke. Und sorry, wenn ich irgendwas in deiner Playlist durcheinandergebracht habe …«

»Schon gut.« In Pauls Mundwinkeln zuckt ein Lächeln. Vielleicht haben die letzten Stunden doch gereicht, um ihn davon zu überzeugen, dass man Therese einfach mögen muss.

Es entsteht ein seltsamer Moment des Schweigens. Natürlich ist es Therese, die ihn mit einem Räuspern unterbricht. »Ja, gut, ich geh dann mal zu den anderen.« Sie beugt sich zu mir. »Und wehe, du öffnest diesen Brief nicht in spätestens fünf Minuten, sonst helfe ich Cara, ihn dir wegzuschnappen.«

Ich presse die Lippen zusammen, um mir ein Lachen zu verkneifen. »Verstanden.« Als sie weg ist, will ich für Paul die Tür öffnen, aber er versperrt mir den Weg.

»War mir wie jedes Mal ein Vergnügen«, sagt er und hält mir die Hand hin. Bisher hat er sich immer mit einem knappen Nicken verabschiedet.

Irritiert ergreife ich seine Hand – und spüre wieder Papier. Kompakter, und deutlich fester als der Briefumschlag in meiner Linken.

Paul verzieht keine Miene. »Für den Fall, dass du noch mal Hilfe brauchst, weißt du ja, wie du mich erreichen kannst«, sagt er, presst das Kärtchen in meine Handfläche und lässt los. »Wir sehen uns, Maeander.«

Ich verpasse meine Chance, ihm die Tür zu öffnen. Erst als sie klickend hinter ihm ins Schloss fällt, kann ich mich wieder regen. Wie seltsam war das denn bitte? Ich mustere das Papier in meiner Hand, das was von einer alten Visitenkarte hat. Nur dass weder Name noch Anschrift oder sonstige Informationen draufstehen. Lediglich eine schwarz gedruckte Nummer: 53435-077.

»Maeee!«, ruft Cara aus dem Wohnzimmer. »Wo bleibst duuu?«

»Komme sofort!« Ich schiebe das Kärtchen in meinen Ausschnitt, den einzigen Ort, an dem man bei diesem Kleid etwas aufbewahren kann. Warum habe ich nur plötzlich das Gefühl, dass es nicht Pauls Idee war? Vielleicht, weil es eher wie etwas aussieht, das der Nick tun würde, der mich zwar offiziell meine eigenen Fehler machen lässt, aber insgeheim immer noch auf mich aufpasst ... Ob Jamar wohl vorhin am Bahnhof dieselbe Nummer angerufen hat? Wahrscheinlich.

Schritte werden laut. Therese und Cara tauchen nebeneinander im Torbogen auf und gehen sofort dazu über, mich mit sich zu ziehen. Eine schiebt von hinten, die andere zerrt an meiner freien Hand.

»Wow, dafür, dass ihr euch erst ein paar Minuten kennt, seid ihr ein echt eingespieltes Team«, spöttle ich, ohne mich zu wehren.

Paps steht am Herd, während Jamar neben ihm an der Arbeitsplatte lehnt und sich mit ihm unterhält. Als Paps den Deckel des Topfs anhebt, zieht ein vertrauter Duft herüber: Kartoffelsuppe. Sofort läuft mir das Wasser im Mund zusammen. Irgendwie habe ich dieses einfache Essen vermisst. Und Paps. Und Cara. Und mein *Zuhause.*

»Na, ist sie endlich bereit, das Geheimnis zu lüften?«, fragt Jamar feixend. Er nickt zum Brief in meiner Hand und stößt sich von der Arbeitsplatte ab.

Obwohl das Pergament nur einige Gramm wiegen kann, bilde ich mir ein, das Gewicht der ungelesenen Worte zu spüren. Die Worte, die zeigen werden, ob sich mein Mut beim Abendessen in Kanes Garten gelohnt hat. Oder ob meine forsche Art das Gegenteil bewirkt hat. Ob Maya nach gründlichen Überlegungen zu dem Schluss gekommen ist, mir doch eine Absage zu erteilen.

Mein Appetit ertrinkt in Aufregung.

»Vielleicht?«, murmle ich und setze mich auf meinen angestammten Platz.

Paps nimmt den Topf vom Herd. »Hach, das ist ja so aufregend!« Er stellt ihn in die Tischmitte, direkt neben den Brotkorb. »Setzt euch doch bitte hin, wo ihr möchtet. Hier gibt es keine festen Regeln.«

Therese und Cara wählen die andere Seite. Nur damit sie mich gemeinsam angrinsen können. »Und jetzt: Mach. Endlich. Auf.«

»Aufmachen! Aufmachen!« Cara haut im Takt ihrer Forderung auf die Tischplatte, so dass das Besteck klirrt.

»Also gut.« Ich atme gegen den nervösen Klumpen in meinem Bauch an, während ich mein Messer nehme und es am Pergament ansetze. Ein weniger sauberer Schnitt als erhofft, und ich kann das einfach gefaltete Papier herausziehen. Mein Blick huscht über die von Hand geschriebenen Zeilen:

Liebe Maeander,

lassen Sie mich Ihnen zunächst zum erfolgreichen Abschluss der Camp-Phase gratulieren, und vielen Dank für das interessante Gespräch im Hause der Kanes.
Wie bereits angekündigt, möchte ich Sie am 01.07. in meine private Loge im CenTheatre einladen. Dort werden Sie nicht nur in den Genuss eines atemberaubenden Stücks kommen, sondern die diesjährigen Teilnehmenden des Sommerpraktikums kennenlernen. Prägen Sie sich die Namen und Gesichter gut ein, denn meine künftige Assistenz sollte in der Lage sein, das Team jederzeit zu erkennen.
Sollten Sie die Einladung ablehnen, gehe ich davon aus, dass Ihr Interesse zwischenzeitig erloschen ist. Allerdings hoffe ich doch sehr, dass ich mich nicht in Ihnen getäuscht habe und Sie ab Juli alles geben werden, um sowohl an der Golden University als auch im Zentralarchiv zu glänzen. Schließlich steht damit auch mein guter Name auf dem Spiel.

Ich verbleibe mit erwartungsvollen Grüßen,
Maya Adelaine

Der Brief droht mir zu entgleiten, während ich ihn wieder und wieder lese.

»Jetzt sag schon, was drinsteht!«, fordert mich Cara auf.

»Falls du darüber reden darfst«, ergänzt Paps tadelnd.

Da ich nirgends einen Hinweis auf Vertraulichkeit sehe, nicke ich. Mein Herz rast schneller als nach jedem Parcours, droht geradewegs aus meiner Brust zu springen. Ich lasse den Brief sinken und schaue in die Runde. »Maya Adelaine hat mir eine Stelle angeboten. Als Assistenz im Zentralarchiv.«

Eine Sekunde starren mich alle an. Dann bricht sich die Euphorie mit einem Schlag Bahn, Therese springt kreischend auf, Cara macht mit, selbst Jamar schließt sich an, und in Paps' Augen sehe ich endlich das, wonach ich mich so lange gesehnt habe: Freudentränen, die allein *mir* gelten.

Paps treibt eine Flasche Sekt auf, vermutlich von Nicks und Kiras Verlobungsfeier, wir stoßen an, trinken, lachen, holen das alte Kartenspiel aus Plastik raus. Keiner achtet auf die Uhrzeit, und als der letzte Direktzug nach Ring Zwei weg ist, beschließen Therese und Jamar kurzerhand, über Nacht zu bleiben. Ich weiß nicht, wann ich zuletzt so viele ausgelassene Stunden hatte – ohne ständig an den ganzen Mist zu denken, der im Hintergrund weiter vor sich hin brodelt.

Selbst als ich gegen Mitternacht unter die Dusche springe, die mich mit ihrem frostigen Wasser aufschreien lässt, prickelt die Euphorie in jedem Millimeter meines Körpers. Auf meiner Haut, in meiner Brust, in meinen Bauch. *Ich habe es echt geschafft.* Es ist mir sogar scheißegal, ob ich den Job nur bekommen habe, weil ich Nicks Schwester bin oder weil ich als *genetisch perfekt* gelte, alles, was zählt, ist diese Chance. Für mich, für die Thustras, für Alicia, die jetzt keinen schmierigen alten Kerl heiraten muss. Weil ich diejenige sein werde, die in die Tiefen des Parlaments kriecht, die alles dafür tun wird, Beweise zu finden, bis wir genug zusammen haben, um wirklich etwas verändern zu können.

Nachdem ich in meinen Pyjama geschlüpft bin, gehe ich zu Caras und meinem Zimmer. Dafür, dass meine kleine Schwester und Therese eben noch laut herumgealbert haben, ist es jetzt verdächtig still. Kein Wunder. Die beiden sind zusammen eingeschlafen, Caras Kopf auf Thereses Schulter, in Thereses Hand das SmartPad, auf dem eine Vorlesegeschichte geöffnet ist: »Die unglaubliche Reise der Seveilla Perez« – was für eine Überraschung.

Mit unterdrücktem Lachen ziehe ich Therese das SmartPad aus der Hand und hole mein eigenes Oberbett, um sie damit zuzudecken. Kurz überlege ich, mich einfach so auf meine Matratze zu legen, aber es gibt noch ein anderes freies Bett – mit Decke. Also nehme ich mein SmartPad vom Nachttisch, knipse das Licht aus und schleiche nach draußen. Ich ziehe die Tür so sanft wie möglich ins Schloss, lausche, aber im Haus ist es flüsterstill. Sicher schläft Paps auch. Gegen Ende habe ich ihn öfter beim Gähnen erwischt, und er war der Erste, der im Bad verschwunden ist.

Auf leisen Sohlen schleiche ich eine Tür weiter. Als ich anklopfe, muss ich unwillkürlich daran denken, wie oft ich als Kind hier rübergetapst bin, um Nick von meinen Albträumen zu erzählen. Obwohl ich weiß, dass er heute nicht hier ist, fühlt es sich seltsam an, als Jamars Stimme von der anderen Seite erklingt. »Herein?«

Ich schiebe die Tür einen Spalt weit auf. Jamar sitzt auf Nicks Bett und sieht von seinem SmartPad auf. Da er keinen Schlafanzug dabeihat, haben wir ihm einen von Nick geliehen, graues Shirt, grau-weiß karierte Hose.

»Macht's dir was aus, wenn ich hier schlafe?«, flüstere ich.

»Therese ist drüben bei Cara eingeschlafen, und irgendwie bezweifle ich, dass sie sich heute noch hier rüber bewegen wird.«

Dabei hat sich Paps extra Mühe gegeben, Nicks Reich in ein Gästezimmer zu verwandeln. Er hat die Betten auseinandergerückt und frisch bezogen, auf Nicks Schreibtisch stehen zwei Gläser und eine Karaffe mit frischem Wasser.

»Im Gegenteil.« Jamar legt sein SmartPad weg und rafft sich auf. »Um genau zu sein, habe ich gerade überlegt, wie ich dich aus deinem Zimmer entführen soll, ohne jemanden zu wecken. Ich habe mich hier übrigens umgesehen und keine Geräte gefunden, die uns belauschen könnten.«

»Okay …?« Überrascht schließe ich die Tür und setze mich auf die Kante von Vains Bett. Die Matratze ist noch weicher als in meiner Erinnerung, durchgelegener.

Jamar füllt die Gläser mit Wasser, ehe er zurückkommt. »Hier.« Er reicht mir eins und setzt sich mir gegenüber. Im Zwielicht der Nachttischlampe erkenne ich jetzt doch Schatten unter seinen Augen, aber vielleicht liegt es auch nur an dieser viel zu ernsten Miene. »Es gibt Neuigkeiten von den Thustras.«

»WAS?!« Das Glas in meiner Hand schwappt über. Wasser tropft auf das SmartPad in meinem Schoß. Zischend trockne ich es an der Bettdecke ab und lasse es dort liegen. »Du hattest Kontakt mit Trish? Wann?!«

»Mit Walker«, korrigiert er. »Als der Messenger wieder freigeschaltet wurde, ist eine verschlüsselte Nachricht von ihr durchgekommen. Eine Art Lagebericht.«

Jetzt verstehe ich, warum er mich im Citygleiter so angesehen hat. Oder warum er im Laufe des Nachmittags öfter versucht hat, mich zur Seite zu ziehen – aber Therese und Cara haben ihm jedes Mal einen Strich durch die Rechnung gemacht.

Ich halte mich an dem Glas fest, während Anspannung meine Euphorie erdrückt. »Was schreibt Walker?«

»Eine Menge.« Jamar schürzt die Lippen. »Zuerst die guten oder die schlechten Nachrichten?«

»Warte, es gibt echt *gute*?«

»Ansichtssache, aber Walker hat es geschafft, ein paar Daten von Nicks SmartPad zu entschlüsseln.«

Nicks SmartPad ... Mein Puls schießt in die Höhe, während ich Jamar nur anstarre, unfähig, eine der vielen Fragen auszusprechen, die ich seit Wochen mit mir rumschleppe.

»Nick hat sich ein paarmal schriftlich mit Julverne angelegt, um dich aus öffentlichen Aktionen rauszuhalten«, erzählt Jamar. »Einschließlich der Ablehnung eines Werbedeals, bei dem du zusammen mit Aiden in die Kamera hättest grinsen müssen.«

Das Glas droht mir zu entgleiten. »Das sollen die *guten* Neuigkeiten sein? Dein scheiß Ernst?!«

»Hättest du etwa Lust auf einen Spot mit dem Typ gehabt, dem ich heute Morgen die Tür vor der Nase zugeschlagen habe?«, erwidert Jamar mit gehobener Augenbraue.

»Auf keinen Fall. Aber ich hätte die Entscheidung gern *selbst* getroffen und eine eigene Absage formuliert. Getippt mit meinem Mittelfinger.«

Ein Lächeln huscht über Jamars Lippen. »Touché.«

»War das schon alles?«

»Nur, wenn du noch mehr gute Nachrichten erwartest.« Jamar weicht meinem Blick aus – ganz mieses Zeichen.

Mit zitternder Hand stelle ich das Glas auf den Nachttisch, ehe ich noch mehr verschütten kann. »Was, Jamar? Hat er Infos über die Speakers of Truth? Gab es Nachrichten zu diesem Graffiti? Hat er vielleicht eine Geburtstagseinladung von Kane angenommen oder sich mit Kaldirim zum Essen verabredet, jetzt spuck's schon aus, Jamar, *bitte.*« Das Zittern hat sich bis in meine Stimme gestohlen, während ich ihn flehend mustere.

Er schürzt die Lippen, ringt sichtlich um Worte, dann erwidert er meinen Blick auf eine Weise, die das Beben in mir nur befeuert. »Keine Infos über die Speakers of Truth oder das Graffiti.« Ein Satz, der jeden Hoffnungsfunken eiskalt erstickt. *Fuck.* »Dafür gibt es ... andere Sachen. Mailverläufe mit Kane, die fast zwei Jahre zurückreichen, von Kaldirim ist die erste Nachricht sogar knapp vier Jahre alt. Ein Gratulationsschreiben zu seinem Stipendium – keins der offiziellen, sondern ein weitaus persönlicheres. Als hätten sich die beiden bereits vorher getroffen.«

Mein Herz taumelt, bricht, *stirbt.* »Vier Jahre?«, wiederhole ich wispernd, oder vielleicht denke ich es auch nur, denn Jamar reagiert nicht. Er sitzt mit dieser Grabesmiene da, betastet den Rand seines Glases, in dem die Wasseroberfläche von einem Zittern gekräuselt wird.

Vier *Jahre.* Ich habe geahnt, dass Nick Schattenseiten hat, die weiter zurückreichen, dass er mich schon vor diesem Job im Parlament von manchen Bereichen seines Lebens ausgeschlossen hat, aber ganze *vier* Jahre? Unvermittelt blitzt in mir eine Erinnerung auf, die Nacht, in der ich Nick unten am HoloTerminal erwischt habe, kurz nach der Auflösung seiner Verlobung. An seiner Uniform war dieser Fleck, von dem er lachend behauptet hat, es wäre Pflaumenmus. Aber als ich ihn umarmt habe, war da dieser metallische Geruch ... Was, wenn er mich schon da *belogen* hat? Wenn er nicht erst seit seinem Aufstieg ins Parlament ein Liar ist? Wenn er die ganze Zeit wusste, was der Investigationssektor tut, wenn er ... *mitgemacht* hat?

Ich schlucke gegen die aufsteigende Galle an, aber sie erobert einfach sauer meinen Mund. »Und Kane?«, frage ich heiser. »Was waren das für Mails?«

»Der Anrede nach vertrauliche. Mehr lässt sich aus den Fragmenten, die Walker entschlüsselt hat, nicht ableiten.«

Natürlich nicht. Wieso sollte auch nur ein einziges beschissenes Geheimnis mal zur Gänze gelüftet werden?!

»Bei dem Versuch, tiefer in den Code einzutauchen, haben sich sämtliche Dateien selbst gelöscht. Einschließlich der Anhänge«, fährt Jamar fort. »Wir können also nur sagen, dass das Verhältnis der drei einige Jahre zurückreicht, aber nicht, was Nick in dieser Zeit für die beiden getan hat. Vielleicht gar nichts ...«

»Vielleicht aber auch alles«, beende ich seinen Satz. Mein eigener Bruder könnte dabei gewesen sein, als man Anthony geschnappt hat. Er könnte dabei geholfen haben, Deliah Fallon zu zwingen, ihr Amt niederzulegen. Er könnte mitverantwortlich sein, dass jetzt einer der größten Liar aller Zeiten an der Spitze unserer Regierung sitzt. Er könnte ... Aber hat er ...? Würde er ...?

Alles in mir sträubt sich dagegen, Nicks Gesicht in diese Szenarien einzusetzen, mir vorzustellen, er wäre wirklich zu solchen Dingen fähig. Aber zu meinem Erschrecken ist es nicht komplett unmöglich, weil ich jetzt weiß, dass es Seiten an ihm gibt, die er mich nie hat aufschlagen lassen.

Ich stehe auf. Versuche, in dem kleinen Zimmer vor dieser Vorstellung zu fliehen – und mich zeitgleich zur Ruhe zu ermahnen. *Das sind keine Beweise*, rede ich mir ein. *Es gibt keine Beweise, dass er irgendetwas für sie getan hat.*

Hinter mir quietscht die Matratze. Kurz darauf spüre ich eine Berührung an meiner Schulter und bleibe stehen. Sofort stehlen sich Tränen in meine Augen, und ich weiß, dass ich sie dieses Mal nicht zurückhalten werde. Weil ich keine verfluchte Lust mehr auf Heuchelei habe.

Ich lasse mich von Jamar herumdrehen und lehne mich bereitwillig in seine Umarmung. Kaum dass mein Gesicht an seiner Schulter liegt, gebe ich dem Brennen nach. Während meine Sicht verschwimmt, hebt Jamar seine Hände an meinen Rücken. Wärmend. Schützend.

»Tut mir leid«, murmelt er. »Ich hatte den ganzen Tag Zeit, die Nachricht zu verarbeiten, aber ich wusste nicht, wie ich es anders hätte sagen sollen.«

Selbst wenn ich Worte hätte, würden sie an meiner Kehle scheitern, die sich unter den Tränen nur weiter zuzieht. Es ist nicht einmal wichtig, was Jamar denkt. Ob in seinem Kopf dieselben Szenarien toben wie in meinem oder ob er glaubt, Nick, Kane und Kaldirim hätten nur zusammen Kaffee getrunken. Denn nichts kann verhindern, dass ich die ganzen letzten Jahre in Frage stelle. Jedes Gespräch, jede

Antwort, jedes Versprechen. Auch wenn ich meinem Bruder immer noch zugutehalten muss, dass er meine emotionalen Überreaktionen nie angezeigt hat.

Was für ein schwacher Trost.

Etwas vibriert. Ich blinzle durch die Tränen über Jamars Schulter hinweg. Mein SmartPad! Irgendwie bringe ich die Kraft auf, mich aus der Umarmung zu lösen und zum Bett zu eilen. Ein Anruf von *Grayson*. Sofort nehme ich das SmartPad hoch – und stocke.

»Jamar?«, frage ich heiser, während ich mit dem Handrücken über mein Gesicht wische. »Sind Anrufe auch sicher?« Sollte AISS mithören, würde sie mich in dem Zustand garantiert zur Überprüfung schicken.

»Kommt drauf an, mit wem.« Jamar schaut über meine Schulter. »Thorn? Dann rein technisch gesehen, ja, persönlich würde ich …«

»Grayson, hi«, melde ich mich, während ich Jamar tadelnd gegen den Oberarm knuffe. Mein Atem geht unwillkürlich flacher, mein Herzschlag schneller. »Ist alles in Ordnung? Ich meine … es ist echt spät, und du …«

»Tut mir leid, wenn ich dich geweckt habe.« Seine Stimme ist gedämpft, und trotzdem höre ich die Anspannung heraus. »Ich wollte mich früher melden, aber es ist etwas dazwischengekommen.«

»Frag ihn, ob er von Trish gehört hat«, raunt Jamar von der Seite. »Oder von Alicia.«

»Warte … war das gerade *Benett*?!« Graysons Tonlage hat sich gerade zu etwas gewandelt, das mir fast ein Lächeln entlockt. Eindeutig eifersüchtig. »Okay, hätte ich gewusst, dass er bei dir ... Nein, sorry, vergiss es ... Ich wollte nur ... Darf ich dich trotzdem bitten, mich reinzulassen? Also, vorausgesetzt, du verzeihst mir den kleinen Überfall, und ich stehe hier nicht vor der falschen Tür in Ring Fünf. Schwarz mit goldenem Schlägel, passendem Türknauf, der Gehweg sieht neu ...«

Ich höre nicht mehr zu. Ohne nachzudenken, mache ich auf dem Absatz kehrt, öffne Nicks Zimmertür und laufe mit angehaltenem Atem zur Treppe, darauf bedacht, niemanden zu wecken. *Grayson ist ... Kann er wirklich ... um die Uhrzeit ... ?!* Es kostet mich alle Kraft, nicht einfach die Stufen runterzupoltern, aber irgendwie schaffe ich es, nach unten zu schleichen, eine Hand auf den Knauf zu legen und ihn so langsam zu drehen, dass das Klicken praktisch nicht existiert.

Was, wenn ich mich doch verhört habe? Mein Magen zieht sich flatternd zusammen, als ich die Tür öffne. Laternenschein, eine vertraute Silhouette, eisblaue Augen.

»Hi, Mae. Darf ich vielleicht reinkommen?«

Er ist wirklich *hier*.

Ich taumle in seine Arme, er lässt seine Tasche fallen, presst mich an sich, ich inhaliere seine Nähe, seine Wärme. Bis er die Hand unter mein Kinn legt und meinen Blick zu sich hochzieht. Ich weiß, was er sieht und was er fragen wird, aber ich schüttle den Kopf und wispere gebrochen: »Kannst du mich bitte einfach nur küssen?«

In Graysons Augen blitzt etwas auf, dann geben seine Lippen die Antwort. Ohne ein weiteres Wort zu verlieren.

KAPITEL 31

Ich schaue immer wieder auf mein Armband, um sicherzugehen, dass ich in keiner Projektion stecke. Dass Grayson *wirklich* hier ist, dass wir auf der Schwelle unserer Haustür standen, uns geküsst haben, dass wir zusammen reingegangen sind, Kaffee gekocht haben und jetzt hier sitzen. In der Küche meiner Familie. In Ring Fünf. Ohne Nick. Ohne AISS. Ohne neugierige Blicke, die uns verraten könnten.

»Das HoloTerminal ist ausgeschaltet, und abgesehen von unseren SmartPads sind sonst keine aktiven Geräte in der Nähe«, informiert uns Jamar, der aus dem Wohnzimmer kommt und den Stuhl mir gegenüber nimmt.

Unwillkürlich rücke ich ein Stück näher an Grayson, lasse meine Knie so zur Seite kippen, dass sie seine berühren. Dann schiebe ich Jamar eine der drei Kaffeetassen rüber. »InstantCaps«, erkläre ich im Flüsterton. »Leider nicht halb so gut wie der Kaffee im Camp, aber immerhin ist er stark.«

Jeder Handgriff fühlt sich verboten an, dabei ist es kein Verbrechen, nachts mit seinen Freunden in der Küche zu sitzen, Kaffee zu schlürfen und Anekdoten zu tauschen. Das ist zumindest die Version, die ich mir zurechtgelegt habe, nur für den Fall, dass wir doch jemanden wecken und er in die Küche stolpert. Ich hoffe nur, dass Therese nichts mitbekommt, denn sosehr ich sie auch liebe: Ihr Auftauchen wäre das Ende aller geheimen Gespräche. Paps und Cara würden sich sicher wieder zurück ins Bett schicken lassen, aber Therese? Wie ich sie kenne, würde sie erst mal das halbe Haus vor Freude zusammenkreischen, weil *ihr* Bruder in *meiner* Küche sitzt, und dann würde sie sich dazusetzen – egal, wie todmüde sie ist. Irgendwie wünschte ich, wir könnten sie einfach einweihen ...

»Wow.« Jamar hat die Tasse mit beiden Händen umfasst und sich zurückgelehnt. »Samstagnacht, halb eins, und ich trinke gepressten Instantkaffee mit Elking und Thorn. Wer hätte das vor zwei Monaten gedacht?«

»Oder vor zehn Minuten«, spöttelt Grayson. »Mir war nicht bewusst, dass Therese und du noch mit nach Fünf gefahren seid. Oder hier ... übernachtet.« Sein Blick gleitet über Jamars Pyjama, der einen Ticken zu groß ist.

Seufzend lege ich meine Hand auf Graysons. »Erstens könnt ihr euch die Sticheleien sparen, denn ich denke, wir haben weitaus Wichtigeres zu besprechen«, sage ich, während er seine Finger für mich öffnet. Frei von Heimlichkeit, so tröstlich, dass ich das Gefühl habe, nicht gleich wieder losheulen zu müssen. »Und zweitens dachte ich, Rose hätte was erwähnt? Therese hat ihr zumindest geschrieben, dass sie spontan hierbleibt.«

»Ich ... war noch nicht zu Hause«, erwidert Grayson, dessen Hand sich in meiner verkrampft. »Nachdem ihr in diesen Wagen gestiegen seid, hat sich die schaulustige Menge aufgelöst. Ich habe noch kurz eine Einsatzmeldung gemacht, dann wollte ich mit Firn und Joline zurück zum Gleis. Bis Joline auf einmal meinte, ihr wäre nicht ganz wohl, sie hätte vielleicht zu wenig getrunken. Keine Minute später ist sie einfach zusammengebrochen.«

Obwohl Joline und ich keine Freundinnen sind, flackert Mitleid in mir auf. Vielleicht gilt es auch nur Grayson, den es offensichtlich belastet. »Wie geht's ihr jetzt?«, frage ich zögernd.

»Ich weiß es nicht«, erwidert er, den Blick starr auf die Tischplatte gerichtet. »Wir haben sie ins MedPlex gebracht, allerdings wurden Firn und ich um achtzehn Uhr weggeschickt, Ende der offiziellen Besuchszeit. Laut meiner letzten Info war ihr Zustand *kritisch*. Nichts, was Behandelnde sagen würden, wenn jemand nur ein bisschen dehydriert ist.«

»Scheiße, das tut mir echt leid, Kumpel«, sagt Jamar, frei von Ironie. »Haben sie irgendwas gesagt, vielleicht eine Vermutung geäußert?«

Grayson zuckt mit den Schultern, schüttelt den Kopf. »Gar nichts. Nur dass es noch einige Untersuchungen bräuchte und dass sie ihre Angehörigen informieren werden, sobald es Neuigkeiten gibt.«

»Scheiße«, wiederhole ich und drücke Graysons Hand. Ich bin wohl nicht die Einzige, die heute Nacht Halt braucht. »Kommst du damit klar? Oder können wir irgendwas tun?«

Endlich sieht Grayson wieder auf. In seinem Eisblau schimmert Sorge, die er mit einem Atemzug zu überspielen weiß. »Danke.« Ein Lächeln huscht über sein Gesicht, angeknackst, aber nicht gebrochen. »Ich fürchte, gerade können wir nur tun, was die Behandelnden geraten haben: abwarten. Leider habe ich mein SmartPad erst danach gecheckt – und Walkers Update gesehen. Also ... was ist mit dir? Kommst du denn klar? Oder können *wir* irgendwas tun?«

Ich schlucke schwer – und merke, dass sich meine Kehle immer noch zugeschnürt anfühlt, auch wenn ich es einen bittersüßen Moment lang verdrängt habe.

»Na ja«, jetzt bin ich diejenige, die mit den Schultern zuckt, »nur wenn ihr wisst, wie wir vier Jahre in der Zeit zurückreisen können, oder vielleicht auch fünf, sechs, keine Ahnung. An irgendeinen Punkt, an dem Nick noch nichts mit Kaldirim zu tun hatte. Oder Kane.« Wieder zieht es meinen Blick zum Armband, auch wenn ich mir dieses Mal wünschte, es wäre unsichtbar. Aber leider ist das Garn real, dunkelbraun, ausgefranst, neu verknotete Enden.

»Okay, ich hätte nie gedacht, dass ich das mal sage, aber wir wissen nicht, wie tief dein Bruder drinsteckt«, erwidert Grayson. »Nur weil es ein paar vertrauliche Nachrichten gab, heißt es nicht, dass er ...«

»Auf ihrer Seite steht?«, falle ich ihm ins Wort und ziehe meine Hand aus seiner. Umfasse stattdessen meine Tasse. »Ich weiß. Aber wenn ich jetzt die Augen schließe, sind da Bilder, die vorher nicht da waren. Was, wenn Nick Dinge getan hat, die ... *grausam* sind? Wenn er mit verantwortlich war, dass Anthony ...?« Ich presse die Lippen zusammen, um es nicht laut aussprechen zu müssen. »Sagt mir, dass ihr nicht genau die gleichen Gedanken hattet. Ohne mir dabei ins Gesicht zu lügen.«

Schweigen. Ausweichende Blicke. Meine Finger krallen sich fester um das erhitzte Porzellan.

»Ich werde nicht lügen«, erwidert Jamar schließlich und beugt sich vor, legt die Unterarme auf den Tisch. »Vier Jahre sind eine verdammt lange Zeit, um jemanden ... vom falschen Weg zu überzeugen. Aber wir reden hier von *Nick*, nicht von irgendeinem machtgeilen Typ wie Kane, der am liebsten Kontrolle über alles und jeden hätte. *Sollte* – und ja, ich verwende bewusst den Konjunktiv –, also, sollte Nick irgendwelche dieser Dinge getan haben, dann nur, weil er glaubt, es wäre *richtig*. Völlig egal, wie weit irgendwelche Verläufe zurückreichen, Fakt ist, dass keiner von uns weiß, was sie ihm erzählt haben. Ob er die falschen VeriTabs für ein notwendiges Übel hält, um den großen Frieden zu sichern, ob er überhaupt von den Leuten in den Zellen weiß, und wenn ja, ob sie ihm nicht als Monster verkauft wurden, die eine echte Gefahr für Sestiby sind. Denkt ... nur mal darüber nach.«

Das Schweigen kehrt zurück, lässt mir Zeit, Jamars Worte innerlich zu wiederholen. Aber alles, was sie wecken, ist eine Erkenntnis, die sich viel zu schnell manifestiert, sich zu einer hässlichen, scharfkantigen Kugel verhärtet, die sich nicht mehr abschütteln lässt.

Als das letzte mickrige Schaumbläschen auf meinem Kaffee zerplatzt, sehe ich auf. »Vielleicht hast du recht«, murmle ich. »Aber eine Erklärung ist keine Entschuldigung. Nur weil man etwas für das Beste hält, rechtfertigt es nicht die Taten, die einen letztendlich selbst zum Monster machen.«

Jamar hat den Mund zu einer schmalen Linie verzogen. Ich erkenne den Widerwillen in seinen Augen, bis er von Resignation vertrieben wird. »Grandios.« Er lacht auf. »Dann können wir also nur hoffen, dass Thorn ausnahmsweise recht hat und Nick gar nicht so tief drinsteckt. War noch was von dem Sekt übrig?«

»Fürchte, nein«, erwidere ich. »Therese und du habt ihn bis auf den letzten Tropfen ausgequetscht.« Ein Teil von mir wartet nur darauf, dass mir der Schmerz den Boden unter den Füßen wegzieht, dass die Tränen zurückkommen, aber da ist ... nichts. Vielleicht eine Art Schutzmechanismus, vielleicht das nüchterne Begreifen, dass ich nicht mehr viel tiefer stürzen kann.

»Nächstes Mal übe ich mich in Zurückhaltung.« Jamars Feixen schwächelt. »Hast du Thorn die guten News eigentlich schon überbracht?«, fragt er und nickt Richtung Wohnzimmer.

Mayas Brief. »Gebt mir eine Sekunde.« Ich fange noch Graysons verwirrten Blick auf, ehe ich ein Zimmer weiter laufe und den Umschlag aus dem Regal hole, in das Paps ihn gestellt hat. Direkt neben das gerahmte Hochzeitsfoto von Dad und ihm. Ein kurzer Stich fährt mir in die Brust, dann laufe ich zurück zu den Männern.

Grayson lässt seine Tasse sinken und mustert mich mit einer Mischung aus Zweifeln und Neugier. »Das war also keiner von Benetts unlustigen Scherzen? Es gibt wirklich gute Neuigkeiten?«

Mit einem tiefen Atemzug versuche ich, etwas von der Euphorie zu wecken, die mich den halben Tag begleitet hat.

Immerhin reicht es für ein feines Kribbeln. »Eine gewisse Professierte hat mir doch bei einem gewissen Abendessen versprochen, sich Gedanken über eine Stelle an einem gewissen Ort zu machen.« Mit den Fingerspitzen nestle ich an dem Umschlag herum. »Und vielleicht hat sich diese Professierte nicht nur entschieden, eine gewisse Person in ihre Privatloge im CenTheatre einzuladen, sondern ihr auch eine Stelle als Assistenz anzubieten. Im Zentralarchiv.«

Grayson mustert mich, seine Augen überschattet von Sorge. »Du gehst wirklich ins Zentralarchiv?«, fragt er.

Autsch. Auf einmal sehe ich wieder rote Lichter über sein Gesicht tanzen, höre wieder sein eindringliches Raunen: *Ich meine es ernst, Mae. Du darfst diesen Job nicht annehmen.* Fahrig schaue ich auf mein Armband, das sichtbar ist, dann höre ich das Zurückschieben eines Stuhls, und im nächsten Moment spüre ich Hände auf meiner Hüfte. Echte Hände, die die roten Lichter zerplatzen lassen.

»Mae?« Grayson steht auf einmal dicht vor mir, nimmt meinen Blick gefangen. »Du weißt, dass das verdammt riskant ist und gefährlich und dass ich ab jetzt keine Nacht mehr ruhig schlafen werde. Aber Adelaine hätte sich keine bessere Assistenz aussuchen können.« Seine Mundwinkel heben sich, zeichnen dieses attraktive Lächeln – ohne jede Falschheit. »Herzlichen Glückwunsch.«

Damit schlägt er auch die letzten Fetzen der Projektion in die Flucht.

»Danke.« Erleichterung schwappt über mein Herz. Ich lasse mich in eine Umarmung ziehen, und als Grayson sich wieder lösen will, halte ich ihn auf und stehle ihm einen

Kuss. Schmecke den Kaffee auf seinen Lippen, den Stolz auf seiner Zunge, keine Widerworte, keinen Versuch, mir die Sache auszureden, auch wenn es für Liar kaum einen gefährlicheren Ort geben dürfte.

Jamar räuspert sich. »Könnt ihr euch das vielleicht für später aufheben?«, wirft er ein. »Jetzt, da Thorn auch Bescheid weiß, sollten wir noch mal zurück zu Walkers Update kommen und über die Sache mit Alicia reden. Denn ich schätze, die Lösung unseres Problems steht vor uns.«

Obwohl ich Jamars Worte gern ausblenden würde, kann ich nicht. Seufzend ziehe ich mich zurück. »Hier.« Ich gebe Grayson den Brief, ehe ich zum Tisch gehe und mich setze. »Dann hat Walker also noch mehr geschrieben?«

»O ja«, antwortet Jamar. »Unsere liebe Alicia hat sich verlobt. Gestern Morgen im Park des Centers, mit keinem Geringeren als Carlos Averra.«

»Ist nicht ihr Ernst?!« Ich starre Jamar an. »Aber *warum*? Trish wusste doch, dass mein Abendessen mit Maya echt gut gelaufen ist.«

»Was Alicia nicht interessiert hat«, erwidert Grayson, der das Update wohl schon kennt. Dabei faltet er den Brief zusammen. Als er den Umschlag neben meine Tasse legt, nickt er mir anerkennend zu, ein geteiltes Lächeln, dann setzt er sich zu mir. »Alicia meinte, sie könne nicht untätig herumsitzen, während ein *ihr unbekanntes Kind im Zentralarchiv herumspielt*. Ihre Worte, nicht meine.«

»Charmant.« Ich verziehe die Lippen, auch wenn ich es Alicia nicht verübeln kann. Allein der Gedanke, einen geliebten Menschen auf die gleiche Weise zu verlieren wie sie … Es grenzt an ein Wunder, dass sie noch nicht eigenhändig das Parlament gestürmt und Kane niedergeschossen hat.

»Wir alle wissen, dass Alicia nach der Hochzeit nichts unversucht lassen wird, um an Kaldirim heranzukommen und diesen Posten im Parlament zu ergattern«, übernimmt Jamar wieder das Wort. »Was definitiv ein Problem wäre, hätten wir nicht das hier.« Er streckt sich nach dem Umschlag, um ihn zwischen zwei Fingerspitzen hochzuhalten.

»Ich glaube, ich verstehe nicht ganz«, sage ich stirnrunzelnd. »Alicia wird sich wohl kaum umentscheiden, nur weil ich den Job jetzt wirklich habe.«

»Nein, das nicht, aber …«

»Du hast Zugang zu ihr«, beendet Grayson Jamars Satz. »Leider brillant, Benett.«

Die beiden Typen, die einander sonst nur Sticheleien an den Kopf werfen, sprechen plötzlich dieselbe Sprache. Und sie haben beide diesen Ausdruck drauf, der nichts Gutes erahnen lässt, ein Grinsen auf Jamars Gesicht, ein Schmunzeln auf Graysons.

»Was?« Skeptisch lehne ich mich zurück. »Ihr seht aus, als hättet ihr gerade den heiligen Gral gefunden. Weiht mich ein, oder ich wecke Therese, damit ich auch jemanden habe, mit dem ich verschwörerische Blicke wechseln kann.«

»Das hier«, Jamar lässt den Brief erstaunlich geschickt zwischen seinen Fingern tanzen, »ist nicht nur deine Eintrittskarte zur Golden University und dem Zentralarchiv, sondern auch zur Platinum Lounge. Dem Ort, an dem Alicia demnächst jede freie Minute verbringen wird, in der Hoffnung, mit Kaldirim ins Gespräch zu kommen.«

»Und der einzige Ort, an dem wir noch an sie herankommen könnten«, fügt Grayson hinzu. »Laut Walkers Update ist Alicia mit den Kindern schon seit mindestens einer Woche im Center, hat die Katakomben jedoch strikt gemieden. Sie hat nicht einmal ihre Verlobung persönlich bekannt gegeben, da sie wohl geahnt hat, dass Trish alles tun würde, um sie doch noch umzustimmen. Stattdessen hat sie einen Brief in der Kanalisation hinterlegt und Trish den Standort erst übermittelt, nachdem sie längst außer Reichweite war.«

»Kurzum: Wir bezweifeln, dass Alicia sich in nächster Zeit an Orte begeben wird, an denen Thustras Zugriff auf sie hätten.« Jamar legt den Brief vor meiner Nase ab, dabei lässt er mich nicht aus den Augen. »Aber jetzt haben wir einen Trumpf.«

Ich verschränke die Arme vor der Brust, mein Herz pocht schnell dagegen. »Lasst mich das nur mal kurz durchspielen«, sage ich und kann mir den ironischen Tonfall nicht verkneifen. *»Hi Alicia, ich bin Mae, und es wäre wirklich nett, wenn du uns nicht alle mit deinen Rachegelüsten in Gefahr bringen würdest. Danke für deine Kooperation, einen schönen Abend noch.«*

»Bis auf den inneren Kreis weiß niemand, dass du unser neustes Mitglied bist«, erwidert Grayson. »Trish hat deinen Namen aus der großen Runde rausgehalten. Entsprechend weiß Alicia nur von einer neuen Thustra, die Kontakte ins Zentralarchiv hat. Wahrscheinlich geht sie von jemand weniger Bekanntem aus, Stufe Sommerpraktikum, nicht persönliche Assistenz.«

»Trish hat meinen Namen nicht erwähnt?« Die Worte haben einen bitteren Beigeschmack. »Macht sie das bei allen Neulingen so?«

Wieder wechseln die beiden einen Blick. Ob ich ihnen sagen sollte, dass es ihre ›*Wir können uns auf den Tod nicht ausstehen*‹-Masche echt lächerlich wirken lässt?

Am Ende ist es Jamar, der sich räuspert. »Du weißt ja, dass deine Aufnahme ziemlich heiß diskutiert wurde. In solchen Fällen gibt Trish Neulingen erst mal die Chance, sich im inneren Kreis zu etablieren, um eine Basis zu schaffen, die gegen alle Zweifel erhaben ist. Also keine Sorge: Früher oder später werden alle Thustras wissen, dass die intelligente, wunderschöne, charmante Maeander Elking in unserem Team spielt.« Zwinkernd stößt er seine Tasse gegen meine, die immer noch randvoll ist.

»Wow, jetzt noch die Frage nach einem Date, und ich muss dich leider im Schlaf ersticken«, meint Grayson grimmig, ehe er mich ansieht. »Um Benetts Gerede auf den Punkt zu bringen: Trish will dich nur vor Misstrauen schützen. Das ist alles.«

Vor Misstrauen schützen. Es fühlt sich an, als hätte sich eine eiskalte Hand in meinen Nacken gelegt. Bisher habe ich niemandem von den Ergebnissen meiner Blutwerte und Harrys *Spezialbehandlung* im Camp erzählt. Oder davon, dass er und Trish *beide* dachten, ich würde für die Regierung arbeiten.

Ein Zittern stiehlt sich in meine Hände. Schnell greife ich nach meiner Tasse und trinke in winzigen Schlucken. Um zu verhindern, dass sich meine Kehle wieder zuschnürt. Würden Grayson und Jamar davon wissen, würden sie mich nicht so ansehen. Dann hätte Jamar nicht übers Etablieren geplaudert, und Grayson hätte nicht behauptet, Trish würde mich vor Misstrauen *schützen* wollen.

»Hey, Mae.« Jamar fängt meinen Blick ein, seine Stirn in Falten gelegt. »Du musst dir da echt keine Gedanken machen. Im Moment sollten wir einfach nur froh sein, dass Alicia …«

»Harry hat nichts erzählt, richtig?« Mit Kratzen im Hals und an der Seele lasse ich die Tasse sinken. »Bei eurem kleinen Gespräch unter vier Augen?«

»Was erzählt?« Jetzt sieht mich auch Grayson auf diese Weise an, besorgt, irritiert. »Was ist passiert?«

Ich atme durch. In mir regt sich ein Widerstand, der mich davon abhalten will, es laut auszusprechen. Aber wer weiß, wann ich sonst wieder die Chance habe. »Harry …« Ich schaue runter auf den Kaffee. »Harry hat mich einem Verhör unterzogen. Mit hochdosiertem Veritas.«

»WAS?!«, platzen Jamar und Grayson so laut raus, dass mein Blick förmlich Richtung Wohnzimmer schießt.

Mit angehaltenem Atem lausche ich ins Haus. Paps? Cara? Therese? Hat uns jemand gehört? Alles, was wir bisher besprochen haben, war gefährlich, aber das, was ich gleich sagen werde, darf auf gar keinen Fall an die falschen Ohren gelangen.

»Mae, was hat Harry …?«

Ich bedeute Grayson mit einer knappen Geste, zu schweigen, und stehe auf. Schleiche rüber ins Wohnzimmer, in den Flur, zur Treppe. Gerade rechtzeitig, um mitzubekommen, wie sich die Tür von Caras und meinem Zimmer öffnet. *Oh, heilige Scheiße, bitte nicht.* Sofort renne ich nach oben, mein Herz trommelt regelrecht gegen meine Brust. Ich bin schnell genug, um meine Schwester abzufangen, die schlaftrunken in den Flur taumelt. *Es ist nur Cara*, versuche ich mich zu beruhigen, kann aber trotzdem nicht aufatmen. Immerhin scheinen die Jungs die Situation kapiert zu haben, denn keiner folgt mir.

»Hey, Cara-Schatz«, flüstere ich, ehe ich über sie hinweg ins Zimmer sehe. Therese liegt bäuchlings auf Caras Bett und sieht nicht so aus, als würde sie sich gleich bewegen. *Halleluja.* Vorsichtig ziehe ich die Tür ins Schloss und wende mich an Cara, die sich verschlafen die Augen reibt. »Musst du auf Toilette?«

Sie blinzelt mich fragend an, bis sich Veritas einschaltet. »Glaube schon«, murmelt sie, gefolgt von einem inbrünstigen Gähnen. Keine Frage, was ich hier mache, kein richtiges Erwachen.

»Gut, dann husch schnell, und ich warte hier so lange auf dich, okay?« Hoffentlich hört sie nicht die Heiserkeit in meiner Stimme. Oder hält sie lediglich für Müdigkeit.

»Okay.« Sie trottet rüber zum Bad und lässt die Tür einfach offen. So viel zu gelebter Transparenz. Keine zwei Minuten später ist sie zurück. »Bringst du mich ins Bett?«

Innerlich stöhne ich auf. »Klar. Aber was hältst du davon, wenn du heute mal in meinem schläfst?«, wispere ich. »Dann haben Therese und du beide mehr Platz.«

»Klingt gut.«

»Wir müssen nur ganz leise sein«, weise ich sie an, bevor ich die Tür wieder öffne und Cara den Vortritt lasse.

Sie tappst direkt zu meiner Matratze, während ich mit angehaltenem Atem zu Therese schleiche und eine der beiden Decken unter ihr wegziehe. Millimeter für Millimeter – geschafft. Ohne sie sonst irgendwie zu berühren, gehe ich zu Cara, die sich bereits auf der nackten Matratze eingerollt hat, den Kopf aufs harte Kissen gebettet. Nur ihre Augen sind offen, schauen ins Leere.

»So.« Behutsam lege ich die Decke über sie und sorge dafür, dass sie auf allen Seiten gut eingepackt ist. »Und jetzt schlaf schnell wieder ein.«

Sie dreht sich ein Stück herum, so dass sie zu mir aufsehen kann. Ihr Blick ist auf einmal viel zu klar. »Mae?« In ihrer Stimme liegt ... *Angst.* Nur gehaucht, geflüstert, aber nicht zu überhören. »Die Mädchen aus der Schule sagen, es gibt keine bösen Träume. Aber was, wenn ich trotzdem welche habe?«

Albträume. Ihr Schrei bei der Vereidigung. Ihre drohende Überreaktion bei der Homestory. Irgendwie habe ich es schon geahnt, aber bisher hatte ich keinen Kopf dafür, den Gedanken zu vertiefen. Ihn zuzulassen. Aber ihr Blick gräbt sich selbst durch das größte Chaos: Cara ist wie ich. Wenn sie schon in der Schule über Albträume redet, kann es nur noch eine Frage der Zeit sein, bis man sie zur Überprüfung schickt. Vermutlich wird man es auf ihre Hormone schieben, frühe Pubertät, aber was ist *danach*?

Am liebsten würde ich sie in den Arm nehmen und an mich pressen, ihr schwören, dass ich sie beschützen werde, aber ich weiß, dass es ihre Angst nur befeuern würde. Deshalb tue ich das, was Nick früher für mich getan hat. Ich lächle. Streichle ihr über die Wange. Heuchle, was das verfluchte Zeug hält. »Die anderen Mädchen wissen es nicht besser«, wispere ich, streichle, lächle. »Aber weißt du, was das Gute ist? Es sind nur Träume. Und Träume können uns nichts anhaben.« Ein Kuss auf den Haaransatz, noch ein Zurechtzupfen der Decke. »Ich habe auch manchmal böse Träume, aber dann wache ich morgens auf, sehe euch und bin glücklich.«

»Bist du morgen früh da?«, flüstert sie, und ich nicke.

»Auf jeden Fall. Und wir werden alle zusammen frühstücken, also schlaf lieber schnell weiter.«

Lächeln. Heucheln. Innerlich Brechreiz.

Cara sieht mich noch einen Moment lang an, dann entringt sich ihr das nächste Gähnen, und ihre Lider flattern. »Mit Brötchen?«, fragt sie noch, obwohl sie schon wieder am Wegdämmern ist.

»Mit Brötchen«, bestätige ich, dabei haben wir garantiert keine da. Also früh aufstehen und mein Gehalt bei der Ausgabe opfern. Wer braucht schon Schlaf?

Erst als sich Caras Brustkorb tief hebt und senkt, ziehe ich mich zurück, schließe die Tür und schleiche nach unten. Schon am Übergang zum Wohnzimmer höre ich Grayson und Jamar flüstern. Als ich reinkomme, werden beide abrupt still, lehnen sich auf ihren Stühlen zurück, als hätten sie gerade noch die Köpfe zusammengesteckt gehabt.

»Entwarnung«, sage ich. »Cara schläft wieder, auch wenn morgen früh jemand zur Ausgabe muss, um Brötchen zu besorgen.« Ich streife Graysons Schulter, während ich mich setze. Beide mustern mich noch ernster als vorher, und ich kann es ihnen nicht verübeln. »Dieses Verhör, das ich vorhin erwähnt habe ...« Ich merke, wie sich der Widerstand in mir auflöst. Als hätte die Sorge um Cara alles andere verwässert. »Erst mal möchte ich sagen, dass Harry mich zu nichts gezwungen hat«, erkläre ich. »Er hat mir die Wahl gelassen, und ich habe eingewilligt, um sämtliche Zweifel an mir auszuräumen. Sowohl seine als auch Trishs.« Grayson und Jamar öffnen zeitgleich den Mund, aber ich spreche einfach weiter: »Es ... tat weh. Vielleicht noch mehr als der Projektionsschock, aber ich schätze, es war auf eine gewisse Weise gut. Sonst wäre ich vielleicht nie auf die Idee gekommen, dass Nick nicht der einzige Elking mit Geheimnissen ist.«

Dann erzähle ich ihnen alles. Von meinem Bluttest und AISS Ergebnissen, von dem Verdacht, dass Dad etwas damit zu tun hat, von unserem Ritual vor den Check-ups, dem ominösen Mückenstich, der auch von einer Injektion hätte stammen können, von meinem Besuch im MedPlex und dem Gespräch mit Christa, die Dad als V bezeichnet hat. Einen Forschenden mit geheimen Projekten.

Grayson und Jamar geben mir Freiraum, wenn ich ihn brauche, Nähe in den richtigen Momenten. Am Ende ziehen sich beide zurück, sprachlos – oder überfordert?

»Es ist okay, wenn ihr nichts sagt. Ich weiß, das war ...«

»Viel?« Jamar zieht die Augenbrauen zusammen. »Wie zur Hölle hast du das zwei Wochen lang mit dir rumschleppen können, ohne einen Ton zu sagen?!«

»Na ja.« Schulterzuckend lehne ich mich zurück. »Wie hätte ich das bitte alles auf ein paar heimlich zugesteckte Zettel schreiben sollen?«

»Touché«, lenkt Jamar an.

Grayson greift nach meiner Hand, und ich bin froh, dass er mich einfach nur hält, mich nicht auffordert, noch mehr zu sagen. Denn mehr gibt es nicht zu sagen.

Anders als zu anderen Themen. »Um noch mal auf Alicia zurückzukommen«, sage ich, »sie weiß also wirklich nicht, wer ich bin?«

»Du willst jetzt echt über Alicia …?«

»Ja«, unterbreche ich Jamar. »Die letzten Wochen waren die Hölle, weil mir die Hände gebunden waren. Weil ich absolut nichts gegen die ganze Scheiße unternehmen konnte, die um uns herum abgeht. Aber jetzt sind wir hier. Und ich kann endlich etwas *tun*.« Mein Blick gleitet zu Mayas Einladung. »Wenn ich Alicia also irgendwie davon abhalten kann, die Thustras in Gefahr zu bringen, sagt mir, wie.«

Die Sorge in Graysons Augen leuchtet nur noch heller auf. »Du willst also wirklich immer noch ins Zentralarchiv? Obwohl dich ein einziger Bluttest …«

»Umbringen könnte?«, falle ich ihm ins Wort. »Dasselbe kann passieren, wenn sie merken, dass ich eine Liar bin, also … wo ist der Unterschied?«

Grayson öffnet den Mund, nur um ihn tonlos wieder zuschnappen zu lassen. In seinen Augen ein Lodern, das aussieht, als wollte er das Zentralarchiv am liebsten eigenhändig zerstören, damit ich es nicht betreten kann. Aber er widerspricht nicht. Er wechselt nur einen Blick mit Jamar, und als beide nicken, weiß ich, dass ich gewonnen habe.

KAPITEL 32

»HEILIGE SCHEISSE!«

Ein Kreischen katapultiert mich so unsanft aus dem Schlaf, dass ich die Augen aufreiße. Das Herz schlägt mir bis zum Hals, nur meine Glieder sind bleischwer, als wären sie noch nicht wach. Dann bemerke ich den Arm, der über meinem Bauch liegt. *Grayson.* Also war das alles kein absurder Traum. Ich muss lächeln, bis ich zur geöffneten Tür blinzle – in der jemand steht. Eine Hand auf den Mund gepresst, die Augen weit geöffnet, darin eine Begeisterung, die sich keinen Atemzug später im nächsten Quietschen entlädt.

»Ich ... ihr ... seid wach, ja? Gut.« Therese wirbelt auf dem Absatz herum und schlägt die Tür hinter sich zu, die dünn genug ist, um ihren Jubel weiterhin zu hören. Darunter Gekicher, das nach Cara klingt.

»Träum ich, oder war das gerade meine Schwester?«, murmelt Grayson, der sich noch keinen Zentimeter bewegt hat. Er liegt immer noch neben mir, so dicht, dass ich seine Wärme überall auf meinem Körper spüre, seine nackten Beine an meinen, sein Mund auf Stirnhöhe, sein Arm über meinem Schlaftop. Nicht dass wir auf der schmalen Matratze von Vain viele Optionen hätten ...

»Mhm«, antworte ich und schaue zu Jamars Bett. Leer. Wundert mich nicht, dass er unbemerkt an mir vorbei gekommen ist. Als wir gegen vier Uhr hier hoch gestolpert sind, war ich dermaßen erschöpft, dass ich nicht einmal weiß, wie genau ich ins Bett gekommen bin. Gefallen? Gekrochen? Getragen worden? Ich erinnere mich nur noch an das Bild von Graysons nacktem Oberkörper und dass ich meine Lider dafür verflucht habe, so schwer zu sein. Auch jetzt könnte ich sofort wieder einschlafen, aber ich will nicht.

Anstatt die Augen zu schließen, drehe ich mich zu Grayson. Wir brauchen keine Worte. Er stupst sacht gegen meine Schulter, ich hebe den Oberkörper reflexartig so weit an, dass er seinen anderen Arm unter mich schieben kann. Bis er mich näher an sich ziehen, mich ganz in seine Umarmung einhüllen kann. Er haucht mir einen Kuss auf die Stirn. Bauchflattern. Nähe. Hitze. Mein Knie zwischen seine geschoben, sehe ich zu ihm auf. Das hier ist richtig. *Wir* sind richtig.

Als er meinen Blick bemerkt, verzieht er die Mundwinkel zu einem Lächeln. Lockert seinen Griff ein wenig, um mir das zerzauste Haar aus dem Gesicht zu kämmen. »Ich hasse es, wenn Benett recht hat«, raunt er und schaut mir dabei in die Augen. »Aber du bist wirklich wunderschön.«

Mein Magen zieht sich zusammen, nur damit das Flirren darin heftiger explodieren kann. Ich lege den Kopf in den Nacken, bis meine Lippen nur ein Wispern von Graysons entfernt sind. Wir treffen uns in der Mitte. Vorsichtig, zärtlich, als hätten wir einander noch nie berührt.

Die Arme wieder fest um mich geschlungen, dreht sich Grayson auf den Rücken – und zieht mich mit, so dass ich auf ihm liege. Wir küssen uns weiter, seine Hände heiß auf meinem Rücken. Jede Faser meines Körpers brennt, jeder Herzschlag vibriert, alles prickelt. Wie von selbst ziehe ich die Knie hoch, stemme sie neben seinem Körper in die Matratze, um ihn zu entlasten. Seine Hände rutschen dabei ein Stück nach unten, auf die Stelle, an der mein Top in die kurze Shorts übergeht.

Ich löse meine Lippen von seinen, richte mich so weit auf, dass ich ihn ansehen kann. Diese Augen, die ich hätte hassen sollen, dieses Lächeln, in das ich mich nie verlieben wollte, dieser nackte Oberkörper, der nie solche Gefühle in mir hätte wecken sollen, wie er es genau jetzt in diesem Moment tut.

Unvernünftig, tadle ich mich, ein mieser Versuch, denn ich brenne einfach weiter.

Grayson streckt seine Hand nach meinem Gesicht aus, und legt sie an meine Wange, streicht mit dem Daumen über meine Lippen. Seine Pupillen ziehen sich flüchtig zusammen, hungrig, gierig. Ich lasse mich wieder zu ihm runterziehen, will …

»Wir sind wieder daaaa!«, schallt Paps Stimme durchs Haus. »Frühstück in zehn Minuten!«

Vor unserer Tür wird erneut gequietscht, Schritte werden laut, entfernen sich polternd die Treppe hinunter.

Stöhnend rolle ich mich von Grayson runter und lasse

mich neben ihn fallen. »Wenn wir nicht in spätestens zehn Minuten da unten sitzen, werden uns Cara und Therese überfallen.«

Grayson seufzt. »Und ich schätze, dann sollte ich mehr anhaben als Boxershorts?«

Ein Grinsen huscht über mein Gesicht. »Kommt darauf an, wen du alles beeindrucken möchtest.« Neckend gebe ich ihm noch einen Kuss, dann schwinge ich widerwillig die Beine über die Bettkante. Aufstehen ist *echt* beschissen.

Knapp zehn Minuten später hat Grayson wieder was an, wir waren beide kurz im Bad und sehen trotzdem dezent derangiert aus. An der Treppe zupfe ich schnell eine der aschgrauen Strähnen glatt, die aus seiner kinnlangen Mähne hervorsticht, er wischt noch einen Wassertropfen von meinem Kinn, der von der flüchtigen Katzenwäsche stammt. Fertig. Da uns Therese sowieso schon zusammen im Bett hat liegen sehen, denke ich nicht lange nach, sondern halte ihm meine Hand hin.

Er nimmt sie, schiebt seine Finger zwischen meine und lächelt mich auf eine Weise an, die mich am liebsten in die Welt hinausschreien lassen würde, dass wir zusammengehören. Hoffentlich kriegt AISS beim Frühstück genug mit, um ihre Ergebnisse im Zweifelsfall noch mal zu korrigieren. Bei dem Gedanken an die Bekanntgabe stolpere ich, aber Grayson hält mich fest.

»Alles in Ordnung?«, fragt er.

»Bin nur nervös«, erwidere ich. »Immerhin lernst du gleich meine Familie kennen. Also ... einen Teil davon.«

Schon im Flur empfängt uns der Duft von Kaffee und etwas, das ich in diesem Haus noch nie gerochen habe. Sind das etwa Croissants? Pancakes? Ich ziehe Grayson förmlich hinter mir her in die Küche, in der alle versammelt sind. Der Tisch ist reichlicher gedeckt denn je, im Korb liegen neben Brot tatsächlich Brötchen und Croissants, und Jamar steht am Herd und befördert einen Pancake aus der Pfanne auf einen großen Stapel.

»Perfektes Timing«, begrüßt er uns grinsend. »Wir sind gerade mit allem fertig geworden.«

»Maelein, guten Morgen.« Paps stellt die Kaffeekanne auf den Tisch, bevor er strahlend zu uns aufsieht. »Und du musst Thereses Bruder sein, Grayson, richtig? Jamar hat erzählt, du wärst heute Nacht noch nachge... Oh.« Jetzt hat er wohl unsere verschränkten Hände bemerkt. »OH!« Sofort reißt er das Handtuch von seiner Schulter, schmeißt es auf die Theke und kommt zu uns. »Was für eine wundervolle Überraschung! Maelein, warum hast du denn nichts erwähnt?!«

Damit Nick mich heute Abend nicht umbringt.

»Weil es noch ganz frisch ist«, erwidere ich und lasse Grayson los, damit er Paps' Hand schütteln kann. Grayson hat nach dem Gespräch heute Nacht sogar angeboten, zu verschwinden oder sich am Morgen wie eine Maus auf dem Dachboden zu verkriechen, bis er in einer unbemerkten Sekunde entkommen kann. Aber ich *wollte*, dass er bleibt. Vielleicht ist es unklug, riskant, vielleicht gieße ich damit noch mehr Öl in Nicks Feuer, aber allein dieser Moment ist all das wert.

»Oliver«, stellt Paps sich vor und sieht Grayson mit solcher Begeisterung an, dass sich ein Fleck in meinem Herzen wärmt. »Wie schön, zu sehen, dass das Programm erfolgreich war, aber jetzt setzt euch doch erst mal, setzt euch.« Er schiebt uns förmlich zum Tisch, an dem Therese und Cara bereits grinsend auf uns warten. Natürlich sitzen die beiden wieder zusammen, und bevor mein Hintern den Stuhl überhaupt berühren kann, hat Therese nach meiner Hand gegriffen.

»Ganz frisch?«, neckt sie mit anzüglichem Unterton, während Cara vor allem Grayson interessiert beäugt. »Spätestens nach dem Essen wollen wir *alles* wissen.«

»Alles«, wiederholt Cara mit eifrigem Nicken.

Ich murmle noch ein »Geht klar«, bevor sich Paps räuspert.

»Dieses Frühstück haben wir übrigens Jamar zu verdanken«, erklärt er das üppige Angebot. »Er hat heute Morgen darauf bestanden, mit mir zur Ausgabe zu gehen und zu zahlen. Du bist wirklich ein Schatz, Jamar, danke sehr.«

»War mir ein Vergnügen.« Jamar balanciert den Teller mit den Pancakes zu uns, wir schaffen Platz in der Mitte des Tisches, und dann nimmt er den letzten freien Stuhl in Beschlag. »Lasst es euch einfach schmecken.«

Sechs Personen. Genau wie früher, und obwohl die Hälfte vorher nie hier war, fühlt es sich an, als hätten sie schon immer dazugehört. Paps reicht den Brotkorb herum, Cara greift begeistert zu, Marmelade wird weitergegeben, Therese erzählt eine Anekdote, über die Grayson am lautesten lacht, was Therese wiederum noch heller strahlen lässt, Jamar fordert Cara auf, eine Himbeere mit dem Mund zu fangen, ich genieße jede Sekunde, denn es ist chaotisch und laut und absolut perfekt.

»Äh, *Leute*?!« Plötzlich reißt Therese die Augen auf, ihre Hand geht zum SmartPad. »Da kam gerade eine neue Nachricht in unserer App!«

Die Einladung. Ich wechsle sofort einen Blick mit Grayson – unsere SmartPads sind noch in Nicks Zimmer. Wir springen zeitgleich auf, ich nehme Graysons Hand, um ihn mit mir zu ziehen, was vollkommen unnötig ist, da er sowieso in jedem einzelnen Parcours schneller war als ich. Und auch jetzt überholt er mich auf halber Treppe und übernimmt die Führung.

Wir stürzen uns förmlich auf unsere SmartPads. Tatsächlich. Neben dem Icon von PEP steht eine kleine Eins.

»Bereit?«, fragt Grayson, und würde ich nicht Thustra nehmen, wäre die ehrliche Antwort: auf gar keinen Fall. Sollte ich ein anderes Datum haben als er oder auch nur eine andere Uhrzeit …

»Okay.« Ich schlucke gegen die aufsteigende Panik an. Mein Finger verkrampft, als ich die App öffne. Eine neue Nachricht, abgesendet vom Partner Evaluation Program. Es ist wirklich die Einladung zur Bekanntgabe.

»Und?!« Sowohl Therese als auch Jamar sind uns gefolgt.

»Morgen um achtzehn Uhr«, sagt Grayson neben mir.

Mein Blick fährt sofort zu ihm herum. »Im CenTheatre?«, frage ich mit bebender Stimme, während sich in mir ein Hoffnungsfaden entspinnt, hauchdünn, zart, und doch hängt einfach alles daran.

Grayson lächelt. »Im CenTheatre.«

Endlich höre ich auf zu fallen. Ich schmeiße mein SmartPad aufs Bett und schlinge die Arme um Grayson. Gleicher Tag, gleiche Uhrzeit, gleicher Ort. *Oh, Walker, bitte lass diesen Code funktionieren!* Wobei ich mir nicht mehr sicher bin, ob wir überhaupt einen Code brauchen …

Nach dem Frühstück bestehen alle darauf, beim Aufräumen zu helfen. Obwohl unsere Küche immer noch zu klein ist, um darin mit mehr als zwei, drei Menschen herumzuwuseln, fühlt es sich viel koordinierter an als in Julvernes Beisein. Zwei kümmern sich ums Geschirr, zwei um die Lebensmittel, zwei säubern die Flächen. Binnen zu kurzer Zeit ist alles sauber, und der Abschied naht. Paps drückt Therese, Jamar und Grayson der Reihe nach und verspricht ihnen, dass unsere Tür für sie immer offen steht.

Cara und ich beschließen, sie noch zum Bahnhof zu begleiten, auch wenn es zu Fuß gute vierzig Minuten dauert. Aber ich nehme jede Sekunde, die ich in dieser Runde kriegen kann. Ganz ohne Kostümierung, ohne Make-up. Ich hab Vains abgeschnittene Jeans-Shorts an, dazu ein schwarzes Top, meine Haare fallen mir zerzaust über die Schultern, die Sommersprossen leuchten auf meiner ganzen Haut. Und … ich fühle mich *wohl.* Woran Grayson sicher nicht ganz unschuldig ist.

Er hat seine Hand mit meiner verschränkt. Im Gehen zieht er mich manchmal ein Stück zu sich, um mir einen Kuss aufs Haar zu drücken oder mir etwas zuzuraunen, das mich an den gemeinsamen Morgen im Bett erinnert.

Cara und Therese haben vor uns ein ganz eigenes Thema gefunden. Denn seit Cara weiß, dass Therese mit Loyd zusammen ist und er zum selben Bekanntgabetermin eingeladen wurde wie wir, sprudelt eine Frage nach der nächsten aus ihr heraus. Selbst nach vierzig Minuten diskutieren die beiden noch heiß über Loyd und andere Promis, während Grayson, Jamar und ich hinter ihnen still geworden sind.

Immerhin ist es nur ein Abschied für einen Tag. Die drei stellen ihr Gepäck auf dem maroden Bahnsteig ab. Ich umarme erst Therese, die mir einen Schmatzer auf die Wange drückt und noch mal sagt, wie riesig sie sich auf morgen freut. Dann ist Jamar dran, der mir zuflüstert: »Du schuldest niemandem Rechenschaft. Nicht mal deinem Bruder, okay?«

Ich zucke kaum merklich zusammen, bedanke mich, und dann ist nur noch Grayson übrig. Er zieht mich ein Stück von den anderen weg und küsst mich. Mit dieser Mischung aus Hoffnung und Verzweiflung, die auch in meinem Magen tobt. Es schmeckt bitter und süß zugleich, nach einem Anfang und irgendwie nach einem Ende, auch wenn es nur meine Furcht ist, die es mir einflüstert.

Der CityTrain fährt ein, und wir müssen uns voneinander lösen.

»Pass auf dich auf, EarPod-Girl.« Grayson streicht noch einmal über meine Wange, und obwohl seine Lippen lächeln, machen seine Augen nicht mit. Sie funkeln wieder wie der Raureif nach kalten Nächten.

»Du auch, Mister Frost.«

Es gibt viele Arten von Lügen. Angefangen bei den harmlosen Notlügen, die wir erzählen, um andere nicht zu verletzen, bis hin zu Lebenslügen, die uns interessanter zeichnen sollen, als wir sind. Jede birgt ein gewisses Risiko, durchschaut zu werden. Es kann jedoch gesagt werden, dass es sich insbesondere mit zwei Faktoren signifikant erhöht: Komplexität und Spontaneität.

Auszug aus »Die Lüge mit der Wahrheit« von Cecily Thustra, erschienen ca. Ende 2093

KAPITEL 33

Pauls Citygleiter steht an derselben Stelle wie gestern. Entsprechend wundert es mich nicht, als Paps die Haustür aufreißt und uns mit den Worten begrüßt: »Ratet, wer früher zurück ist als gedacht!«

Cara, die den ganzen Rückweg über von Therese geschwärmt hat, wird abrupt still. Dann weiten sich ihre Augen, und sie rennt, ohne zu zögern, an Paps vorbei ins Haus. »Nick? Nick!«, ruft sie in einer Frequenz, die zeigt, wie sehr sie ihn vermisst hat.

»Ist das nicht wundervoll?« Paps legt mir strahlend seine Hand in den Rücken, um mich über die Schwelle zu schieben. »Dann haben wir doch noch den ganzen Sonntag zusammen!«

»Wundervoll«, plappere ich nach, während ich am liebsten umdrehen und weglaufen würde. Was die Dinge nur weiter verkomplizieren würde. Denn leider hat Jamar bei seiner hübschen Abschlussrede vorhin eine winzige Sache vergessen: Nick ist nicht nur mein Bruder, er ist auch ein Mitglied des Investigationssektors. Und nur weil ich dem einen keine Rechenschaft schulde, wird sie der andere trotzdem einfordern. Weil er in Grayson eine Gefahr sieht, was ziemlich absurd ist nach allem, was ich inzwischen über Nick weiß. Hoffentlich wartet er wenigstens, bis Paul ...

»Maeander!« Der Mann, der aus dem Wohnzimmer kommt, ist weder Nick noch Paul. »Wir haben schon sehnsüchtigst auf Sie gewartet.«

»Julverne.« In meiner Stimme schwingt Erleichterung mit. Zum ersten Mal bin ich regelrecht *froh*, ihn zu sehen. »Was für eine Überraschung. Ich nehme an, Sie sind wegen der Bekanntgabe hier?«

»O ja, ganz richtig. Wobei ich Ihnen zunächst meine herzlichsten Glückwünsche ausrichten möchte.« Er tritt mit ausgestreckter Hand auf mich zu. »Das Zentralarchiv fällt zwar nicht in meinen direkten Zuständigkeitsbereich, allerdings wurde mir die frohe Kunde bereits zugetragen. Was für ein herausragender Aufstieg.« Sein Händedruck ist noch kräftiger als sonst, im Rücken spüre ich Paps' stolzen Blick. »Professierte Adelaine schien wirklich schwer beeindruckt von Ihnen.«

Schöne Scheiße. Wenn Julverne davon weiß, dann weiß Nick es sicher auch. Ich hoffe nur, dass er uns wenigstens diese Diskussion erspart.

»Vielen Dank.« Ich mime ein Lächeln, während Julverne meine Hand freigibt. *Autsch.* »Bislang ist allerdings nichts offiziell unterschrieben.«

»Kleinigkeiten«, erwidert er und schaut auf seine Armbanduhr. »Nun, bedauerlicherweise haben wir einen äußerst straffen Zeitplan. Warum reden wir nicht im Wohnzimmer weiter und klären dabei direkt ein paar Details für morgen Abend?«

»Klingt gut«, lüge ich und schaue flüchtig zurück zu Paps. Wie erwartet, sprudelt er fast über vor Stolz, ich erkenne es in seinen Augen, an den Grübchen in seinen Wangen und nicht zuletzt an den beiden gehobenen Daumen.

»Wissen Sie, Maeander, ich gestehe, ich hatte für Nicholas und Sie auf einen späteren Termin gehofft«, erzählt Julverne, während ich ihm zusammen mit Paps folge. »Doch der Gästeliste zufolge möchte der Partnerschaftssektor die Bekanntgabewoche mit einem starken Auftakt eröffnen. Vollkommen verständlich, auch wenn es für uns bedeutet, dass wir weniger als dreißig Stunden haben, um den perfekten Auftritt zu planen. Oder das richtige Outfit zu finden.«

Der Couchtisch sieht aus, als hätte eine Bombe von Stoffmustern, Farbfächern und Modeskizzen eingeschlagen.

Cara sitzt neben Nick auf unserem Sofa und blättert eine Mappe durch. »Mae, guck mal!« Kaum hat sie mich bemerkt, hält sie die Zeichnung eines viel zu opulenten Ballkleids hoch. »Ist das nicht wunderschön?!«

Wie von selbst driftet mein Blick zu Nick. Was auch immer ich erwartet habe, in seinen Augen zu finden: Ich habe mich getäuscht. Da ist kein Ärger, keine Wut, kein Zeichen von Enttäuschung. Nur eine gewisse Müdigkeit, die er mit einem Lächeln zu überspielen versucht. Als er mir zunickt, fällt mir ein, dass ich Cara noch eine Antwort schulde.

»Absolut«, sage ich. Wie viele Sekunden waren das wohl? Zwei, drei? »Wunderschön.« So oder so muss ich besser aufpassen.

»Seit Ironys letztem Auftritt ist viktorianische Mode wieder im Kommen«, meint Julverne. »Wenn ich kurz dürfte? Danke.« Er zieht Cara die Mappe aus der Hand. »Allerdings werden erst die nächsten Wochen zeigen, ob sich der Trend durchsetzen kann. Entsprechend empfehle ich, dass wir mit einem eher klassischen und dennoch effektvollen Modell arbeiten.« Zielsicher schlägt er mehrere Seiten auf einmal um. »Luca? Kommst du bitte einmal kurz her?«

Irritiert drehe ich mich um. Erst jetzt bemerke ich, dass wir noch zwei weitere Gäste haben, die in der Küche an der Theke lehnen und Kaffee schlürfen. Der eine ist Paul, die andere Person kenne ich nicht. Kantiges beiges Gesicht, weiche Lippen, kurze platinblonde Haare, die nach hinten gestylt sind, schwarze Leggings, Top, darüber ein hochgekrempeltes Hemd mit bunten Mustern. Irgendwie gefällt mir der Look.

»They ist ein aufstrebender Stern am Fashionhimmel des Centers«, stellt Julverne Luca vor, als sich they von der Arbeitsplatte abstößt und zu uns rüberkommt.

»Hi.« Luca gibt mir die Hand. Der Druck ist kräftig, aber bei Weitem nicht so schmerzhaft wie Julvernes. »Freut mich. Und gratuliere. Das mit Adelaine ist ja eine echt große Sache, absolut genial.«

»Oh, danke.« Ein Lächeln, ein flüchtiger Blick Richtung Nick. Nein, keine Veränderung. Wobei ich mir nicht sicher bin, ob es wirklich Müdigkeit ist oder nicht eher Besorgnis …

»Also, wie schnell könntest du das hier umsetzen?«, fragt Julverne an Luca gewandt und dreht die Skizze so, dass ich sie auch sehen kann. »Natürlich müsste man zu Maeanders Haaren für die Spitze einen etwas kühleren Goldton wählen, damit es nicht zu billig aussieht, und der Saum …«

Julvernes Worte plätschern über mich hinweg, während ich den schönsten Entwurf anstarre, den ich je gesehen habe. Das Kleid ist schulterfrei, tailliert, der Rock ergießt sich wie ein Wasserfall zu Boden, schraffiert mit smaragdgrünem Stift. Oben in der Ecke steht in Druckbuchstaben das Wort »Nachtigall« – ob damit die vor Jahrzehnten ausgestorbene Vogelart gemeint ist? Vielleicht. Das würde zumindest zu der Corsage passen, die über und über mit Silhouetten von Vögeln verziert ist, gezeichnet in einem warmen Honiggold. Alles an diesem Kleid wirkt wie ein Kunstwerk, zusammengesetzt aus Elementen der verlorenen Welt.

Ich versuche, dem Gespräch wieder zu folgen. Weil ich wissen muss, ob Luca diese Skizze wirklich binnen eines Tages zum Leben erwecken könnte.

»… Maeanders Maße scannen«, schnappe ich von Luca auf. »Außerdem müsste ich so schnell wie möglich zurück ins Atelier und bräuchte für den Rock mindestens zwanzig Meter smaragdgrüner Chilange.« Their herausforderndem Funkeln zufolge habe ich gerade eine Diskussion verpasst. »Oh, und einen neuen LaserCutter für die Spitzenschicht. Ansonsten sehen meine Vögel hinterher aus wie Fledermäuse.«

Julverne seufzt auf eine Weise, die zeigt, dass Luca gewonnen hat. »Schön. Paul, wie lange bräuchtest du, um Luca zurück ins Atelier zu bringen und wieder herzukommen?«

»Etwa sieben Stunden«, antwortet Paul, der inzwischen im Türbogen von Küche zu Wohnzimmer lehnt. »Länger, wenn wir noch shoppen müssen.«

»Nein, nein. AISS? Bitte sorge umgehend dafür, dass ein neuer LaserCutter und zwanzig Meter ... wie hieß dieser Stoff noch gleich?«

»Chilange«, erwidert Luca. »Ein Mischgewebe, das die atomare Struktur von Seide, Chiffon und Samt kombi ...«

»Also, zwanzig Meter von besagtem Stoff an Lucas Atelier geliefert werden. Zustellung so schnell wie möglich.«

»Natürlich, Julverne«, flötet AISS aus der Tasche seines Jacketts. »Von welchem Konto darf ich die Kosten abbuchen?«

»Parlament, Marketing«, erwidert Julverne. »Danke, AISS. Dann hätten wir das ja bereits geklärt, wunderbar.« Er lächelt in die Runde, allerdings habe ich das Gefühl, dass er unter noch größerem Druck steht als sonst. Dabei dachte ich, nach dem PR-Desaster von der Vereidigung könnte ihn nichts mehr aus der Ruhe bringen.

»Maeander?« Luca hat ein kleines schwarzes Gerät aus der Hemdtasche gezogen. »Der MeasureScan dauert zwar keine Minute, allerdings müsstest du dich dafür einmal entkleiden. Ich würde also vorschlagen, wir gehen kurz nach oben.«

»Okay.« Mein Blick bleibt an Cara hängen, die gläsern vor sich hin starrt. Ich öffne schon den Mund, um sie zu fragen, ob sie mitkommen will, als Nick sie antippt und ihr etwas auf seinem SmartPad zeigt.

Sofort kehrt das Leuchten zurück in ihre Augen, und sie kuschelt sich dichter an ihn heran.

Mich durchzuckt ein neidvoller Stich. Sie weiß nichts, sie ahnt nichts. Für sie ist Nick immer noch der Bruder, der die Welt vor bösen Menschen beschützt, der Sicherheit verspricht. Wie gern hätte ich auch etwas von dieser Naivität zurück, nur einen winzigen Tropfen, damit ich Nick noch einmal so sehen kann wie in dem Moment, im dem wir erfahren haben, dass wir im selben Camp sind. Als Nick alles für mich war, nur keine wandelnde Lüge.

Er fängt meinen Blick auf. Wir teilen ein geheucheltes Lächeln, dann wende ich mich ab und folge Luca.

Es ist faszinierend, wie lange man über ein Event reden kann, bei dem weder Nick noch ich mehr als zwei Minuten im Rampenlicht stehen werden. Trotzdem tue ich so, als würde ich an Julvernes Lippen kleben, ganz die aufmerksame Schwester und nicht die berechnende Liar, die einfach nur einem Gespräch über Grayson entgehen möchte.

Laut Julverne wird die Show von Irony moderiert, klar, wer sonst sollte ein solches Spektakel begleiten? Es gibt eine Begrüßungsrede, dann folgt die offizielle Zeremonie, im Anschluss gibt es eine Aftershowparty direkt im CenTheatre. Angeblich hat sich sogar der Präsidierende persönlich zur Bekanntgabe angekündigt – darauf ein sarkastisches *Juhu*.

»Zum Thema Begleitung«, Julverne schaut von Nick zu mir, »es steht allen teilnehmenden Familien frei, bis zu zwei Personen mitzubringen. Ich nehme an, Sie haben sich bereits Gedanken dazu gemacht?«

Jetzt bin ich froh, dass Cara nach dem gecaterten Mittagessen zu den Caivanos gegangen ist. Denn ich weiß, dass ihr meine Antwort das Herz brechen würde.

»Habe ich«, sage ich, ehe Nick mir zuvorkommen kann. »Paps und unsere große Schwester Vain.«

Julvernes Augenbrauen zucken überrascht nach oben. Sicher hat er gedacht, ich würde Cara nehmen, und er scheint nicht der Einzige zu sein. Vor allem Nick mustert mich mit solch unverhohlenen Zweifeln, dass ich schwer schlucke. Ob er nicht versteht, dass ich Cara nur beschützen möchte? Ihr Schrei auf der Vereidigung, der Albtraum letzte Nacht ... Wenn es nach mir ginge, würde sie nie wieder einen Fuß ins Center setzen, geschweige denn in die Nähe irgendwelcher großen Events. *Bis der Tag kommt, an dem du sie genauso freigeben musst wie Nick dich,* wispert in mir eine Stimme, die mir schmerzlich bewusst macht, dass ich es nie könnte. Nicht auf die Weise, auf die Nick es getan hat. Ich werde Cara niemals auf irgendeine Bühne zerren, nicht als meine Bezeugende – und nicht einmal als meinen Gast.

»Nun ... gut«, bricht Julverne das überraschte Schweigen. »Nicholas, haben Sie Einwände gegen den Wunsch Ihrer Schwester?«

»Nein.«

»Wunderbar. Dann ist es also entschieden. Oliver, am besten begleiten Sie uns morgen Vormittag direkt zu Lucas Atelier, damit wir Sie entsprechend herrichten können, Vervain werde ich ebenfalls eine Einladung zukommen lassen. Reden wir nun über den Umgang mit der Presse.«

Nick und ich hören zu, nicken, sind uns in jedem Punkt

einig. Irgendwann haben wir den Ablaufplan sicher sieben Mal durchgesprochen, begonnen bei unserer Abholung um kurz vor zehn, über das Styling in Lucas Atelier, unseren Auftritt am CenTheatre bis hin zum Empfang.

Es ist nach neun, als Paul zurückkommt und Julverne anfängt, sich zu verabschieden. Da es erfahrungsgemäß immer dauert, bis er wirklich verschwindet, nutze ich die Chance, um mich aus der Affäre zu ziehen. Ich entschuldige mich Richtung Badezimmer, auch wenn mir eh keiner mehr zuhört, hebe die Hand zum Abschied und bin weg. Einzig Paul erwidert meine Geste.

Als ich aus dem Bad komme, höre ich immer noch Julvernes Stimme. Perfekt. Ohne zu zögern, hole ich den Stab für den Dachboden, ziehe die Klappe auf und klettere hoch in mein kleines Chaos. Ich schließe die Augen und atme tief durch. *Zuhause.* Allein der Duft von Farben ist wie ein Beruhigungsmittel, das besser wirkt als jedes Sedatium. Ich halte mich in der Mitte, in der ich stehen kann, und gehe zu dem Bild, das ich letztes Mal angefangen habe. Dank Aidens Auftritt ist es nicht ansatzweise fertig geworden. Aktuell ist es nur eine schwarze, mehrschichtige Fläche. Sie sollte für meine Angst um Dad stehen. Jetzt ist da so viel mehr in mir, wenn ich an ihn denke, allem voran Unsicherheit, die Frage, an was er wirklich gearbeitet hat und wie er es geschafft hat, mich zu beschützen …

Das Eisblau, das ich für Grayson mischen wollte, ist nur ein großer Klecks Weiß, eingetrocknet auf der Farbpalette, die neben dem Kissen liegt. Ebenfalls Aidens Schuld. Ich überlege kurz, weiter an dem Bild zu malen, neue Farben zu mischen, allerdings hat sich auf dem Wasser im Pinselglas eine Schicht gebildet, die nicht gesund aussieht. Also lasse ich den Blick weiter bis zum Fenster gleiten.

Früher bin ich mit Nick und Vain ab und zu heimlich aufs Dach geklettert, um den Sonnenuntergang zu beobachten. Die beiden haben mich in ihre Mitte genommen, manchmal haben wir über unseren Tag geredet, manchmal nur geschwiegen und genossen.

Ohne darüber nachzudenken, löse ich die Verriegelung und schiebe das Fenster auf. Lauwarme Luft strömt mir entgegen. In unserer Nachbarschaft ist es still, der Himmel darüber scheint zu brennen, kräftiges Orange, Pink, Violett, ein Farbenspiel, das niemand so fein mischen könnte. Kurzerhand ziehe ich mich durch die Öffnung nach oben – dank des Trainings der letzten Wochen fällt es mir erstaunlich leicht. Früher habe ich meist einen Hocker oder Nicks Hilfe gebraucht.

Die Dachschindeln sind noch erwärmt von der Sonne. Ich schwinge die Beine über die Kante und rutsche seitlich weiter aufs Dach. Zum Glück fällt es hier nicht so steil ab wie weiter oben, außerdem sind nur einen Meter unter mir SolarPanels angebracht, an denen ich mich notfalls abstützen könnte.

Kaum dass ich die richtige Position gefunden habe, erklingt von unten Julvernes Lachen. Also hat er es schon mal bis vor die Haustür geschafft. Während Abschiedsworte zu mir heraufwehen, ziehe ich mein SmartPad aus der Hosentasche.

Mehrere neue Nachrichten in der Elite-Gruppe, Loyd ist

gestern Abend direkt beigetreten, Nick fehlt immer noch. Dabei hatte er sein SmartPad mindestens fünfmal in der Hand, um sich von Julverne irgendwelche Sachen übermitteln zu lassen.

Ich lese alle Nachrichten nach, tippe selbst ein paar Sätze und wechsle in meinen Chat mit Grayson.

Julverne haut gerade ab. Wie war dein Abend noch? Und hast du inzwischen was von Joline gehört?

Je länger ich über sie nachdenke, desto seltsamer kommt es mir vor. Es kann sicher mal passieren, dass der Kreislauf nicht mitmacht, aber man verfällt wohl kaum in einen *kritischen Zustand*, wenn man mal zu wenig getrunken hat. Dafür müsste man schon tagelang auf jede Art von Flüssigkeit verzichten, was AISS niemals zulassen würde. Also scheint es eher eine Erkrankung zu sein, aber was sollte sich heute noch dermaßen schnell entwickeln, dass es beim jährlichen Check-up nicht auffällt?

Graysons Antwort lässt nicht lange auf sich warten.

Bisher keine Neuigkeiten. Firn hat ihrer Familie vorhin geschrieben und sie gebeten, uns auch zu informieren, wenn es was Neues gibt. Immerhin verläuft der Abend bisher gut. Sitze noch mit Therese und Rose in Peters Restaurant. Die beiden durchstöbern gerade die Dessertkarte.

Du bist echt mitgegangen?!

Willst du ein Beweisfoto?

Immer her damit.

Kurz darauf kriege ich einen Schnappschuss aus einem schicken Restaurant. Grayson selbst ist nicht mit drauf, dafür Therese und ihre Tante, die eine Karte aufgeschlagen hat. Während Rose vertieft scheint, grinst Therese in die Kamera. Ich kann nur ahnen, wie glücklich sie sein muss. Wie es sich anfühlt, wenn der Bruder, der sich jahrelang von einem distanziert hat, plötzlich dabei ist. Ich weiß nicht, was Graysons Meinung geändert hat, aber es ist auch egal. Wichtig ist nur, dass Therese ihren Bruder zurückbekommt. *Während du deinen immer mehr verlierst.* Was für eine bittersüße Ironie.

Ein Klopfen lässt mich aufsehen. Als hätte Nick meine Gedanken gehört, taucht sein Kopf im Fenster auf. In meinem Magen brandet eine Welle aus Nervosität. Bis gerade fand ich meine Idee mit dem Dach echt gut, frische Luft, Ruhe, schöner Ausblick. Jetzt erkenne ich, dass ich mich geradewegs in eine Falle manövriert habe.

»Ich habe schon lange keinen so beeindruckenden Abendhimmel mehr gesehen«, sagt er. »Kein Wunder, dass du hier oben bist. Was dagegen, wenn ich mich zu dir setze? Wir müssen auch nicht reden, Ruhe wäre gerade sogar ganz schön. Julvernes Stimme kann auf Dauer echt anstrengend sein.« Seine Mundwinkel zucken.

»Okay?« Überrascht stecke ich mein SmartPad weg. »Wenn du wirklich keine Gespräche erwartest ... nur zu.« Ich rücke zur Seite, obwohl das Dach groß genug für uns beide ist.

Während Nick zu mir rausklettert, ziehe ich die Knie näher an den Körper. Wie hoch ist die Wahrscheinlichkeit, dass er wirklich nur hier sitzen und in die hereinbrechende Nacht starren will? Und wie grausam ist die Tatsache, dass ich überhaupt an seinen Worten zweifle?

Er lässt etwa zwei Handbreit Abstand zu mir. Unwillkürlich zähle ich die Sekunden, in denen es nur das Geräusch unseres Atems und das ferne Rattern der Fabriken gibt. Nach zehn Minuten fange ich langsam an, mich zu entspannen. Die Nervosität abzulegen. So zu tun, als wäre das hier einer unserer früheren Abende, auch wenn dafür zu viel zwischen uns steht.

Die Sonne verschwindet hinter den Dächern. Das Farbenspiel wird zunehmend von dunklen Flecken getrübt, und sofort wird es kälter. Als ich fröstelnd über meine Oberarme streiche, zieht Nick die graue Jacke aus und legt sie mir über die Schultern. Am Kragen rieche ich dieses Moschusparfum. Julverne hinterlässt echt überall Spuren. Trotzdem lächle ich dankbar und ziehe die Jacke enger um mich. Im gleichen Moment vibriert das SmartPad in meiner Hosentasche. Ich zucke zusammen. Da ich Benachrichtigungen für Gruppen ausgestellt habe, wird sie von Grayson sein.

»Vermutlich der Elite-Chat«, sage ich schulterzuckend. »Therese hat dir auch eine Einladung geschickt.«

»Schon gesehen«, erwidert Nick. »Ich bin nur kein Fan von solchen Gruppen. Also, nichts gegen Smalltalk, aber …«

»Hundert Nachrichten die Stunde sind zu viel?« Ich versuche mich an einem Necken, und es klappt erstaunlich gut.

»Einhundert?!«

»Japp. Das war ungefähr unsere Quote während der Rückfahrt gestern. Vielleicht etwas höher.«

»Okay, wow, das schlägt sogar diese Gruppe von der Silver University. Ich bin direkt am Abschlusstag ausgetreten, dabei hätte ich sie auch früher verlassen können«, gibt Nick einen der seltenen Einblicke in sein *anderes* Leben. »Denn die wichtigsten Infos sind sowieso immer bei mir angekommen. Dafür hätte ich nicht jeden Abend seitenweise Smalltalk durchscrollen und banale Fragen beantworten müssen.«

»Warte, bis Cara ein SmartPad kriegt. Dann lebt der Familienchat sicher richtig auf.«

Nick stöhnt. »Und noch ein Grund mehr, keinen weiteren Gruppen beizutreten«, sagt er halb im Ernst, halb scherzend. »Was übrigens nicht heißt, dass du dich vor mir zurückhalten musst. Du kannst die Nachricht ruhig lesen.«

»Ach, schon gut.« Ich knuffe mit der Schulter sacht gegen seine. »Wir wollten doch den Sonnenuntergang genießen.«

Er hebt die Augenbrauen. »Erstens ist die Sonne weg, und zweitens stört es mich wirklich nicht«, erwidert er. »Oder fürchtest du, die Nachricht könnte von jemand anderem sein? Zum Beispiel von *Grayson*?«

Keine Jacke dieser Welt könnte vor der Kälte schützen, die sich binnen eines Wimpernschlags in mir ausbreitet. Dachte ich echt, ich käme so leicht um das Thema herum? Ein bisschen den Himmel beobachten, über Gruppenchats scherzen … Ich hatte genug Zeit, mir eine gute Story zu überlegen, aber alles, was ich habe, ist die Wahrheit. Und wenn sich aus Cecilys Schriften eins eingebrannt hat, dann ihre Warnung vor spontanen Lügen mit hoher Komplexität.

Ich atme tief durch. »Wäre möglich, ja.«

Schweigen. Nachtwind. Krachender Herzschlag.

»Nick? Maelein?« Paps' Stimme lässt mich zusammenfahren. »Es ist fast zehn. Seid ihr etwa immer noch da oben?!«

»Sind wir!«, ruft Nick, während aus meinem Mund nur ein krächzendes »Ja« dringt. »Wir kommen gleich runter!«

»Morgen wird ein langer Tag!«

»Wissen wir!« Nick verdreht die Augen, was ungefähr die letzte Reaktion ist, die ich nach meinem Geständnis gerade erwartet hätte. »Paps hat recht. Wie ich Julverne kenne, wird er mich früh aus dem Schlaf klingeln, um jede Art von Verzögerung zu vermeiden.« Er rafft sich auf und hält mir seine Hand hin. Als würden wir auf ebenem Boden stehen und nicht auf einem Dach, unter dem es mindestens fünf Meter in die Tiefe geht. »Komm hoch. Bevor Paps uns noch hier draußen erwischt.«

Nick klingt so ruhig, so *normal*. Wo bleibt der Sturm, das Gewitter, der Tornado, der alles mit sich reißt? Der mich anfährt, mich schüttelt, der fragt, was zur Hölle ich mir dabei gedacht habe, mich genau auf den Typ einzulassen, vor dem er mich von Anfang an gewarnt hat?

»Mae.« Mein Name entkommt Nick in einem Seufzer. »Ich weiß, wann es sich lohnt, zu kämpfen. Aber auch, wann ich mir meine Kräfte aufsparen kann.« Seine Hand schwebt immer noch auffordernd in der Luft.

In mir kreiseln Angst und Verwirrung, die von jedem Pulsschlag noch mehr angetrieben werden. Aber was habe ich für eine Wahl? Ich ringe alle Widerstände nieder und lege meine Finger in Nicks.

Behutsam zieht er mich auf die Beine, ganz langsam, damit ich eine Chance habe, auf dem Dach Halt zu finden.

Erst als ich sicher stehe, beugt sich Nick zu mir vor. »Nur noch eine Nacht«, sagt er in einer Tonlage, die mir einen Schauer über den Rücken jagt. »Dann wird sich sowieso alles ändern.« Er lächelt flüchtig. Im nächsten Moment lässt er mich los, wendet sich ab und spaziert mit Leichtigkeit zum Fenster.

Einen Sprung durch den Rahmen später ist er verschwunden, und ich stehe allein in der Kälte, an einem Abgrund, von dem ich nicht weiß, ob er mich gerade verschlungen hat.

KAPITEL 34

Lucas Atelier befindet sich auf der obersten Etage eines Wolkenkratzers, der im Herzen des Centers steht. Schwindelerregende Höhe, riesige bodentiefe Fenster zu allen Seiten. Das Atelier nimmt das gesamte Stockwerk ein, abgetrennt werden die einzelnen Bereiche durch ein Labyrinth aus Regalen und Paravents. Überall liegen Stoffrollen, dunkelgrüner Samt, pastellgelber Chiffon, karminrote Seide, Materialien, die ich selbst mit einer flüchtigen Berührung nicht zuordnen kann. An den Seiten der Regale baumeln verschiedene Bänder, auf einigen Brettern stehen Glasgefäße, in denen sich Knöpfe, Perlen und Applikationen sammeln. Alles hier schreit nach Kreativität, Eleganz und enorm vielen Credits.

Für jemanden wie Vain, die selbst gern näht, dürfte es das Paradies auf Erden sein. Leider habe ich den Moment verpasst, in dem sie das Atelier betreten hat, denn als Nick, Paps und ich nach oben gebracht wurden, saß sie bereits in der Maske. Dabei hätte ich zu gern gewusst, ob sich hinter ihrer hoheitlichen Fassade noch ein bisschen von ihrer alten Begeisterung versteckt, ein Leuchten in ihren viel zu grünen

Augen, ein echtes Lächeln auf den geschminkten Lippen. So habe ich nur die polierte Vain bekommen, die mich mit distanzieren Wangenküssen begrüßt hat, ehe der Aufzug ein weiteres Mal aufging, um unsere Runde mit Julverne zu komplettieren.

Ich habe das ganze Programm geduldig über mich ergehen lassen. Make-up, das einer Angleichung Konkurrenz macht, heute mit zart geschminkten Lippen und wenig Rouge. Maniküre, Pediküre, wobei man nur die smaragdgrün lackierten Fingernägel sehen wird, meine Haare wurden zu Korkenzieherlocken gedreht, die mit Glanzspray bearbeitet wurden. Die obere Partie locker nach hinten gesteckt, veredelt mit einem Goldkamm.

Laut Julvernes Zeitplan hätte ich direkt danach mein Kleid anprobieren sollen, allerdings hat Luca um eine weitere Stunde gebeten. Während Julverne eine Diskussion angefangen hat, habe ich mich aus der Affäre gezogen und mir eine Nische gesucht, in der ich einen Moment für mich habe. Jetzt stehe ich immer noch hier und sehe hinab auf diese winzige Welt, die mir jenseits der Fensterfront zu Füßen liegt. Menschen sind nicht mehr als Punkte, Citygleiter kann ich mit zwei Fingern fassen. Ich weiß, dass ich den Ausblick genießen sollte, aber in meinem Kopf ist nur Platz für einen Gedanken: Heute wird sich alles ändern.

Das Gespräch mit Nick lässt mich nicht los, stößt immer wieder diesen Kreisel an, der nicht mehr aufhört, sich in mir zu drehen. Was, wenn er bereits weiß, wie die Bekanntgabe endet? Wenn Julverne ihm gesteckt hat, dass ich das Programm mit jemand anderem verlasse als Grayson? *Bullshit,* ermahne ich mich. Julverne hat selbst gesagt, dass er die Ergebnisse nicht kennt. Andernfalls hätte er unsere *Seelenverwandten* sicher mit in Lucas Atelier bestellt. Denn wenn ich in den letzten Wochen eins gelernt habe, dann, dass die Optik im Spiel mit der Presse enorm wichtig ist. Weil sie auch ohne Worte Geschichten erzählt, und welche Geschichte wäre besser als die zweier Menschen, die so gut zusammenpassen, dass sie für den großen Abend rein zufällig zu den gleichen Farben gegriffen haben?

Hinter mir ertönen Schritte. Ich presse die Lippen zusammen, bevor mir ein Seufzer herausrutschen kann. Das war's dann wohl mit Ruhe.

»Ich glaube, ich war noch nie so weit oben.« Es ist Vain, die neben mich an die große Fensterfront tritt. »Wirklich beeindruckend.«

Keine Frage, keine Antwort notwendig. Ich nicke nur, während ich so tue, als würde ich all die Gebäude mustern, die sich gen Himmel strecken.

»Bist du sehr nervös?«, fragt Vain, und ich zucke zusammen. War das gerade etwa eine persönliche Frage? Von meiner großen Schwester?

Ich starre weiter hinab aufs Center, während ich sage: »Bisher nicht, nein.« *Lüge.* »Ich meine, ich vertraue dem Programm.« *Lüge.* »Es ist schließlich der Anfang einer glücklichen Zukunft, richtig?« Ein gefaktes Lächeln, mit dem ich flüchtig zu Vain sehe.

»Richtig«, wiederholt sie, und unsere Blicke treffen sich. Falls ich dachte, sie würde mich hinter ihre Maske sehen lassen, habe ich mich getäuscht. Da ist nur dieses kühle, geübte

Lächeln. »Übrigens, wenn du meinen Rat für deine erste Angleichung möchtest: Nimm genau diese Augenfarbe. Sie schmeichelt deinem Teint.«

Etwas in mir ballt sich so fest zusammen, dass es mich alle Mühe kostet, es mir nicht anmerken zu lassen. Ich habe kurz vergessen, dass mir die Make-up-Artist Kontaktlinsen eingesetzt hat. Das gleiche Smaragdgrün wie von den Stoffmustern gestern, natürlich Julvernes Idee.

»Danke«, zwinge ich mit trockener Kehle hervor. »Aber bisher ist keine Angleichung geplant.«

»Oh, keine Sorge. Sobald du in die oberen Ringe eingeheiratet hast, wird es ganz schnell gehen.« Ihr Lächeln wird eine Spur wärmer. »Ich bin wirklich stolz auf dich, kleine Schwester.«

Stolz. Das Wort ist wie ein Stich ins Herz. Früher hätte ich alles dafür gegeben, es aus ihrem Mund zu hören. Aber jetzt kommt es mir vor wie blanker Hohn, weil es nichts mit mir zu tun hat, nichts mit meinem Charakter, meiner Kunst, mit Dingen, die mich *ausmachen*. Sondern allein damit, wer mir einen Ring an den Finger stecken wird.

Ich bin versucht, ihr von der Stelle im Zentralarchiv zu erzählen. Ein tiefer Atemzug – und ich schlucke die Worte herunter. Denn ich möchte nicht dabei zusehen, wie sich Vains Stolz verändert. Wie er blasser wird oder gar ganz verschwindet, weil noch nichts unterschrieben ist. Und weil ein Arbeitsvertrag in ihren Kreisen nie so viel wert sein wird wie eine Heiratsurkunde.

Unwillkürlich muss ich daran denken, was mir Dad damals zugeflüstert hat, bevor ich in das Camp gefahren bin:

Du darfst nie vergessen, dass du eine starke Frau bist, die keinen anderen Menschen braucht, um vollkommen zu sein. Wie schade, dass er Vain nicht dasselbe beigebracht hat. Und wie schade, dass er nicht hier sein kann ...

Anstatt etwas zu sagen, mime ich ein Lächeln und sehe weg. Hinab auf meine nackten Arme, an denen man nicht einmal mehr den Schatten einer Sommersprosse erkennen kann. Ich greife nach meinem Handgelenk und fahre mit dem Daumen über die Stelle, an der bis vorhin die beiden Narben silbrig geschimmert haben.

»Weißt du noch, als du mich mal mit der Stoffschere erwischt hast?« Die Frage rutscht mir einfach so raus. »Du wolltest mir zeigen, wie man auch ohne LaserCutter einen geraden Schnitt schafft, bist allerdings nach der Hälfte vom Stoff abgerutscht.« Ich schaue zurück zu Vain.

Der stolze Ausdruck ist einem Stirnrunzeln gewichen, das auf der glatten Haut nur feine Linien zeichnet. »Doch, ja ... jetzt, wo du es sagst ...« Vain nickt langsam. »Ich weiß nicht, wie viel ich noch zusammenkriege, aber ich meine, der Stoff war blau. Ein Rest Baumwolle von meinem ersten Kleid, und du warst vielleicht so alt wie Leopold jetzt, fünf, höchstens sechs, also woher ...?«

»Wir sind in einem Modeatelier«, necke ich und lasse von meinem Handgelenk ab. »Du hast früher ständig davon geredet, auch mal eins zu eröffnen. Mit Stoffrollen, Schneiderpuppen, Gläsern voller Knöpfe, Perlen, Bänder ...«

»Ich nähe nicht mehr«, fällt mir Vain ins Wort. Ihr Blick flackert. »Der Job bei Keiths Vater nimmt mich sehr in Anspruch, und dann noch die Kinder, die ganzen Abendveranstaltungen, Dinnerpartys, Besuche in Clubs …« Sie unterbricht sich. »Ich … Das klang undankbar, Verzeihung.« Mit einem Räuspern holt sie ihre hoheitsvolle Maske zurück. »Sobald du selbst in den gehobenen Ringen lebst, wirst du wissen, wovon ich spreche. Wenn du mich kurz entschuldigen würdest? Ich muss Keith zurückrufen.«

Ohne meine Antwort abzuwarten, wendet sie sich ab und verschwindet Richtung Badezimmer. Dem einzigen Bereich im Atelier, der nicht nur von vollgestopften Regalreihen oder Paravents abgegrenzt wird, sondern von echten Wänden.

Irritiert sehe ich ihr nach. Langsam glaube ich wirklich nicht mehr, dass Vain unsere Familie freiwillig verlassen hat. Denn dann hätte sie nie vergessen, ihre Träume mitzunehmen …

»Ah, hier bist du ja.« Luca taucht aus den Tiefen des Ateliers auf. They sieht wieder genauso cool aus wie gestern, gleiche Frisur, anderes Hemd. »Wenn du kurz mitkommen würdest? Es hat mich zwar eine schlaflose Nacht und mehrere Ansätze gekostet, aber das Kleid ist fertig. Und ich glaube, es wird dir gefallen.« They zwinkert mir vielsagend zu.

»Na klar.« Ich bemühe mich um ein Lächeln. »Vielen Dank für deine ganze Arbeit.«

»Bedank dich lieber erst, wenn du es gesehen hast.«

Bevor wir in dem Labyrinth aus Regalen verschwinden, schaue ich noch einmal zurück zum Badezimmer. Die Tür bleibt zu, und ich frage mich, ob Keith gerade einen weiteren Teil meiner Schwester stiehlt.

Jetzt verstehe ich, warum Julverne Luca als aufstrebenden Stern am Modehimmel vorgestellt hat. Wobei ich nicht weiß, wohin Luca weiter aufstreben soll, denn das Kleid ist ein reines Kunstwerk. Es ist noch beeindruckender als auf der Skizze, der dunkelgrüne Rock fließender, die goldenen Silhouetten der Vögel feiner, keine einfachen Applikationen, sondern gewoben aus spezieller Spitze, die sich metallisch schimmernd über die Corsage zieht. So filigran, dass sie beinahe gläsern wirkt. Luca konnte die Vögel sogar alle benennen. Ich habe versucht, mir so viele wie möglich zu merken, allein um meine Gedanken eine Weile abzulenken. Mich mit etwas zu beschäftigen, das meine Nervosität nicht zusätzlich befeuert.

Während ich hinter Nick auf die Rückbank des Citygleiters steige, gehe ich die Vögel wieder durch. Zwei Kolibris auf meiner Hüfte. Laut Luca soll ihr Flügelschlag so schnell gewesen sein, dass man in der Luft nur ein Flirren gesehen hat. In der Mitte der Corsage sitzt ein Eisvogel, eine der buntesten Arten, die in Alt-München heimisch war, dazwischen Spatzen, Opalracken, Purpurnaschvögel, auf Höhe meines Herzens eine Nachtigall. Ihr Gesang soll so schön gewesen sein, dass die Menschen früher ganze Lieder, Gedichte, Fabeln über sie geschrieben haben. Die Vorstellung hat etwas seltsam Tröstliches. Vielleicht weil es beweist, dass die Menschen früher nicht nur zerstören, sondern auch Berührendes erschaffen konnten, frei von Grenzen, die Veritas unsichtbar errichtet hat.

Ich hätte Luca gern gefragt, woher they all diese Dinge weiß, allerdings ist Julverne vorher hereingeplatzt, um über

Schuhe zu diskutieren. Zum Glück konnte sich Luca durchsetzen, so dass ich nicht in die mörderisch hohen Stilettos schlüpfen musste, die Julverne mir andrehen wollte, sondern in filigrane Pumps, die wie eine zweite Haut anliegen. Nichts drückt, zwickt oder rutscht. Perfekt, um ~~wegzurennen~~ einen würdevollen Auftritt hinzulegen.

Kaum dass Nick sitzt, hat er auch schon sein SmartPad in der Hand. Sein Blick wandert über eine Nachricht, die ich aus diesem Winkel nicht lesen kann, dann tippt er selbst etwas ein. Ob er mit Kane schreibt? Oder seiner *alten Bekannten* Kaldirim? Da er so vertieft ist, erlaube ich mir, ihn eingehender zu mustern. Er hat sich verändert. Ich weiß nicht genau, wann es passiert ist, in den letzten Tagen, vielleicht Wochen? Seine Gesichtszüge sind strenger geworden, sein Körper unter dem maßgeschneiderten Anzug muskulöser. Der schwarze Bart ist perfekt getrimmt, genau wie das Haar, das nicht mehr stoppelkurz geschoren, sondern jetzt ein paar Millimeter lang ist, und seine Augen? Vielleicht liegt es an den Kontaktlinsen, vielleicht daran, dass er nach unten sieht, aber sie sind kälter geworden, ernster. Nicht auf die Weise, die mir früher Sicherheit versprochen hat, sondern auf eine, die Übelkeit in mir weckt. Ja, das sind die Augen von jemandem, der auch seine eigene Schwester ausliefern würde, wenn er sie als Liar enttarnt. Weil es in seiner Welt *richtig* wäre.

Ich reiße mich von ihm los und schaue nach draußen. Versuche, mich mit etwas anderem abzulenken. Nicht dass ich viel sehen könnte, denn Paul verdeckt mit seinem Rücken das halbe Fenster. Er wartet sicher auf Julverne, der mit den anderen vorm Ausgang des Wolkenkratzers stehen geblieben ist, um das Briefing ein letztes Mal durchzugehen. Was lächerlich ist. Paps und Vain haben nur einen einzigen Job: gut aussehen. Sie müssen vor Nick und mir über den roten Teppich staksen, sich drinnen ein Glas Champagner nehmen, beim ersten Gong ihre Plätze beziehen und der Show beiwohnen. Das war alles.

Nicks und mein Briefing ist bedeutend länger. Julverne hat genau festgelegt, wie viel Zeit wir auf dem roten Teppich verbringen, in welche Kameras wir lächeln sollen und an welcher Stelle ich mich bei Nick unterhaken soll. Drinnen dürfen wir uns nicht etwa selbst ein Glas nehmen, sondern müssen es uns anreichen lassen, auf den Lippen ein dankbares Lächeln. Denn laut Julverne wurden rund zwanzig Journalists eingeladen, die auch im Inneren des CenTheatres jeden unserer Handgriffe beobachten werden, jeden Schritt - und jede Interaktion mit anderen Menschen. Entsprechend sind wir dazu angehalten, alle Kontakte zu meiden, die für gewisse *Vermutungen* sorgen könnten. Keine zu innigen Umarmungen, keine vertrauten Berührungen und - Veritas, bewahre - keine vielsagenden Blicke, Flirts oder gar *Küsse*. Zum Glück hat Julverne diesen Punkt locker zehn Mal erwähnt, sonst hätte ich mich garantiert gleich vor aller Augen auf Grayson gestürzt, um mit ihm rumzuknutschen.

Bei der Vorstellung stiehlt sich ein verräterisches Prickeln auf meine Haut. *Und wenn ich es wirklich tue?* Ich könnte Grayson gleich im Foyer an mich ziehen, ihn küssen, der ganzen Welt zeigen, dass *wir* das einzig richtige Szenario sind. Damit Irony keine andere Wahl mehr hat, als unsere Namen zu verlesen – oder das Programm als große Shitshow zu outen.

Wie naiv, spöttelt etwas in mir. Es ist der Teil, der in den letzten Wochen Stück für Stück gewachsen ist, der kapiert hat, wie die Dinge wirklich laufen.

Ich schlucke gegen die Bitterkeit an, die in meinem Rachen aufsteigt. Weil ich weiß, dass dieser Teil recht hat. Als ob ein einziger feuriger Kuss das Programm in Frage stellen würde, dessen Image nicht einmal durch das Graffiti der Speakers of Truth angekratzt wurde. Nein, die Zahnräder von Julvernes Marketing-Maschinerie greifen so perfekt ineinander, dass auch ein Kuss-Skandal sang- und klanglos untergehen würde. Vermutlich würde Julverne Irony sofort instruieren, auf der Bühne eine Geschichte zu weben, irgendetwas darüber, dass wahre Liebe mehr ist als das flüchtige Prickeln zwischen jungen Leuten oder so ähnlich.

Die Resignation windet sich in mir wie ein Tier aus der verlorenen Welt. Ich kann dieses Spiel nicht gewinnen. Jedenfalls nicht hier, nicht heute, aber vielleicht ... irgendwann. Genau deshalb muss ich weiter an Julvernes Fäden tanzen, ganz egal, wie tief sie mir ins Fleisch schneiden, wie sehr ich mich verbiegen und verrenken muss.

Paul tritt vom Citygleiter weg. Die Runde um Julverne löst sich gerade auf. Während Paps und Vain zu dem Citygleiter laufen, der vor unserem parkt, kommt Julverne zu uns herüber. Paul öffnet ihm die Beifahrertür.

»Erfreuliche Nachrichten: Bislang liegen wir gut in der Zeit«, verkündet Julverne. »Wir sollten dennoch gleich los, denn angesichts der heutigen Gästeliste müssen wir mit Stau rechnen.«

Stau. Das Wort fühlt sich in dem Kontext falsch an. Menschenmassen können sich stauen, aber Cityleiter?

»Also«, Julverne zückt sein SmartPad, »gehen wir noch einmal alles durch.«

Heiß erwartete Premiere! Kommenden Sonntag dürfen wir uns nicht nur auf die Uraufführung des neuen »Paola Skandi«-Stücks freuen, sondern werden erstmals das neue CenTheatre betreten können. Erbaut an derselben Stelle, an der bis vor über einhundert Jahren die Bayrische Staatsoper stand, bildet es mit seiner originalen Steinfassade einen scharfen Kontrast zu den umliegenden Glasbauten. Architekturschaffende Elena Higgins betont, dass es ihr wichtig war, den historischen Geist des Theaters durch die originalen Bausteine weiterleben zu lassen. Was das Innere des Neubaus betrifft, hält sich Higgins bislang bedeckt und bittet, vor der Premiere von Detailfragen abzusehen. In Anbetracht der Tatsache, dass der neue Zugang ebenerdig ist, können wir jedoch davon ausgehen, dass sich das Innere deutlich von seinem historischen Vorbild unterscheidet. Wir bleiben gespannt!

Archivierte Newsmeldung vom 28.08.2186

KAPITEL 35

Als unser Ziel in Sicht kommt, verliert Julverne auch meinen letzten Rest Aufmerksamkeit. Bereits aus der Ferne weiß ich, dass das CenTheatre das schönste Gebäude ist, das ich jemals betreten werde.

Gerahmt von gläsernen Wolkenkratzen wirkt es wie aus der Zeit gefallen, als hätte es schon immer dort gestanden, ein Fels in der Brandung aller Katastrophen, und obwohl ich weiß, dass es nicht stimmt, dass die Steine in der Fassade zwar alt sind, aber längst neu angeordnet wurden, stiehlt sich ein Prickeln auf meine Haut. Da drinnen treten die größten Darstellenden unserer Zeit auf, geben inmitten beeindruckender Kulissen Monologe zum Besten – und in weniger als einer Stunde stehe ich selbst auf dieser Bühne.

Das Prickeln verflüchtigt sich in einer Welle Nervosität. Ich schiebe meine zitternden Fingerspitzen in die Taschen, die Luca zwischen den vielen Stoffschichten des Rocks versteckt hat, und danke them innerlich für diesen genialen Einfall. Abgesehen davon, dass ich mich so unbemerkt an etwas festklammern kann, passen sowohl mein SmartPad als auch der Lippenstift rein.

Über dem Eingang des Theaters leuchtet ein riesiges Holo-Banner, auf dem Werbung für die heutige Bekanntgabe prangt. Darunter herrscht ein noch größerer Andrang als bei der Ausgabe in Ring Fünf. Ich kann den roten Teppich zwar nicht sehen, aber ich weiß, dass er da ist. Irgendwo zwischen den vielen Journalists, den Kameras, Absperrungen und Menschen.

Es ist immer derselbe Ablauf. Ein Citygleiter hält direkt vor dem Teppich, eine Angestellte öffnet von außen die Tür, die Neuankömmlinge steigen aus – und werden von der Menge verschluckt. Dann folgt der nächste Wagen und der nächste.

Für die Flüchtigkeit eines Moments erhasche ich einen Blick auf fliederfarbenes Zuckerwatte-Haar. Chloe Caparelli. Vielleicht ist das hier wirklich eine Art Theaterpremiere.

Vielleicht sind heute alle mit Rang und Namen eingeladen worden, um den Auftakt mit Champagner und Blitzlichtgewitter zu feiern, bevor die nächsten Bekanntgaben einfach *stattfinden.* Fernab von der Masse, fernab des öffentlichen Interesses.

Auf gewisse Weise ergibt es tatsächlich Sinn, nur eine Sache stört mich: Wo sind die Teilnehmenden, die nicht aus den gehobenen Ringen kommen? Wo sind die Vierer, Fünfer, Sechser, wo sind diejenigen, denen trotz Makeln eine perfekte Partnerschaft versprochen wurde? Entweder sind die gehobenen Ringe dermaßen *ab*gehoben, dass alle Tests gezeigt haben, dass sie nur jemanden ihres Standes akzeptieren würden, oder ... *das Programm ist eine Lüge.* Aber was hätte die Regierung von lauter hübschen Paaren, die in ihrem Kern nicht glücklich sind? Die womöglich noch mehr Sedatium brauchen, um ihre Situation zu ertragen, und die ganz sicher kein erhöhtes Oxytocin, Vasopressin oder gar Vicinatin produzieren werden?

»Maeander.« Julverne hat sich auf dem Vordersitz verrenkt, um mich tadelnd zu mustern. »Gerade sitzen und gedulden«, weist er mich an. »Oder möchten Sie heute Abend ein Foto im Newsfeed sehen, auf dem Sie sich die Nase an einer Fensterscheibe platt drücken?«

»Natürlich nicht, nein.« Ich mime ein entschuldigendes Lächeln und setze mich möglichst aufrecht hin. Ganz die gehorsame Marionette.

»Wir sind die Nächsten«, informiert uns Paul.

Jetzt huscht mein Blick doch noch einmal nach draußen. Wir sind auf Höhe der Presse, deren Stimmen durch die getönten Scheiben dringen. Namen werden wild durcheinander gerufen, manche versuchen mit Pfiffen, die Aufmerksamkeit der Berühmtheiten zu erhaschen, oder lösen ihre Kamera einfach im Dauermodus aus. Dann lässt Paul den Wagen ein Stück weitergleiten, und wir sind dran.

»Bereit?«, fragt Nick von der Seite. Er hat sein SmartPad weggesteckt und mustert mich mit einer Art von Lächeln, das meine Haut wieder prickeln lässt. Unangenehm. Stechend. Ein bisschen angewidert. Weil das nicht mehr das Lächeln meines Bruders ist, sondern das von Taskforceleitendem Nicholas Elking, der das Spiel mit der Presse nach viel zu kurzer Zeit viel zu gut beherrscht.

»Klar«, lüge ich, ehe sich die Angestellte zum Wagen beugt und meine Tür öffnet.

Ab jetzt heißt es, alles geben.

Mit aufgesetztem Lächeln lasse ich mir nach draußen helfen. So. Viele. Kameras. Ich strahle weiter, tue so, als würde ich jeden einzelnen Journalist wahrnehmen, dabei sind alle Menschen zu einer einzigen Masse verschwommen. Ich sehe nur noch Schemen, Farbflecken, Blitzlichter, höre nur noch ein Durcheinander an Stimmen, hin und wieder glaube ich, meinen Namen herauszuhören. Als Nick neben mich tritt und mir seinen Arm anbietet, schiebe ich meinen wie mechanisch darunter. Es fühlt sich an, als wäre ich wirklich eine Marionette, als würde jemand Fremdes meine Fäden ziehen. Ohne es zu wollen, laufe ich los. Ohne es zu wollen, bleibe ich an Nicks Seite, löse mich in den richtigen Momenten, lächle nach links, nach rechts, lege locker eine Hand auf meine Hüfte, um zu posieren, lasse mich wieder von Nick einfangen, schließe zu Paps und Vain auf, die kurz vorm Eingang auf uns warten. Vor einer dunkelroten Fotowand, bedruckt mit dem Logo von PEP und dem V unserer Regierung, ein sich endlos fortsetzendes Muster.

»Mae, Vain, kommt in unsere Mitte!«, sagt Paps, und obwohl er dabei übers ganze Gesicht strahlt, tut es weh. Weil es das erste Mal ist, dass er nicht über meinen Namen stolpert, dass er nicht einmal *versuchen* muss, sich das *Maelein* zu verkneifen.

»Klar«, wiederhole ich, während ich mich mit Vain zwischen ihn und Nick stelle. Kein Dad, keine Cara. Nur wir vier, für die Kameras die perfekte Familie, hinter dem Make-up so viele Schatten, dass mir schlecht wird. Und in diesem einen Augenblick wünsche ich mir, doch alles vergessen zu können, noch mal zurückzugehen, Monate, Jahre, bis an den Punkt, an dem wir wirklich diese Familie waren. An dem wir nichts voreinander verstecken mussten, weder Narben noch Sommersprossen – noch die Wahrheit.

Im Inneren werden wir von klassischer Musik und Champagner begrüßt. Ich lasse mir die alkoholfreie Variante geben, ehe ich an Paps' Arm die drei goldenen Stufen hoch ins Foyer nehme.

Wow. Alles hier ist noch größer, imposanter, luxuriöser als erwartet. Eine Wand aus dunklem Holz trennt das Foyer vom Theatersaal, der noch geschlossen ist, daran hängen in regelmäßigen Abständen HoloBanner. Auf jedem zweiten steht derselbe Schriftzug, »Herzlich willkommen zur ersten Bekanntgabe«, auf den anderen laufen kleine Videosequenzen durch. Ich brauche einen Moment, bis ich verstehe, dass es Aufnahmen aus den Camps sind. Vermutlich keine echten, denn jede der Szenen sieht gestellt aus. Lächelnde Behandelnde bitten lächelnde Teilnehmende in Labore, top trainierte Menschen joggen synchron auf Laufbändern, Fremde prosten einander an üppig gedeckten Tischen zu. Dazwischen werden irgendwelche Forschende an Geräten gezeigt, schwenken Phiolen mit Flüssigkeiten oder betrachten HoloScreens mit leuchtend blauen Hirnscans. Der perfekte Imagefilm, in dem es keine Unfälle gibt. Keine Explosionen und Projektionsschocks, keine Eireens, die nach Hause geschickt werden und von denen man nie wieder hört, keine Prices, die genauso wenig zurückgekehrt sind.

Ich schlucke gegen die Galle an. Paps, Vain und Nick unterhalten sich über den Champagner, während ich einfach mitlaufe.

Der dunkelrote Teppichboden dämpft jeden Schritt. Es gibt mehrere Theken, hinter denen Angestellte Getränke ausschenken, zwei geschwungene Marmortreppen führen hoch auf eine Galerie, von der man Zugang zu den Rängen und Logen hat, und in der Mitte hängt ein Kronleuchter mit Abertausenden schillernder Tropfen. In ihnen spiegeln sich die vielen eleganten Abendkleider der Anwesenden, die schönen Gesichter, die glänzenden Haare.

»Gute Neuigkeiten.« Julverne stößt so plötzlich zu uns, dass ich zusammenzucke. Kann er nicht jemand anderem auf die Nerven gehen? »Das DailyMag hat Sie beide soeben für seine kommende Liveshow angefragt.« Sein Blick pendelt enthusiastisch von Nick zu mir. »Allem voran soll es um

Ihre Erfahrungen mit dem Programm gehen sowie um die ersten gemeinsamen Tage. Ihre künftigen Partnerpersonen sind entsprechend ebenfalls eingeladen. Wenn Sie mich fragen, eine perfekte Gelegenheit, um im Gespräch zu bleiben und den Grundstein für weitere Shows und Interviews zu legen.«

Ich beiße mir auf die Zunge. Bevor ich Julverne an den Kopf werfen kann, dass ihn keiner nach seiner Meinung gefragt oder gar darum gebeten hat, uns an irgendein Klatschmagazin zu verkaufen.

»Das DailyMag?!« Natürlich ist es Paps, der sich zuerst von Julvernes Enthusiasmus anstecken lässt. »Mädchen, wisst ihr noch?! Damals? Vain, du hast den VisionScreen immer pünktlich eingeschaltet, denn du hast diese Show *geliebt*, vor allem die Moderierende Cynthia Warren mit ihren selbst designten Kleidern, und Mae, du hast immer auf den Part mit den Quizfragen gewartet.«

Aber auch nur, weil er am Ende kam, was hieß, dass es bald vorbei war, und alle paar Wochen ganz spannende Fakten dabei waren, erwidere ich lautlos, während ich nicke und lächle und mir ein weiteres »Klar« abringe. Ob Julverne was dagegen hätte, wenn ich Vain meinen Platz in der Show anbieten würde?

»Eine Familientradition, die sich mit dem DailyMag verbinden lässt, phantastisch!« In Julvernes Augen leuchtet die Freude darüber, gerade eine neue Story entdeckt zu haben, die ich schon jetzt hasse. »Cynthia wird begeistert sein. Wenn Sie nichts dagegen haben, würde ich den kommenden Freitag gleich in Ihren Terminen notieren.«

Schlimm genug, dass Julverne *meine* Termine im Blick hat, aber da Nick zusagt, spiele ich mit. Dann sitze ich also in vier Tagen in einem Studio, plaudere mit einer Moderierenden über meine Gefühle und halte Händchen mit ... *Grayson*? Allein bei der Vorstellung, er könnte dort an meiner Seite sitzen und Nick müsste so tun, als wäre es in Ordnung, zucken meine Mundwinkel wirklich nach oben.

Während die anderen weiter über Cynthia und das DailyMag plaudern, halte ich Ausschau nach meinen Freunden. Oder überhaupt nach einem Gesicht, das ich nicht nur aus dem Newsfeed oder VisionScreen kenne. Einmal glaube ich, kirschrote Locken zu sehen, ein Blinzeln später sind sie verschwunden. Gut, der Theatersaal fasst über eintausend Menschen, und inzwischen tummeln sich sicher bereits mehrere hundert im Foyer. Andererseits wurden aus meinem Freundeskreis alle eingeladen, Therese, Loyd, Ashan, Lucinda, Jamar und ich, dann noch Grayson, Kira - natürlich, mit wem sonst sollte Nick das Programm verlassen? - und Firn. Pierre und Chloe habe ich draußen auf dem roten Teppich gesehen, und wenn ich mich nicht täusche, ist Lace eben hinter mir entlanggelaufen. Zumindest klang es verdächtig nach ihrem Lachen. Trotzdem stoße ich gerade nur auf fremde Gesichter und gebe schließlich auf.

»... ganz sicher blendend aussehen«, schnappe ich einen Satz von Julverne auf. Paps nickt in eifriger Zustimmung, Vain erzählt irgendetwas von ihrem Sohn Leopold, und ich habe keinen blassen Schimmer, worum es geht.

Ich versuche, wenigstens mit meiner Mimik am Gespräch teilzunehmen, ehe meine Aufmerksamkeit wieder abschweift. Erst als mein Blick an einem Typ mit aschgrauen Haaren hängen bleibt, wird mir bewusst, dass ich nicht eine Sekunde ernsthaft nach Therese oder Jamar oder Lucinda gesucht habe.

Der Typ dreht sich um – und es ist nicht Grayson.

Der Geschmack von Enttäuschung breitet sich in mir aus. Aber er *muss* hier sein, richtig?

Ein Gong schallt durch das Foyer. Die Türen des Saals werden geöffnet, und über uns verkündet AISS: »Sehr geehrte Anwesende. Die Bekanntgabe der Ergebnisse des ersten Partner Evaluation Programs wird in Kürze beginnen. Bitte begeben Sie sich jetzt auf Ihre Plätze.«

KAPITEL 36

Ich habe meinen Arm locker unter Nicks geschoben. Eine Geste, die zwar nicht in Julvernes Drehbuch stand, aber ich weiß, dass sie ihm gefallen wird. Abgesehen davon hilft sie mir, mich nicht in meiner Faszination zu verlieren und einfach auf dem Mittelgang stehen zu bleiben. Dem überaus *breiten* Mittelgang.

In unserem Theater in Ring Fünf ist es jedes Mal ein Kampf, an seinen Platz zu kommen, denn alles ist eng und schmal und unbequem. Hier gibt es in jeder Reihe genug Raum, um die Beine ausstrecken zu können – oder andere Gäste vorbeizulassen, ohne sich förmlich zusammenfalten zu müssen. Außerdem sind die Sitzreihen stufenförmig angeordnet, so dass man selbst von hinten gut sehen kann, die Sessel sind nicht aus Plastik, sondern dunkelrot gepolstert, und die Bühne? Obwohl der Großteil von einem schwer wirkenden Vorhang verhüllt wird, lässt sich ihr enormes Ausmaß anhand der Breite erahnen. So viel Platz für teure Bühnenbilder, ein großes Ensemble, atemberaubende Choreographien – oder Irony James, die gleich dort oben stehen und uns paarweise zu sich rufen wird. Was für eine Verschwendung.

Als Paps und Vain bei der zweiten Reihe abbiegen, würde ich ihnen am liebsten folgen. Aber mein Platz ist an Nicks Seite, erste Reihe, mittig, direkt an der Bühne. Damit uns die Journalists auch wirklich die ganze Zeit im Blick behalten können. Oder wie Julverne im Wagen noch mal so liebevoll erklärt hat: *Spätestens ab dem Moment, in dem Sie den Saal betreten, wird die Presse jeden Ihrer Schritte bewerten, jede Geste, jede Mimik, also vergessen Sie nicht, zu lächeln. Immer. Schön. Lächeln.*

Auch wenn sich allein bei dem Wort »Lächeln« allmählich mein Brechreiz meldet, hat er recht. Der Saal ist noch keine zehn Minuten offen, und schon jetzt haben sich am Rand die ersten Journalists eingefunden. Manche checken ihr Equipment, andere machen Testfotos oder versuchen, einen besseren Platz zu ergattern. Ich tue so, als würde ich sie nicht bemerken, ziehe elegant meinen Arm aus Nicks, schenke ihm natürlich ein Lächeln und wende mich meinem Sessel zu. Immerhin sitzen Paps und Vain direkt hinter uns. Ich schnappe auf, wie Paps etwas über die »einzigartige Atmosphäre« sagt, dann gleitet mein Blick über die beiden hinweg, die Reihen hoch, durchkämmt erneut die Menge. Dieses Mal finde ich Therese auf Anhieb. Sie sitzt ungefähr zehn Reihen weiter hinten und sieht phantastisch aus.

Als Therese mich ebenfalls entdeckt, grinst sie breit und winkt mit solchem Enthusiasmus, dass ich nicht anders kann, als meine Hand zu heben. Mein Fake-Lächeln fühlt sich sofort eine Spur wärmer an. Aus den Augenwinkeln sehe ich, wie auch der Rest ihrer Familie die Reihe betritt. Tante Rose, dahinter ihr Mann Peter und schließlich Grayson. Als wären unsere Blicke Magnete, ziehen sie einander an, prallen mit einer Heftigkeit aufeinander, die meinen Herzschlag taumeln lässt. *Kein anderes Richtig. Kein anderes Perfekt.* Ich will diesen Moment einfrieren, das Gefühl inhalieren, aber dann lenkt Rose meine Aufmerksamkeit auf sich. Sie winkt mir lächelnd zu, und erst jetzt merke ich, dass ich meine Hand immer noch gehoben habe. Ich erwidere ihren Gruß, als Nick mich an der Schulter berührt.

Damit ist der Moment endgültig zerbrochen.

Ich unterdrücke einen Seufzer und wende ich mich ihm zu. »Entschuldige, ich wollte nur Therese ...«

»Ich muss kurz weg«, fällt er mir ins Wort. Obwohl er so tut, als würde er mich dabei ansehen, gleitet sein Blick an mir vorbei. »Sollte Julverne fragen, wo ich bin, sag ihm, dass ich kurz etwas mit Re... Präsidierendem Kane besprechen muss. Dauert nicht lange.«

Wollte er Kane gerade beim *Vornamen* nennen? Und seit wann ist dieses charismatische Arschloch überhaupt hier? Ich öffne den Mund, um etwas zu sagen, aber Nick ist bereits an mir vorbeigelaufen. Ich fahre herum und sehe ihm nach. Mit zielstrebigen Schritten geht er ans andere Ende der Reihe, hält an der Wand neben der Bühne inne – und öffnet eine Tür. Als wäre er nicht zum ersten Mal hier, verschwindet er im Dunklen, die Tür fällt zu, und mein Bruder ist weg.

Irritiert starre ich auf die Stelle, bis mir einfällt, dass ich immer noch in der ersten Reihe des verfluchten CenTheatres stehe, nur einen Steinwurf von etlichen Journalists entfernt. Ich versuche, jede Irritation von meinem Gesicht zu wischen. Meine Schultern zu lockern. Selbstverständnis auszustrahlen.

Jemand steuert mit federleichtem Gang auf mich zu. Chloe Caparelli. Sie trägt wieder ein Kleid, das einer Fae würdig wäre, hauchzarter Stoff, der Rock aus mehreren flatternden Lagen, Ärmelchen, die auf ihren Schultern tanzen.

»Maeander.« Ihr Lächeln ist umwerfend. Sie greift nach meinen Oberarmen, obwohl es sich so anfühlt, als würde sie mich kaum berühren, und begrüßt mich mit zwei gehauchten Wangenküssen.

Ich mache reflexartig mit, auch wenn wir uns bislang nur zweimal gesehen haben: bei der Generalprobe für Nicks Vereidigung und auf der Vereidigung selbst. Sollte sie Blessuren von dem Anschlag der Speakers of Truth davongetragen haben, wurden sie genauso überschminkt wie meine Narben – oder bereits angeglichen.

»Sieht aus, als würden wir nebeneinandersitzen«, sagt sie und nickt zu den freien Plätzen.

Erst jetzt fallen mir die kleinen HoloScreens auf, die in die Rückenlehne eingelassen wurden. Goldener Hintergrund, darauf die Sitznummer und der jeweilige Name. Hier wird wirklich nichts dem Zufall überlassen.

»Sieht so aus«, wiederhole ich nur.

Wir tauschen noch ein paar höfliche Worte, bis ein zweiter Gong ertönt und wir uns setzen. Obwohl das Polster bequem ist, weiß ich jetzt schon, dass ich mich keine Sekunde lang entspannen werde.

Während sich Chloe mit der Person auf ihrer anderen

Seite unterhält, schaue ich zurück zu der Tür, hinter der Nick eben verschwunden ist. Was kann er jetzt noch so Wichtiges mit Kane zu besprechen haben? Eigentlich kann es nur um die Bekanntgabe geben, oder? Versucht er vielleicht, seine Beziehungen zu nutzen, um den Ausgang zu manipulieren? Die Vorstellung jagt winzig kleine Eisnadeln in meinen Nacken. Ich will nicht glauben, dass Nick zu so etwas fähig wäre, aber da sind immer noch seine Worte auf dem Dach ...

Jemand schiebt sich in mein Sichtfeld. Eine Aufsehende, die sich direkt vor der Tür postiert. Ernste Miene, graue Uniform, sie ist wie ein Schatten, ein Teil des Inventars, den ich vermutlich übersehen hätte, wäre ich gerade nicht so auf den Bereich konzentriert gewesen.

Ich löse meine Aufmerksamkeit von ihr, um nach weiteren Schatten Ausschau zu halten. Da ist noch ein Aufsehender, versteckt zwischen den Journalists am Rand, und noch einer und noch eine. Je länger ich danach suche, desto mehr graue Schatten fallen mir auf. Die meisten haben sich am Rand postiert, ein paar sitzen im Publikum verstreut.

Stück für Stück breiten sich die Eisnadeln auf meiner Haut aus, stechen auf meiner Wirbelsäule, in meinen Schultern. Vor einer Aufsehenden sitzt Samson Kane, der Platz daneben ist vermutlich für seinen Mann reserviert, ein Stück weiter mache ich Pierre aus, hinter ihm seinen Onkel Frankie Skyler, ich sehe Loyd und seine Eltern, die beide an der Silver University unterrichten, auch Chloes Moms haben inzwischen ihre Plätze bezogen, die steinreichen Inhabenden von Caparelli Cosmetics, und die Liste lässt sich endlos fortsetzen.

Allmählich sickert die Erkenntnis in meinen Verstand, *wie* groß dieser Abend wirklich ist. Wie viele wichtige Leute unter einem Dach versammelt sind. Wie viel Schaden die Speakers of Truth anrichten könnten, wenn sie heute noch mal zuschlagen. Denn egal, was ihre wahren Absichten im Parlament waren: Es wird ihnen sicher nicht gefallen haben, dass man ihr Graffiti totgeschwiegen hat. Dass absolut niemand öffentlich das Programm kritisiert oder auch nur hinterfragt hat. Vielleicht spricht Nick deshalb mit Kane? Als künftiger Taskforceleitender, der einen letzten Sicherheitscheck machen möchte? Ich weiß nicht, welche Option mir lieber wäre.

Auf einmal fühlt sich mein Sitz noch unbequemer an. Neben dem Haupteingang gibt es sechs weitere Türen mit »Exit«-Kennzeichnung. Außerdem ist die Decke des Saals zwar kuppelartig gebaut, aber sie ist aus massivem Material, bemalt mit einem Fresko. Kein Glas, keine Chance, sich unbemerkt über unseren Köpfen abzuseilen. Trotzdem ist da dieses ungute Gefühl in meiner Magengegend, das ich mit aller Kraft zu verdrängen versuche.

»Maelein?« Paps berührt mich an der Schulter. Er hat sich aus seiner Reihe zu mir nach vorne gebeugt und senkt die Stimme zu einem aufgeregten Wispern. »Dieser hübsche Mann da hinten, der mit den braunen Locken, ist das nicht der Ehepartner von Liv Evans?«

Ich folge seinem Blick und nicke. »Glaube schon.«

»Findest du nicht, dass ihm dieser Anzug absolut fabelhaft steht? Und seine Haare liegen so perfekt.« Auch wenn Paps sich bemüht, seine Begeisterung unter Kontrolle zu halten, schwappt sie aus jeder Silbe. »Falls er nachher mit Liv Evans zusammensteht, vielleicht könntest du mich vorstellen? Ich muss unbedingt wissen, wie er diesen Glanz hinbekommt.« Er fährt sich über seine eigenen Locken, die dank des Stylingteams super sitzen. Auf seinem Gesicht ein solch unverfälschtes Strahlen, dass es schmerzt.

»Klar«, erwidere ich. Dabei würde ich Paps am liebsten zurück nach Ring Fünf schicken, zurück zu Cara und den Menschen, die ihn auch ohne all dieses Make-up akzeptieren, zurück in das Haus, bei dem nicht jeder Zentimeter von Aufsehenden bewacht werden muss.

Ein dritter Gong zerschneidet das allgegenwärtige Gerede, gefolgt von AISS Stimme. »Liebe Anwesende, bitte nehmen Sie jetzt Ihre Plätze ein.« Ihr Säuseln klingt eine Spur nachdrücklicher als bei der ersten Aufforderung.

Während sich die Gruppen auf den Gängen auflösen, eilt Julverne herbei. Schade. Einen kurzen Moment habe ich gehofft, er würde sich erst nach der Bekanntgabe wieder auf uns stürzen. Oder vielmehr auf mich, denn von Nick ist immer noch keine Spur zu sehen.

»Maeander.« Julverne mimt ein Lächeln, nur in den Falten auf seiner sonst aalglatten Stirn versteckt sich Besorgnis. »Ihrem Bruder ist doch wohl bewusst ...«

»Dass es jeden Moment losgeht? Natürlich.«

Ich zucke zusammen, denn die Antwort kommt von der anderen Seite. Keine Ahnung, wo Nick so plötzlich hergekommen ist. Die Aufsehende steht jedenfalls immer noch vor der versteckten Tür, und ich könnte schwören, dass sie sich keinen Zentimeter bewegt hat. Andererseits sind wir in einem Theater. Sicher gibt es um die Bühne herum etliche verzweigte Gänge, damit die Darstellenden zur richtigen Zeit am richtigen Ort sein können.

»Ah, Nicholas.« Die Falten auf Julvernes Stirn schwinden. »Hervorragendes Timing! Hier.« Er drückt Nick etwas in die Finger. Es ist so klein, dass es vollständig in seiner Faust verschwindet, keine Chance, etwas zu erkennen.

Ehe Nick etwas erwidern kann, ertönt ein Tusch, ein akustischer Blitz, der durch meinen Körper schießt und jede Faser elektrisiert, jedes Härchen aufstellt. Noch während er nachhallt, setzt klassische Musik ein, ein monumentales Stück, das den Eindruck einer großen Premiere verstärkt.

Ohne weitere Worte huscht Julverne davon, während Nick sich neben mich setzt. Keinen Atemzug später wird das Licht im Saal gedimmt. Ich sehe gerade noch, wie Nick den Gegenstand in seiner Hosentasche verschwinden lässt, bevor seine Konturen in der Dunkelheit verschwimmen.

Mir haben noch nie so viele Fragen auf der Zunge gebrannt wie jetzt, es fühlt sich fast an wie mit Veritas, quälende Hitze, die danach verlangt, die Worte auszuspucken. Dabei weiß ich mit vernichtender Gewissheit, dass ich mir die Mühe sparen kann. Ja, die Zeiten, in denen ich daran geglaubt habe, Nick lesen zu können wie ein offenes Buch, sind offiziell vorbei.

Die Musik schwillt an. Irgendwie schafft sie es, sich unter meine Haut zu stehlen, mein Herz schneller schlagen zu lassen, es dazu zu motivieren, dem Takt nachzujagen. Ob Therese weiß, was das für ein Stück ist? Garantiert. Ich widerstehe dem Drang, mich nach ihr oder Grayson umzusehen, zumal die beiden sicher genauso in der Dunkelheit versunken sind wie der Rest. Stattdessen schaue ich zur Bühne. Warte darauf, dass sich der schwere Vorhang hebt – bis er einfach *verschwindet*. Als hätte er sich in Luft aufgelöst.

Ich bilde mir ein, Paps überrascht nach Luft schnappen zu hören, allerdings scheinen er und ich die Einzigen zu sein. Dann blitzt etwas auf der Bühne auf, und ich verstehe die Konstruktion. Das, was ich bis gerade für einen Vorhang gehalten habe, ist ein gigantischer HoloScreen. Jetzt dreht sich in der Mitte das Logo des Programms, so animiert, dass es aussieht, als würde es in der Luft schweben. Glänzendes Kupfer, zwei sich überkreuzende Ringe, die mit jeder gespielten Note langsamer werden. Am Ende zerspringen sie begleitet von einem zweiten Tusch und werden durch eine Videosequenz ersetzt. Es ist die Szene aus dem Labor, die schon draußen über die HoloScreens gelaufen ist.

»Neunzig Camps«, ertönt eine angenehm tiefe Stimme aus dem Off. »Über sechstausend Teilnehmende.« Szenenwechsel zum Speisesaal. »Mehr als siebenhunderttausend durchgeführte Tests.« Szenenwechsel in ein anderes Labor. »Milliarden gesammelte Daten.« Szenenwechsel zu den Forschenden mit den Hirnscans. »Ein Algorithmus.« Szenenwechsel zu Bildern, die ich noch nicht kenne. Ein fremdes Paar in Nahaufnahme, intensive Blicke, ein zärtliches Streicheln über die Wange, ein Vorbeugen. Ehe sich ihre Lippen berühren, erscheint das nächste Paar, ähnlicher Aufnahmewinkel, ähnlich intensive Blicke, wieder ein Vorbeugen. Die Sequenzen wechseln immer schneller mit den verschiedensten Paaren, bis keins länger als ein paar Millisekunden zu sehen ist. Bis die Musik wieder auf dem Höhepunkt ist und die Stimme darüber hinweghallt. »Herzlich willkommen zum Partner Evaluation Program!« Die aktuelle Szene friert ein, wird transparent, und dann betritt jemand im Hintergrund die Bühne.

»Guten Abend, Sestiby!« Es ist Irony James, die nicht mehr braucht als diese drei Wörter.

Sofort brandet Applaus durch den Saal, und meine Hände schließen sich automatisch an. Irony ist wie gewohnt eine Erscheinung, die alles überstrahlt. Ihre Haare wurden nicht nur geglättet, sondern um gute dreißig Zentimeter verlängert, so dass sie ihr bis zur Hüfte reichen. Heute trägt sie einen schicken Jumpsuit, der die gleiche Farbe hat wie ihre Korallencreolen. Ihr Lächeln sitzt, ihr Gang ist selbstsicher. Unter Applaus schreitet sie auf den Rand der Bühne zu, und als sie die Arme zu beiden Seiten ausstreckt, öffnet sich der HoloScreen vor ihr. Er gleitet über unsichtbare Schienen, bis er einen Rahmen für das Geschehen bildet. Das Bild des fremden Paars ist inzwischen verschwunden, dafür prangt links wieder das Logo des Programms, rechts das unserer Regierung.

»Guten Abend, guten Abend!«, wiederholt Irony, die mittig zwischen den Screens stehen geblieben ist. »Was für ein großartiger Empfang für einen solch großartigen Anlass!«

Obwohl die Ausstattung auf der Bühne minimalistisch ist, ahne ich, wie viel Konzept dahintersteckt. Im Hintergrund hängen dunkelrote Tücher – die Farbe des Programms –, davor steht eine überdimensionale Skulptur des Logos. So dürfte sichergestellt sein, dass das Branding auf jedem Foto zu sehen ist, das die Journalists heute schießen. Ansonsten gibt es nur noch drei farblich passende Sessel und einen Beistelltisch mit Wassergläsern.

Innerlich stöhne ich auf, die Nervosität zerrt jetzt förmlich an meiner Magenwand. Können wir nicht einfach zu dem Part springen, an dem Irony die Namen verliest?! Kein Mensch braucht jetzt noch Gäste, die in Sesseln sitzen und reden.

Der Applaus ist verebbt, und Irony geht ganz in ihrer Rolle als Moderierende auf. Sie wiederholt die Fakten aus dem Einführungsfilm, holt sich den Applaus an den richtigen Stellen zurück, dann deutet sie auf die Sessel und verkündet das, was ich bereits befürchtet habe: »Bevor wir die ersten Teilnehmenden auf die Bühne bitten, habe ich es mir erlaubt, zwei Gäste einzuladen, die sie alle kennen! Sie sind die brillanten Köpfe hinter diesem Programm, der Grund, warum wir heute hier sein dürfen. Bitte begrüßen Sie mit mir Präsidierenden Reid Kane und die CEO von Eternity Inc.: Behandelnde Liv Evans!«

Erneut brandet Beifall auf. Die Logos auf dem HoloScreen verziehen sich in die Ecke, um Platz für eine Liveübertragung aus dem Saal zu machen. Kane hat sich aus der ersten Reihe erhoben – keine Ahnung, wann er den Platz neben Samson bezogen hat –, genau wie Liv, die ihren Arm jetzt unter seinen schiebt.

Ich drehe mich zur Seite, um die Szene mit eigenen Augen zu beobachten. Theoretisch. Praktisch hält die Realität weniger Details bereit als die Aufnahmen da oben auf der Bühne. Also schaue ich zurück zu den Screens, registriere

Livs übertrieben breites Lächeln und Kanes intensiven Blick. Seine Augen wirken eine Nuance heller als sonst, eher Stahl- als Nachtblau.

Die beiden gehen zur Treppe auf der rechten Seite und betreten die Bühne. Es folgt das übliche Geplänkel, das garantiert einstudiert ist und trotzdem spontan wirkt. Gehauchte Luftküsse, die wiederholte Bekundung, wie großartig es ist, dieses Event zelebrieren zu können, dann nehmen sie endlich auf den Sesseln Platz.

»Nun, Präsidierender Kane«, Irony überschlägt die Beine, »als Deliah Fallon vor fünf Wochen verkündet hat, Sie würden ihre Nachfolge antreten, hätte wohl keiner von uns damit gerechnet, Sie heute Abend hier oben zu sehen. Zumindest nicht als Leitender des Partnerschaftssektors.«

»Nun, was soll ich sagen? Diese Aufgabe ist mir wohl ein bisschen zu sehr ans Herz gewachsen.« Kane gibt ein Lachen von sich, das Irony und Liv verhaltener spiegeln. »Ich meine, als ich 2294 meine Zusatzausbildung unter Abgeordneter Mannig angetreten habe, war das Partner Evaluation Program das erste Projekt, bei dem mir Verantwortung übergeben würde. Aus Sicherheitsgründen werde ich hier keine Details preisgeben, doch die Forschung hat mich vom ersten Tag an fasziniert, und die Tatsache, dass wir hier und heute den Abschluss des ersten vollständigen Durchgangs feiern dürfen, erfüllt mein Herz mit unbeschreiblichem Stolz.«

»Also werden Sie die Leitung über den Sektor noch eine Weile behalten?«, neckt Irony, wobei ich glaube, eine gewisse Angriffslust rauszuhören.

»Oh, ich wünschte, ich hätte die Kapazitäten.« Kane

schmunzelt. »Doch bedauerlicherweise lassen sich meine neuen Verantwortlichkeiten nicht auf Dauer mit den alten verbinden. Entsprechend werde ich die Leitung bereits zum ersten Juli abgeben.«

Irony ist nicht die Einzige, die überrascht wirkt. Während Liv die Stirn runzelt, erfüllt Gemurmel den Saal. Hinter mir höre ich Paps wispern: »Ein neues Parlamentsmitglied?«, Vain flüstert zurück: »Anscheinend.«

Es können nur Sekunden sein, bis Irony die Überkreuzung ihrer Beine wechselt und ihr professionelles Strahlen wiederfindet. »Nun, Präsidierender, ich denke, das müssen Sie uns näher erklären.«

Etwas sagt mir, dass dieser Teil nicht geplant war und dass Kane es auf perfide Weise genießt. Klar. Seine ganze Existenz basiert darauf, mehr zu wissen als andere, und es muss ihm diabolische Freude bereiten, dem Fußvolk ab und zu ein paar Krumen hinzuwerfen.

»Bitte sehen Sie es mir nach, wenn ich noch keine Details verraten kann«, ein entschuldigendes Schmunzeln Richtung Publikum, »allerdings haben wir eine Kandidatin gefunden, die alles mitbringt, was wir von einer Abgeordneten des Partnerschaftssektors erwarten. Entsprechend bin ich guter Dinge, dass wir schon bald eine offizielle Mitteilung zur Neubesetzung herausgeben können.«

»Heißt das etwa, uns steht schon bald das nächste große Event bevor?«, flötet Irony, die wieder ganz zurück in ihre Rolle gefunden hat.

»Oh, ich möchte hier keine falschen Versprechungen machen«, antwortet Kane mit rauem Lachen. *Seit wann?*

»Selbstverständlich wird es eine Vereidigung geben, der genaue Rahmen wird allerdings erst nach Unterzeichnung der Verträge festgelegt. Doch wenn ich mir unsere Gäste heute Abend so anschaue, glaube ich, uns stehen in nächster Zeit ohnehin einige große Events bevor.«

»Das nenne ich mal eine perfekte Überleitung.« Irony greift den Themenwechsel bereitwillig auf. »Liv.« Ein geteiltes Lächeln unter Frauen, die einander schon länger kennen. »Die meisten hier kennen Sie als Founder und CEO von Eternity Inc., außerdem haben Sie selbst an der Entstehung des Programms mitgewirkt. Wollen Sie uns vielleicht verraten, auf wie viele Hochzeiten wir uns in der nächsten Zeit voraussichtlich freuen dürfen?«

»Natürlich«, erwidert Liv. Sie wirkt weniger streng als im Camp, ihre Gesichtszüge weicher. Vielleicht liegt es an dem Make-up oder daran, dass sie ihre Haare zum ersten Mal offen trägt. Weiche blonde Locken, von denen sie sich jetzt eine hinters Ohr streicht. »Im Intro haben wir bereits gehört, dass es mehr als sechstausend junge Menschen gibt, die an unserem Programm teilgenommen haben. Mit Hilfe der Untersuchungsergebnisse konnten daraus insgesamt dreitausendelf perfekte Partnerschaften errechnet werden.«

»Dreitausendelf!«, wiederholt Irony enthusiastisch. »Das klingt ganz so, als hätten die Trauenden in Sestiby demnächst alle Hände voll zu tun.«

»Oh, das haben sie, allerdings sollten wir das Ehegesetz nicht vergessen.« Kane holt sich nahtlos das Wort zurück. »Im Rahmen des Programms haben wir es um eine Passage erweitert, die es Personen aus Zyklus J8 erlaubt hat, trotz der Überschreitung des 21. Lebensjahres teilzunehmen. Die grundlegenden Klauseln haben sich jedoch nicht verändert. Soll bedeuten, jüngere Paare haben noch eine ganze Weile Zeit, einen Termin festzulegen, manche gar bis März 2309.«

»Oder in anderen Worten: Im besten Falle stehen uns drei Jahre voller spektakulärer Hochzeiten bevor«, erwidert Irony, als wären wir hier beim DailyMag. »Also gut, wenn wir schon über die nächsten Jahre reden: Wie sieht es mit der Zukunft des Partner Evaluation Programs aus? Seit der Ankündigung haben uns vor allem Nachrichten von jungen Menschen erreicht, die wissen wollen, ab wann sie sich für den nächsten Zyklus registrieren können.«

»Wow.« Kane tut so, als würde er zum ersten Mal davon hören, dabei bin ich mir sicher, dass wir wieder beim einstudierten Part sind. »Ich freue mich, dass das Programm bereits jetzt auf dermaßen große Begeisterung stößt, allerdings müssen sich die nächsten Zyklen noch etwas gedulden.« Er übergibt zurück an unsere Betreuende. »Liv.«

»Richtig. Wie Sie alle wissen, basiert unser Programm auf modernster Forschung.« Liv hat genau denselben Tonfall drauf wie bei unserem ersten Treffen. Kühl. Kompetent. »Bei der Festlegung von Intervallgröße und -länge wurden zahlreiche Parameter analysiert, die stärkste Gewichtung haben wir dabei der individuellen Erfolgschance eingeräumt, Effizienz und Wirtschaftlichkeit standen an nächster Stelle. Auf Basis dieser Ergebnisse haben wir für den ersten Durchlauf vier Zyklen eingeladen und einen Testraum von acht Wochen angesetzt«, erklärt sie. »Nun lebt Forschung jedoch von Analyse und Anpassung. Dank der aus den Camps gewonnen Daten konnten wir die Modelle neu bewerten, und bevor ich mich noch länger in Erklärungen verliere, mache ich es kurz: Der nächste Durchlauf wird im April 2309 beginnen. Dann mit den Zyklen N8 bis P8.«

»Haben Sie das gehört, liebe Zuschauende!« Irony strahlt übers ganze Gesicht. »Im April 2309 geht das Partner Evaluation Program in die nächste Runde!«

Frenetischer Beifall bricht sich Bahn. Ich mustere Nick von der Seite, versuche, hinter seine Maske zu schauen, aber er lässt mich nicht rein. Dabei muss er doch merken, was das für eine Farce ist. In drei Jahren wird Eireen zweiundzwanzig, und auch diejenigen, die nach der Vereidigung nicht zurückgekommen sind, dürften dann zu alt sein, um am Programm teilzunehmen. Ich würde gern an eine weitere Sonderklausel glauben – aber dann müsste Kane öffentlich zugeben, dass in diesem Intervall nicht alles glattgegangen ist. Der Kane, der es sogar geschafft hat, die Todesopfer eines Anschlags zu vertuschen. Nein, Eireen wird keine zweite Chance bekommen, was heißt, dass sie in Ring Sieben landen wird. Genau wie diejenigen, für die im Rahmen des Programms niemand gefunden wurde. Noch ein Thema, über das heute Abend keiner sprechen wird.

Nachdem sich der Applaus gelegt hat, lassen Kane, Irony und Liv die letzten Wochen Revue passieren, heben dabei die *innovativen Testverfahren* hervor und befeuern allgemein den Wunsch, endlich zum Ende zu kommen. Ich würde gähnen, wäre die Nervosität nicht drauf und dran, sich durch meinen ganzen Körper zu fressen. Erst als Irony aufsteht, höre ich wieder zu.

»… eine große Ehre«, sagt sie, während sich auch Kane und Liv erheben. »Vielen Dank für Ihre Zeit und diese spannenden Einblicke.« Sie schüttelt den beiden die Hand, dann weist sie ihnen den Weg von der Bühne. »Präsidierender Reid Kane und Behandelnde Liv Evans, liebes Publikum!«, begleitet Irony den Abgang, und der nächste Applaus brandet auf.

Ich schlag die Hände mechanisch ineinander, während die Kameras Liv und Kane zurück zu ihren Plätzen folgen. Es wird noch gezeigt, wie Kane Samson einen Kuss auf die Wange haucht und wie Liv ihre Hand mit der ihres Ehemanns verschränkt. Dann ist ihr Auftritt vorbei.

Jetzt wird es ernst.

KAPITEL 37

Die HoloScreens schließen sich wieder. Genau im richtigen Tempo, damit Irony noch zwischen ihnen hindurchgehen kann. Am vorderen Rand der Bühne bleibt sie stehen und lässt den Blick durch den Saal schweifen.

»Gleich ist es also so weit.« Ihre Stimme klingt ergriffen. »In wenigen Minuten werde ich die ersten fünf Paare verkünden, die das Programm gemeinsam verlassen werden.«

Wo vorhin noch Beifall war, herrscht auf einmal gebannte Stille. Nur mein Herz pocht zu schnell und zu laut gegen meinen Brustkorb. Kann sie nicht einfach *anfangen*?

»Sobald ich einen Namen aufgerufen habe, bitte ich die entsprechende Person, zu mir auf die Bühne zu kommen.« Irony geht zur Erklärung des Ablaufs über. »Möglicherweise sehen Sie Ihre Partnerperson heute zum ersten Mal, vielleicht kennen Sie einander aus dem Camp, der Schule, dem Alltag. Doch ganz gleich, welche Geschichte Sie verbinden mag: Lassen Sie sich darauf ein. Machen Sie sich bewusst, welch großartige Chance vor Ihnen steht, und blicken Sie gemeinsam in die Zukunft.«

Oder um es mit Julvernes Worten zu sagen: *Immer schön lächeln.* Selbst wenn man seinem Gegenüber am liebsten auf die Schuhe kotzen würde. Wobei, vermutlich wird Sedatium dafür sorgen, dass alle ihre Wahl mit betäubtem Herzen akzeptieren, selbst wenn es aus einer gemeinsamen Vergangenheit Wunden davongetragen haben sollte.

»Sobald alle Paare hier oben stehen, werde ich Ihnen als Zeichen Ihrer Verbundenheit einen solchen Anstecker verleihen.« Irony holt etwas aus ihrer Hosentasche. Die Kamera zoomt heran. Ein kleiner Kupferstecker mit dem Logo von PEP. *Wie kreativ.* »Er soll Sie stets daran erinnern, dass Ihre Liebe von Anfang an dazu bestimmt war, zu etwas Großartigem zu wachsen.« Sie schließt die Finger um den Stecker, legt sie auf ihr Herz und schaut ein weiteres Mal im Saal umher. »Nun dann.« Sie nickt, und die Wand aus HoloScreens bricht wieder auf.

Das Logo ist noch da, nur Sessel und Beistelltisch sind verschwunden. Dafür steht in der Mitte der Bühne ein v-förmiger Sockel mit einer Schale voller Anstecker. Die Kamera fährt flüchtig darüber. *Heilige Scheiße.* Sollten diese Dinger alle heute Abend verliehen werden, können wir auch gleich hier übernachten. Kein Wunder, dass immer fünf Paare auf einmal dran sind.

Während die HoloScreens auf halben Weg stehen bleiben, läuft Irony zur Schale. Ein hörbar tiefer Atemzug. Ein Räuspern. »Die erste Person, die ich zu mir auf die Bühne bitte, kennen und lieben wir alle für ihren exquisiten Geschmack: Chloe Caparelli! Komm her, meine Liebe.«

Im Saal wird es heller, zeitgleich findet die Kamera Chloe

und blendet ihr elfengleiches Gesicht auf dem linken Screen ein. Obwohl ich nur am Rand zu sehen bin, richte ich mich unwillkürlich weiter auf, zwinge das Fake-Lächeln zurück auf meine Lippen.

Chloe steht auf und schreitet zur linken Treppe.

»Daneben möchte ich eine weitere junge Frau zu uns nach oben bitten: Amara Misoka!«

Ich schaue überrascht zum rechten Screen, der noch im selben Atemzug Amara zeigt. Sie scheint es nicht richtig zu realisieren, denn sie bleibt starr sitzen, direkt neben Lace, die schneller schaltet. Sie greift nach der Hand ihrer Zwillingsschwester, stößt sie sacht mit der Schulter an, nickt zur Bühne. Amara blinzelt. Als sie merkt, dass sie diejenige ist, die gerade auf dem Screen gezeigt wird, weiten sich ihre Augen, und Lace? Sie grinst auf eine Weise, die von echter Freude spricht. Dann drückt sie Amara einen Kuss auf die Wange, steht selbst auf und zieht ihre Zwillingsschwester auf die Beine. Erst nach einem liebevollen Schubs setzt sich Amara in Bewegung.

Das Publikum fängt wieder an zu applaudieren, und ich mache mit, denn obwohl ich Chloe und Amara nie miteinander in Verbindung gebracht hätte, strahlen sie beim Betreten der Bühne *Glück* aus. Chloe lächelt weicher, Amaras Wangen glühen rot, darauf kleine Grübchen.

»Kommt zu mir, meine Lieben.« Irony streckt beiden eine Hand entgegen, als wollte sie den Prozess ein wenig beschleunigen. »Was für ein außerordentlich hübsches Paar.« Sie dirigiert die beiden zu sich in die Mitte, und ich frage mich, ob sie sich bei allen so viel Zeit lässt.

Die Antwort folgt nur ein paar Sekunden später. Nachdem Chloe und Amara einander mit Wangenküssen begrüßt haben, ruft Irony die restlichen vier Paare auf, dazwischen nur eine kurze Atempause Abstand. Die HoloScreens splitten sich in je fünf Kacheln, so dass wir alle Gesichter gleichzeitig sehen können.

Da ich die anderen nicht kenne, konzentriere ich mich weiter auf Chloe und Amara. Sie stehen jetzt einander gegenüber und halten Händchen, als würden sie darauf warten, von Irony getraut zu werden. Ob sie sich schon vorher kannten? Amara hat nie etwas in die Richtung erwähnt, andererseits kann ich unsere Gespräche an einer Hand abzählen. Unsere längste Unterhaltung dürfte wohl die im Waschraum gewesen sein, als Lace am Boden gekauert hat. Bei der Erinnerung piekst etwas in mir. Hat sie nicht gesagt, sie hätte Angst, bei der Vereidigung den einzigen Menschen verloren zu haben, der ihr neben Amara etwas bedeutet? Ich habe nie weiter darüber nachgedacht, weil zu viel anderes passiert ist, aber auf einmal hofft ein Teil von mir, dass es diese Person geschafft hat.

Ich blinzle den Gedanken weg und versuche, wieder das Geschehen zu verfolgen. Von den anderen Paaren begrüßen sich nur zwei Typen mit einer innigen Umarmung, die übrigen wirken distanzierter, forschender. Sie stellen sich in einem Halbkreis neben Amara und Chloe auf, die zusammen mit Irony das Zentrum bilden. Dann kommen vier weitere Personen auf die Bühne, Angestellte in der dunkelroten Uniform des Camps, und beziehen Stellung hinter der Schale mit den Ansteckern, in die Irony nun hineingreift.

»Meine Lieben.« Sie tritt an Amara und Chloe heran, als wollte sie die beiden wirklich trauen. »Die Wissenschaft hat bereits bewiesen, dass ihr zusammengehört. Jetzt wünschen wir euren Herzen den Mut, die Stärke und die Offenheit, denselben Takt zu finden, um euren Weg von heute an gemeinsam zu beschreiten.«

Während sie redet, greifen auch die Angestellten in die Schale und verteilen sich auf die anderen Pärchen.

»Mit diesem Zeichen der Verbundenheit seid ihr einander offiziell versprochen.« Irony und ihre vier Lakaien pinnen den Teilnehmenden ihre Anstecker an. »Wir wünschen euch alles Gute.« Ein Nicken nach links, eins nach rechts – und das war's. Irony macht die gleiche Geste, mit der sie Kane und Liv von der Bühne komplimentiert hat, und als sich die Paare in Bewegung setzen, sagt sie an uns gewandt: »Sind sie nicht ein großartiges Paar? Chloe Caparelli und Amara Misoka, liebes Publikum!« Sie dirigiert den Saal mit ihrer Tonlage zum nächsten Applaus, und spätestens jetzt ist klar, dass es sogar an diesem Abend Klassen gibt. Es gibt die Premiumpärchen wie Chloe und Amara, die von Irony persönlich ~~getraut~~ verpartnert werden, und es gibt die, denen niemand einen zweiten Blick schenkt. Die schmückendes Beiwerk sind, ein Rahmen für die Fotos, damit die Bühne nicht so leer aussieht. Immerhin werden ihre Namen noch kurz auf den Screens eingeblendet.

Amara und Chloe nehmen dieses Mal die gleiche Treppe. Sie würden echt das perfekte Titelbild für jeden Newsfeed abgeben. Händchenhaltend steuern sie in meine Richtung. Vor Chloes Platz bleiben sie stehen, Chloe gibt Amara einen

Kuss auf die Wange, flüstert ihr etwas ins Ohr, und dann verabschiedet sich Amara.

Weder die Kameras noch Irony warten, bis alle zurück auf ihren Plätzen sind. Die nächste Runde wird mit einem Namen eingeleitet, der mir flüchtig bekannt vorkommt. Sicher auch irgendein Promi, der Sohn einer reichen Handelsfamilie, ein Darstellender oder einfach nur ein Werbegesicht. Jedenfalls ist er Teil des nächsten Premiumpärchens, das unter krachendem Applaus vor Irony Stellung bezieht, während sich die anderen ringsherum verteilen dürfen. Die vier Helfenden sind direkt auf der Bühne geblieben und haben sich lediglich in den Hintergrund zurückgezogen.

Kaum dass alle Paare stehen, wiederholt Irony ihre Ansprache. Die nächsten zehn Anstecker finden ihren Weg an das Revers von Sakkos, Blazern, an Blusen oder Kleider, und schon naht der Abschied. Das Premiumpärchen bekommt seinen Extrabeifall, die anderen Namen tauchen kurz auf den Screens auf, Bühne frei für die dritte Runde. Zehn weitere Namen, zehn weitere Gesichter, zehn weitere Reaktionen. Darunter zwei innige Umarmungen und sogar ein Kuss, bei dem ich mir allerdings nicht sicher bin, ob er von beiden Seiten gewünscht war. Allein die Vorstellung, jemand Fremdes könnte da oben einfach seine Lippen auf meine pressen, nur weil ein *Algorithmus* unsere Kompatibilität errechnet hat, lässt Galle in mir aufsteigen. Ist beidseitiges Einverständnis nicht die Grundlage einer respektvollen Beziehung? Und warum muss ich jetzt auf einmal an Vain und Keith denken?

»Mit diesem Zeichen der Verbundenheit seid ihr einander offiziell versprochen«, sagt Irony, und der Typ, der sein Gegenüber geküsst hat, grinst auf eine Weise, die nicht mal Firn zustande bringen würde.

Am liebsten würde ich der Frau zurufen, ihm zwischen die Beine zu treten, aber da flammt der nächste Applaus auf, und die beiden verlassen die Bühne. Immerhin schert die Frau sofort in die andere Richtung aus und lässt ihm keine Chance, auch nur nach ihrer Hand zu greifen. *Gut gemacht*, flüstere ich lautlos.

»Der nächste Mann, den ich zu mir nach oben bitte, ist nicht nur das Gesicht der Aufsehenden, er ist das Idol unserer Nation: Loyd Jones!«

Unwillkürlich halte ich den Atem an. Auf dem Screen wirkt er wie die dauergrinsende Actionfigur, die ich in den ersten Wochen in ihm gesehen habe. Aber jetzt kenne ich ihn gut genug, um zu wissen, dass er angespannt ist. Nervös. Kein Wunder. Selbst mein Puls setzt zum Sprint an, treibt bei jedem Schlag nur einen Namen durch meinen Kopf: *Therese, Therese, Therese* ... Der ganze Saal vibriert vor Erwartung, aus den Augenwinkeln sehe ich die Journalists, die ihre Kameras auf Loyd gerichtet haben.

»Loyd Jones und ... Therese Thorn!«

Mir entfährt ein Quietschen, das Thereses Konkurrenz macht. Irgendwo schnappt Julverne gerade sicher schockiert nach Luft. Egal. Zum ersten Mal donnern meine Hände freiwillig ineinander, während auf dem rechten Screen meine beste Freundin erscheint. Bei den anderen hatte man immer eine Chance, einen Blick auf die Umsitzenden zu erhaschen, nur Therese rennt dermaßen schnell los, dass sogar die Kameras Mühe haben, mir ihr Schritt zu halten. Dabei hätte ich echt gern Graysons Reaktion gesehen. Oder einfach nur sein Gesicht.

Loyd steht bereits mit Irony auf die Bühne. Erst sieht es aus, als würde er geduldig warten, aber dann stürzt er plötzlich vor und läuft Therese entgegen. Als sie einander am Bühnenrand um den Hals fallen, spüre ich ein Grinsen in meinen Mundwinkeln. Es brennt. Scharf. Schmerzhaft. Ich will meinen Körper anschreien, dass er sich einfach nur für die beiden Menschen freuen soll, die ich liebe, aber was, wenn *das da* nur ihnen vorbehalten bleibt? Wenn der Algorithmus für mich ein anderes Schicksal gewählt hat?

»Für genau solche Momente sind wir doch hier«, säuselt Irony und durchbricht damit meine Angst, die jeden noch so süßen Moment kaputtmacht. »Kommt her, meine Lieben.«

Mit sichtlichem Widerwillen lässt Therese von Loyd ab. Er streicht noch ein letztes Mal über ihre Wange, ehe er nach ihrer Hand greift und sie mit zur Mitte nimmt. Beide strahlen dabei übers ganze Gesicht, Loyds Anspannung ist wie weggewischt.

Währenddessen ruft Irony die anderen Paare auf. Darunter zwei weitere Namen, bei denen ich am lautesten applaudiere, bei denen mein Herz zwischen Freude und ängstlichem Neid schmerzhaft pocht: Ashan und Lucinda. Sie treffen sich noch vor der Bühne und gehen Hand in Hand zusammen hoch. Strahlend. Glücklich. Überzeugt von der Richtigkeit des Programms.

Der nächste Halbkreis, die nächste Rede. Kaum dass Irony die Pins verteilt hat, entgleitet Therese selbst ein Quietschen, Loyd lacht auf, dann legt er seine Hände auf Thereses Hüfte und küsst sie – mit schreiendem Einverständnis.

»Warum habe ich das Gefühl, dass diese zwei Herzen hier längst im gleichen Takt schlagen?«, neckt Irony und dirigiert den Saal zu einer Salve von Gelächter.

Ich schließe mich an, auch wenn nur ein kehliger Laut aus meinem Mund kommt, verzerrt von der Nervosität, die auf einmal noch viel heftiger zieht und kratzt und beißt.

»Loyd Jones und Therese Thorn!«, wiederholt Irony die Namen unseres Premiumpärchens und zeigt ihnen den Weg von der Bühne.

Zum Glück kommen sie nicht an mir vorbei, denn ich fürchte, Therese würde mein brennendes Grinsen durchschauen. Nur Lucinda und Ashan laufen vor mir entlang, allerdings haben sie nur Augen füreinander.

Die nächsten Namen folgen keine halbe Minute später. Irgendwann schalte ich einfach ab. Ich gebe dem restlichen Publikum meine Fäden in die Hand, lasse mich von ihnen leiten. Wenn sie klatschen, klatsche ich mit, wenn sie lachen, tue ich zumindest so. Irgendwann weiß ich nicht mehr, ob da noch immer dieselben Leute stehen oder schon wieder eine Gruppe durchgewechselt hat. Nur wenn bekannte Namen fallen, schaffe ich es, mich wieder zu konzentrieren.

Firn van Steegen. Verpartnert mit Hannah Galore. Sie ist sicher eine Eins, bildschön – und hat erschreckende Ähnlichkeit mit Joline. Vielleicht wirkt Firns Lächeln deshalb so angestrengt, als er den Anstecker bekommt.

Pierre Skyler. Verpartnert mit Kat Becker. Anscheinend kennt man sie in den gehobenen Ringen, denn der Applaus ist bei ihr genauso laut wie bei Pierre, und sie sitzt ziemlich weit vorne.

Jamar Benett. Verpartnert mit … *Lysander Galanis.* Beim Klang des Namens muss ich mir auf die Zunge beißen, um nicht vor Erleichterung aufzuheulen. Es ist zwar Wochen her, seit ich Jamar gefragt habe, mit wem er verpartnert werden möchte, aber dieser Name hat sich eingebrannt. Lysander. Der Thustra, der laut Jamar witzig sein soll, charmant und sexy. Letzteres kann ich schon mal bestätigen, denn Lysander hat wirklich was von einer altgriechischen Gottheit, mit dem schwarzen Lockenkopf und der Haut aus Sandstein. Aber vor allem heißt das: Walkers Code *funktioniert.*

Auch wenn sie nicht das Premiumpärchen sind, stellen sie mit ihrer Ausstrahlung alle anderen Paare in den Schatten. Hat Jamar nicht von einem freundschaftlichen Verhältnis gesprochen? Entweder hat es sich inzwischen geändert, oder die Art, wie sie einander ansehen, beweist nur, wie viel noch vor ihnen liegt.

Auf dem Weg zurück zu ihren Plätzen kommt Jamar an uns vorbei. Zum ersten Mal bricht Nick aus seiner Rolle aus, steht auf und zieht seinen Freund kurzerhand in eine Umarmung. Sie klopfen einander auf den Rücken, dabei höre ich Nick raunen: »Ich hoffe, er macht dich glücklich.«

Als sie voneinander ablassen, stehe ich reflexartig ebenfalls auf und ziehe Jamar an mich. Falls Julverne gerade keinen Herzinfarkt erleidet, weil wir die Abläufe verzögern, ist er hoffentlich happy über die Presse. Schließlich halten die Journalists die ganze Zeit auf uns drauf, und die Öffentlichkeit *liebt* doch hübsche Geschichten.

»Ihr seht wirklich toll zusammen aus«, flüstere ich Jamar zu, auch wenn ich gern was anderes sagen würde.

»Und das werdet ihr auch«, erwidert er so leise, dass es nicht mehr als ein Windhauch an meinem Ohr ist. Einer, der die Macht hat, die Hoffnung in pfeilschnellen Spitzen durch meinen Körper zu jagen und die Nervosität zu zerfetzen.

Walkers Hack funktioniert. Grayson und ich werden funktionieren.

Ich nicke kaum merklich, erst dann merke ich, dass ich meine Fingerspitzen ein bisschen zu fest in Jamars Rücken gepresst habe, und lasse ihn los. Er schenkt mir noch ein Lächeln, das abfärbt.

»Dann machen wir doch gleich hier vorne weiter«, flötet Irony, ehe ich mich setzen kann. »Sie alle kennen die junge Frau, die erst vor wenigen Wochen im Parlament auf der Bühne stand, um die Vereidigung ihres eigenen Bruders zu bezeugen. Maeander Elking, komm zu mir hoch!«

Okay, vielleicht ist meine Nervosität doch hartnäckiger als gedacht. Das Herz rutscht mir in die Hose, während mein Gesicht auf dem linken Screen eingeblendet wird. Ein ziemlich überrumpeltes Gesicht, das aussieht, als hätte es nicht damit gerechnet, heute aufgerufen zu werden. Fuck. Dann spüre ich Nicks Finger in meinen. Mein Blick zuckt zurück zu ihm – und dann auch zu Paps und Vain. In diesem Moment ist meine Familie wieder eine Einheit, die mir Kraft schenkt, mir mutmachend zunickt.

»Maeander Elking …«

Nick drückt meine Hand.

»Und Aiden Goodale!«

KAPITEL 38

Alle Kämpfe, die ich bisher gegen meine eigenen Emotionen ausfechten musste, fühlen sich an wie ein Witz. Wie lockeres Training für den wahren Endgegner, der jetzt in mir tobt. Meine Welt dreht sich. Meine Muskeln sind verkrampft, fesseln mich in Schockstarre.

Steh auf!, brülle ich mich innerlich an. *Steh verdammt nochmal auf!*

Widerwillig geben meine Muskeln mich frei. Sie fühlen sich übersäuert an, vor allem die im Gesicht, die ich zu einem Kameralächeln zwinge. Keine Ahnung, ob es mir gelingt. Aber ich muss es versuchen, muss sämtlichen Schmerz niederringen, wenn ich nicht auf offener Bühne in Gewahrsam genommen werden möchte.

The program is a lie.

Lügen, Lügen, alles ist gelogen …

Ich kann an nichts anderes denken, als ich zur Treppe gehe. Als ich meinen Rock mit beiden Händen raffe. Als ich Stufe für Stufe hochschreite, die Bühne betrete, zur Schale mit den Ansteckern schaue. Am liebsten würde ich sie in

Flammen setzen, sie niederbrennen, bis all dieses Kupfer genauso zerfließt wie die Wahrheit auf Kanes Lippen. Oder Ironys. Oder Livs. Oder Julvernes. Oder von allen, die dieses Event als *echt* verkaufen, als ein Ergebnis *modernster Forschung*, als den Garant für eine *glückliche Zukunft*. Galle quält sich meine Speiseröhre hinauf. Ich schlucke gegen sie an, mit jedem Schritt, jeder Sekunde, in der ich dieses Lächeln aufrechterhalte.

Eine Lüge, eine Lüge, eine Lüge.

Das Publikum klatscht, Pfiffe werden laut. Wahrscheinlich kommen sie von Julverne, der sich selbst für diese *perfekte Geschichte* feiert. Denn mehr als das sind Aiden und ich nicht. Wir sind nur eine kitschige Schlagzeile für den Newsfeed, gefüttert von einer Vergangenheit, die in Scherben geendet hat und die sich nicht reparieren lässt, nicht rekonstruieren, nicht neu erbauen. Nein, kein Algorithmus der Welt hätte nach ACHT beschissenen WOCHEN voller Diskussionsrunden, Projektionen, Assoziationstests und sozialer Szenarien ausgerechnet SEINEN Namen neben meinen geschrieben. Hoffentlich ersticken alle, die mit dieser Shitshow zu tun haben, an ihrem Lachen.

»Maeander, komm zu mir.« Irony geht mit ausgestreckter Hand auf mich zu, als wäre ich nicht schnell genug. Ich lasse mich von ihr mitziehen. Dabei sagt sie irgendwas von »berührender Homestory«, »Schicksal«, und der Rest ertrinkt in dem Rauschen in meinen Ohren.

Eine Lüge, eine Lüge, eine Lüge.

Ich wünschte, es wäre nur Schmerz, gegen den ich so krampfhaft anlächle. Aber er ist nichts gegen die Wut, die sich in meinem Magen windet, die über jeden Millimeter meiner Haut kriecht, die auf meiner Zunge hockt und hinausschreien möchte, dass sich alle hier ihre verlogene Scheiße sonst wohin schieben können. Wären da nur nicht diese ganzen Aufsehenden, die Journalists – die Thustras, für die ich um jeden Preis weiterkämpfen *muss*.

»Und Aiden, mein Lieber, komm zu uns hoch!« Irony lässt mich in der Mitte der Bühne stehen, bevor sie zur anderen Seite pendelt. Um Aiden einzusammeln, der mit gewinnendem Lächeln die Treppe hochläuft. Er sieht besser aus denn je, woran der schicke Maßanzug sicher nicht ganz unschuldig ist. Dunkelgrün. Die gleiche Farbe wie mein Kleid – *Oh, wer hätte es gedacht!* Jetzt weiß ich immerhin, warum der Sturm gestern Abend ausgeblieben ist. Warum Nick meinte, er wüsste, wann er sich seine Kräfte aufsparen kann. Er wusste es, er muss es die ganze Zeit gewusst haben. Ich bin so kurz davor, mein Armband einfach abzureißen und es vom Rand der Bühne direkt vor seine Füße zu schleudern. Aber es war ein Geschenk von Cara. *Elender Liar …*

Ich wende mich ab, suche in der Menge nach Grayson. Keine Chance. Die Scheinwerfer blenden so hell, dass alle jenseits der ersten paar Reihen nicht mehr sind als eine schemenhafte Masse. Und wenn ich einfach von der Bühne stürme und zum Ausgang renne? Ob Grayson mir dann folgen würde? Die Antwort pocht mit einer solchen Gewissheit in meinem Herzen, dass mein Lächeln einen Moment echt ist. Vermutlich wäre Grayson noch vor mir an der Tür und würde sie für mich aufhalten. Genau deshalb weiß ich, dass wir das hier überleben werden, überleben *müssen*, ganz egal, in welche Geschichte man uns pressen möchte.

Aus den Augenwinkeln sehe ich, wie Irony und Aiden näher kommen. Was hat Julverne beim Briefing noch gesagt? *Der Mensch, den Sie dort oben treffen werden, ist Ihr Seelenverwandter, also scheuen Sie sich nicht davor, Ihr Glück zu zeigen, gehen Sie offen aufeinander zu, strahlen Sie genauso hell wie Ihre Zukunft.* Die Worte haben sich mit erschreckender Klarheit eingebrannt, nur flüstert ein zweites Stimmchen beharrlich sein Mantra: *eine Lüge, eine Lüge, eine Lüge …*

Es kostet mich eine ganze Welt, meinen Blick vom Publikum zu lösen und mich in Aidens Richtung zu drehen. Ob er sieht, dass jeder Muskel in mir angespannt ist? Oder dass ihm jede Faser entgegenbrüllt, dass ich Abstand brauche? Dass ich nie wieder die Fingerspitzen spüren möchte, die mich früher in den Schlaf gestreichelt haben? Dass ich nie wieder diese Lippen küssen möchte, die mich früher so oft getröstet haben? Dass ich nie wieder … zurück will?

»Hi, Mae.« Er bleibt vor mir stehen, flüstert.

Im Hintergrund ruft Irony weitere Paare auf.

»Darf ich deine Hände nehmen?«

Eine Frage, die eine Antwort erfordert. Ich sehe ihm in die Augen – die fremden Augen. Also war es am Citygleiter doch keine optische Täuschung. Die Sprenkel aus Bernstein sind verschwunden, dafür schimmern seine ganzen Iriden in einem dunklen Honigton. Vielleicht Kontaktlinsen wie bei mir, oder er hatte eine Angleichung. Würde mich nicht wundern, wenn Julverne sie persönlich bezahlt hätte.

»Okay«, sage ich pflichtbewusst.

Er greift nach meinen Händen, in denen ein leichtes Zittern liegt. Seine Finger sind immer noch rau, Spuren der jahrelangen Fabrikarbeit. Bei der Vorstellung, dass er jetzt zu denen gehört, die mich jagen sollen, wird der Drang, einfach abzuhauen, übermächtig. Unwillkürlich muss ich an meinen Albtraum zurückdenken. An den Traum, in dem Aiden mich zu Boden gerungen und mir die Hände gefesselt hat, um mich abzuführen. Um mich in eine der Zellen zu sperren, in denen Anthony gestorben ist.

Atmen. Vier Sekunden durch die Nase ein. Sieben Sekunden Luft anhalten. Acht Sekunden durch den Mund wieder aus. Das ist zumindest der Plan – der schon beim Einatmen scheitert, denn da fällt ein weiterer bekannter Name.

»Grayson Thorn«, verkündet Irony neben mir. »Und Lace Misoka!«

Hat sie gerade …? Mein Herzschlag stolpert mit einer Wucht, die etwas in mir brechen lässt. Grayson. Und *Lace*?

Während meine Finger sich in Aidens verkrampfen, zuckt mein Blick zum Screen. Einen irrationalen Moment lang hoffe ich, dass die Kameras Grayson nicht finden, dass er wirklich abgehauen ist, im Verborgenen darauf wartet, mich in seine Arme ziehen zu können. Aber das hier ist immer noch die beschissene Realität, und in dieser hängt alles davon ab, dass wir Teil der Gesellschaft bleiben.

Die Kameras finden ihn und mit ihm Therese, die zum ersten Mal aussieht, als würde Sedatium nicht richtig wirken. Ihr Lächeln ist wackelig, ihre Gesichtsfarbe fahler. Auch Rose und Peter blinzeln irritiert, als Grayson an ihnen vorbeigeht. Sicher hat Therese ihnen von uns erzählt – oder vielleicht hat Grayson auch selbst von mir erzählt, es spielt keine Rolle.

Lace betritt die Bühne. Sie bemüht sich um ein Lächeln, aber seit der Nacht im Waschraum glaube ich, ihre Maske zu durchschauen. Das hier ist nicht das Ergebnis, das sie wollte, nein, es sieht eher aus, als würde sie genauso weglaufen wollen wie ich. Ob sie auch jemanden hat, der in Gedanken mit ihr flieht? Der die Tür aufhält, sie in seine Arme schließt und ihr verspricht, dass sie allen Widerständen trotzen werden? Ob es die Person ist, um die sie damals im Waschraum solche Angst hatte?

»Mae«, raunt Aiden. »Sieh mich an.«

Ich kann nicht. Ganz egal, was in Lace vorgeht, sie trifft dieselbe Entscheidung wie ich. Sie lächelt stoisch gegen ihre wahren Gefühle an und stellt sich auf die goldene Markierung, die mir vorher nicht aufgefallen ist.

»Bitte sieh mich an«, wiederholt Aiden im Flüsterton. »Die Journalists halten alle auf uns.«

Reichen ihm denn nicht meine Hände? Die Wut treibt mir Tränen in die Augen, die ich nicht weinen werde. Weil ich der Presse nicht noch mehr Material für ihre Geschichte geben möchte. Mit einem tiefen Atemzug ringe ich die Tränen nieder und will mich wieder Aiden zuwenden – als Grayson die Treppe erreicht. Er lächelt nicht, nicht einmal für die Show. Stattdessen sieht er zu mir, sein Blick bohrt sich in meinen, lässt meine Knie weich werden. *Wir könnten fliehen*, scheint er zu sagen, und ich antworte lautlos: *Ich weiß*. Dann nickt er kaum merklich, verzieht die Mundwinkel nach oben und stellt sich auf die vorgesehene Position.

Irony greift in die Schale. »Meine Herzen.« Sie kommt zu Aiden und mir, dem Premiumpärchen in dieser Runde. Vielleicht weil ich die Schwester eines Parlamentsmitglieds bin, vielleicht weil Aiden seit dem Rettungsmanöver von der Presse gefeiert wird. Ich weiß nur, dass wir alles verloren haben, was wir mal waren.

»Die Wissenschaft hat bereits bewiesen, dass ihr zusammengehört«, beginnt Irony die übliche Rede. »Jetzt wünschen wir euren Herzen den Mut …«

Ich blende ihre restlichen Worte aus. Während ich so tue, als würde ich Aiden weiter ansehen, blinzle ich immer wieder verstohlen zu Grayson, und er sieht zu mir. Obwohl uns keine fünf Meter trennen, droht mich die Sehnsucht zu zerreißen.

»… Zeichen der Verbundenheit seid ihr einander offiziell versprochen.« Irony schiebt sich zwischen uns. Als sie mit der Nadel die Nachtigall auf meiner Brust durchbohrt, will ich schreien. Mein einziger Trost ist die Tatsache, dass der schlimmste Part gleich überstanden ist. Dann kann ich Aiden den restlichen Abend aus dem Weg gehen – und damit für die nächsten Jahre üben. Grandiose Scheiße.

»Einen großen Applaus für unser Bilderbuchpaar!«, ruft Irony, nachdem sie den zweiten Anstecker Aiden ans Revers gepinnt hat. »Maeander Elking und Aiden Goodale!« Sie bedeutet uns mit der üblichen Geste, die Bühne zu verlassen, und wir setzen uns Hand in Hand in Bewegung.

Hat sie uns gerade echt als *Bilderbuchpaar* betitelt?! Eine

Vier und eine Fünf, die in ihrem Leben noch nie ein echtes Bilderbuch in der Hand hatten, weil es in ihrer Welt nur digitale Bibliotheken und Plastikkärtchen gab?

Mir entschlüpft ein Lachen. Irgendwie schaffe ich es, die sarkastische Note zu unterdrücken, aber Aiden wirft mir trotzdem einen merkwürdigen Seitenblick zu. Ich ignoriere ihn gekonnt, schaue jetzt nur noch nach vorne, während ich das Bedürfnis niederringe, meine Hand aus seiner zu ziehen.

Die Journalists empfangen uns an der Treppe mit erhobenen Kameras. Ich lächle dermaßen breit, dass ich von Julverne mindestens eine Medaille erwarte, wenn nicht gar eine Trophäe für meine herausragenden schauspielerischen Leistungen.

Aiden begleitet mich zurück. Wir haben meinen Platz noch nicht ganz erreicht, als Nick aufspringt. Er will uns jetzt nicht ernsthaft gratulieren?! Doch, will er. Im nächsten Moment zieht er mich schon in eine Umarmung. Sie ist wie Sauerstoff für den Flächenbrand in mir, lässt die Wut in einer Stichflamme explodieren. Worte knistern auf meinen Lippen, und dieses Mal schlucke ich sie nicht.

»Du wusstest es«, wispere ich an Nicks Ohr, nicht lauter als das Flüstern von Glut, aber seine Reaktion zeigt, dass er es gehört hat. Angespannte Muskeln, ein rasselnder Atemzug. Bevor er mich mit einer weiteren Lüge besänftigen kann, entziehe ich mich seinem Griff, schenke Aiden ein zum Kotzen süßes Lächeln und setze mich. Dabei fange ich Vains Blick auf. Vielleicht bilde ich es mir nur ein, aber sie scheint meinen Schmerz zu spüren. Und zum ersten Mal seit Jahren fühle ich mich Vain enger verbunden als Nick. Was für eine verdrehte Welt.

Leider ist und bleibt Nick Profi. Als wäre nichts gewesen, zieht er Aiden in eine kumpelhafte Umarmung, nein, *brüderlich* trifft es besser. Sie lachen beide auf, klopfen einander auf den Rücken, und als sie sich voneinander lösen, hält Nick Aiden an der Schulter fest.

»Willkommen in der Familie«, sagt er laut genug, damit es die Umsitzenden hören können. Darf ich ihm jetzt bitte wirklich vor die Füße kotzen? Am liebsten würde ich meinen Anstecker abreißen und ihn Nick ans Revers heften, denn ganz offensichtlich ist *ihre* Bindung stärker als unsere.

Irony kommentiert es mit einer schnulzigen Bemerkung, und ich weigere mich, in den Applaus einzustimmen. Oder auch nur einem von ihnen noch mal in die Augen zu sehen. Aiden geht zurück an seinen eigenen Platz, Nick setzt sich wieder neben mich. Als er mir seine Hand anbietet, tue ich so, als würde ich es nicht bemerken, und schaue stoisch zur Bühne.

Die nächsten Namen werden aufgerufen. Dieses Mal betreten elf Leute die Bühne, darunter das erste Trio des Abends. Die drei strahlen übers ganze Gesicht, Irony wiederholt die Rede, und ich schalte ab. Konzentriere mich darauf, meine inneren Mauern zu festigen. Das Feuer so tief einzuschließen, dass nicht der kleinste Funke nach außen dringen kann. Wenn ich Kane später auf der Aftershowparty treffe, soll er weiter die biologisch perfekte Marionette sehen. Die Frau, für die man gern ein gutes Wort bei Freundinnen einlegt, die man gern ins eigene Haus einlädt, mit der man bei Anekdoten zu Abend isst und der man so bereitwillig Türen öffnet, dass man gar nicht merkt, wer noch mit hindurchhuscht.

»... unseren Taskforceleitenden Nicholas Elking!«

Es ist wieder ein bekannter Name, der mich aus meinen Gedanken reißt. *Nick.* Auch für diesen Moment hat uns Julverne sein Skript eingetrichtert. Ich könnte es einfach in den Wind schießen, aber ab jetzt wird wieder mitgespielt. Ich greife nach Nicks Hand, drücke sie und schaue ihm dabei in die Augen. Ein nonverbales »Ich habe dich lieb«, das er mit einem Lächeln erwidert. Nur die Falte zwischen seinen Augenbrauen passt nicht ins Skript. Das ist wohl der Preis dafür, dass ich meine Klappe vorhin nicht halten konnte.

Nick steht auf, und ich entlasse ihn aus meinem Griff. Wie von selbst gleitet mein Blick zum Screen, damit ich kein Detail seiner Mimik verpasse. Er ist nicht nur gut, er ist perfekt. Die Falte ist verschwunden, dafür lächelt er auf solch charmante Weise, dass ich unwillkürlich an Kane denken muss – und mich im gleichen Atemzug dafür hasse. Sicher gilt dieser Ausdruck allein dem Wissen, dass er gleich Kira gegenüberstehen wird.

»Außerdem bitte ich eine Frau zu uns, die nur die wenigsten von Ihnen kennen werden«, fährt Irony fort. »Denn obwohl ihre Familie zweifellos zu den berühmtesten gehört, hat sie sich bislang aus der Öffentlichkeit ferngehalten. Entsprechend ist es mir eine ganz besondere Ehre, sie heute Abend offiziell vorstellen zu dürfen: Mina Alora Kane!« *Was. Zur. Hölle?!* »Komm zu mir, meine Liebe.«

Plötzlich scheint der ganze Saal vor Aufregung zu vibrieren. Gemurmel wird laut, Journalists drängen weiter nach vorne, überschlagen sich regelrecht, um einen noch besseren Platz zu ergattern, Paps japst: »Die Nichte des Präsidierenden?!«, Vain antwortet eine Spur zu hoch: »Ich glaube schon«, und ich muss aufpassen, mich nicht an mir selbst zu verschlucken. Es ist kein Geheimnis, dass Kane Geschwister hat, die sich praktisch nie vor Presse zeigen, aber eine Nichte? In unserem Alter?!

Der rechte Screen leuchtet auf. Ich registriere es nur aus den Augenwinkeln, denn mein Fokus bleibt bei Nick. Als Kane vor drei Monaten im VisionScreen verkündet hat, Verlobungen seien ab sofort ungültig, haben sich Nicks Finger in meinen verkrampft. Ich habe seinen Schmerz gespürt, das Aufblitzen von Verzweiflung gesehen, und obwohl er mir noch in derselben Nacht versichert hat, Kira und er würden das Programm beide unterstützen, weiß ich, dass er nicht aufgehört hat, sie zu lieben. Zumindest hat er das behauptet, als ich ihn kurz vor der Vereidigung danach gefragt habe.

Jetzt suche ich nach einem Anzeichen dafür, dass er mich wenigstens in dieser Sache nicht belogen hat. Dass ein Teil seines Herzens weiter für Kira schlägt, dass sein Körper auf lautlose Weise gegen die Bekanntgabe protestiert. Aber da ist nichts. Nur dieses Lächeln, das widerlich *echt* wirkt.

Ein paar Journalists schieben sich vor mich. Anscheinend sind alle scharf darauf, ein Foto von der berühmten Nichte zu schießen, die wie aus dem Nichts aufgetaucht ist. In welchem Camp soll sie überhaupt gewesen sein? Ich schaue zum rechten Screen. Kane hat Minas Arm unter seinen gezogen, um sie persönlich zur Bühne zu begleiten. Klar, dass er sich diesen Moment im Rampenlicht nicht entgehen lässt.

Falls ich dachte, Mina hätte Ähnlichkeit mit Kira, habe ich mich getäuscht. Sie ist zwar schön und hat makellos hellbraune Haut, aber da hören die Gemeinsamkeiten auch schon auf. Mina hat üppigere Hüften als Kira und beneidenswert geformte Brüste, ihr Gang ist eleganter, die Kinnpartie spitzer, ihre zart geschminkten Wangen sind voller, und sie scheint kleiner zu sein als Kira. Jedenfalls geht sie ihrem Onkel nur knapp bis zur Schulter, außerdem vermute ich Absatzschuhe unter dem dunkelroten Abendkleid.

Vor der Treppe löst sich Mina von Kane. Sie bedankt sich mit einem Lächeln, er drückt ihr einen Kuss auf das rabenschwarze Haar, sagt etwas, das ich hier hinten nicht hören kann, und lässt sie allein weitergehen.

Während Kane auf seinen Platz zurückkehrt, läuft Nick mit schnellen Schritten über die Bühne, um Mina seine Hand anzubieten. Er hilft ihr die letzte Stufe hoch, dann sieht sie zu ihm auf, und ich kann nicht anders, als den Mund zu verziehen. Wie lange haben sich die beiden wohl auf diese Performance vorbereitet? Auf diese tiefen Blicke, die Zärtlichkeit, das verliebte Lächeln, das man unmöglich bei der ersten Begegnung hinbekommt? Sicher hatte das Programm mit diesem Ergebnis genauso viel zu tun wie bei Aiden und mir – rein gar nichts.

»Da geht einem doch das Herz auf«, säuselt Irony. »Ehe wir zum großen Moment kommen, bitte ich die Presse, sich wieder auf ihre Plätze zu begeben. Sie werden im Anschluss genug Zeit haben, die beiden zu fotografieren.«

Ein paar Journalists sichern sich noch einen Schnappschuss, dann ziehen sie sich zurück an den Rand. Doch selbst als alle weg sind, macht Irony keine Anstalten, weitere Paare aufzurufen. Stattdessen wendet sie sich direkt an Nick und Mina, die Hand in Hand vor ihr stehen.

»Die Wissenschaft hat bereits bewiesen, dass ihr zusammengehört. Jetzt wünschen wir euren Herzen den Mut, die Stärke und die Offenheit, denselben Takt zu finden, um euren Weg von heute an gemeinsam zu beschreiten.« Sie überspringt den Part also wirklich. »Eigentlich wäre es nun an mir, euch das Zeichen der Verbundenheit zu verleihen, doch Nicholas hat mich vorab um einen Gefallen gebeten.«

Er hat *was*?

»Im tiefen Vertrauen in das Parlament und das Partner Evaluation Program möchte er seiner Seelenverwandten gern selbst ein Zeichen der Verbundenheit schenken. Nicholas. Die Bühne gehört Ihnen.« Irony tritt bereitwillig einen Schritt zurück.

In mir steigt eine düstere Vorahnung auf. Er kann doch nicht … Ich meine, er wird doch nicht … vor Kira …?

Nick greift in seine Hosentasche. Er holt etwas heraus, so klein, dass es in seine geschlossene Faust passt. So klein wie ein Verlobungsring.

Bitte tu es nicht, flehe ich ihn lautlos an, aber dann beugt er auch schon das Knie, und die Presse stürzt zurück zum Bühnenrand. Ich sehe nur auf dem Screen, wie er Mina den Ring hinhält, wie sie heftig nickt, ihm um den Hals fällt. Sofort bricht im Saal Jubel aus, Pfiffe und Beifall werden laut, nur in den Reihen hinter mir höre ich ein weiteres Herz zerspringen.

Willkommen in meiner Realität, Kira.

»Game over«, von M. E.

KAPITEL 39

Der offizielle Teil endet um kurz vor zehn. Unter frenetischem Applaus und Ironys wiederholter Bekundung, wie großartig dieser Abend gelaufen sei. Absolut denkwürdig, nein geradezu *geschichtswürdig*. Sie wünscht allen Paaren eine intensive Kennenlernzeit und ermutigt uns, den Kontakt gleich auf der Aftershowparty zu vertiefen. *Danke, aber nein.*

Die Türen werden geöffnet. Die Presse eilt in Rekordgeschwindigkeit Richtung Foyer, während ich meinen Körper erst dazu überreden muss, aufzustehen. Am liebsten würde ich direkt damit anfangen, Aiden zu ignorieren, aber ich weiß, dass sich die Journalists gleich hinter der Tür aufbauen werden, um erste Fotos abseits der Bühne zu ergattern. Sie erwarten strahlende Paare, und in dieser verdrehten Realität sind Aiden und ich wohl eins davon.

»Mae?« Nick ist bereits aufgestanden und hält mir seine Hand hin. »Komm hoch.« Er mustert mich auf eine Weise, die zwischen Sorge, Vorwurf und Zweifeln liegt.

»Nick! Maelein!« Ehe ich reagieren muss, kommt Paps von der Seite angelaufen, begleitet von Vain.

Ich ziehe mich an Nicks Hand nach oben, bedanke mich mit einem Lächeln und wende mich dann an den Rest meiner Familie.

»Oh, mein Junge!« Paps steuert direkt auf Nick zu, seine Augen glänzen vor Rührung. »Ich bin so stolz auf dich.«

Autsch. Ein Stich direkt ins Herz – als ich plötzlich selbst in eine Umarmung gezogen werde.

Ich keuche überrascht auf. Vain? Keine Ahnung, wie lange es her ist, seit mich meine Schwester umarmt und nicht nur mit höflichen Wangenküssen bedacht hat. Sie sagt nichts. Hält mich einfach nur fest, und obwohl ich gerade eine gute Stunde damit verbracht habe, meine Mauern zu festigen, lasse ich ein bisschen Putz bröckeln. Ich spüre ihr Verständnis. Sie weiß, dass Aiden nicht der Mann ist, mit dem ich das Programm hätte verlassen müssen. Es könnte sein, dass sie sich einfach nur eine bessere Partie für mich gewünscht hat. Jemanden, mit dem sie vor Keiths versnobter Tante Ladania richtig angeben kann, aber abgesehen davon, dass man mit dem Held der Nation sicher auch punkten kann, fühlt sich diese Umarmung anders an. Als würde sich Vain dieses eine Mal nicht um ihr eigenes Schicksal sorgen, sondern um *mich*.

»Danke«, flüstere ich. Der erstickte Ton in meiner Stimme ist wie ein Warnsignal, eine Aufforderung an mich selbst, das hier schnell zu beenden. Ich schlucke jeden Schmerz herunter. Erst als er in der Gefühlsflut ertrunken ist, die schwer in meinem Magen wiegt, löse ich mich von Vain. Oder zumindest versuche ich es, denn sie hält mich an den Handgelenken fest und tritt einen Schritt näher an mich heran.

»Du bist stark, Mae«, wispert sie dann in einer Tonlage,

die mir einen Schauer über den Rücken jagt. »Lass nicht zu, dass dir das jemand wegnimmt.« *Nicht so wie ich*, scheinen ihre Augen zu sagen.

Die Worte zwischen den Zeilen tun anders weh. Ich kenne Vain kaum noch, aber nach unserem Gespräch in Lucas Atelier ahne ich, wie viel Stärke es braucht, um zwischen drei Kindern, Keith, Arbeit und gesellschaftlichen Verpflichtungen zu bestehen – ohne zusammenzubrechen.

In einem tiefen Atemzug springe ich über den Graben, den die letzten Jahre zwischen uns geschaffen haben. »Und du bist stärker, als du denkst«, flüstere ich zurück.

Sie zuckt zusammen. In ihrem Blick flackert etwas auf, dann lässt sie mich so abrupt los, als hätte sie sich an mir verbrannt.

»Oh, mein Maelein!« Paps schiebt sich zwischen uns. Mit strahlender Miene umfasst er meine Oberarme und drückt mir einen Schmatzer auf die Wange. »Herzlichen Glückwunsch«, sagt er. »Ich meine, Aiden und du habt schon immer ein hübsches Paar abgegeben, aber ... Also, ich meine ... Das Schicksal wollte wohl ...« Er gerät ins Stocken. Weil Veritas weiß, dass alle weiteren Worte Lügen wären. Aiden und ich geben ein hübsches Paar ab. Optisch. Und genau da hört der Erfolg des *Programms* schon auf. »Na, jedenfalls stehen uns da wohl bald zwei große Hochzeiten bevor.«

»September«, mischt sich eine glockenhelle Stimme ein. »Ich habe mir immer eine Septemberhochzeit gewünscht.«

Es ist Mina, die an Kanes Arm zu uns kommt. Auf der anderen Seite wird sie von Samson flankiert. Ob die beiden ihre offizielle Begleitung sind? Sieht fast so aus.

»Mein Mann und ich haben auch im September geheiratet«, erwidert Paps, dessen Strahlen noch heller leuchtet. »Am zehnten. Ein wirklich schöner Monat.« Er bemüht sich, seine Nervosität zu überspielen, aber sie ist ihm deutlich anzuhören.

»Das ist mein Vater Oliver«, stellt Nick Paps vor. »Und das sind meine Schwestern Vervain und Maeander.«

Ich hasse die Förmlichkeit in seiner Stimme, und trotzdem packe ich mein schönstes Lächeln aus. »Mae«, biete ich Mina meinen Spitznamen an und begrüße sie mit gehauchten Wangenküssen. »Freut mich.«

Mitten in unserer Vorstellungsrunde stoßen die nächsten dazu. Aiden und seine Eltern. Als wären die anderen gar nicht da, stürzt Petra zu mir und drückt mich an sich. »Maeander.« Ihr entgleitet ein Seufzer. »Wie schön, dich endlich wiederzusehen.« Sie riecht nach Lavendel. *Oh, verdammt.*

Ich schlucke gegen die Erinnerungen an, die in dem Duft lauern wie eine Bestie, die meiner Festung echt gefährlich werden könnte. Ehe sie zum Angriff übergehen kann, löse ich mich mit einem freundlichen »Geht mir genauso« von Petra und schaue zu den anderen. *Geordnetes Chaos* trifft es am besten. Jeder möchte jeden begrüßen, Hände werden geschüttelt, Namen wiederholt, Wangenküsse gehaucht.

Bevor ich Teil dieser Show werden kann, tue ich das, was die alte Mae niemals getan hätte: Mit einem lautstarken Räuspern ziehe ich jede Aufmerksamkeit auf mich – freiwillig. Sobald alle Blicke auf mir liegen, lächle ich in die Runde und sage: »Entschuldigt. Ich möchte wirklich nicht drängen, doch ich glaube, die Presse wartet auf uns.« Und in Kanes Augen sehe ich, dass das genau die richtigen Worte waren.

Nick und Mina sind die Stars des Abends. Kaum dass sie den Saal verlassen, stürzen sich die Journalists auf sie. Die perfekte Ablenkung von Aiden und mir. Niemand fordert uns auf, vertraulich zu posieren, keiner bemüht sich lautstark um ein Interview. Ich muss nur ab und zu einen O-Ton in ein Mikro sprechen, allesamt bezogen auf meine Rolle als künftige Schwägerin von Mina.

Zwischendurch taucht Julverne auf. Er dirigiert uns weiter zu der Fotowand, die man während der Bekanntgabe hereingeholt hat. Jetzt steht sie vor der Wand mit den Holo-Screens, und wir grinsen alle zusammen in die Kamera. Erst Nick, Mina, Aiden und ich, dann wird das Motiv um unsere Familien ergänzt. So viele Leute – und die wichtigsten fehlen trotzdem. Mit einem Biss auf die Zunge verbanne ich Cara und Dad aus meinen Gedanken.

Alle nach links gucken. Alle nach rechts gucken.

Aiden hat seinen Arm locker um meine Taille gelegt, seine Hand schwebt über meiner Hüfte. Bisher hat er keine Anstalten gemacht, mit mir zu reden. Leider fürchte ich, dass er nur auf einen ungestörten Moment wartet, denn ich spüre seine Blicke. Wenn ich ihm den Rücken zugewandt habe, brennen sie in meinem Nacken, wenn ich an seiner Seite stehe, stechen sie auf meiner Wange. Aber ganz egal, was er von mir möchte: Ich will es nicht hören.

Nachdem wir alle Konstellationen durchgegangen sind, wendet sich Julverne an Nick und Mina. Während er die beiden für eine weitere Session brieft, ergreife ich meine Chance. Ich entschuldige mich Richtung Toiletten und warte gar nicht erst, ob sich jemand anschließen möchte. Mit zügigen Schritten ziehe ich mich aus der Affäre.

Zuerst steuere ich wirklich die Toiletten an. Die, die sich ganz hinten im gläsernen Anbau des Theaters befinden und hoffentlich nicht so voll sind. Ich stoße die Tür auf. Eine Frau steht vor den Spiegeln und zieht ihren blutroten Lippenstift nach: Therese. Als sie mich bemerkt, lässt sie sofort alles stehen und liegen.

»Da bist du ja.« Sie zieht mich an sich und presst mir jede Luft aus der Lunge. »Wie geht's dir?«, nuschelt sie an meiner Schulter. Dann setzt sie schnell hinterher: »Nein, warte, nicht antworten. Falsche Frage, ich meine, wie soll es dir schon gehen, nachdem du mit dem Typ verpartnert wurdest, der dich für eine andere hat sitzen lassen. Sorry, eigentlich wollte ich das gar nicht aussprechen, aber du weißt ja, wie ich bin, wenn ich aufgeregt bin, ein defektes Ventil, und ...«

»Hey«, unterbreche ich sie und schiebe sie ein Stück von mir weg. »Es geht mir gut.« Ich hasse es, meiner besten Freundin ins Gesicht zu lügen, aber wir sind nicht allein. Abgesehen von den beiden Frauen, die gerade aus den Kabinen kommen, gibt es immer noch AISS.

»Oh.« Therese sieht mich an. Es ist, als könnte ich dabei zusehen, wie Veritas und Sedatium in ihr arbeiten. Sie *weiß*, dass ich jemand anderen liebe, also kann es mir mit der Entscheidung nicht gut gehen, aber Veritas hat sie gelehrt, bedingungslos zu vertrauen. Destruktive Gefühle werden in Sedatium ertränkt. »Okay.« Ihr bleibt nichts anderes übrig, als mir zu glauben. »Grayson wirkte weniger begeistert«, erzählt sie weiter. »Ich meine, er und Lace?! Das ist echt eine abgefahrene Kombination. Also klar, die beiden haben schon manchmal Zeit zusammen verbracht, aber ich …«

»Tut mir leid, Therese, ich müsste wirklich dringend …« Ich falle ihr ins Wort, bevor sie weiter in der frischen Wunde herumstochern kann, und nicke Richtung Toiletten.

»Aaah, sorry! Kommst du denn gleich zu uns? Wir wollten zur oberen Bar und mal schauen, was sie zum Anstoßen da haben. Also, Loyd, Ashan, Jamar, Lysander …«

»Bin dabei«, erwidere ich sofort. Weil ich weiß, dass ich keine bessere Chance bekomme, den Abend unbeschadet zu überstehen. Außerdem möchte ich unbedingt den Thustra kennenlernen, der sich Jamar geschnappt hat. »Wenn du kurz wartest, komme ich direkt mit.«

Therese grinst. »Immer!«

Das Licht wurde gedimmt, aus den Lautsprechern wummern Bässe, nur Jamars Lachen ist lauter. Unsere Gläser klirren aneinander. Ich habe nicht mitgezählt, die wievielte Runde richtiger Champagner das für die anderen ist, aber es ist auch egal. Seit AISS durchgesagt hat, dass die Presse weg ist, hat sich die Stimmung im CenTheatre verändert. Hemdkragen wurden gelockert, Schuhe gewechselt, unten im Foyer wird ausgelassen getanzt. Keiner kümmert sich mehr darum, ob die Frisur noch sitzt, ob Strähnen an der verschwitzten Haut kleben oder die Haltung aufrecht ist. Es fühlt sich ein bisschen an wie die letzte Geburtstagsparty bei den Caivanos, ungezwungen – nur mit mehr Champagner.

»Habe ich das gerade richtig verstanden?« Lysander starrt Jamar überrascht an. »Du hast Loyd Jones im Dart besiegt?!« Sein Blick wandert zu Loyd, der nur die Lippen schürzt, während sich Jamar grinsend zurücklehnt.

»Richtig«, bestätigt er. »Direkt im ersten Turnier.«

»Und leider kann ich nicht behaupten, es wäre nur Glück gewesen«, fügt Loyd mit einem Seufzer hinzu. Er sitzt dicht an dicht mit Therese in der halbrunden Sitznische, die wir oben auf der Galerie ergattern konnten. Es ist der perfekte Platz. Nur ein paar Schritte entfernt von der Bar, an der die Angestellten alle Hände voll zu tun haben, und so tief in der hinteren Ecke, dass man sie nicht auf Anhieb einsehen kann. Ich sitze auf dem Platz ganz vorne, mit dem Rücken zum Saal, und obwohl ich sonst gern einen Überblick über das Geschehen habe, fühle ich mich hier heute am wohlsten. So kann niemand außer meinen Freunden mein Gesicht sehen, und wenn Therese von gegenüber mit einem Tritt gegen mein Schienbein Aiden-Alarm meldet, kann ich mich enger an Lucinda kuscheln, um vollends zu verschwinden. Bisher hat es jedenfalls geklappt.

Lysander lacht auf. »Das hätte ich echt gern gesehen.« Sein Lachen klingt heller als Jamars, ein bisschen wie Seide, leicht, umschmeichelnd, angenehm zu tragen.

Er war mir auf Anhieb sympathisch, auch wenn er eine Weile brauchte, um mit unserer Gruppe warm zu werden. In der ersten halben Stunde war er relativ ruhig, fast schüchtern, hat nur hin und wieder verstohlene Blicke zu Jamar geworfen und manchmal beiläufig seine Hand gestreift. Dann hat Ashan gefragt, in welchem Camp er war – Vier –, ich wollte wissen, welchen Test er am wenigstens mochten – Projektion –, und schon war das Eis gebrochen. Kurz danach wurde diese Sitzecke frei, und seitdem stehen höchstens zwei von uns gleichzeitig auf, um uns mit frischen Getränken zu versorgen.

Lysander hat schnell kapiert, dass ich nur alkoholfrei trinke, auch wenn ich immer mal wieder zu den Gläsern der anderen schiele. Ich könnte zumindest einen Schluck probieren. Vielleicht auch zwei, drei, nur so viele, bis sich das wohlige Kribbeln einstellt, das alles leichter werden lässt. Das mein Lachen befreiter klingen lässt, das die zerstörerische Gefühlsflut in mir eine Weile schweigen lässt. Denn selbst die Nähe meiner Freunde kann nicht alles verschwinden lassen, was die letzten Stunden angerichtet haben. Während ich Aiden vehement ausweiche, sehne ich mich gleichzeitig mit verzehrender Kraft nach Grayson. Ich habe Therese gebeten, über den Tisch hinweg nach meiner Hand zu greifen, sollte sie ihn sehen, aber entweder hat sie es vergessen, oder Grayson hat sich bislang wirklich nicht hier oben blicken lassen.

Ob er bei den Misokas hängengeblieben ist? Sicher drängen Laces und Amaras Eltern darauf, ihre künftigen Schwiegerkinder kennenzulernen. Aber so lange? Müsste er sich nicht wenigstens zwischendurch mal aus der Affäre ziehen können, um nach mir zu suchen?

Unwillkürlich stelle ich mir vor, wie Lace an seiner Seite steht und sich von Sedatium einreden lässt, das hier wäre richtig. Nein, etwas an dem Bild passt nicht. Wieder muss ich an die Situation im Waschraum denken. Lace hat offensichtlich Resistenzen gegen Sedatium – und ihr Blick beim Betreten der Bühne? Sie spürt, dass das hier alles falsch ist, also bleibt nur die Frage, wie gut sie es überspielen kann ...

Ohne es zu wollen, reisen meine Gedanken weiter in die Zukunft. Jamar hat mal gesagt, es gäbe im Camp Leute mit gewissem *Potenzial* für die Thustras. Er hat Lace zwar nicht direkt genannt, aber ich weiß, dass sie dieses Potenzial hat. Wie lange wird es wohl dauern, bis Grayson es bemerkt? Ein paar Tage? Wochen? Monate? Neue Bilder schieben sich vor meine Augen. Wie Grayson Lace auf einen samtgrünen Zweisitzer bittet. Wie sie dicht an dicht dasitzen, damit er ihr die ganze Wahrheit sagen kann, wie er die Spritze aus seiner Tasche holt, ihr Haar zärtlich beiseiteschiebt, mit sanften Berührungen nach der richtigen Stelle tastet ...

»Mae?« Ein nicht ganz so sanfter Tritt gegens Schienbein befördert mich zurück in die Realität. *Aiden-Alarm.* Nicht schon wieder.

Ich will mich zu Lucinda drehen, als ich Thereses Blick bemerke. Sie nickt auffordernd zu ihrer Hand, die geöffnet auf der Tischplatte liegt, und erst dann wird mir bewusst, dass sie an meine gar nicht drankommt. Denn mit der einen umklammere ich mein Glas, mit der anderen zupfe ich an meinem Rock herum. *Grandios, Mae,* schelte ich mich innerlich. Aber das heißt ...

Grayson. Er steht mit einem Martini auf der Galerie und schaut sich suchend um – bis er mich findet. Obwohl das Licht nur in bunten Strichen über die Galerie flackert, erkenne ich das Funkeln in seinen Augen, sehe das neckende Lächeln in seinen Mundwinkeln. Ehe ich aufspringen kann, kommt er auch schon in unsere Richtung. Sofort rücke ich näher an Lucinda heran, die bereitwillig zu Ashan aufrutscht.

»Grayson!« Therese begrüßt ihren Bruder mit strahlender Miene. »Setzt du dich zu uns?« Sie nickt zu dem frei gewordenen Platz neben mir.

»Wenn ich darf?« Grayson reicht die Frage an mich weiter, und ich würde am liebsten nur die Augen verdrehen, ihn zu mir runterziehen und ihn küssen. Aber irgendwie bezweifle ich, dass es so gut rüberkäme, öffentlich mit jemandem rumzuknutschen, wenn man vor ein paar Stunden einem anderen versprochen wurde. Was nicht heißt, dass man nicht im Schatten einer Tischplatte Händchen halten könnte. Oder allein mit Blicken jede Faser des Körpers elektrisieren ...

»Klar.« Ich klinge etwas zu atemlos, während sich Grayson neben mich setzt.

Er legt es darauf an, jeden Millimeter von mir zu berühren, der sich auf diese Weise berühren lässt. Seine Schulter presst sich an meine, genau wie sein Bein, die freie Hand legt er so auf seinem Oberschenkel ab, dass die Fingerspitzen meinen streifen.

»Lysander, das ist mein Bruder Grayson«, stellt Therese die beiden Männer einander vor. »Grayson, Jamars Partner Lysander.« Oh, wenn sie nur wüsste, wie lange sich die drei bereits kennen. Ich habe zwar keine Ahnung, seit wann Lysander bei den Thustras ist, aber da er zum inneren Kreis gehört, schätze ich mal, nicht erst seit ein paar Wochen.

»Freut mich«, sagt Grayson und lässt kurz von mir ab, um über den Tisch hinweg Lysanders Hand zu schütteln.

Sowohl Loyd als auch Ashan und Lucinda scheinen von

der Szene irritiert. Was mich nicht wundert, immerhin hat keiner von uns im Camp Zeit mit Grayson verbracht. Zumindest nicht offiziell. Lucinda öffnet den Mund, allerdings lässt Therese sie gar nicht erst zu Wort kommen.

»Okay, wo waren wir gerade stehengeblieben?«, fragt sie ungerührt in die Runde. »Ach ja, also, wir waren gestern Abend in Peters Restaurant, und als gerade unser Dessert kam, meinte Tante Rose ... Oh.« Ihr Blick schweift zur Seite.

Unwillkürlich folge ich ihm – und stocke. Zwei Aufsehende treten an unseren Tisch heran, graue Uniform, ernste Gesichter, die Hände vor dem Körper gefaltet.

»Grayson Thorn?«, fragt die größere. Aus ihrem Mund klingt der Name wie eine Anklage, so schroff, dass meine Muskeln verkrampfen.

»Ja?« Er sieht zu ihnen auf.

»Wir müssen Sie bitten, uns zu begleiten«, fährt die Aufsehende fort.

Ich muss mich nur ein kleines Stück vorbeugen, um festzustellen, dass sie Grayson den Fluchtweg abgeschnitten haben. Ein ungutes Gefühl kriecht in mir hoch.

»Okay?« Grayson bemüht sich hörbar um Gelassenheit. Doch es sind seine Fingerspitzen an meinem Oberschenkel, die verraten, wie angespannt er ist. »Soweit ich weiß, habe ich heute Abend keinen Dienst, also warum ...?«

In den Augen der Aufsehenden blitzt eine Schärfe auf, die das ungute Gefühl in mir regelrecht explodieren lässt. *Sie wissen es. Sie wissen es. Sie wissen ...*

»Wir haben den Auftrag, Sie zu verhaften«, antwortet die Aufsehende knapp. »Wegen des Mordes an Lace Misoka.«

KAPITEL 40

Meine Welt steht still, ist erstarrt, eingefroren, während sich der Kosmos um mich herum zu schnell dreht. Die Lippen der Aufsehenden bewegen sich, ohne dass sinnvolle Worte herauskommen, Therese springt auf, ihr Gesicht ist seltsam verzerrt. Ist sie geschockt? Verärgert? Irritiert? Wirkt Sedatium noch, oder hat sie den Bann durchbrochen? Ist sie die Nächste, die sie mitnehmen? Die Wärme an meiner Seite verschwindet. Grayson wird auf die Beine gezogen, ich höre seine Stimme, aber nicht, was er sagt. Streitet er es ab? Gesteht er etwas, das immer noch nicht im Kern meines Bewusstseins angekommen ist? Einen Mord?

Mord, Mord, Mord. Das Wort kreist im luftleeren Raum um meinen Verstand, aber es will nicht einschlagen. Weil das alles hier keinen Sinn ergibt.

Sie fixieren Graysons Hände hinter seinem Rücken. *Safe-Cuffs*, fällt mir der Begriff für die verschweißten Ringe ein, die sich automatisch auf die Größe der Handgelenke einstellen. Nick hat mir das System einmal erklärt. Ganz am Anfang seines Studiums, als er zum ersten Mal Equipment mit nach Hause bringen durfte. Sie sind für Menschen, die Verbrechen begangen haben. Für Liar, die durch ihre starken *emotionalen Überreaktionen* eine Gefahr für sich und ihr Umfeld darstellen. Haha.

Grayson bleibt ruhig. Er leistet keinen Widerstand. Schlägt nicht um sich, brüllt nicht, versucht nicht, die Aufsehenden zu verletzen.

»... deutet auf Gift in einem Martini hin«, höre ich die Aufsehende auf eine Frage von Therese antworten. »Der volle toxikologische Bericht wird später im Rahmen des Transparenzgesetzes zur Verfügung gestellt.«

»Gift?!«, wiederholt Therese, ihre Stimme dringt so gedämpft durch das Rauschen in meinen Ohren, dass ich nicht weiß, ob sie schriller ist als sonst.

Ich blinzle zu dem Glas, das Grayson auf dem Tisch hat stehen lassen. Sein Martini ist fast voll. Als hätte er ihn gerade erst frisch geholt. *Kann er wirklich ...? Hat er ...?* Ich schaffe es nicht, die Bruchstücke aus Informationen zu einem Bild zusammenzusetzen. Stattdessen rutsche ich wie in Trance aus der Sitzecke und stehe auf. Folge den anderen. Den Aufsehenden, die Grayson zwischen sich entlangführen. Therese. Loyd. Ashan. Lucinda. Jemand schiebt seine Finger in meine. Jamar. Dann nimmt auch jemand meine andere Hand. Lysander. Ich blicke im Wechsel in ihre Gesichter.

Jamar schüttelt kaum merklich den Kopf. »Er war es nicht«, formt er mit den Lippen, während wir in Richtung Treppe laufen.

Lysander pflichtet ihm bei. Glauben sie wirklich daran?

Oder sagen sie es nur, weil sie mich beruhigen wollen? Weil sie wissen, dass das Feuer in mir so kurz davor ist, alles niederzubrennen, begonnen mit meiner Vernunft?

»Gift«, sagt die Aufsehende mit Nachdruck. »Und jetzt bitte ich Sie, von weiteren Fragen …«

»Loyd Jones«, unterbricht Loyd seine Kollegin. »Leitender Einheit 10-B. Auf welchen Beweis stützt sich diese Anklage?«

Ich bin mir ziemlich sicher, dass er solche Fragen nicht in der Öffentlichkeit stellen sollte. Aber er zieht sie nicht zurück.

Der Aufsehenden entgleitet ein Seufzer, als wir die Treppe erreichen. »Auf die Aussage eines Bezeugenden.«

»Jamar Benett. Einheit 26-C«, mischt Jamar sich ein. »Wie genau lautet diese Aussage?«

»Sie sollten wissen, dass solche Fragen …« Die Aufsehende unterbricht sich, gefolgt von einem Räuspern, das verdächtig klingt, als würde Veritas ihren Rachen reizen. Sie ist also schon mal keine Liar. »Der Bezeugende hat beobachtet, wie Grayson Thorn etwas in das Glas seiner Partnerin geträufelt hat.«

Zum ersten Mal höre ich Grayson auflachen. Es klingt bitter, verzweifelt, schneidet mir so tief ins Herz, dass ich mich am liebsten von Jamar und Lysander losreißen und mich auf die Aufsehenden stürzen würde. Ich will sie zwingen, Graysons SafeCuffs zu lösen, ihn frei zu lassen, sich für diesen beschissenen Vorwurf zu entschuldigen. *Grayson würde nie … Und Lace kann doch nicht wirklich …?* Mit jeder Stufe dringt ein bisschen mehr Hitze durch meine inneren Mauern.

»Wer ist dieser Bezeugende?«, hakt Loyd nach. »Ich

meine, kann es sich womöglich um einen Liar handeln, der eine Falschanschuldigung erhoben hat?«

»Ausgeschlossen«, erwidert die Aufsehende. »Die Aussage kam von Taskforceleitendem Elking persönlich. Und sollten Sie jetzt in der Öffentlichkeit weitere Fragen stellen, werde ich Sie melden müssen.«

Taskforceleitender Elking. Nick. Ein Name und die Festung, die ich so sorgfältig aufgebaut habe, bricht einfach in sich zusammen. Die Wut schießt durch meine Adern, verstärkt meinen Griff um Jamars und Lysanders Hand, treibt ein Brennen in meine Augen. *Du. Darfst. Nicht. Weinen!*, fahre ich mich innerlich an, und es klappt. Vielleicht weil daneben eine erschreckende nüchterne Erkenntnis tobt: Wenn ich mich jetzt verrate, ist das Spiel aus. Dann werden sie mich genauso in SafeCuffs legen wie Grayson, und ich werde keine Chance haben, ihn da rauszuholen. *Wo raus?*, zischt ein zynisches Stimmchen in mir. *Aus einer dieser Folterzellen, in denen Anthony gestorben ist?*

Ich laufe stoisch weiter. Die Menge, die vorhin noch getanzt hat, teilt sich vor uns. Hier und da fange ich Reaktionen auf. Stirnrunzeln. Schulterzucken. Getuschel. Erst jetzt bemerke ich, dass da keine bunten Lichter mehr sind, die über die Gesichter tanzen. Keine wummernden Bässe mehr in der Luft. Es ist still. Hell. Die Party ist vorbei. Nur haben es die Leute noch nicht kapiert. Sie treiben weiter auseinander – bis wir vor einer Wand aus Aufsehenden stehen. Mit ihren grau uniformierten Körpern schirmen sie den vorderen Bereich des Foyers ab. Vielleicht wollen sie auch verhindern, dass jemand das Gebäude verlässt.

Etwas in meiner Brust schnürt sich fester und fester zu. Die Aufsehende, die Grayson in Gewahrsam genommen hat, sagt etwas zu ihrem Kollegen. Er nickt und gibt den anderen die Anweisung, die Mauer zu öffnen. Nur so weit, dass sie ihren Gefangenen durchschleusen können. Ich sehe vor meinem inneren Auge, wie sie sich wieder schließt, mich endgültig von Grayson trennt, aber Loyd ist schneller.

»Leitender Einheit 10-B«, wiederholt er seine Vorstellung. »Das ist die Schwester des Gefangenen. Sie hat ein Recht, ihn zu begleiten.«

»Okay. Ihr zwei dürft ...«

»Maeander Elking«, falle ich ihm ins Wort. Meine Stimme so kalt, dass sie mich selbst frösteln lässt. »Ich will zu meinem Bruder.« Es ist ein Schuss ins Blaue, denn ich habe keine Ahnung, wo sich dieses Arschloch gerade befindet, aber es ist einen Versuch wert. Ich löse mich von Jamar und Lysander, recke das Kinn, kämpfe auf meine Weise.

Der Aufsehende mustert mich von oben bis unten, dann wird seine Haltung plötzlich aufrechter. Treffer. »Maeander Elking. Verzeihung.« Er tritt persönlich einen Schritt zur Seite. »Ihr Bruder steht dort hinten.« Er nickt in eine Richtung, die mich nicht interessiert. Sofort schlüpfe ich durch die Lücke. »Sie nicht«, höre ich ihn noch sagen. Die Ansage gilt wohl den anderen, denn weder Jamar noch Lysander, Lucinda oder Ashan folgen mir.

Haben Sie Grayson schon rausgebracht? Zwischen der Tür und mir liegen noch gute sechs Meter und ... *Lace.*

Ein lautloser Schluchzer ätzt sich durch meine Kehle. *Oh, heilige Scheiße.* Einen Moment weiß ich nicht mehr, wie man sich bewegt, wie man atmet, blinzelt. Ich starre einfach nur die Frau an, die reglos am Boden liegt. Deren Kleid ein Stück hochgerutscht ist, deren Gesicht seltsam rot gefleckt ist, deren optimierte Augen ins Nichts starren. Scherben liegen neben ihr am Boden. Der Stiel eines Glases. Ausgelaufene Flüssigkeit. Auf der anderen Seite hockt jemand, der einen Abstrich aus ihrer Handfläche nimmt. Ich lasse den Blick nach oben wandern. Da sind Behandelnde mit einer Liege. Sie stehen einfach nur da, warten, wohl wissend, dass sie nichts mehr tun können. Dass sie nur noch darauf warten können, diesen Körper mitzunehmen. Rechts von ihnen sind drei Leute, die anders gekleidet sind. Gäste.

Die Misokas, sickert die Erkenntnis in meinen Verstand, als ich Amara erkenne. Jede Mimik ist aus ihrem Gesicht verschwunden, als wäre sie eine Wachsfigur. Nur ihr Brustkorb hebt und senkt sich in Bewegungen, die ein Schluchzen ankündigen. Mit einer Hand hält sie sich an einer Frau Mitte vierzig fest, ein Mann in ähnlichem Alter hat ihr eine Hand auf die Schulter gelegt. Vermutlich ihre Eltern. Sie sind gefasst. Jeder Schmerz betäubt von Sedatium. Dabei sollten sie schreien. Weinen. Toben. Sie sollten *fühlen*, dass ihnen gerade jemand einen Teil ihres Herzens entrissen hat, und sie sollten auf keinen Fall einfach nur dastehen!

»Mae!« Von der anderen Seite kommt jemand angelaufen. Aiden. Hinter ihm sehe ich die Kanes und den Rest unserer Familien, seine Eltern, Paps, Vain ... Nick.

Ein Beben erfasst meinen Körper. Unsere Blicke treffen sich. Ich schieße meinem Bruder alles entgegen, was in mir wütet, während seiner erwidert: *Ich habe doch gesagt, heute wird sich alles ändern.* Meine Hände ballen sich zu Fäusten. Alles, was uns noch verbunden hat, zerfällt zwischen uns zu Asche. Er hat Grayson nicht einfach verraten. Er hat ihm das Messer eigenhändig in den Rücken gejagt. Vielleicht hat er dieses Gift sogar eigenhändig in Laces Glas geträufelt.

Aiden schiebt sich in mein Blickfeld. Macht Anstalten, mich in seine Arme zu ziehen. »Mae, du solltest das nicht …«

»Fass mich nicht an«, knurre ich.

Aiden zuckt zusammen, und ich nutze den Moment der Überraschung, um zu fliehen. Mit zielstrebigen Schritten steuere ich auf den Ausgang zu. Folge den Aufsehenden, die Grayson abführen, folge Therese und Loyd. Stoße die Tür auf.

Da sind sie. Ein Gebäude weiter steht einer der Arrestgleiter, die man sonst nur in den Medien sieht. Höher als ein gewöhnlicher Citygleiter, grau wie die Uniform der Aufsehenden. Anstatt eines Kofferraums gibt es zwei Türen. Sie stehen weit offen und geben den Blick auf die Ladefläche frei. Zwei hart wirkende Bänke, blinkende Lichter, die die Stellen markieren, an denen SafeCuffs andocken können. Damit die Gefangenen keine Chance haben, sich zu rühren. Gefangene wie Grayson.

Die Entourage hat den Wagen bereits erreicht. Therese und Loyd haben zu ihnen aufgeschlossen, aber ich bin zu weit weg. Zu weit weg, um Grayson in die Augen zu sehen, ihm zu versprechen, dass ich *alles* dafür tun werde, um ihn zu befreien, dass ich Trish die Pistole persönlich auf die Brust setze, sie zwingen werde, sich einen beschissenen Plan zu überlegen!

Sie laden Grayson ein. Ich sehe nur sein Aschehaar aufblitzen, der Rest wird von den Aufsehenden verdeckt.

Verzweiflung kocht in mir hoch. Er muss zu mir sehen, nur für den Bruchteil einer Sekunde. Nur für ein kleines Aufblitzen, für einen Funken Hoffnung. Ich fülle meine Lunge mit Luft, schmecke seinen Namen bereits auf meiner Zunge, will ihn in die Nacht schreien. Dabei setze ich zum Sprint an. »Gray …!«

Eine Hand wird von hinten auf meinen Mund gepresst. Jemand zerrt mich so unsanft zurück, dass ich erstickt aufkeuche.

»Du musst dich beruhigen«, raunt mir jemand ins Ohr. Ich rieche vertrautes Aftershave. Aiden. Wie zur Hölle kann er es nur wagen?! Ich ramme ihm meinen Ellenbogen in den Bauch. Er stöhnt gequält auf, aber er lässt nicht von mir ab. »Mae!«, zischt er schärfer, schmerzverzerrt. »Willst du etwa, dass AISS dich so sieht?«

AISS. AISS hat bisher keinen Ton gesagt. Sie hat sich da drinnen nicht zu der Ungerechtigkeit geäußert, hat Nicks Aussage nicht korrigiert, hat Jamar und Loyd nicht davon abgehalten, ihre Fragen zu stellen. Wo *war* AISS? Und warum bringt Aiden sie genau *jetzt* zur Sprache?

In meinem Kopf wirbelt alles durcheinander, dann zieht Aiden mich zu sich herum. Er legt mir seine Hände auf die Schultern, sucht meinen Blick, und ich verabscheue diese honiggoldenen Augen, weil sie direkt bis in meine Seele sehen.

»4:7:8?«, fragt er, und ich brauche einen Moment, bis ich kapiere, dass er die scheiß Atemtechnik meint.

Verdammt, Aiden, wie naiv kann man eigentlich sein? Ich spreche es nicht aus, schaue ihn nur an, während alles in mir danach kreischt, mich von ihm loszureißen. Noch könnte ich den Arrestgleiter erreichen, bevor sie ...

Ein Krachen gibt mir die Kraft, mich zu befreien, lässt mich auf der Stelle herumwirbeln. *Zu spät.* Die Aufsehenden haben die Türen zugeworfen. Jetzt gibt es nur noch ein kleines Fenster – dahinter Grayson. Er sieht zu mir, und sein Blick zerreißt alles in mir zu kleinen Fetzen. Meine Lunge, die mit jedem Atemzug schmerzen, mein Herz, das längst außerhalb des richtigen Taktes schlägt.

»Mae?«, höre ich Aiden hinter mir. »Mae«, wiederholt er schärfer. In seiner Stimme schwingt Argwohn mit. »Ich habe dich etwas gefragt. Vor zehn Sekunden.«

Flüssiges Eis fährt wie ein Blitz durch mich hindurch. Zehn. Sekunden. Jetzt elf. Zwölf. Ich drehe mich schwankend zu Aiden herum. Auf meinen Lippen formt sich eine Ausrede, aber ich muss sie nicht aussprechen, denn seine ganze Miene verrät, dass er es verstanden hat.

Aiden weiß, dass ich eine Liar bin.

Ein verzerrtes Lächeln quält sich auf mein Gesicht. »Tut mir leid«, wispere ich – und renne los. Mit einem Haken weiche ich Aiden aus, sprinte an ihm vorbei, weg von dem Arrestgleiter, an dem nur noch mehr Aufsehende lauern. Der Rock wirbelt um meine Beine.

Hinter mir höre ich ein Fluchen. Wie hoch sind meine Chancen, Aiden zu entkommen? Ich kann nicht rechnen, nicht an Konsequenzen denken. Nur ein Satz hallt durch meinen Kopf, er hat den Klang von Jamars Stimme: *Tipp*

Nr. 1 als Thustra: Sollten sie dir je im Nacken sitzen, geh immer in die Kanalisation. Ich muss irgendwie da runter. Ohne vorher von AISS geschnappt zu werden. Warum hält sie mich eigentlich nicht auf? Hätte sie sich nicht längst einschalten müssen?

Der Klang von Aidens Schritten lässt den Gedanken zerspringen. *Zu nah.* Ich muss ihn abschütteln, ihn irgendwie loswerden. Links von mir sind gläserne Gebäude – unbeleuchtet. Vermutlich Büroeinheiten, in denen um die Uhrzeit niemand mehr ist. Dazwischen eine schmale Gasse. Ich biege ab. Tauche in ein Labyrinth nachtdunkler Glasfronten ein.

Und wenn es eine Sackgasse ist?

Weiter, treibe ich mich an, denn jetzt ist es sowieso zu spät.

»Mae!« Aidens Stimme holt zu schnell auf. »Verdammt, Mae, bleib stehen!«

Niemals. Ich raffe den Rock, beschleunige mein Tempo. Dank der Camps bin ich schneller geworden, ausdauernder – etwas trifft mich am Rücken. Gleißender Schmerz bohrt sich in meine Wirbelsäule. *Was zur Hölle ...?!* Binnen Sekunden fühlt es sich an, als hätte ich alle Gläser Champagner des Abend allein geleert. Meine Muskeln werden seltsam weich, meine Schritte schwankend, meine Zunge liegt wie ein schwerer Klumpen in meinem Mund. Fahrig taste ich nach meinem Rücken, während ich gegen eine Glaswand knalle. Ich pralle davon ab, taumle weiter. Da ist etwas, das sich in mein Rückgrat bohrt. Kühle Oberfläche, flach geformt.

KugelTaser, hallt Nicks jüngere Stimme durch meinen

Kopf. Ich sehe die Erinnerung verschwommen vor mir. Ihn in unserem Wohnzimmer, ausgebreitet auf dem Couchtisch sein neues Equipment. Eine Präsentation all der Dinge, mit denen Aufsehende dafür sorgen, dass wir in Sicherheit sind. Nein. Dass die *anderen* in Sicherheit sind. Vor Menschen wie mir.

Meine Welt dreht sich. Der Boden kommt näher, und als ich mit ganzer Härte aufpralle, sickert nur noch eine Erkenntnis durch meinen getrübten Verstand: *Sie haben mich.*

ENDE VON BAND ZWEI

DANKSAGUNG

Beim Tippen dieser Worte sitze ich gerade in meiner zweiten Heimat Österreich und schaue auf die Berge, die gar nicht so weit von München entfernt sind. Ich glaube, es ist unmöglich, meine Gefühle zu beschreiben, denn da ist so viel, Freude, Angst, Erleichterung, Erschöpfung und natürlich *Dankbarkeit.* Dafür, dass ich diesen zweiten Band in dem Wissen beenden durfte, dass es da draußen Menschen gibt, die auf Maes Fortsetzung warten, die wieder mit ihr leiden, lieben und sich freuen werden. Deshalb geht der erste Dank heute direkt an euch, an meine Lesenden, insbesondere meine Community, die mich auf so vielfältige, überwältigende Weise via Social Media an ihren Leseerlebnissen teilhaben lässt. Vielen Dank für eure Begeisterung!

Dem Fischer Sauerländer Verlag gilt dieses Mal ein besonders großer Dank für ganz viel Geduld, aber auch engen persönlichen Austausch, für unvergessliche Events, tolle Ideen und Messeplanungen. Danke Antje, Jessy, Steve, Lena, Pia, Stefanie und Esther, dass ihr euch so toll um mich kümmert.

Rike, eigentlich könnte ich in jeder Danksagung dasselbe

schreiben, deshalb mache ich es heute kurz: Vielen Dank, dass du als Agentin immer für mich da bist, egal, wie schwierig es mal wird!

Liebe Nina, Sandra und Jessa, ihr wart dieses Mal die einzigen Testlesenden, und ich bin *so* dankbar für euer Feedback, denn ich glaube, ich war selten bei einem Manuskript dermaßen nervös wie bei diesem. Durch euch fühlt es sich jetzt nur noch halb so schlimm an, es auf die Welt loszulassen.

Silvia und Christiane, vielen Dank, dass ihr mir bei Patreon so treu zur Seite steht – aber vor allem mit euren persönlichen Worten immer wieder ein Lächeln in mein Gesicht zaubert.

Dann haben wir natürlich noch meine schreibenden Herzensmenschen Kati, Rebekka und Anya, die nicht nur jeden meiner Struggles mitbekommen (und mitgetragen) haben, sondern längst zu echten Freundinnen geworden sind. Ohne euch wüsste ich (ganz ernsthaft) nicht, wo ich gerade wäre, deshalb tausend Dank für alles. ♡

Nicht unerwähnt bleiben soll natürlich auch das Lektorat, an dieser Stelle vielen Dank an Tamara, die auch den zweiten Band wieder übernommen hat!

Und zu guter Letzt möchte ich mich bei all den Menschen bedanken, die jetzt noch nicht erwähnt wurden, aber die hoffentlich wissen, wie wichtig sie mir sind und wie dankbar ich für ihre Unterstützung bin. Damit meine ich sowohl meine Familie als auch meinen phantastischen Freundeskreis und natürlich meine Co-Working-Crew, ohne die ich an vielen Tagen nicht einmal den Laptop geöffnet hätte.

Danke, danke, danke!

In diesem Buch geht es um eine dystopische Zukunftsvision, folglich enthält es Themen, die triggern können. Diese sind: toxische Beziehungen, Folter, Gewalt, Blut, Tod sowie Verlust. Wir haben uns größte Mühe gegeben, alle potenziell belastenden Themen aufzuführen. Da Lesende jedoch genauso individuell sind wie unsere Geschichten, können wir leider nicht gewährleisten, dass diese Aufzählung vollständig ist, und bitten dafür um Verständnis.

SESTIBY

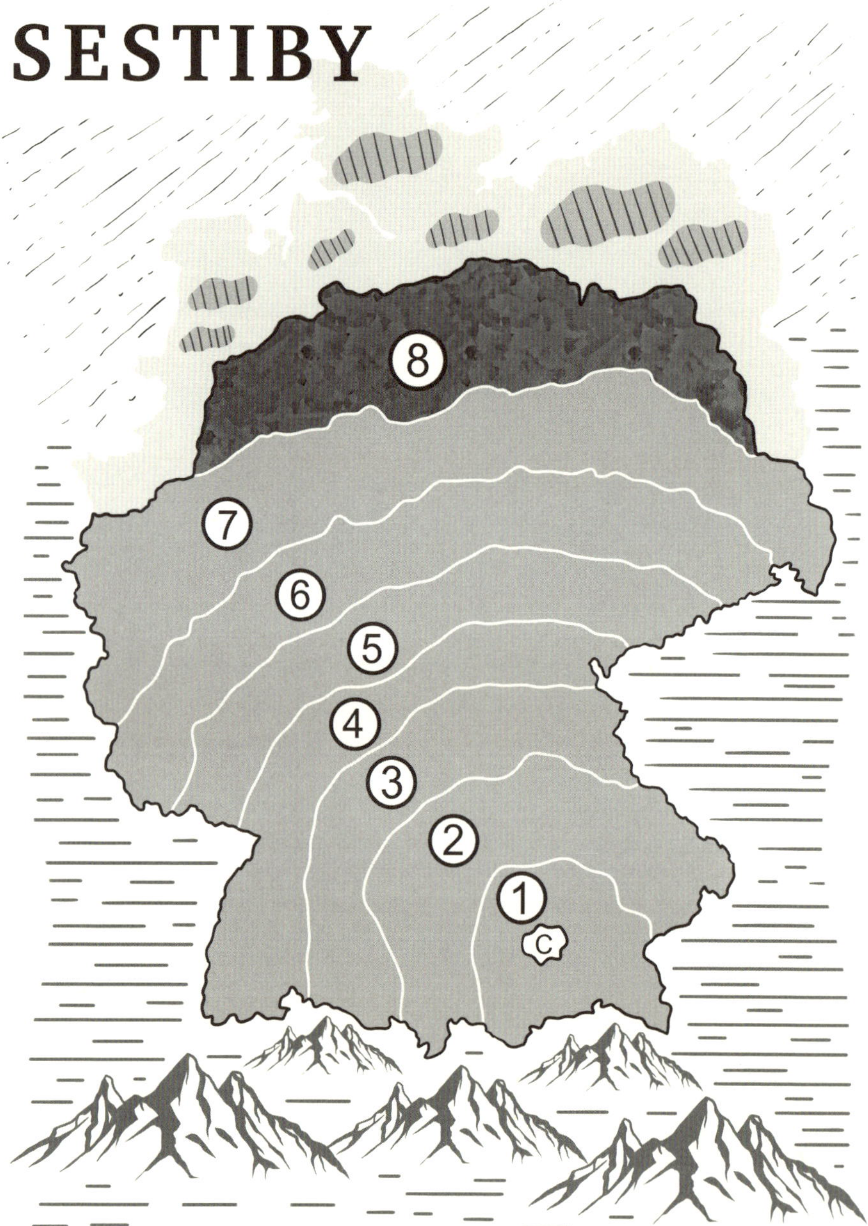